Beck'sche Reihe

Länder

BsR 814

BsR

Wußten Sie schon, welche britische Stadt den liebevollen Beinamen „Auld Reekie" trägt; daß ein *archbishop* auch ein beliebtes Getränk ist; was die häufig vorkommenden Abkürzungen AA, B&B, FA, GNP, HMS, IOU, MBE, PC, plc bedeuten; warum der britische Parlamentspräsident „Speaker" heißt; womit Ascot, Epsom, Twickenham, Silverstone, Hampden Park, Wembley assoziiert werden; wie man den walisischen Ortsnamen Llanfairpwllgwyngyllgogerychwyrndrobwllllantysiliogogogoch ausspricht; wo sich die „Cinque Ports" befinden; woher die Bezeichnung *soccer* für ‚Fußball' kommt; daß der englische *pudding* nichts mit der deutschen Süßspeise zu tun hat; wofür in London die Abbey Road, die Harley Street, Wardour Street berühmt sind; daß es in Großbritannien zwei unabhängige Staatskirchen gibt? Wenn Sie es nicht gewußt haben – das KLEINE ENGLAND-LEXIKON gibt Ihnen Antwort auf diese und viele hundert andere Fragen

Paul Fischer, Dr. phil., ist Ministerialrat und außenpolitischer Referent in München. Er ist Mitverfasser des „Kleinen Frankreich-Lexikons" (BsR 802).

Geoffrey P. Burwell ist Lehrer am Sprachen- und Dolmetscher-Institut München.

PAUL FISCHER
GEOFFREY P. BURWELL

Kleines England-Lexikon

Wissenswertes über Großbritannien

3., neubearbeitete und erweiterte Auflage

VERLAG C.H.BECK

Mit 3 Karten und 6 Übersichten

Für
Stefanie, Filip, Paul, Veronika

Die Deutsche Bibliothek – CIP-Einheitsaufnahme

Fischer, Paul:
Kleines England-Lexikon : Wissenswertes über Großbritannien / Paul Fischer ; Geoffrey P. Burwell. – Orig.-Ausg., 3., neubearb. und erw. Aufl. – München : Beck, 1995
(Beck'sche Reihe ; 814 : Länder)
ISBN 3 406 39952 5
NE: Burwell, Geoffrey P.:; HST; GT

Originalausgabe
ISBN 3 406 39952 5

Dritte, neubearbeitete und erweiterte Auflage. 1995
Umschlagentwurf: Uwe Göbel, München

Gesamtherstellung: Presse-Druck- und Verlags-GmbH, Augsburg
Gedruckt auf säurefreiem,
aus chlorfrei gebleichtem Zellstoff hergestelltem Papier
Printed in Germany

Inhalt

Vorwort zur ersten Auflage

Das „Kleine England-Lexikon" ist nicht nur eine Art Lexikon der Englandkunde, das die sonst in landeskundlichen Büchern behandelten Themen – wie z. B. die wirtschaftlichen, politischen und kulturellen Institutionen – stichwortartig zusammenfaßt.

Es ist vor allem ein Nachschlagewerk, das typisch englische, aber auch walisische und schottische Dinge und Sachverhalte, die durch eine einfache Wortgleichung im Deutschen nicht wiedergegeben oder erklärt werden können, erläutert, z. B. Getränke, Speisen, Spiele und Sportarten, Landschaftsformen, Sitten, Gebräuche, Traditionen, daneben aber auch die wichtigsten Begriffe, auf die ein Zeitungsleser stößt.

In vielen Fällen werden Einzelstichwörter erläutert, in anderen werden solche Stichwörter zu einer Gruppe in einem *Sammelartikel* zusammengefaßt. In diesem Fall wird dann das Einzelstichwort am zu erwartenden Ort alphabetisch aufgeführt und dann auf den Sammelartikel verwiesen, wie z. B. bei *Gewerkschaften, Konfessionen, Parteien* usw. Vereinzelt wird auch mit einem *Überblicksartikel* (z. B. *englische Sprache, Getränke*) auf an anderer Stelle ausführlicher behandelte Einzelartikel hingewiesen.

Nicht behandelt werden Eigennamen von Personen (außer sie hätten einen nicht ohne weiteres zu erwartenden Symbolwert) und die allgemein bekannten geographischen Eigennamen. Der Hauptakzent liegt auf dem 20. Jahrhundert, aber gewisse Termini, die in Texten sehr häufig vorkommen oder zum Verständnis der Gegenwart erforderlich sind, werden auch schon aus früheren Jahrhunderten berücksichtigt (z. B. *Magna Charta, Glorious Revolution, Merry Old England*).

Noch ein Wort zum Titel des Buches: England und Großbritannien werden auf dem Kontinent häufig in einen Topf geworfen. Einige sagen „Großbritannien", andere „England", wenn sie vom „Vereinigten Königreich von Großbritannien und Nordirland" – der staatsrechtlich korrekten Bezeichnung Großbritanniens – sprechen, und tun damit den Schotten (9%), Walisern (5%) und Nordiren (3%) unrecht, die neben den Engländern (80%) gemeinsam in diesem Staat leben und ihre besonderen Eigenschaften haben: Schottland und Wales unterscheiden sich durch Geographie, Kultur, Tradition und Sprache – Schottland z. B. durch eigene Kirche, eigenes Recht und eigenes Schulsystem – deutlich von England, Nordirland wegen seiner unruhigen Geschichte als Teil der ehemaligen Kolonie Irland noch viel krasser.

Strenggenommen dürfte das „Kleine England-Lexikon" daher weder Schottisches noch Walisisches noch Nordirisches behandeln. Da der inhaltliche Schwerpunkt dieses Lexikons zwangsläufig auf England, dem volkreichsten und geographisch größten Teil Großbritanniens, liegt, wird dennoch der einfacheren und auf dem Kontinent geläufigeren Bezeichnung *England* im Titel der Vorzug gegeben, ohne indes darauf zu verzichten, auch Besonderheiten der anderen Teile *Großbritanniens* zu behandeln.

Ein solches vielseitiges, praktisches, nicht zu umfangreiches und erschwingliches Nachschlagewerk fehlte bisher für den britischen Bereich. Es soll eine Anregung für Lehrer, Schüler und Studenten beim Sprach- und Landeskunde-Unterricht darstellen, aber auch jedem an Großbritannien interessierten Leser, nicht zuletzt dem England-Reisenden, nützliche Informationen und Denkanstöße vermitteln.

Vorschläge zur Ergänzung und Verbesserung des Buches nehmen die Autoren gerne entgegen.

Vorwort zur dritten Auflage

Seit Erscheinen der 2. Auflage 1991 sind in Großbritannien viele unter der konservativen Regierung Thatcher angestoßene Reformen zum Tragen gekommen und üben einen nachhaltigen Einfluß auf die britische Politik, Wirtschaft und Gesellschaft aus. Die wichtigsten Neuerungen wurden in der vorliegenden dritten Auflage berücksichtigt, insbesondere im Bereich des Bildungswesens, der Verwaltung, der staatlichen Privatisierungspolitik, der Energiewirtschaft und der Telekommunikation einschließlich Rundfunk und Fernsehen. Auch wurde der nach dem Inkrafttreten des Vertrags von Maastricht über die Europäische Union (1. 11. 1993) gestiegenen Bedeutung der Regionen Rechnung getragen und versucht, regionale Unterschiede in der Betrachtung Großbritanniens noch mehr als bisher einzubeziehen, vgl. die Stichwörter *England, Wales, Scotland, Northern Ireland.* Insgesamt wurden neben der gründlichen Überarbeitung und Aktualisierung fast aller Artikel über 40 neue Stichwörter aufgenommen, die die bisherige Auswahl ergänzen, z.B. *Aids, BSE (mad cow disease), Canary Wharf, Citizen's Charter, City Technology College, Executive Agencies, Footsie, Jaguar, National Lottery, nimby, pony, Red Nose Day, sleaze, TECs, Telekommunikation, yeepie.*

Außerdem wurden verschiedene Verbesserungs- und Ergänzungsvorschläge von Rezensenten und Korrespondenten eingearbeitet.

An dieser Stelle sei Frau Birgit Dammert, Frau Maria Tiller und Herrn Thomas Herbst für wertvolle Anregungen gedankt.

Die Angaben entsprechen dem Stand von April 1995.

Paul Fischer/Geoffrey P. Burwell

Hinweise für den Benutzer

1. Abkürzungen

Das *Titelstichwort* ist innerhalb der einzelnen Artikel in der Regel abgekürzt (z. B. Attorney General = AG).

Senkrechter Pfeil vor einem ↑Stichwort: bei Verweisen = siehe unter...; innerhalb eines Artikels = siehe auch...; vgl....

Neben den allgemein üblichen werden in diesem Werk zur Erläuterung noch folgende Abkürzungen verwendet:

Abk. f.	Abkürzung für
adj.	Adjektiv
ae.	Altenglisch
AmE	Amerik. Englisch
Bez.	Bezeichnung
BrE	Brit. Englisch
brit.	britisch
colloq.	*colloquial,* familiär, umgangssprachlich
dt.	deutsch
D	Deutschland
engl.	englisch
EU	Europäische Union, bis 31.10.1993: EG Europäische Gemeinschaft(en)
frz.	französisch
gael.	gälisch
GB	*Great Britain*
gegr.	gegründet
gen.	genannt
hpts.	hauptsächlich
hum.	humorvoll
i.d.R.	in der Regel
Jh.	Jahrhundert
lat.	Latein
me.	Mittelenglisch
n.	*noun,* Substantiv
pej.	pejorativ, abwertend
schott.	schottisch
UK	*United Kingdom*
urspr.	ursprünglich
v. a.	vor allem
var.	Variante
walis.	walisisch

2. Phonetische Umschreibung

Bei der Transkription von Wörtern mit schwieriger Aussprache wurde das Lautschriftsystem der International Phonetic Association verwendet, das wir nachstehend nach Langenscheidts Taschenwörterbuch Englisch *Teil I* Englisch–Deutsch von Helmut Willmann, Berlin–München–Leipzig–Wien–Zürich–New York 1983 (24. Auflage 1994, S. 12) mit freundlicher Genehmigung des Verlages Langenscheidt KG aufführen.

Die phonetischen Zeichen der International Phonetic Association

[ʌ]	much [mʌtʃ], come [kʌm]	kurzes *a* wie in *Matsch, Kamm,* aber dunkler
[ɑː]	after ['ɑːftə], park [pɑːk]	langes *a*, etwa wie in *Bahn*
[æ]	flat [flæt], madam ['mædəm]	mehr zum *a* hin als *ä* in *Wäsche*
[ə]	after ['ɑːftə], arrival [ə'raɪvl]	wie das End-*e* in *Berge, mache, bitte*
[e]	let [let], men [men]	*ä* wie in *hätte, Mäntel*
[ɜː]	first [fɜːst], learn [lɜːn]	etwa wie *ir* in *flirten*, aber offener
[ɪ]	in [ɪn], city ['sɪtɪ]	kurzes *i* wie in *Mitte, billig*
[iː]	see [siː], evening ['iːvnɪŋ]	langes *i* wie in *nie, lieben*
[ɒ]	shop [ʃɒp], job [dʒɒb]	wie *o* in *Gott*, aber offener
[ɔ]	morning ['mɔːnɪŋ], course [kɔːs]	wie in *Lord*, aber ohne *r*
[ʊ]	good [gʊd], look [lʊk]	kurzes *u* wie in *Mutter*
[uː]	too [tuː], shoot [ʃuːt]	langes *u* wie in *Schuh*, aber offener
[aɪ]	my [maɪ], night [naɪt]	etwa wie in *Mai, Neid*
[aʊ]	now [naʊ], about [ə'baʊt]	etwa wie in *blau, Couch*
[əʊ]	home [həʊm], know [nəʊ]	von [ə] zu [ʊ] gleiten
[eə]	air [eə], square [skweə]	wie *är* in *Bär*, aber kein *r* sprechen
[eɪ]	eight [eɪt], stay [steɪ]	klingt wie *äi*
[ɪə]	near [nɪə], here [hɪə]	von [ɪ] zu [ə] gleiten
[ɔɪ]	join [dʒɔɪn], choice [tʃɔɪs]	etwa wie *eu* in *neu*
[ʊə]	you're [jʊə], tour [tʊə]	wie *ur* in *Kur*, aber kein *r* sprechen
[j]	yes [jes], tube [tjuːb]	wie *j* in *jetzt*
[w]	way [weɪ], one [wʌn], quick [kwɪk]	mit gerundeten Lippen, ähnlich wie [uː] gebildet. Kein deutsches *w*!
[ŋ]	thing [θɪŋ], English ['ɪŋglɪʃ]	wie *ng* in *Ding*
[r]	room [ruːm], hurry ['hʌrɪ]	Zunge liegt, zurückgebogen, am Gaumen auf. Nicht gerollt und nicht im Rachen gebildet!
[s]	see [siː], famous ['feɪməs]	stimmloses *s* wie in *lassen, Liste*
[z]	zero ['zɪərəʊ], is [ɪz], runs [rʌnz]	stimmhaftes *s* wie in *lesen, Linsen*
[ʃ]	shop [ʃɒp], fish [fɪʃ]	wie *sch* in *Scholle, Fisch*
[tʃ]	cheap [tʃiːp], much [mʌtʃ]	wie *tsch* in *tschüs, Matsch*
[ʒ]	television ['telɪˌvɪʒn]	stimmhaftes *sch* wie in *Genie, Etage*
[dʒ]	just [dʒʌst]	wie in *Job, Gin*
[θ]	thanks [θæŋks], both [bəʊθ]	wie *ß* in *Faß*, aber gelispelt
[ð]	that [ðæt], with [wɪð]	wie *s* in *Sense*, aber gelispelt
[v]	very ['verɪ], over ['əʊvə]	etwa wie deutsches *w*. Oberzähne auf Oberkante der Unterlippe
[x]	loch [lɒx], ugh [ʌx]	wie *ch* in *ach*
[ː]	bedeutet, daß der vorhergehende Vokal lang zu sprechen ist.	
[']	Hauptbetonungsakzent, steht unmittelbar vor einer betonten Silbe.	

Das englische Alphabet

a [eɪ], b [biː], c [siː], d [diː], e [iː], f [ef], g [dʒiː], h [eɪtʃ], i [aɪ], j [dʒeɪ], k [keɪ], l [el], m [em], n [en], o [əʊ], p [piː], q [kjuː], r [ɑː], s [es], t [tɪ], u [juː], v [viː], w ['dʌbljuː], x [eks], y [waɪ], z [zed].

3. Übersicht über die Sammelartikel mit deutschem Stichwort

Adelstitel
akademische Grade
Anreden
Autokennzeichen
Bahnhöfe
Banken
Baustile
Elektrizitätswirtschaft
englische Sprache (Überblick)
Feiertage
Film (Überblick)
Flughäfen (London)
Friedhöfe
Geld und Währung
Geschichtsdaten
Getränke
Gewerkschaften
Haustypen
Hunderassen
Justiz
Kaufhäuser
Kernenergie
Klassenstruktur
Konfessionen
Landschafts- und Naturschutz
Märkte
Maße und Gewichte
Monarchie
Nationalsymbole und -embleme
Orden und Ehrenzeichen
Ortsnamen
Parlament
Parteien
Pferderennen
Polizei
Recht
Rechtsmittel
Regierung
Rundfunk und Fernsehen
Schulwesen (Überblick)
Sprachpflege
Steuern
Streitkräfte
Taxis
Telekommunikation
Theater
Umweltbewegungen
Universität
Verbraucherschutz
Verfassung
Wahlsystem
Wehrpflicht
Weltkriege
Zeitungen und Zeitschriften

Wissenswertes über Land und Leute von A bis Z

A

A [eɪ]. 1. Schulnote „1" (sehr gut), bei einem Notensystem von A bis E bzw. G ↑*General Certificate of Education*; 2. *A 1* n./adj., urspr. ‚Schiff erster Klasse' = niedrigste Versicherungsklasse nach ↑*Lloyd's* Schiffsregister, colloq. auch ‚erstklassig'; 3. *A-road* ‚Straße erster Ordnung', in Verbindung mit einer ein- bis vierstelligen Zahl, z. B. die Fernverkehrsstraßen *A 1* „Great North Road" (London–Edinburgh), *A 2* „Dover Road", *A 5* „Watling Street" (London–Nordwales), *A 30* (London–Penzance/ Land's End). Die erste Ziffer bleibt in einem bestimmten Gebiet immer gleich, z. B. die *A 112* liegt in der Nähe der *A 1* (↑*dual carriageway,* auch ↑*trunk road*).

AA, *Automobile Association.* Der größere der beiden brit. Automobilclubs, gegr. 1905. Vgl. ↑*RAC*.

AAA („the three A's"), *Amateur Athletics Association.* Engl. Leichtathletikverband, gegr. 1880; („triple A" [trip(ə)l 'eɪ]), *Anti-Aircraft Artillery.* Flugabwehrartillerie, Flak (Militärsprache).

Abbey Road ['æbɪ 'rəʊd]. Straße im Londoner Stadtteil St. John's Wood; steht symbolisch für das in Haus Nr. 3 untergebrachte ehem. Plattenstudio der ↑*Beatles,* die dort von 1962–1969 etwa 190 ihrer 210 Songs aufnahmen.

abdication. ‚Abdankung'; wird meist im Zusammenhang mit König Edward VIII (1894–1972) gebraucht, der 1936 auf den brit. Thron verzichtete, um die zweimal geschiedene Amerikanerin Mrs. Wallis Warfield Spencer Simpson zu heiraten. Nach dem Tod von George V wurde er am 20.1.1936 dessen Nachfolger. Im Nov. 1936 kündigte er seine Absicht an, Mrs. Simpson nach ihrer Scheidung zu heiraten. Die ↑*Regierung* u. *Dominions* (↑*Commonwealth 3.*) verweigerten ihre Zustimmung, da Kinder aus dieser Ehe nicht thronberechtigt sein würden, ebenso die anglik. Kirche (↑*Konfessionen*), weil sie die Trauung Geschiedener untersagte. So verzichtete Edward am 10. Dez. 1936 auf den Thron; er erhielt den Titel *Duke of* ↑*Windsor.* Am 3. Juli 1937 wurden sie in Frankreich von einem anglik. Geistlichen getraut, wo sie nachher haupts. wohnten. Von 1940–1945 war der Herzog ↑*Governor* der Bahama-Inseln. Die Herzogin starb 1986.

Aberdeen Angus ↑Rinderrassen.

academic board ↑polytechnics.

academy [ə'kædəmɪ]. 1. In Schottland noch übliche Bez. mancher

↑*colleges* u. ↑*public schools,* z. B. *Edinburgh Academy,* gegr. 1824; 2. *Academies of Art/Science.* Die wichtigsten „Akademien der Wissenschaften" in GB sind *The Royal Society* (gegr. 1660): Mathematik, Naturwiss., Medizin, Mitglieder (↑*Fellows*) führen das Kürzel *F.R.S.* hinter dem Namen; *Royal Academy of Arts* = „The Academy" (London 1768), ihre Mitglieder heißen *Royal Academicians (R.A.)*; *British Academy* (London 1901): Geistes- u. Sozialwiss. *(F.B.A.); Royal Society of Edinburgh* (1783) u. *Royal Scottish Academy* (Edinburgh 1826); weitere traditionsreiche engl. Gelehrtengesellschaften sind die *Royal Institution of Great Britain* (1799): Förderung naturwiss. Kenntnisse, sowie die *Royal Society of Arts* (1754); 3. *Academy of St. Martin-in-the-Fields:* Berühmtes Londoner Kammerorchester, gegr. 1959, nach der gleichnamigen Kirche am ↑*Trafalgar Square.*

ACAS ['eɪkæs], *Advisory, Conciliation and Arbitration Service.* 1975 per Gesetz *(Employment Protection Act)* geschaffene Schlichtungsstelle bei Arbeitskämpfen, die auch in arbeitsrechtlichen Streitigkeiten berät u. vermittelt. *ACAS* wird durch einen Vorstand kontrolliert, in dem zu gleicher Zahl Vertreter der ↑*Gewerkschaften* u. der ↑*Confederation of British Industry (CBI)* u. unabhängige Wissenschaftler vertreten sind, die von der Regierung berufen werden. Eine entsprechende Einrichtung gibt es in D nicht (↑*quango).*

AC/DC ['eɪ siː 'diː siː]. 1. *alternating current* ‚Wechselstrom'/*direct current* ‚Gleichstrom', z. B. *AC/DC-set* ‚Allstromgerät'; 2. Name einer austral. Hardrockband (↑*rock music*).

accepting house ↑Banken: *merchant banks.*

acre ['eɪkə]. Maßeinheit für Grundstücke u. Felder, 1 acre = 4046 m^2; 1 Hektar = 2.47 acres.

Act of Parliament. ‚Gesetz'; Gesetzesvorlage (↑*bill*), die von beiden Häusern des ↑*Parlaments* in drei Lesungen *(readings)* angenommen worden ist (für Ausnahmen siehe ↑*Parliament Acts*) u. die königliche Zustimmung *(Royal Assent)* erhalten hat. Die erste Lesung ist eine Formsache; die zweite u. wichtigste Lesung umfaßt eine Debatte, bei der die Vorlage abgelehnt werden kann; danach kommt das Ausschußstadium *(commitee stage,* ↑*parliamentary committees),* in dem jede Bestimmung des Gesetzes beraten wird; der Ausschuß legt seine Änderungsvorschläge vor, unmittelbar danach findet die dritte Lesung mit einer kurzen Debatte statt, bei der geringfügige Änderungen noch möglich sind.

Act of Settlement. Bis heute gültiges Thronfolgegesetz aus dem Jahr 1707; damit ist Katholiken u. mit Katholiken verheirateten Personen der Thron verwehrt. Nach diesem Gesetz folgte George I (Georg Ludwig von Hannover, 1714–1727) der letzten Stuartkönigin Anne (1702–1714) auf den brit. Thron (↑*Verfassung*).

Act of Supremacy ↑Konfessionen 1.

Act of Union (with Scotland). Gesetz von 1707, löste das engl. u. schott. Parlament auf u. schuf ein neues ↑*Parlament* von ganz GB mit Mitgliedern aus Engl., Schottl. u. Wales sowie ein gesamtbrit. Königreich. Aber Schottl. behielt einige seiner Einrichtungen, z. B. sein Rechtssystem, das auf röm. ↑*Recht* basiert, die schott. Kirche (↑*Konfessionen: „Kirk"*), eigene Bildungs- (z. B. ↑*Scottish Certificate of Education*) u. Verwaltungseinrichtungen (↑*local government*). Engl. u. Schottl. wurden bereits seit 1603 unter einer Krone regiert, als James I, Sohn Maria Stuarts – er war als James VI auch König von Schottl. –, den engl. Thron bestieg.

Act of Union (with Wales), offiziell: *Act for the Government of Wales.* Gesetz von 1536; nach langem Annexionsprozeß wurde Wales unter Henry VIII England eingegliedert mit dem Zweck der vollständigen Assimilierung des walis. Volkes. Schon 1277 hatten die Waliser die Oberherrschaft des engl. Königs Edward I anerkannt. ↑*Prince of Wales,* ↑*Welsh,* ↑*Welsh English.*

AD [eɪ diː], *Anno Domini* ['ænəʊ 'dɒmɪnaɪ]. Lat. ‚im Jahr des Herrn': z. B. 233 AD = 233 n. Chr. (nach Christus).

Adelstitel. An der Spitze des brit. Hochadels *(nobility)* steht der König *(King)* o. die Königin *(Queen).* Anrede: „Your Majesty", ↑*Monarchie.* Es folgen – von oben nach unten – fünf erbliche Rangklassen *(hereditary peerages,* ↑*peer):* 1. *Duke (Duchess)* ‚Herzog', Anrede: „Your Grace"; 2. *Marquess (Marchioness)* ‚Marquis', Anrede: „Your Lordship/Your Ladyship"; 3. *Earl (Countess)* ‚Graf', „Your Lordship/Your Ladyship" (*Count* nur für ausländische Grafen, z. B. *Count* Metternich); 4. *Viscount (Viscountess),* Anrede wie *Marquess* u. *Earl;* 5. *Baron (Baroness),* Anrede wie *Marquess* usw., ausländische Barone werden jedoch stets mit *Baron* angesprochen. Hinzu kommen die weiblichen *Peers (Peeresses in their own right).* An der Spitze der Rangfolge stehen die *Royal Dukes,* zur königlichen Familie gehörende Herzöge *(Duke of Cornwall =* ↑*Prince of Wales, Duke of Edinburgh, Duke of York, Duke of Connaught,* ↑*Monarchie).* Ihre Kinder führen wie die Söhne u. Töchter des Monarchen den Titel *Prince (Princess).*

Nur die genannten Angehörigen des höheren erblichen Adels *(hereditary peers)* – Titel: *Lord* bzw. *Lady,* Anrede: *My Lord* bzw. *My Lady* – haben ein Anrecht auf einen Sitz im *House of Lords* (↑*Parlament*). Dies gilt nicht für die Inhaber von (höheren) Adelstiteln, die nur ehrenhalber vergeben werden *(courtesy titles),* z.B. die ältesten Söhne von *Dukes, Marquesses, Earls,* denen der zweite, geringere Titel des Vaters bereits zu dessen Lebzeiten übertragen wurde, u. für die jüngeren Söhne von *Dukes, Marquesses,* die den Ehrentitel *Lord,* sowie die Töchter von *Dukes, Marquesses* u. *Earls,* die entsprechend den Ehrentitel *Lady* führen.

Die Erzbischöfe von Canterbury u. von York sowie die übrigen Bischöfe der *Church of England* (↑*Konfessionen*) gehören zur *Official Peerage* (Adel auf Amtszeit). Die

Erzbischöfe folgen im Rang hinter den *Royal Dukes* – Anrede: „My Lord Archbishop" o. „Your Grace". Die Bischöfe stehen im Rang zwischen *Viscounts* u. *Barons* (s.o.). Auch sie sitzen als sog. *Lords Spiritual* im *House of Lords.* – Seit 1958 gibt es im Oberhaus auch von der Königin ernannte *Life Peers* (Lords auf Lebenszeit).

Der niedere Adel *(gentry, lower* o. *lesser nobility)* unterscheidet 1. *Baronet* = unterste erbliche Rangstufe, Abk. *Bart., Bt.;* 2. *Knight* (auf Lebenszeit), Abk. *Kt.* – *Bt.* u. *Kt.* tragen den Titel *Sir* + Taufname, z. B. *„Sir* Henry", nie *Sir* Moore; 3. *Dame:* urspr. Titel für die Gattin eines *Bt.* o. *Kt.*, seit 1917 – entsprechend *„Sir"* – eigenständiger Titel (auf Lebenszeit) für Damen, denen die 1. o. 2. Klasse eines Ritterordens (↑*Orden u. Ehrenzeichen 1.*) verliehen wurde (Anrede z. B.: „Dame Mary"); dies gilt auch für die meisten Knights. – Vgl. auch ↑*Anreden,* ↑*Burke's Peerage,* ↑*Debrett's.*

adjournment debate [ə'dʒəːnmənt ...]. Im *House of Commons* (↑*Parlament*) urspr. einfach ein Antrag auf Vertagung *(adjournment)* u. auf Abschluß der Tagesgeschäfte ohne eine anschließende Debatte; aber a.d. wird oft gebraucht, um ein allg. Thema zur Sprache zu bringen; eine besondere Art ist die sog. *half-hour a.d.;* sie findet nach Erledigung der Tagesgeschäfte auf Antrag eines *backbencher* (↑*Parlament: House of Commons*) statt u. darf nicht länger als 30 Minuten dauern; solche Debatten betreffen i.d. R. lokale Probleme u. Beschwerden.

administrative tribunals ↑Justiz, ↑quango.

Admiral's Cup. Inoffizielle Weltmeisterschaft u. höchste Trophäe im Hochseesegelsport, findet seit 1957 alle 2 Jahre statt. An den insgesamt 5 Regatten um den vom *Royal Ocean Club* in London gestifteten Pokal nehmen je 3 Jachten einer Nation teil. Cowes auf der Isle of Wight (↑*Cowes Week*) ist Start- u. Zielhafen für drei Küstenrennen (*Inshore Races* mit einfacher Wertung) über jeweils 30 Seemeilen u. für das 220 Seemeilen lange Kanal-Rennen (*Channel Race,* zweifache Wertung). Das abschließende *Fastnet Race* (dreifache Wertung) – von Plymouth in die Irische See zum Fastnet-Felsen vor der SW-Küste Irlands u. zurück (605 Seemeilen) – stellt wegen starker Gezeitenströme u. oft stürmischen Wetters an die Mannschaften höchste Anforderungen.

Admiralty hieß bis 1964 das brit. Marineministerium (heute Teil des Verteidigungsministeriums), *First Lord of the Admiralty* der brit. Marineminister. ↑*Cinque Ports.*

adult education, auch *adult continuing education.* ‚Erwachsenenbildung', meist allgemeinbildende, aber auch berufsbildende Ausbildungsgänge (↑*vocational training*) für Personen über 18 Jahren im Rahmen der ↑*further education.* Jede brit. ↑*Universität* hat eine eigene Abteilung für Erwachsenenbildung, sog. *extra-mural department.* Daneben gibt es 2000 – den dt. Volkshochschulen vergleichbare – Erwachsenenbildungszentren *(adult education centres)*, die seit 1992 in England u. Wales von *Further Education Funding Councils* u. – mit eingeschränkten Zuständigkeiten – von den ↑*LEA*s unterhalten werden, sowie die Lehreinrichtungen der gemeinnützigen *Worker's Educational Association* (↑*WEA*), die jährlich von etwa 180 000 Schülern besucht werden. Die *National Organisation of Adult Learning* – bis 1994: *National Institute of Adult Continuing Education (NIACE)* – fungiert als Informations- u. Beratungsstelle sowie als Forschungsinstitut für die Erwachsenenbildung. Ein mit £ 3 Mio. dotierter *Adult Literacy and Basic Skills Unit* soll der verbreiteten Lese- u. Zahlenschwäche bei Erwachsenen entgegenwirken.

Advertising Standards Authority (ASA). Unabhängige Behörde, die über die Einhaltung der im *British Code of Advertising Practice* festgelegten Verhaltensregeln in der Werbewirtschaft wacht. Werbespots müssen „legal, decent, honest, truthful" sein. Firmen, die gegen den *Code* verstoßen, werden in den Berichten der *ASA* öffentl. gebrandmarkt.

advocate ↑barrister.

AEA Technology ↑Kernenergie.

afternoon tea. Der ‚Nachmittagstee' gegen 16 Uhr, die klass. „tea time", vergleichbar der Kaffeejause in Österreich, mit ↑*biscuits*, ↑*scones*, ↑*crumpets* o. anderem, meist selbstgebackenem Teegebäck; wird dazu ↑*clotted cream* gereicht, heißt er auch *cream tea*. ↑*tea*, ↑*high tea*.

Aids [eɪdz], *Acquired immune deficiency syndrome*. Mitte 1994 waren in GB etwa 10 000 Fälle der Immunschwächekrankheit *Aids*, eine u. a. durch Geschlechtsverkehr übertragbare Krankheit, darunter 68 % tödlich, sowie 21 100 mit dem ↑*HIV*-Virus Infizierte offiziell registriert. GB zählt damit mit D europaweit zu den Ländern mit den wenigsten Aids-Fällen (vgl. Frankreich 27 000/110 000).

Aintree ['eɪntrɪ]. Austragungsort des ↑*Grand National Steeplechase* bei Liverpool; übertragen auch für dieses gebraucht.

AIR UK. Brit. Fluggesellschaft (34 Flugzeuge), operiert als einzige von allen drei großen Londoner ↑*Flughäfen* aus.

akademische Grade u. Titel *(degrees)* werden in GB von den ↑*Universitäten* verliehen. Der erste u. häufigste akad. Grad *(first degree, undergraduate degree)* ist der Titel eines *Bachelor (B.)*, der nach mind. dreijährigem Studium *(degree course)* – Ausnahme: im Fach Medizin erst nach 7 Jahren – erworben wird, vergleichbar der frz. *licence* u. dem dt. *Magister.* Je nach Studienfach wird ein entsprechender Zusatz angehängt, z. B. *Bachelor of Arts* (*B.A.:* Geisteswiss. u. eine Reihe anderer nicht-naturwiss. Fächer, in ↑*Oxbridge* auch für naturwiss. Fächer), *Bachelor of Science* (*B.Sc.:* Naturwiss., in ↑*Oxbridge* für hervorragende Forschungsarbeiten verliehen), *Bachelor of Divinity* (*B.D.:* Theologie), *Bachelor of Laws* (*LL.B.:* Jura). Insgesamt gibt es über 30 verschiedene *B.*-Grade. Bis zur

Erlangung dieses ersten Studienabschlusses heißt der Student offiziell *undergraduate.* In Schottland entspricht dem engl. u. walis. *B.* als „first degree" der Titel *Master.* – Das Abschlußexamen eines *degree course* zur Erlangung des *B.*-Grades kann auf dem *pass level* o. *honours level* abgelegt werden. Das *pass* o. *ordinary degree* wird nach einer vorgeschriebenen Zahl von Studienjahren für eine allg. Qualifikation ohne weitere Prüfung meist gegen eine Gebühr, das *honours* o. *special degree* nach einem Intensivstudium *(honours course)* in einem (= *„single honours") o. zwei Fächern (=* „joint honours"*) u. nach einer spezialisierten Prüfung verliehen.*

Der erste der höheren akad. Grade ist das *Master's degree,* z. B. *Master of Arts (M.A.), Master of Science (M.Sc.),* das nach einem ein- bis zweijährigen Forschungsstudium erworben werden kann *(postgraduate degree).* Voraussetzung: Gute *B.A.*-Noten *(first* o. *upper second honours degree).* Das *Master's degree* kann entweder auf festgelegten Studiengängen u. einer Forschungsarbeit (sog. *„taught degree"*) o. ausschließlich auf einer Forschungsarbeit *(„by research")* beruhen. Dieser *M.*-Grad wird oft *M.Phil.* genannt u. dient zur Beurteilung, ob die Arbeit eines *graduate student* für ein Doktorat geeignet ist oder nicht.

Der höchste akad. Grad ist der Titel eines *Doctor,* z. B. *Doctor of Philosophy (Ph.D.* o. *D.Phil.),* der nach mind. zwei- bis dreijährigen Forschungsarbeiten verliehen wird. Weitere höhere Doktortitel, die als Ehrengrade o. nach Vorlage wiss. Veröffentlichungen verliehen werden: *Doctor of Divinity (D.D.), Doctor of Laws (LL.D.), Doctor of Science (D.Sc.).* Vgl. auch *Doctor of Medicine (M.D.).* Eine Habilitation gibt es an brit. Universitäten nicht.

Akad. Titel werden in GB i. d. R. nicht im Alltag verwendet (Ausnahme: Doktortitel des Arztes), offiziell werden sie abgekürzt hinter dem Namen geführt, z. B. John Smith, *B.Sc.* Je nachdem, an welcher Universität sie erworben wurden, haben sie größere o. geringere Bedeutung. Daher fügen Absolventen der renommierten Universitäten (z. B. ↑*Oxbridge*) hinter dem akad. Grad stets den Namen der Universität in Klammern an (↑*Cantab.,* ↑*Oxon.*).

Albion ['ælbjən] (v. lat. *albus* ‚weiß'). 1. Älterer Name für Britannien, erstmals erwähnt im 6. Jh. v. Chr.; wird auf die weißen Felsen vor der Südküste Englands (↑*White Cliffs of Dover*) zurückgeführt, die die Ankömmlinge als erstes sahen; noch häufig poetisch gebraucht. Vgl. auch den im Frz. für GB v. a. im 19. Jh. pejorativ o. ironisch gebrauchten Ausruck *la perfide Albion* (‚treuloses Britannien'); 2. kurz für den Profi-Fußballklub *West Bromwich Albion* in West Bromwich (West Midlands).

ALBSU, *Adult Literacy and Basic Skills Unit* ↑adult education.

Alderman. Stadtrat in der ↑*City of London.*

ale [eɪl]. Das klass. brit. (Flaschen-) Bier obergäriger Brauart mit mehreren Varianten: *pale ale* o. *light ale* (hell, stark gehopft), als Faßbier *(draught)* heißt es ↑*bitter; brown ale* (dunkel, schwach gehopft, süßlich), als *draught* heißt es ↑*mild,* ↑*XX* o. *XXX; strong ale,* auch *barley wine* (meist hell u. alkoholreich); *stout* (dunkel, extraktreich, kräftig, 6,5 % Alkohol), früher hieß es *porter,* nach den Lastenträgern *(porters)* aus dem Londoner ↑*East End,* die es hpts. getrunken haben; eine bes. starke *stout*-Sorte ist das *Burton,* ein beliebtes „Weihnachtsbier" aus der engl. Bierstadt Burton-on-Trent. Die genannten *ales* werden überwiegend von den 7 großen Brauereien des Landes gebraut u. entsprechen i. d. R. nicht den Ansprüchen des dt. „Reinheitsgebotes". Dies gilt auch für die *draught beers,* die – häufig mit Reis o. Mais, mit Zucker u. Kartoffeln gebraut – meist als sog. *keg beer* in der Brauerei pasteurisiert u. in Fässern *(kegs)* versiegelt werden, bevor sie in die ↑*pubs* kommen. Als Reaktion darauf hat sich seit Anfang der 70er Jahre eine Art „Bürgerinitiative zur Erhaltung des echten Ale" *(Campaign for Real Ale: CAMRA)* durchgesetzt. *Real ale* wird – meist von kleineren Brauereien – auf traditionelle Weise aus Gerste, Hopfen, Hefe u. Wasser gebraut, im Faß zur Reife gebracht (kein Zusatz von Kohlensäure!) u. nicht automatisch, sondern mit der Hand gepumpt. Mitte der neunziger Jahre bereits in jedem zweiten ↑*pub* erhältlich. ↑*Guinness,* ↑*lager.*

A-Level ↑*GCE.*

All England Championships ↑Wimbledon.

All England Lawn Tennis and Croquet Club ↑Wimbledon.

Alliance, the ~. 1. ↑Parteien; 2. Kurzform für die *North Atlantic Treaty Organisation (NATO),* das atlantische Bündnis.

Allied Rapid Reaction Corps (ARRC). Die Alliierte Schnelle Eingreiftruppe der NATO steht unter brit. Oberbefehl. Voraussetzung dafür war die Bereitschaft GBs, einen beträchtlichen Teil seiner ↑*Streitkräfte* umzuorientieren. Das ↑*UK Support Command* in D bildet einen zentralen Kern des *ARRC.*

am, *ante meridiem.* Lat., ‚vor Mittag'; bei Zeitangaben die Stunden von Mitternacht bis Mittag, z. B. 5 *am* = 5 Uhr morgens. ↑*pm*

AM, *Albert Medal* ↑Orden u. Ehrenzeichen.

Amateur Athletics Association ↑AAA.

Andy Capp ['ændɪ 'kæp]. Fiktiver Name aus *handicap* u. *cap* ‚flache Schirmmütze'. Beliebte Comic-Figur in der Londoner Zeitung *Daily Mirror,* karikiert den typischen ↑*pub*- u. fußballbegeisterten Mann der Arbeiterklasse.

Anglican Communion ↑Konfessionen: *Church of England.*

Anglicanism ↑Konfessionen: *Church of England.*

Anglo-Catholic ↑Konfessionen: *Church of England.*

Angry Young Men. ‚Zornige junge Männer'; Gruppe brit. Autoren, die Mitte der 50er Jahre mit ihren kultur- u. gesellschaftskritischen Theaterstücken u. Romanen Aufsehen erregten u. die brit. Literaturszene nachhaltig beeinflußten, v. a. J. Osborne, *1929 (*Look Back In Anger*, 1956), J. Wain, *1925 (*Hurry On Down*, 1953), K. Amis, *1922 (*Lucky Jim*, 1954), J. Braine, 1922–1986 (*Room At The Top*, 1957).

annual value ↑rates.

A. N. Other. Bes. bei ↑*cricket* u. ↑*soccer:* Bez. für einen nicht namentlich in der Mannschaftsaufstellung aufgeführten Ersatzmann, vgl. in D *N.N.* (*nomen nescio* ‚Name [noch] unbekannt').

Anreden *(forms of address).* Es ist zu unterscheiden zwischen Briefanschrift u. Anrede. Die Briefanschrift lautet gewöhnlich für einen Herrn: *Mr* (oft ohne Punkt!) ‚Mister' + voller Name (pl. *Messrs*, auch ‚Firma' in Geschäftsadressen); für eine verheiratete Frau: *Mrs* + voller Name ‚Mistress' (pl. *Mmes*); für eine unverheiratete Frau. *Miss* (pl. *The Misses*) + Familienname = älteste Tochter in der Familie; nur mit Vornamen = zweite u. weitere Töchter, auch höfliche Anrede für eine Lehrerin. Seit den 70er Jahren verwenden viele Frauen die „neutrale" Form *Ms* [mɪz] (aus *Mrs* u. *Miss*), die sich aber bisher nicht durchgesetzt hat. Jungen bis 15 Jahren heißen in der Briefanschrift *Master* + Namen, sonstige Anrede stets nur mit Vornamen. Eine fremde Dame nennt man formell *madam*, eine verheiratete Ausländerin *Madame*, einen unbekannten Herrn *sir*, wobei diese Anreden stets ein Element der Hochachtung gegenüber dem/der Angesprochenen beinhalten. *Madam* ist auch die übliche Anrede für adelige Damen. Dabei ist die kontrahierte Form *ma'am* als Anrede für die weiblichen Mitglieder der königlichen Familie, v. a. die Königin selbst, vorbehalten.

Die formelle Anrede von Mitgliedern des Königshauses lautet: „Your Royal Highness", Briefanschrift: His Royal Highness *(HRH)* the Duke of..., mit Ausnahme der Monarchin (Anrede: „Your Majesty"). Ärzte werden mit „Doctor" *(Dr)* – ohne *Mr, Mrs* o. *Miss* – angesprochen. An anglikanische Bischöfe wendet man sich mit „My Lord", an Erzbischöfe mit „My Lord Archbishop" o. „Your Grace", an sonstige Geistliche (↑*clergy*) mit „Sir", „Reverend" o. „Very Reverend" *(Rev.).* Bürgermeister haben auf die Anrede „Sir" bzw. „the Worshipful..." in der Briefanschrift Anspruch.

Abgeordnete *(MPs)* im Unterhaus (↑*Parlament*) werden mit „Honourable" *(Hon.)* angeredet, z. B. P. Smith, „Honourable Member for (Name des Wahlkreises)"; ist der Abgeordnete ein ehem. Offizier: „Honourable and Gallant Member for...", ein ↑*QC:* „Honourable and Learned Member for (...)". „Honourable" *(Hon.)* sind auch die Söhne von *Earls, Viscounts* u. *Barons* sowie die Töchter von *Viscounts* u. *Barons*, ↑*Maids of Honour*, Minister von ↑*Commonwealth*-Regierungen. Anrede für Richter: The Hon. Mr Justice, mündl. „M'Lord". „Right Honourable" *(Rt. Hon.)* ist die Anrede für Mitglieder des ↑*Privy Council*, einschl. des Premierministers u. seiner Minister, für *Earls, Viscounts, Barons* (↑*Adelstitel*) sowie für den ↑*Lord Mayor*. Zu weiteren Anredeformen für ↑*peers* u. *peeresses* vgl. ↑*Adelstitel*. – Hinter dem Namen werden bei brieflichen Adressen angeführt: Abk. von ↑*akad. Graden*, ↑*Orden u. Ehrenzeichen* sowie *Esq.* = *Esquire* ‚Hochwohlgeboren', statt vorangestelltem *Mr*, z. B. John Clothier, *Esq.*

Antonine Wall ['æntənaɪn 'wɔːl]. Unter dem römischen Kaiser Antoninus Pius im Jahre 142 errichteter Erdwall zwischen Firth u. Clyde (Schottland), der die weiter südlich gelegenen Befestigungsanlagen (↑*Hadrian's Wall*) bei Angriffen der kelt. Pikten entlasten sollte. Heute kaum mehr Überreste.

appeal ↑Rechtsmittel.

appeasement policy ↑Weltkriege: 2. Weltkrieg.

apple pie [æpl paɪ]. Gedeckter Apfelkuchen, oft warm mit Vanillesauce *(custard)* serviert (↑*pie*).

approved school, offiziell: *community home*. Erziehungsheim für straffällig gewordene Jugendliche zwischen 15 u. 17 Jahren, denen von einem Richter eine Heimerziehung verordnet wurde. A.s. haben den Status einer Internatsschule *(boarding school)* u. gelten nicht als Strafanstalt (↑*borstal*).

archbishop 1. ↑Konfessionen; 2. ↑Adelstitel; 3. ↑Anreden; 4. Punschartiges Mixgetränk aus heißem *sherry* o. Wein.

Areas of Outstanding Natural Beauty (AONB) ↑National Parks.

ARELS, *Association of Recognized English Language Schools*. Vereinigung der vom ↑*British Council* u. den brit. Erziehungsbehörden anerkannten Sprachschulen in GB, gegr. 1960, Sitz in London; berät bei der Wahl der Sprachschule u. kümmert sich um ausländische Schüler. 1984 Zusammenschluß mit der *Federation of English Language Course Organizations (FELCO)*. Die Mitglieder von *ARELS-FELCO* müssen einen Verhaltens- u. Praxiskodex der Vereinigung einhalten. Sie bieten kurzfristige Feriensprachkurse u. länger dauernde Intensiv-Sprachkurse an.

armed forces ↑Streitkräfte.

Armistice Day ↑Feiertage; ↑Cenotaph.

army ↑Streitkräfte.

ARRC ↑*Allied Rapid Reaction Corps*.

Arts Centres. In GB gibt es über 200 Kultur- u. Medienzentren – in größeren Städten auch als Stadtteilzentrum *(community arts centre)* geführt –, mit oft von Ort zu Ort verschiedenen, mannigfaltigen Aktivitäten für ein breites Publikum, z. B. Theater-Workshops, Musikveranstaltungen, Ausstellungen, Tanzkursen, Fotolabor. Leitung u. Betreuung durch hauptamtliche Mitarbeiter; bezuschußt von den *Regional Arts Boards* u. *local authorities* (↑*local government*) u. von den ↑*Arts Councils*. Der *Arts Council of England* fördert die beiden großen Londoner Zentren *South Bank Centre* u. *Institute of Contemporary Arts*.

Arts Councils. Halbstaatliche Mittlerorganisationen zur Förderung von Kunst und Kultur in England, Schottland, Wales u. Nordirland. Der 1946 gegr. *Arts Council of Great Britain* wurde 1994 nach einer landesweiten Reorganisation in *Arts Council of England (ACE)* umbenannt. 1994/95 verfügte der ACE über ca. 500 Mio. DM, die etwa zu ⅔ für Konzert, Oper, Ballett u. zu ⅓ für Theater ausgegeben werden. Entsprechend geringer dotiert sind der *Scottish Arts Council* (ca. 50 Mio. DM), der *Arts Council of Wales* (35 Mio.) u. der *Arts Council of Northern Ireland* (15 Mio.).

ASA ↑*Advertising Standards Authority.*

AS-Level ↑General Certificate of Education.

Ascot ['æskət]. Städtchen in der Grafschaft Berkshire südl. von ↑*Windsor;* übertragen gebr. für die 1711 hier eröffnete, 4 km lange Pferderennbahn, auf der jedes Jahr Ende Juni an vier Nachmittagen in Anwesenheit der königlichen Familie Galopprennen *(Royal Ascot Races),* u.a. das Rennen um den *Gold Cup,* stattfinden. In der „königlichen Loge" (*Royal Enclosure:* hoher Eintritt, Referenzen!) sind für Damen Hüte, für Herren Frack u. (grauer) Zylinder Vorschrift.

Ashes, the ~ ['æʃəs]. In der ↑*cricket*-Sprache: Symbolische Trophäe für den Sieger bei *Test Matches* zwischen England u. Australien, vgl. Ausdrükke wie *to play for the Ashes* o. *to win back the Ashes* ‚die Niederlage wettmachen'. Die Bez. geht auf den Kommentator eines Cricket-Spiels zwischen England u. Australien zurück, der nach einer englischen Heimniederlage im Jahre 1882 sagte: „The body [= English cricket] will be cremated, and the ashes taken to Australia..."

assisted areas. ‚Fördergebiete, Entwicklungsregionen'. Die Festlegung bestimmter Gebiete des UK als a.a. für die staatl. Entwicklungsförderung ist seit den 40er Jahren eine Priorität der ↑*regional policy.* Je nach Intensität der Förderung teilen sich diese Gebiete in zwei Kategorien: 1. *development areas* ‚Entwicklungsgebiete', z.B. von hoher Arbeitslosigkeit betroffene Teile Schottlands, Nordenglands, insbes. die von Grubenschließungen betroffenen Kohlenreviere in den East Midlands u. Yorkshire; 2. *intermediate areas* ‚Übergangs- u. Teilentwicklungsgebiete', z.B. weite Teile im Süden und Norden von Wales sowie in Nordschottland. Siehe auch ↑*enterprise zones.*

Assisted Places Scheme ↑independent schools.

association football, var. *soccer,*

heißt das Fußballspiel in GB, dem Ursprungsland des Spiels, im Unterschied zu ↑*rugby football* u. *American football.* Die Neubildung *soccer* geht auf die Mittelsilbe *-soc-* in *association football* zurück (↑*clippings*). Im UK gibt es vier eigenständige Fußballverbände, der größte ist die *English* ↑*Football Association (FA);* vgl. auch ↑*Football League.*

Astronomer Royal ↑Royal Greenwich Observatory; ↑GMT.

Atlantic College ↑United World Colleges.

Attorney General [ə'tɜːnɪ . . .]. Der Generalstaatsanwalt in GB teilt sich mit seinem Stellvertreter, dem *Solicitor General,* dem Innenminister *(Home Secretary,* ↑*Regierung)* u. dem ↑*Lord Chancellor* die Aufgaben des Justizministers in D; alle außer dem *Lord Chancellor* müssen einen Sitz im Unterhaus (↑*Parlament: House of Commons*) innehaben. Der A.G. ist juristischer Berater der ↑*Regierung* u. vertritt die Krone (↑*Monarchie*) vor nationalen u. internationalen Gerichtshöfen. In Schottland, dessen Rechtswesen sich vom englischen unterscheidet, werden die ungefähr entsprechenden Funktionen vom *Lord Advocate* u. von seinem Stellvertreter, dem *Solicitor General for Scotland,* ausgeübt. In den USA ist der A.G. ‚Justizminister'.

Auld Lang Syne [ɔːld læŋ 'saɪn]. Schott. ‚vor alter Zeit'; berühmtes Lied des schott. Dichters Robert Burns (1759–96), oft als Freundschafts- o. Abschiedslied, am Ende von Versammlungen u. Feiern, stets am Silvesterabend *(Hogmanay, New Year's Eve,* ↑*Feiertage)* gesungen. Siehe auch *Burns' Night* (↑*Feiertage*).

Auld Reekie [ɔːld 'riːkiː]. ‚Die alte Verrauchte'; Spitzname für Edinburgh. Vgl. ↑*Smoke, the ~.*

Aunt Sally [ɑːnt 'sælɪ]. Beliebtes Wurfspiel auf Jahrmärkten und ↑*fetes,* bei dem nach einem Puppenkopf („Aunt Sally") o. ä. geworfen wird; daher auch im übertragenen Sinn ‚Zielscheibe'.

Auntie, var. *aunty.* ‚Tantchen'; einer der Spitznamen für die *BBC* (↑*Rundfunk u. Fernsehen,* ↑*Beeb*).

Autokennzeichen *(registration number, number plate).* Das brit. Kfz.-Nummernschild (vorne meist schwarz auf weißem Grund, hinten schwarz auf gelbem Grund) ist stärker verschlüsselt als dt. o. frz. Kennzeichen, enthält dafür aber mehr Informationen. 1. drei Ortskennbuchstaben, 2. drei Ordnungsziffern, 3. zuletzt ein Buchstabe, aus dem das Jahr der Zulassung hervorgeht (Stichtag: 1. August): je niedriger im Alphabet, desto älter das Auto. Beispiel: *MYC 575 V* (*M* = örtl. Zulassungsstelle), *YC* = Grafschaft Somerset (Buchstaben *YA, B, C, D*), V = *Zulassungsjahr 1979/80. Seit 1983/84 (= Neubeginn mit* A) steht der Buchstabe für das Zulassungsjahr an erster Stelle, z. B. *M 795 PFT* (*M* = 1994/95, *FT* = Newcastle). Daneben gibt es sog. *personalized number plates,* auch „cherished numbers", meist eine Buchstaben- u. Zahlenkombination, die mit den Initialen des Fahrzeughalters übereinstimmt (z. B. *JEG1*) o. ein originelles Wort ergibt (z. B. COM1C = COMIC). Diese Kennzeichen werden zu hohen Preisen in einer eigenen Rubrik der Londoner *Times* gehandelt.

Avebury ['eɪvbərɪ]. 17 Meilen nördl. von ↑*Stonehenge* gelegenes Dorf (Wiltshire) mit berühmtem neolith. Steinkreis *(stone circle).* Nahe A. befindet sich der 40 m hohe *Silbury Hill,* einer der größten prähistorischen Grabhügel *(tumulus)* in Europa. ↑*Megalithdenkmäler.*

avoirdupois [ævədə'pɔɪz]. Gängiges Gewichtssystem im UK auf der Grundlage von 1 ↑*pound (lb)* = 16 ↑*ounces (oz);* wird allmähl. durch das metr. System abgelöst.

B

B [bɪ]. 1. Note 2 (gut) bei einem System von A–E; 2. *B-road* ‚Straße 2. Ordnung, Landstraße', verbindet häufig zwei *A-roads* (↑*A 3.*).

BA ↑*British Airways.*

B.A., *Bachelor of Arts* ↑akademische Grade.

BAA plc ↑*British Airports Authority.*

BAe ↑*British Aerospace.*

B&B ↑*Bed and Breakfast.*

backbenchers ↑Parlament: *House of Commons.*

back-slang. Früher unter den ↑*costermongers* Londons beliebte Geheimsprache, die darauf beruht, die Wörter möglichst rückwärts zu sprechen, z.B. *yennep = penny,* ↑*yob = boy, namow = woman, esclop = police.* Vgl. die Umkehrsprache *verlan* (von „l'envers") im heutigen Französisch o. das *loucherbem,* die im 19. Jh. übliche Geheimsprache der Fleischer *(les bouchers)* im Pariser Schlachthof. Vgl. ferner ↑*cockney,* ↑*slang.*

bacon and eggs [beɪkən ən 'egz], var. *egg and bacon.* Gebratener (durchwachsener) Speck u. Spiegelei, traditioneller Bestandteil des *English* ↑*breakfast.*

Badeorte ↑spa.

Badminton ['bædmɪntən]. Wettkampfform des Federballspiels, das erstmals in Badminton (Gloucestershire), dem Landsitz des Duke of Beaufort, nach festen Regeln ausgetragen worden sein soll. Das erste Turnier wurde 1898 von der *Badminton Association of England* (gegr. 1893) ausgerichtet. Ab 1992 olymp. Sportart.

bagpipe ['bægpaɪp]. ‚Dudelsack'; schott. Nationalinstrument. Blasinstrument, dem die Luft nicht direkt über das Mundstück, sondern aus einem ledernen Luftsack *(bag)* zugeführt wird. Typisch für die b.-Musik ist die stets mitschwingende leere Quint *(bourdon),* über der sich die Melodie entwickelt. Den *bourdon* erzeugen 3 Pfeifen *(drones),* die in einer Quinte zueinander – oft auch gegeneinander verstimmt – gestimmt sind. Die 4. Pfeife ist die Melodiepfeife *(chanter),* ein Doppelrohrinstrument, mit 6 Grifflöchern. Sie erhält wie die übrigen Pfeifen durch Druck mit dem Arm ununterbrochen Luft aus dem Sack. Geblasen wird – unabhängig von der Melodieführung – durch ein Mundstück, das gegen den Sack durch ein Ventil luftdicht abgeschlossen werden kann. – Das Repertoire des b. umfaßt drei große Gruppen: *Ceòl beag* („little music": Märsche, schott. Tänze wie *reels* u. *strathspeys*); *ceòl meadhonach* („middle music": alte Highland-Volkslieder, Wiegenlieder, Klagelieder, langsame Märsche u. *croons:* leise, sanfte Melodien); *ceòl mór* („big music": anspruchsvolle Kompositionen, Salute, Trauerlieder, Erinnerungsmelodien an historische Ereignisse, ↑*Culloden,* ↑*clearances,* ↑*Glen Coe*). Ein Dudelsackspieler heißt *piper.*

Bahnhöfe (London) *(London railway stations).* In London gibt es 8 große (Sack-)Bahnhöfe *(main line stations),* von denen aus die verschiedenen Regionen des Landes bedient werden: 1. *Charing Cross* (WC 2), für Züge nach Südosten (Dover, außer ↑*boat trains*), 2. *Euston* (NW 1), für Züge nach Nordwesten (Liverpool, Lake District) u. Schottland (Glasgow, Inverness); 3. *King's Cross* (NW 1) für Züge nach NO (Newcastle) u. Schottland (Edinburgh, Aberdeen). 4. *Liverpool Street* (EC 2) für Züge nach Osten (Norwich, Harwich, ↑*boat trains,* Holland u. Norddeutschland; 5. *Paddington* (WC 2), für Züge nach Westen (Oxford, Bristol), Südwesten (Plymouth) u. Wales (Cardiff); 6. *St. Pancras* (NW 1), für Züge Richtung Midlands (Leicester, Sheffield); 7. *Victoria* (SW 1) für Züge nach Süden (Brighton) u. zum europ. ↑*Continent* (↑*boat trains,* Belgien, Süddeutschland, Frankreich); 8. *Waterloo* (SE 1) für Züge nach Süden (Southampton) u. – in einem zweiten *Terminal (Waterloo International)* – den ↑*Eurostar* nach Paris (Fahrt durch den ↑*Channel Tunnel*).

Bes. für den Vorortverkehr wichtig sind die B. *Blackfriars* (EC 4), *Broadstreet* (EC 2), *Cannon Street* (EC 4), *Fenchurch Street* (EC 3), *Holborn Viaduct* (EC 1), *London Bridge* (SE 1), *Marylebone* (NW 1). Die B. sind an das Londoner U-Bahn-Netz (↑*London Underground*) angeschlossen. Es fällt auf, daß der Name London nie auf englischen Fahrplänen erscheint, sondern stets nur der Name der betreffenden Endstation *(terminus).*

bailiwick ↑Channel Islands.

baked beans [beɪkd 'bi:nz]. Weiße Bohnen, mit Tomaten gedünstet u. gebacken, häufig als Beilage zu ↑*bacon and eggs.*

Baker day (colloq.). Nach Kenneth Baker (Erziehungsminister in der Thatcher-Regierung ↑*thatcherism*). Für Lehrerfortbildungskurse (*in-service training,* ↑*Inset*) freigehaltene Schultage, wurden 1987 zur Vorbereitung auf das ↑*National Curriculum* eingeführt.

baker's dozen [beɪkəz 'dʌzn]. ‚13 statt 12'; urspr. beim Bäcker gebräuchlich, der einer Strafe wegen möglichen Untergewichts der für den Einzelhandel bestimmten Brotlaibe durch Hinzugabe eines unberechneten dreizehnten zuvorkommen wollte. Vgl. auch das jeweils 13. unberechnete Exemplar für Buchhändler bei größeren Bestellungen.

balance of power ↑Weltkriege: 1. Weltkrieg.

Balfour Report ↑Commonwealth.

Balmoral Castle [bæl'mɒrəl...]. Schott. Schloß am Rande des Balmoral-Waldes, unweit von Braemar (↑*Highland Games*), 80 km westlich von Aberdeen (Grampian), ein Musterbeispiel des schott. *Baronial Style* (↑*Baustile*); traditionelle Sommerresidenz der ↑*Royal Family* seit Königin Victoria (Mitte des 19. Jh.s). Während des Aufenthalts in B. gehen die Mitglieder des Königshauses meist in schott. Nationaltracht (↑*kilt*, ↑*tartan*) u. nehmen regen Anteil am schott. Landleben, an festlichen u. sportlichen Veranstaltungen.

bangers and mash [bæŋəz ən 'mæʃ]. Bratwürste mit Kartoffelpüree.

Bank Holidays ↑Feiertage.

Bank of England. Die brit. Zentralnotenbank mit Sitz in Threadneedle Street (daher u. weil sie 1797 als eine alte Dame karikiert wurde, der Spitzname *Old Lady of Threadneedle St.*) in der ↑*City of London;* gegr. 1694, verstaatlicht 1946 (↑*nationalization*). Sie wird von einem *Governor,* seinem Stellvertreter *(Deputy)* u. einem sog. *Court,* einem 16köpfigen Direktorium, geleitet. Die B. gibt Noten u. Münzen (↑*Geld u. Währung*) aus *(issuing department)* u. betreibt Bankgeschäfte *(banking department).* Ihre Aufgaben sind: die Lenkung des Devisenmarkts, die Verwaltung der Landeswährung u. – im Auftrag der ↑*Regierung* – der Devisenreserven. Außerdem überwacht sie das Bankwesen innerhalb des UK u. fungiert als Bank für die Regierung – im Gegensatz zur Bundesbank –, für die Geschäftsbanken *(commercial banks,* ↑*Banken)* des UK sowie ausländische Zentralbanken u. internationale Geldinstitute.

Banken *(banks).* Der brit. Bankensektor ist im Unterschied zum kontinentaleuropäischen Universalbankensystem nach Funktionen gegliedert. Die größte B.-Gruppe sind die *joint stock b.* ‚Geschäftsb.', *(commercial b.* u. *deposit b.).* Sie wickeln die üblichen Bankgeschäfte ab u. sind Mitglieder des *clearing bank system* o. daran angeschlossen. Sie umfassen in Engl. u. Wales: a) die sog. *clearing b.,* die tägl. Schecks untereinander austauschen u. Mitglieder des *London Bankers' Clearing House* sind, näml. die *„Big Four" (Barclays Bank, Lloyds Bank, the Midland Bank* u. *the National Westminster Bank),* sowie *Coutts & Co., Williams and Glyn's Bank* u. die *Cooperative Banks;* b) die *Girobank,* die dem ↑*Post Office* angehört u. dem dt. Postgiroamt entspricht; c) das *Banking Department* der ↑*Bank of England.* In Schottl. sind die *commercial b.: Royal Bank of Scotland Group, Clydeside Bank* u. *Bank of Scotland,* die auch eigene Banknoten ausgeben (↑*Geld u. Währung*).

Die *merchant b.* (heute v. a. *investment b.,* auch *accepting houses, issuing houses, issuing b.*) waren urspr.

Handelsbanken, die den Außenhandel finanzierten und daneben Im- und Exportgeschäfte betrieben. Heute sind sie auf bestimmte Gebiete spezialisiert: Sie geben Anleihen und Aktien aus, betreiben auf eigene und auf fremde Rechnung Börsengeschäfte und verwalten die i.d.R. großen Vermögen ihrer Kunden (z.B. *unit trusts*, ‚Investment fonds'). Auch die Beratung und der Verkauf von Unternehmen gehört heute zum *merchant/investment banking;* bekannte Namen sind *Rothschilds, Hambros, Schroder.* Die traditionelle britische m.b. *Baring Brothers* brach im März 1995 nach spekulativen Börsengeschäften eines Händlers in Singapur zusammen. – Die *discount houses* ‚Diskontbanken' versorgen die Geschäftsbanken mit Liquidität u. schließen Refinanzierungslücken durch Vermittlung zw. der Notenbank (↑*Bank of England*) u. dem übrigen Bankensektor.

Bei den *Savings B.* ‚Sparkassen' gibt es a) die *Trustee Savings B. (TSB)*, die aus privater Initiative im 19. Jh. entstanden sind; dort eingelegte Gelder müssen auf Treuhandkonten deponiert werden; sie erledigen auch die üblichen Bankgeschäfte. b) *National Savings B. (NSB)*, früher *Post Office Savings B.*, die vom ↑*Post Office* über die Postämter betrieben werden u. dem Kleinsparer verschiedene Sparmöglichkeiten anbieten. ↑*building societies.*

bannocks [bænəks]. Flache, runde Kuchen, i.d.R. aus Hafermehl u. mit Rosinen (Schottland, Nordengland), beliebtes Teegebäck (↑*crumpets*, ↑*scones*, ↑*tea*).

BAOR, *British Army of the Rhine.* ‚Rheinarmee'. Frühere Bez. für die in D stationierten brit. Truppen, heute ↑*UK Support Command.* Siehe ferner ↑*Streitkräfte;* ↑*BFBS.*

Baptists ↑Konfessionen.

bar [bɑː]. 1. Im Ggs. zur dt. Bar jeder Raum, in dem Getränke ausgeschenkt werden, z.B. *public bar, lounge bar* in einem ↑*pub;* 2. *to go to the bar,* ↑*barrister;* 3. *to be called within the Bar,* ↑*Q.C.;* 4. im brit. ↑*Parlament:* Schranke, die den Bereich abtrennt, den Nicht-Parlamentsmitglieder nicht betreten dürfen.

Barbican (Arts) Centre ['bɑːbɪkən...]. Großzügig angelegtes, hypermodernes Kulturzentrum in der ↑*City of London* (EC), eröffnet 1982, mit bedeutender Musik- u. Schauspielschule (*Guildhall School of Music and Drama,* seit 1977), Konzertsaal (*Barbican Hall,* 2000 Plätze) für das London Symphony Orchestra, Theater *(Barbican Theatre,* 1166 Plätze) als Londoner Haus für die ↑*Royal Shakespeare Company* (1200 Plätze, keiner weiter als 20 m von der Bühne entfernt), kleiner Studiobühne (*The Pit,* 200 Plätze), drei Kinos, Konferenzräumen, Leihbibliotheken, Kunstgalerien, drei Restaurants u. Wintergarten (2000 m^2). Zum B.-Areal gehören ferner drei 120 m hohe Hochhäuser mit 2100 Wohnungen.

Bard of Avon [bɑːd əv 'eɪvn]. Beiname des engl. „Nationalbarden" William Shakespeare (1564–1616), Anspielung auf seinen Heimatort Stratford-upon-Avon (Warwickshire).

barley wine ['bɑːlɪ waɪn]. Kein Wein (*barley* ‚Gerste'), sondern die stärkste Biersorte (↑*ale*), die wegen ihres hohen Alkoholgehalts in *nips* (0,2 l) ausgeschenkt wird.

barrel. 1. Faß; 2. (Abk. *brl, bl,* Plural *bbl*) Hohlraummaß mit verschiedenen Werten; v. a. für Öl: = 35 ↑*gallons* = 159 l.

barrister ['bærɪstə]. Es gibt in GB zwei Arten von Rechtsanwälten: *barrister* (in Schottland: *advocate*) u. *solicitor.* Der b. erwirbt einen akademischen Grad in Jura u. wird dann von einem der vier *Inns of Court,* der in London befindlichen Ausbildungsstätten der b., aufgenommen. Sie heißen: *Lincoln's Inn, Gray's Inn, the Inner Temple, Middle Temple.* Dort studiert er etwa zwei Jahre, und nach einem weiteren Jahr bei einem praktizierenden b. wird er zugelassen – *he is called to the bar,* wo *bar* für den Berufsstand der b. steht – und kann sich selbständig machen. Er darf Prozesse vor allen Gerichten (↑*Justiz*) führen. Die Vorbereitung dafür trifft der *Solicitor* (s. u.), der mit dem Klienten in direkter Verbindung steht. Nach 10jähriger Tätigkeit kann dem b. der Titel *Queen's (King's) Counsel* (↑*QC bzw.* KC) verliehen werden. die schott. Entsprechung des b. ist *advocate.* Der Staatsanwalt bei Strafprozessen (*counsel* – eine andere Bez. für b. – *for the prosecution*) ist ein selbständiger b., also kein Beamter wie in D.

Der angehende *solicitor* lernt als *clerk* 5 Jahre bei einem erfahrenen *solicitor.* Er muß zwei Prüfungen bei der *Law Society,* dem entspr. Berufsverband, ablegen. Seine Haupttätigkeit ist es, juristischen Rat zu erteilen und Prozesse mit dem b. vorzubereiten. *Solicitors* erfüllen auch notarielle Aufgaben; sie genießen nicht soviel Ansehen wie b. Seit 1993 gibt es in Schottland, seit 1994 in England, sog. *solicitor-advocates,* die vor höheren Gerichten erscheinen dürfen.

Baronet. Abk. *Bart.* o. *Bt.* hinter dem Namen, z. B. in der Briefanschrift, niederer ↑*Adelstitel.*

Baronial Style [bə'rəunjəl...] ↑Baustile.

Bart., *Baronet* ↑Adelstitel.

Basic (English) ['beɪsɪk]. Von dem brit. Linguisten C. K. Ogden um 1930 geschaffenes Modell einer Welthilfssprache zur elementaren Verständigung in den verschiedensten Bereichen mit einem Minimum an Aufwand. Typisch für dieses ‚Grundenglisch' – zugleich auch die Initialen von *B*ritish, *A*merican, *S*cientific, *I*nternational, *C*ommercial – sind die stark vereinfachende Grammatik u. der auf 850 Wörter (davon nur 18 Verben) beschränkte Wortschatz. Diese Knappheit des Wortschatzes erfordert häufig den Rückgriff auf definierende Umschreibungen *(phrasal verbs),* z. B. *disembark* wird zu *get off the ship,* u. führt zu Schwerfälligkeit u. Künstlichkeit des Ausdrucks. Daher hat sich *Basic English* – im Ggs. zum weniger restriktiven *français fondamental* – bis heute nicht durchgesetzt.

BAT, *British-American Tobacco Co.*

Ltd. (bis 1976), heutiger Name: *BAT Industries plc.* Brit. multinationales Unternehmen (gegr. 1902), weltweit führender Tabakwarenhersteller mit Interessen u. a. in der Kosmetik- u. Versicherungsbranche.

Bath-Orden ↑Orden und Ehrenzeichen. A.3.

batsman ↑cricket.

Battle of Britain ↑Weltkriege: 2. Weltkrieg.

Battle of Hastings. Die Schlacht bei Hastings (Sussex) am 14. Okt. 1066 (↑*Geschichtsdaten*); Herzog Wilhelm von der Normandie *(William the Conqueror)* besiegte den angelsächsischen König Harold II. Die darauf folgende Eroberung u. Unterwerfung des ganzen Landes (bis 1070) wird als *Norman Conquest* bez. Sie brachte Ordnung u. Frieden u. hatte für Engl. weitreichende Folgen: durch die Einführung des Lateins als Amtssprache u. einer neuen kirchlichen Struktur, die der der Normandie angepaßt war, fand Engl. eine Verbindung zum ↑*Continent;* mit der normann. Oberschicht kam die franz. Sprache nach Engl., die für Jahrhunderte die Sprache des Königshofes (↑*Court of St. James*) wurde; die staatl. Verwaltung wurde reorganisiert (↑*Domesday Book*); die ↑*jury* wurde eingeführt; es entstanden ein starkes Königstum u. eine strenge Lehnsordnung. Die Verschmelzung von angelsächsischen u. normann. Systemen wurde zur Grundlage der staatl. Ordnung Englands.

Battle of the Boyne ↑Feiertage, ↑Orangemen.

Baustile. Zahlreiche engl. Städte wurden von den Römern gegründet, wovon heute noch Baureste zeugen, z.B. Colchester, Lincoln, Canterbury, York (↑*-cester, -chester, -caster;* ↑*Ortsnamen*). Im Mittelalter prägte die einfache Bauweise der Angelsachsen die verschiedenen Stilepochen. Seit dem 11. Jh. lassen sich folgende Stilrichtungen unterscheiden:

1. *Norman Style* (anglo-normannischer Stil, Mitte 11. Jh. bis Mitte 12. Jh). Dieser Baustil kam 1066 (↑*Battle of Hastings*) mit den normannischen Eroberern auf die Insel u. entspricht weitgehend dem romanischen Stil in D. Sein Kennzeichen ist der Rundbogen (↑*Tower of London,* Durham u. Westminster Cathedrals).

2. *Gothic Style.* Die engl. Gotik wird in drei verschiedene Perioden eingeteilt: a) *Early English* (13. Jh.), gekennzeichnet durch den Spitzbogen. Typische Beispiele sind die Kathedralen von Wells u. Salisbury; b) *Decorated Style* (14. Jh.): reichgegliederte Formen und geometrisches Fenstermaßwerk; typische Beispiele: Exeter u. York Cathedrals; c) *Perpendicular Style* (15. Jh.): Betonung der Vertikalen, Netz- u. Fächergewölbe u. stete Abbildung der „Tudor-Rose“. Beispiel: die Kapelle von King's College in Cambridge.

3. *Tudor Style* (15./16. Jh.). Typisches Merkmal ist der flache Spitzbogen, Baumaterial ist oft roter Backstein. Paläste und Adelssitze dokumentieren diesen Stil (z.B. St. James's Palace in London, Hampton Court).

4. *Elizabethan Style* (17. Jh.). Für

diesen Baustil charakteristisch sind die reichen, phantasievoll geschmückten Fachwerkbauten („Elizabethan Houses"), wie man sie noch in Canterbury, Stratford-upon-Avon, York u. vielen anderen engl. Städten findet.

5. *Jacobean Style.* Baustil während der Regierungszeit von James I. (1603–25); typisch sind roter Backstein, Ecktürmchen, symmetrischer Grundriß, z. B. Blickling Hall (Norfolk), Audley End (Essex), Bramshill (Hampshire).

6. Der klassizistischen Periode werden zugerechnet: a) *Queen Anne Style* (1702–14), b) *Georgian Style* (1714–1820) u. c) *Regency Period* (‚Regentschaft', 1810–1830, des späteren Königs George IV). Gemeinsam ist den Bauwerken in dieser Zeit die schlichte, klare Linienführung. Zahlreiche Bauten aus der *Regency* prägen noch heute das Stadtbild von London zwischen ↑*Buckingham Palace* u. ↑*Trafalgar Square.*

7. *Victorian Style.* Der neugotische – daher auch die Bez. *Gothic revival* – Baustil während der Regierungszeit von Queen Victoria (1837–1901). Hauptwerke sind das Londoner Parlamentsgebäude *(Houses of Parliament)* u. die Tower Bridge. Gleichzeitig gibt es auch eine Erneuerung klassisch-griechischer Formen *(Greek Revival),* etwa die Londoner National Gallery, das British Museum o. viktorianische Wohnhäuser mit klassizist. Säulen beiderseits des Eingangs u. einem kleinen Dreiecksgiebel.

8. Ein v. a. in Schottland ausgeprägter (Barock-)Stil war der *Baronial Style,* typisch für die schott. Adelshäuser des 16./17. Jhs.

BBC, *British Broadcasting Corporation* ↑Rundfunk u. Fernsehen.

BBC English. Das Englisch der Sprecher der *British Broadcasting Corporation* (↑*Rundfunk u. Fernsehen*) ist seit Einführung des Hörfunks in den 20er Jahren Inbegriff für vorbildlichen engl. Sprachgebrauch (↑*King's/Queen's English,* ↑*Standard English*), bes. im Hinblick auf die Aussprache, die sich streng an die ↑*received pronunciation* hält. Seit Mitte der 60er Jahre werden jedoch bei der *BBC* v. a. in Sendungen für die jüngere Generation zunehmend umgangssprachliche Formen u. regionale Aussprachevarianten, ja sogar ein amerikanisiertes Englisch („mid-Atlantic"), toleriert. Für die Sendungen des *BBC World Service* bleibt jedoch das ↑*King's (Queen's) English* weiterhin die Vorschrift u. wird solchermaßen weltweit verbreitet.

B.C., *before Christ.* Bei Jahresangaben ‚vor Christus': v. Chr. (↑*AD*).

B.D. ↑akademische Grade.

beagle ↑Hunderassen.

beat (music) [biːt]. Aus dem amerik. *rock'n'roll* in GB (London u. Liverpool!) in den 60er Jahren entstandene populäre Musikform (↑*pop music*), bei der die Grundschläge *(beats)* des Schlagzeugs im Vordergrund stehen. Hinzu kommen drei bis vier elektrisch verstärkte Gitarren als Melodie-, Harmonie- u. Rhythmusinstrumente. Berühmte Beat-Bands in ihren Anfangsjahren waren die ↑*Beatles* u. die ↑*Rolling Stones.*

Beatles, the ~. Das erfolgreichste Quartett („Fab Four") der ↑*beat* u. ↑*pop music* der 60er Jahre, mit John Lennon (1940–1980), Rhythmusgitarre, Gesang, Texte; Paul McCartney (*1942), Baßgitarre, Gesang, Texte; George Harrison (*1943), Melodiegitarre; Ringo Starr (*1940), Schlagzeug. Die vier gebürtigen Liverpooler waren anfangs neben Gruppen wie den *Searchers* o. den *Escorts* typische Vertreter des ↑*Mersey sound.* Mit ihren Liedern über Liebe u. Revolution, neuen „Pilzkopf"-Frisuren u. (ab 1967) lässigen Hippiegewändern, Protestaktionen für den Frieden *(All you need is love)* repräsentierten sie wie kaum eine andere Gruppe das Lebensgefühl vieler Jugendlicher in den 60er Jahren. Ihre Musik orientierte sich sowohl am Rock'n'Roll u. Blues der 50er Jahre als auch an klass. Musikformen. Sie führten elektr. Verfremdungseffekte, Geräusche, Bläser, Chöre u. Streicher ein. Am 11.9.1962 nahmen die B. ihre erste Schallplatte auf (A: *Love Me Do* u. B: *P.S. I Love You*). Über GB hinaus bekannt wurden sie durch Auftritte im Hamburger „Starclub" 1962/63, mit dem 1963 veröffentlichten Titel *I Want To Hold Your Hand* gelang ihnen der Durchbruch in den USA und Europa – Beginn des „B.-Fiebers" *(Beatlemania)* unter den Anhängern.

Jede Single (insges. 28) u. jede der 13 LPs, die die B. zwischen 1962 u. 1970 aufnahmen (↑*Abbey Road*), erreichte Millionenauflagen. In der „Ewigen Hitparade" sind sie heute noch mit 13 Nummern vertreten, z. B. *Hey Jude, Yesterday, Michelle.* Beatles-Filme wie *Help, Yellow Submarine* o. *A Hard Day's Night* waren mit gleichnamigen Platten gekoppelt. Ihre erfolgreichste LP (Album) war *Sergeant Pepper's Lonely Hearts Club Band* (1.6.1967), die als Wendepunkt der B. u. der *pop music* im allg. gilt. Die in den früheren 60er Jahren vielfach noch belächelte Musik wurde zu einer respektablen Kunstform. Königin Elizabeth II verlieh den B. nicht zuletzt in Würdigung von deren Bedeutung als „Englands Exportartikel Nr. 1" im Jahre 1965 den *MBE*-Orden (↑*Orden u. Ehrenzeichen*). 1970 trennten sich die B. (letzte LP u. letzter Film *Let It Be*), 1974 wurde die Gruppe rechtskräftig aufgelöst. John, George u. Ringo gingen daraufhin eigene Wege als Solomusiker, Paul gründete eine neue Band („Wings"). 20 Jahre später erschien eine Doppel-CD mit 36 bis dahin unveröffentlichten Songs aus den frühen 60er Jahren („Live at the BBC").

Bed and Breakfast, kurz: *B & B.* Kleine Privatpension mit meist nicht mehr als 4 o. 5 Zimmern, die klass.-brit. Art der Unterkunft, bei einheimischen wie ausländischen Touristen gleichermaßen beliebt, günstiger Übernachtungspreis, reichliches Frühstück (↑*breakfast*) u. familiäre Atmosphäre. Siehe auch ↑*inn.*

bedlam ['bedləm]. ‚Lautes Durcheinander'; das Wort kommt von der volkstüml. Abk. für das Krankenhaus *St. Mary of Bethlehem,* die erste, 1547 in London erbaute Nervenheilanstalt.

Beds. Abk. für die Grafschaft Bedfordshire ['bedfədʃə] (siehe Karte S. 281).

Beeb, the ~ [biːb]. Spitzname der *BBC* (↑*Rundfunk u. Fernsehen*), neben ↑*Auntie.*

beefeaters ['biːfi.təz]. Wörtl. ‚Rindfleischesser', etymologisch jedoch eher eine Verballhornung von frz. „buffetiers du roi". Spitzname der ↑*Yeomen of the Guard,* nicht ganz korrekt auch der *Yeomen Warders* im ↑*Tower of London.*

beefsteak, meist kurz *steak.* Nicht zu verwechseln mit dem „Deutschen Beefsteak" aus Hackfleisch (engl. *minced beef* o. ↑*minced meat*). B. ist in GB immer ein Stück vom besten Rindfleisch: gut durchgebraten heißt es *well-done,* halbroh *rare,* fast roh *underdone.*

bejant ['biːdʒənt], fem. *bejantine.* Verballhornte Form aus frz. *becjaune* ‚Grünschnabel'. An der Univ. St. Andrews (Fife) Bez. für einen Studenten/eine Studentin im 1. Studienjahr, dem/der traditionsgemäß ein älterer Student u. eine ältere Studentin *(senior man* u. *senior woman)* als sog. *academic parents* gleichsam als private Studienberater zugeordnet sind. Siehe auch ↑*Raisin Monday.*

Belisha beacon [bə'liːʃə 'biːkən] heißen die zwei schwarz-weiß gestreiften Pfosten mit orangegelbem, kugelförmigem Blinklicht an der Spitze, die sich in GB häufig an Fußgängerübergängen zusätzlich zum Zebrastreifen auf beiden Seiten der Straße befinden; nach Leslie Hore-Belisha, brit. Transportminister 1931–1937. Siehe auch ↑*pelican crossing.*

bell ringing, var. *campanology.* Auf den Brit. Inseln entstandene u. heute v. a. in England verbreitete Kunst des (Kirchen-)Glockenläutens nach dem Prinzip des Wechselläutens *(change ringing).* Ein Glockenläuter-Team *(band of ringers)* besteht i. d. R. aus 6 Personen, von denen jede nach einer genauen Vorlage an einem Glockenstrang zieht. Die „Partituren" sind oft jahrhundertealt, z. B. *Grandsires Doubles, Plain Bob, Cambridge Surprise, Stedman Fivers.* Ein komplettes Geläut besteht aus mehr als 5000 einzelnen „changes". In GB gibt es etwa 5500 Kirchtürme – davon allein 5000 in Engl. – (gegenüber 60 außerhalb GBs), die dafür ausgerüstet sind. Zehntausende von *bell ringers* o. *campanologists* sind in über 160 *bell ringing associations* o. *campanology clubs* zusammengeschlossen.

Ben. Aus gael. *beann* ‚Horn, Vorgebirge'; Bestandteil brit. Bergnamen, v. a. in Schottland, z. B. *Ben* Nevis (1343 m, höchster Berg GBs), *Ben* Macdhui (1309 m), *Ben* Lomond (973 m).

bench. 1. ↑*Parlament: House of Commons;* 2. *the Bench:* Amt des Richters o. *magistrate* (↑*Justiz*), wie in *appointed to the bench* ‚zum Richter ernannt'; Richter o. *magistrates* im Gericht, wie in *the opinion of the bench* ‚die Meinung des Gerichts'.

Berks [bɑːks]. Abk. für die Grafschaft Berkshire ['bɑːkʃə] (s. Karte S. 281).

Beveridge Report ['bevərɪdʒ...]. Gängige Bez. für *The Report on Soci-*

al Insurance and Allied Services, einen 1942 von Sir (später Lord) William H. Beveridge, einem Abgeordneten der Liberalen Partei, verfaßten Bericht über die Grundlagen eines Wohlfahrtsstaates *(welfare state)*; seine Vorschläge wurden von der *Labour*-Regierung 1945–51 übernommen. Beveridge glaubte, die Organisation der Industrie sei die Hauptursache der Arbeitslosigkeit; er umriß ein umfassendes System der Sozialversicherung (↑*social security*) u. schlug die teilweise Abschaffung des *means test* („Bedürftigkeitsnachweis") vor. Auch der ↑*National Health Service* geht auf den B.R. zurück. ↑*Social Welfare.*

BFBS *British Forces Broadcasting Service.* Der Radiosender der brit. Truppen in D *(↑UK Support Command).* Der entspr. Fernsehsender heißt *SSVC TV (Series Sound and Vision Corporation).* Zentrale in Gerrard's Cross, Bucks.

Bier ↑ale, ↑bitter, ↑lager, ↑stout, ↑Guinness.

Big Ben. Nach dem Politiker Sir Benjamin („Ben") Hall (1802–1867). 1. Der 97 m hohe Uhrenturm des brit. Parlamentsgebäudes (↑*Houses of Parliament*) in London-Westminster, widerstand 11 Bombenangriffen auf das Parlamentsgebäude im 2. Weltkrieg. 2. Die dort seit 1858 hängende 13,5 t schwere Stundenglocke, deren Glokkenschläge als ↑*BBC*-Zeitzeichen (Live-Schaltung!) Weltberühmtheit erlangten. Das alte Uhrwerk muß wöchentlich dreimal aufgezogen werden.

Big Four. Sammelbez. für die vier größten Londoner ↑*Banken (joint-stock banks)* mit Zweigstellen in ganz GB u. weltweit: Barclays Bank, Lloyds Bank, Midland Bank, National Westminster Bank.

bill. ‚Gesetzesvorlage'; *public bills* betreffen die Öffentlichkeit u. werden meistens vom *cabinet* (↑*Regierung*), aber auch von einzelnen Abgeordneten als *private member's bills* eingebracht; *private bills* werden i.d.R. nicht von einem Abgeordneten, sondern auf dem Weg der Petition von Personen o. Körperschaften außerhalb des ↑*Parlaments* eingebracht.

Bill of Rights ↑Verfassung.

billion ['bɪljən]. Bis Ende der 70er Jahre: ‚1 Million Millionen'; jetzt ‚1 Milliarde'; um sicherzugehen, schreibt man *1,000 million (one thousand million).*

bingo ['bɪngəʊ]. Bes. unter Hausfrauen beliebtes Glücksspiel (daher auch „Hausfrauen-Roulette"), das meist in sog. *Bingo Clubs*, aber auch auf Volksfesten u. im Rundfunk stattfindet. Jeder Spieler muß jeweils für einen geringen Einsatz eine o. mehrere Karten mit verschiedenen Zahlenreihen erwerben. Die vom Spielleiter *(caller)* gezogenen u. ausgerufenen Zahlen (meist humorvoll gereimt o. mit Anspielung auf berühmte Zahlen, z. B. 10 = „Downing Street No 10", 13 = „lucky number") müssen mit denen auf der Karte der Mitspieler übereinstimmen. Wer zuerst eine Zahlenreihe vollständig kombiniert hat, ruft „Bingo" u. erhält einen Geld- o. Sachpreis bis zu £ 1000. B. steht seit 1966 unter staatl. Wettaufsicht. Alle Einsätze werden nach Abzug der Spielsteuern zu 100% als Gewinn ausgeschüttet. Für die B.-Veranstalter bleibt der Erlös aus Eintrittsgeldern, Verkauf von Imbiß u. Getränken.

Birthday Honours ↑Orden u. Ehrenzeichen; ↑Official Birthday.

biscuits [bɪskɪts] heißen im BrE Kekse u. Plätzchen (AmE *cookies*), aber auch Zwieback o. Salzgebäck (AmE crackers), z. B. *cheese and biscuits.* Zur Unterscheidung verwendet man daher auch in GB immer häufiger die Bez. *sweet biscuits* o. *tea biscuits* bzw. *cream crackers.* Dem dt. Biskuit entspricht im Engl. *sponge (cake).* Vgl. ↑*false friends.*

bitter. Das in allen brit. ↑*pubs* gängige Faßbier („pint of b., please") regional bzw. je nach Brauerei auch *special* o. *heavy* genannt. Es hat verschiedene Stärkegrade: *best bitter* ist mittelstark u. von durchschnittlicher Qualität, *premium bitter* stärker u. von höherer Qualität. ↑*ale,* ↑*barley wine,* ↑*Guinness,* ↑*lager,* ↑*stout.*

bitters. Magenbitter o. Bitterliköre, in GB oft auf der Basis aromatischer Gewürze wie Anis, Nelken u. Zimt hergestellt.

BL ↑*British Library; British Leyland* ↑*Rover.*

Black and Tan. 1. Biermischung aus ↑*stout* u. *pale* ↑*ale* o. ↑*bitter;* 2. Bez. des brit. Truppenkontingents, das 1920 gegen Irland kämpfte.

Black Country. ‚Schwarzes Land'; im 19. Jh. geprägte Bez. für das Kohlebergbau- u. Schwerindustriegebiet um u. nordwestl. von Birmingham (West-Midlands). Angesichts des Einzugs zunehmend „sauberer" Industrien heute nur noch historisch zu verstehen.

Black Maria [blæk mə'raɪə]. Polizeizellenwagen; vgl. dt. „Grüne Minna".

black pudding ↑pudding.

Black Rod, Gentleman Usher of the ~. Beamter des Oberhauses (↑*Parlament*), der für Ordnung sorgt. Seine Hauptaufgabe ist es, Abgeordnete des Unterhauses in das Oberhaus zur *State Opening of Parliament* zu holen. Der Name kommt vom schwarzen Stab, den er während dieser Zeremonie trägt.

blackleg. Wörtl. ‚Schwarzfuß', var. *scab.* Arbeiter, Arbeitnehmer (↑*worker*), der gegen die Satzungen seiner ↑*Gewerkschaft* verstößt, auch allg. ‚Streikbrecher'.

blancmange [blə'mɒnʒ]. Milchpudding mit verschiedenen Geschmacksrichtungen, z. B. *chocolate b.;* nicht zu verwechseln mit engl. ↑*pudding.* Siehe auch ↑*flummery.*

Blenheim Palace ['blenɪm, 'blenəm...]. Nördl. von Oxford gelegenes Schloß, das Queen Anne für den Duke of Marlborough nach dem Vorbild von Versailles erbauen ließ (Bauzeit 1705–22), nachdem die engl. Streitkräfte unter seiner Führung u. die kaiserlichen dt. Truppen Prinz

Eugens im Span. Erbfolgekrieg die Franzosen u. Bayern in der Schlacht bei Blindheim (engl. Blenheim) nahe Höchstädt a.d. Donau 1704 besiegt hatten. Der Schloßpark ist das Werk von Capability Brown, des großen engl. Landschaftsarchitekten des 18. Jhs. (↑*English Garden*).

Blighty ['blaɪtɪ]. Von hindustan. *bilayati* ‚fremd, europäisch'; Soldatenslang für die ‚engl. Heimat', in die der Soldat nach längerem Auslandsdienst zurückkehrt.

blitz. Bez. für die Luftangriffe im 2. Weltkrieg (↑*Weltkriege*). Das Lehnwort *blitzkrieg* dagegen bedeutet wie im Dt. einen schnellen Eroberungskrieg.

bloaters ['bləʊtəz]. Bücklinge, gebraten häufig auch Teil des engl. Frühstücks (↑*breakfast*). Siehe auch ↑*kippers.*

Bloody Mary [blʌdɪ 'mɛərɪ]. 1. Würziges Cocktailgetränk aus Wodka u. Tomatensaft, mit einem Schuß Zitronensaft, einem Tropfen ↑*Worcester sauce,* 1 Prise Salz o. Pfeffer. – 2. ↑*Queen.*

Bloomsbury ['blu:mzbərɪ]. 1. *Bloomsbury group* o. - *set,* nach dem Londoner Stadtteil Bloomsbury (WC2) benannte Gruppe von Verlegern, Schriftstellern, u.a. V. Woolf (1882–1941), E. M. Forster (1879–1970), Künstlern u. Gelehrten, u. a. J. M. Keynes (1883–1946), B. Russell (1872–1970), die zwischen 1907 u. 1930 bestand; gab v. a. der kultur- u. literaturgeschichtlichen Entwicklung im 20. Jh. starke schöpferische Impulse. Die Mitglieder der Gruppe kultivierten sogar einen eigenen sprachlichen Akzent *(Bloomsbury accent);* 2. adj. Gebrauch im Sinne eines betont ‚intellektuellen Auftretens'.

blue book. ‚Blaubuch'; vom ↑*Privy Council* o. der ↑*Regierung* herausgegebener Bericht in blauem Einband.

Blues and Royals. Regiment des brit. Heeres; 1969 durch eine Fusion der ↑*Royal Horse Guards* (Spitzname: *the Blues,* nach der Farbe ihrer Uniform) u. der *Royal Dragoons (the Royals)* gebildet ↑*Streitkräfte.*

BM ↑*British Museum.*

BMA, *British Medical Association.* Berufsverband der Ärzte, gegr. 1832.

BMX [bɪɛm'ɛks], *bicycle moto-cross.* Geländegängiges Fahrrad, BMX-Rad.

BNFL ↑*British Nuclear Fuels plc.*

BNSC ↑*British National Space Centre.*

BOAC [bi: əʊ eɪ 'si:] ↑British Airways.

board. Vielschichtiges Wort zur Bez. von verschiedenen Institutionen, z. B. *examination board* ‚Prüfungskommission', *Board of Health* ‚Gesundheitsbehörde', *board of directors* etwa ‚Verwaltungsrat', *Board of* ↑*Inland Revenue* etwa ‚Finanzamt', *Board of Trade* Bez. für das brit. Handelsministerium, auch *Department of Trade and Industry.*

boarding house. Pension, in der man sich i. d. R. mind. 1 Woche einquartieren muß.

boarding school ['bɔːdɪŋ skuːl]. Höhere Privatschule mit Internat (↑*public school*), im Unterschied zur *day school*. ‚Externe Schüler' heißen *day boy* o. *day girl*.

Boat Race, the ~. Trad. Bootswettfahrt zwischen den Achtern *(eights)* der Universitäten ↑*Oxford* („die Dunkelblauen") u. ↑*Cambridge* („die Hellblauen") auf der Themse in London zwischen Putney u. Mortlake (4 Meilen themseaufwärts), eines der großen nationalen Sportereignisse in GB. Das B.R. wird seit 1829 – urspr. auf der Themse bei ↑*Henley* – i. d. R. jährlich an einem Samstag Ende März ausgetragen. Der Oxford-Achter hält seit 1984 den Streckenrekord von 16 Min. 45 Sek. Sieger-Bilanz 1994 (nach insges. 140 Rennen): Oxford 68, Cambridge 71, 1 totes Rennen.

boat-train. Fährzug von ↑*British Rail*, der zwischen den Fährhäfen Harwich (Essex) u. Dover (Kent) u. den Londoner ↑*Bahnhöfen Liverpool Street* bzw. *Victoria* verkehrt u. Reisende vom ↑*Continent* direkt vom Fährschiff (↑*Sealink*, ↑*P & O*, ↑*hovercraft*) nonstop nach London u. wieder zurück befördert.

bob [bɒb]. Heute noch übliche, colloq. Bez. für die alte *shilling*-Münze (↑*Geld u. Währung*), nach der Dezimalisierung (↑*D-Day*) der brit. Währung 1971 auch für die neue *5-p*-Münze; angeblich nach dem brit. Finanzminister u. späteren Premier Sir Robert („Bob") Walpole (1676–1745).

Bobby. Spitzname für einen brit. Polizisten (offiziell: *PC = Police Constable*), nach dem Vornamen des späteren Premierministers Sir Robert („Bobby") Peel (1788–1850), der 1829 per Gesetz die engl. ↑*Polizei* reorganisierte. Der B. gilt auch heute noch als Inbegriff des hilfsbereiten, verständnisvollen Polizisten. Äußere Kennzeichen: Hoher schwarzer Helm (bis 1864: Zylinder) u. Schlagstock (aus Holz).

bobtail ↑Hunderassen.

Bonfire Night ↑Feiertage.

Booker Prize ['bʊkə...]. Vom Verband brit. Verleger u. dem Industriekonzern Booker McConnell 1969 gestifteter, mit £ 15 000 dotierter Literaturpreis für einen aktuellen Roman; die höchste literar. Auszeichnung GBs. Schon die Aufnahme in die sog. *short list* (Endrunde mit 6 Titeln) ist für die Autoren eine hohe Ehre, die großen Absatz garantiert. Zu den Preisträgern zählten u. a. V. S. Naipaul (1971), Iris Murdoch (1978), William Golding (1980), Kingsley Amis (1986), Roddy Doyle (1993).

Seit 1992 werden auch russische Romane durch eine jährlich neu zusammengesetzte britisch-russische Jury mit diesem Preis ausgezeichnet.

borough ['bʌrə] ↑local government.

borstal (institutions) [bɔːstəl]. Offiziell: *Youth Custody Centre, remand home*. Strafanstalt für Jugendliche zwischen 15 u. 25 Jahren, nach dem Dorf Borstal (Kent), wo 1902 die erste Einrichtung dieser Art gegründet wurde. Rechtskräftig verurteilte jugendliche Straftäter werden hier pädagogisch betreut u. erhalten eine handwerkliche Ausbildung. Nach der Entlassung hilft die *Borstal Association* bei der Resozialisierung.

Bountiful, Lady ~. Von G. Farquhar in seiner Komödie *Beaux Stratagem* (1707) geschaffener Typus der reichen wohltätigen Dame aus der ↑*gentry.*

Bovril. Rindfleischextrakt in zähflüssiger Form; in GB beliebter Brot- o. Toastaufstrich; mit heißem Wasser auch als Getränk; ähnlich ↑*Marmite.*

Bow Bells ['bəʊ belz]. Die Glocken der Kirche *St. Mary-le-Bow* im Osten der Londoner ↑*City* sind untrennbar mit dem ↑*Cockney,* dem Londoner von echtem Schrot und Korn, verbunden. Nur wer innerhalb des Klanges der B.B. („within the sound of B.B."), d. h. in der City of London u. ihrer östlichen Verlängerung (↑*East End*), geboren ist, gilt traditionell als echter Cockney.

Bow Group. Einflußreicher Verein jüngerer Mitglieder der *Conservative Party* (↑*Parteien*), die sich erstmals 1951 im *Bow and Bromley Club* in SO-London trafen. ↑*clubs.*

Bow Street ['bəʊ...]. In dieser Londoner Straße (WC2) in der Nähe von ↑*Covent Garden* liegt das gleichnamige Polizeigericht (offiziell: *Magistrate's Court*), in dem wegen seiner zentralen Lage oft berühmte Kriminalfälle vorverhandelt werden (↑*Justiz*); daher die Bez. *Bow Street Officer* o. *Bow Street Runner* für einen Londoner Polizisten.

bowdlerize, to ~ ['baʊdləraɪz]. D etwa ‚Texte von anstößigen Stellen reinigen'; nach Th. Bowdler, der Anfang des 19. Jh.s Shakespeares Werke auf Zoten u. Frivolitäten *(bawdy language)* durchforstete u. 1807 eine bereinigte Ausgabe in 10 Bänden *The Family Shakespeare* (bis 1850 in 11 Auflagen) herausbrachte – „in which nothing is added to the original; but those words and expressions are omitted which cannot with propriety be read in a family" –, die nur noch das Positive, Saubere u. Exemplarisch-Belehrende beläßt. Bowdlers Säuberung Shakespeares entsprach ganz den Vorstellungen des viktorianischen Bürgertums vom salonfähigen Nationalbarden (↑*Bard of Avon*) u. ist im Verbum „to bowdlerize" zu einem Begriff für die Prüderie der Zeit geworden.

bowler ↑cricket.

bowler hat ['bəʊlə hæt]. ‚Melone'; schwarzer Herrenhut mit steifem, halbrundem Kopf u. seitlich etwas hochgebogener Krempe. Lange ein nahezu unentbehrlicher Bestandteil der Kleidung eines ↑*City*-Geschäftsmannes, heute nur noch selten getragen; nach John Bowler, einem Londoner Hutmacher, der die Hutform um 1850 erfand.

bowls [bəʊlz], var. *bowling.* Aus Schottland stammendes Kugelspiel

(2–8 Spieler) auf gepflegten Rasenplätzen *(bowling-greens)*. Ähnlich wie beim Boccia wird zunächst eine kleine weiße Kugel *(the jack)* ausgeworfen. Mit Holzkugeln, die einseitig beschwert sind u. daher nicht in gerader Richtung laufen, muß versucht werden, so nahe wie möglich an die Zielkugel heranzukommen. Die zwei dem *jack* nächstliegenden Kugeln heißen *shots,* die anderen *bowls.* Nicht zu verwechseln mit dem in D populären Kegelspiel (↑*skittles*) o. Bowling amerikan. Art.

box junction heißt der mit gelben Schrägstreifen markierte Bereich *(box)* einer Straßenkreuzung *(junction),* in den nur eingefahren werden darf, wenn sich kein anderes Fahrzeug darin befindet. Vgl. Regel 74 des brit. ↑*Highway Code* (Straßenverkehrsordnung): „Do not enter box unless clear".

Boxing Day ↑Feiertage.

boy scouts hießen bis 1967 in GB die ‚Pfadfinder', seither nur noch *Scouts.* 1908 in GB von Robert S. S. Baden-Powell gegr. Organisation für Jungen von 8 bis ca. 19 Jahren *(Scout Association).* Ziel: Pflege von Gemeinschaftsgeist, Hilfsbereitschaft in Geländetätigkeiten. Die b.s. gliedern sich in *cub scouts* (Wölflinge, 8–11 J.), *scouts* (Pfadfinder, 11–16 J.) u. *venture scouts* (16–20 J.). Die Bewegung ist in den meisten Ländern der Erde vertreten. Die entspr. Organisation für Mädchen hieß entsprechend *girl guides,* sie ging 1990 in der *Scout Association auf.* 8- bis 11jährige Pfadfinderinnen heißen *brownies.*

BP, *British Petroleum plc.* 1909 gegr. brit. Ölkonzern, zweitgrößter Europas, beschäftigt 120000 Menschen in ca. 70 Ländern; nicht nur in der Förderung, Verarbeitung u. Vermarktung von Öl (↑*North Sea oil*) u. Gas (↑*North Sea gas*) tätig, sondern auch in der Produktion von Chemikalien, Tierfuttermitteln, Verbrauchsgütern u. im Betrieb von Tankern. Staatl. Beteiligung von 32% wurde Ende 1987 verkauft (↑*privatization*).

BR ↑*British Rail.*

Braemar Gathering ['breɪmɑː...] ↑Highland Games.

Brand's Hatch [brændz 'hætʃ]. Berühmte Autorennbahn bei Farningham (Kent), auf der – abwechselnd mit ↑*Silverstone* – der brit. Formel 1-Grand Prix ausgetragen wird. Der Rundkurs ist 4,26 km lang (11 Kurven).

brandy ['brændɪ] deckt im Engl. nur die Bedeutung ‚Weinbrand o. Cognac' ab. Dagegen werden im Dt. auch Fruchtsaft- u. Aromaliköre mit mind. 30 Vol.-% Alkohol als „Brandy" bezeichnet (Cherry Brandy, Apricot Brandy).

brass rubbing ['brɑːs rʌbɪŋ]. Das Durchreiben (Kopieren) alter ziselierter Messinggrabplatten *(brass),* die im Boden o. in die Wände von Kirchen eingelassen sind, mit Ölkreide auf Spezialpapier ist ein beliebtes Hobby in GB. Auf den meist aus dem 15./16. Jh. stammenden *brasses* sind gewöhnlich eine menschliche Gestalt u. Schriftzeichen, im Hintergrund oft ein Bauwerk o. eine Landschaft abgebildet.

breakfast ['brekfəst]. *English b.:* das reichhaltige engl. Frühstück („full b.") u. Aushängeschild der engl. Küche mit *cereals* (z. B. *corn flakes, rice crispies, shredded wheat*) o. ↑*porridge*, mit ↑*ham* o. ↑*bacon and eggs*, manchmal *sausages* (Würstchen) o. Räucherfisch (↑*kippers*, ↑*bloaters*), *fried* o. *grilled tomatoes, toast, brown bread*, ↑*baked beans, butter*, ↑*marmalade* o. *jam, fruit juice, coffee* o. ↑*tea*. – In Hotels immer üblicher wird das *continental b.*, ein kleines Frühstück mit Kaffee, Toast, Butter u. Marmelade.

Bristol Cream ↑sherry.

Britain ['brɪtn]. Verbreitete, Kurzbez. für *United Kingdom of Great Britain and* ↑*Northern Ireland* (↑*UK*), *Great Britain* (GB) dagegen umfaßt ↑*England*, ↑*Scotland* u. ↑*Wales*.

Britannia. 1. ↑*Nationalsymbole*. – 2. Brit. Goldmünzenserie (Münzen mit einem Goldgehalt von 1 Feinunze [31,1 g] sowie einer halben, Viertel- u. Zehntel-Unze). Der Verkaufspreis richtet sich am internationalen Goldpreis aus. – 3. Name der königlichen Yacht (5110 BRT, 125 m lang, Höchstgeschwindigkeit fast 40 km/h, Bordpersonal: 277 Mann). Als einziges Schiff der *Royal Navy (*↑*Streitkräfte*, ↑*HMS)* hat die B. den noch vor dem 1. Weltkrieg üblichen Farbanstrich der brit. Flotte – dunkelblauer Rumpf u. cremefarbene Aufbauten – u. wird von einem Admiral befehligt. Die Monarchin verwendet die Yacht hin u. wieder auch für offizielle Auslandsreisen. Seit seiner Inbetriebnahme im Jahr 1953 hat das Schiff in mehr als 600 Häfen in 135 Ländern angelegt. Im Kriegsfall kann die B. innerhalb von 24 Stunden zu einem Lazarettschiff für 235 Patienten umgerüstet werden. Es soll 1997 außer Dienst gestellt und durch ein kleineres Schiff ersetzt werden.

Britannia Airways. Brit. Fluggesellschaft (28 Flugzeuge), weltgrößte Charterfluglinie.

British Academy ↑academy 2.

British Aerospace (BAe). Brit. Luft-, Raumfahrt- u. Rüstungskonzern (Sitz in London u. Weybridge, Surrey) mit rd. 75 000 Mitarbeitern, 1977 hervorgegangen aus einem Zusammenschluß von *British Aircraft Corporation* (BAC), *Hawker Siddeley* u. *Scottish Aviation.* Größter Flugzeughersteller Europas (seit 1985 voll privatisiert). In 23 Staaten Beteiligung an gemeinschaftlichen Programmen: u. a. Airbus Industrie (20 %), Bau des Schwenkflügel-Kampfflugzeugs *Tornado* (mit Alenia [Italien] u. Daimler Benz Aerospace [D]) und des *Eurofighter 2000* mit D, Spanien u. Italien, des Jet-Trainers *Hawk* mit Finnland. Paradestücke unter den *BAe*-Flugzeugen sind die ↑*Concorde* (zusammen mit *Aerospatiale*, Frankreich) u. der Senkrechtstarter ↑*Harrier*.

British Airports Authority (BAA). Die brit. Flughafenbehörde, seit 1987 eine private Holding-Gesellschaft (↑*privatization*), offizielle Bez.: *BAA plc*, die sieben ↑*Flughäfen* in England u. Schottland besitzt u. betreibt: Heathrow, Gatwick, Stansted (alle bei London), Aberdeen, Glasgow, Edinburgh, Southampton (= 71 % des Passagieraufkommens in GB).

British Airways (BA). Wichtigste brit. Luftfahrtgesellschaft, größte Fluglinie außerhalb der USA, 1971 hervorgegangen aus der Fusion von *British Overseas Airways Corporation (BOAC)* u. *British European Airways (BEA)*, 1987 privatisiert u. Fusion mit ↑*British Caledonian Airways.* Tochtergesellschaften: *British Airways Helicopters, British Airways Engine Overhaul, British Airtours, British Airways Tour Operations Ltd.* sowie die Deutsche BA. Heimatflughafen: London-Heathrow (↑*Flughäfen*). Flaggschiff der *BA*-Luftflotte (253 Flugzeuge) ist die ↑*Concorde.* ↑*Air UK,* ↑*Britannia Airways,* ↑*British Midland.*

British Association for the Advancement of Science (BAAS). Größter wissenschaftl. Verband in GB, gegr. unter der Führung von Charles Babbage (1792–1871) 1831. Zeitschrift: *Advancement of Science* (seit 1939); jährl. Festband: *Scientific Survey.* Zweck: Förderung der Forschung im Interesse der Nation. Ihre Treffen finden jährl. in verschiedenen Städten des UK statt. Entspricht etwa der Max-Planck-Gesellschaft in D.

British Board of Film Classification. Die brit. „Filmselbstkontrolle", gegr. 1912, die Filme (seit 1985 auch Videos) in fünf verschiedene Kategorien *(ratings)* einstuft: *U = Universal* (für alle zugänglich), *PG = Parental Guidance suggested* (Film darf von Kindern nur in Begleitung eines Erwachsenen gesehen werden, dt. etwa ‚ab 12'), *15* ‚ab 15 J.', *18* ‚ab 18', *Restricted 18,* entspricht dem früheren *X* (‚Nur für Erwachsene').

British Broadcasting Corporation (BBC) ↑Rundfunk u. Fernsehen.

British Coal (Corporation). 1987 aus dem *National Coal Board* (gegr. 1947) hervorgegangene staatl. Behörde zur Leitung der verstaatlichten Bergwerke. Die Kohleindustrie ist stark zurückgegangen: 1986 waren 133 Bergwerke in Betrieb mit einer Gesamtförderung von 104,5 Mio. t pro Jahr, Ende 1993 waren es nur noch 24 Bergwerke u. 65,8 Mio. t im Untertagebau. 1994 wurde die *Coal Authority* eingerichtet, um die Privatisierung (↑*privatization*) einzuleiten. Bis Mai 1994 wurden 6 Bergwerke privatisiert.

British Council, The ~. Der B. C., 1934 gegr., ist eine unabhängige, nicht-politische Kulturinstitution u. als gemeinnützige Organisation anerkannt. Er fördert die Zusammenarbeit zwischen GB u. anderen Ländern auf kulturellem u. wissenschaftl. Gebiet sowie im Bildungswesen. Er repräsentiert England, Schottland, Wales u. Nordirland.

Der B. C. vermittelt den Zugang zu brit. Ideen, Erfahrung und Expertise durch die engl. Sprache u. Literatur, Bücher u. aktuelle Informationen, visuelle u. darstellende Künste, Bildung, Erziehung, Wissenschaft und Technologie. Seine Arbeit ist darauf angelegt, dauerhafte u. weltweite Partnerschaften zu entwickeln u. die internat. Verständigung zu verbessern. Der B. C. operiert in einem globalen Netzwerk von 228 Niederlassungen in über 100 Ländern. In D ist er seit 1959 der Träger des dt.-brit. Kulturabkommens u. mit fünf Büros in Köln (der Zentrale), Berlin, Hamburg, Leipzig u. München vertreten. Dazu gehören multimediale Information Centres mit Schwerpunkten in aktueller Landeskunde u. Sprachlernmaterialien, zwei Sprachlernzentren sowie die Agentur für die British Library Services. In den Ländern außerhalb Europas liegt der Schwerpunkt auf Bildungsprogrammen u. technischen Projekten. Der B. C. wird zu 32 % von der brit. Regierung finanziert, 24 % seines Budgets erwirtschaftet er selbst, 44 % durch Projekt- u. Agenturtätigkeit.

British Council of Churches ↑Konfessionen.

British Disease. Das Schlagwort von der „britischen Krankheit" wurde in den 60er u. 70er Jahren – ähnlich abwertend gebraucht wie das „perfide ↑*Albion*" (frz.) im 19. Jh. – zum Synonym für die nachlassende ökonomische Leistungskraft GB's nach seinem Rückzug aus dem ↑*British Empire* u. die konfliktgeladenen Sozialbeziehungen (viele Streiks, ↑*Gewerkschaften*) im „krisengeschüttelten" GB. Nach dem Amtsantritt der Regierung Thatcher (1979–1990) aus den Schlagzeilen verschwunden (↑*thatcherism*).

British Empire. Frühere Bez. für GB und seine Überseebesitzungen, *Dominions* u. Kolonien; seit Ende der 40er Jahre vom ↑*Commonwealth* abgelöst. Das B.E. ereichte seinen Höhepunkt um 1920, als es ein Viertel der Weltbevölkerung u. über ein Viertel der Weltlandfläche umfaßte; damals konnte man sagen, im B.E. „geht die Sonne nie unter".

British Film Commission (BFC). Ziel der 1992 beim *Department of National Heritage* eingerichteten BFC ist die Förderung des „Filmplatzes" GB als Produktionszentrum für internationale Filme.

British Film Institute. 1933 geschaffene Filmförderungsstelle mit vier Unterabteilungen: *Film Production Board* (finanzielle Unterstützung von Filmproduktionen), *National Film Theatre*, London (die brit. Kinemathek, zeigt in 2 Kinos histor. wertvolle Filme meist in Originalfassung u. veranstaltet das *London Film Festival*), *National Film and Televison Archive* (das Filmarchiv mit einem Bestand von über 200000 Filmen seit 1895), *Museum of the Moving Image*, South Bank, London. Darüber hinaus auch Förderung von 34 regionalen Filmkunstkinos. In Schottland u. Wales obliegt die Filmförderung dem *Scottish Film Council* bzw. dem *Welsh Film Council*, ↑*British Film Commission*.

British Gas plc. 1973 aus dem *Gas Council* hervorgegangenes Gasversorgungsunternehmen mit 5 Geschäftsbereichen: *BG Transco, Public Gas Supply, Contract Trading, BG Retail, BG Service*. 1986 privatisiert (↑*privatization*). Sitz in London.

British Legion, offiziell: *Royal British Legion.* 1921 gegr. brit. Veteranenvereinigung, berät u. unterstützt ehem. Soldaten. Als soziale Hilfsorganisation finanziert sie sich v. a. über Spenden (*Poppy Day,* ↑*Feiertage: Remembrance Day*). Vgl. auch ↑WRVS.

British Library (BL). Urspr. die Bibliothek des ↑*British Museum* in Bloomsbury (London); seit 1972 *(British Library Act)* die brit. Nationalbibliothek mit über 18 Mill. Büchern, Manuskripten, Karten, Patenten usw., eine der größten Bibliotheken der Welt; ihr angegliedert sind der *Science and Reference Service,* der *National Bibliographic Service,* das *Research and Development Department* sowie das *Document Supply Centre* (Fernleihe) in Boston Spa (West Yorkshire). 1996 bezieht die BL ein neues Gebäude in London-St. Pancras mit Platz für 12 Mill. Bücher auf 330 km langen Bücherregalen.

British Midland. Brit. Fluggesellschaft (34 Flugzeuge) mit weitverzweigtem Liniennetz.

British Museum (B.M.). Weltberühmtes Museum in Bloomsbury, London (WC1), gegr. 1753, seit 1759 der Öffentlichkeit zugänglich, umfaßt einige der bedeutendsten Kunstsammlungen der Welt aus Ägypten, Assyrien, Babylonien, Griechenland, dem Römischen Reich, Süd- u. Südostasien, China u. dem europäischen Mittelalter; das wohl bekannteste Ausstellungsstück sind die ↑*Elgin Marbles.* Der Erwerb der Bibliothek von George III *(„the King's Library")* führte zum Bau des jetzigen Gebäudes (1852) mit seinem gewölbten Leseraum. Der Bestand von über 7 Mill. gedruckten Büchern u. dieser Raum gehören nun zur ↑*British Library.*

British National Space Centre (BNSC). Die 1986 gegr. brit. Weltraumbehörde nach dem Vorbild der amerik. NASA. Sitz in London.

British Nuclear Fuels plc (BNFL). ↑Kernenergie.

British Open (Championships) heißen die jährlichen Offenen brit. ↑*Golf*-Meisterschaften, die seit 1860 auf den großen Golfplätzen des Landes stattfinden, z.B. 1994 in Turnberry.

British Rail (BR). Die staatl. Brit. Eisenbahnen (Verstaatlichung 1948), mit 5 Verwaltungsgebieten *(regions):* London Midland, Western, Southern, Eastern, Scottish; stets zu erkennen an ihrem Logo (zwei in entgegengesetzten Richtungen befahrene Gleise). Als Ursprungsland der Eisenbahn – der erste Personenzug der Welt verkehrte 1825 zwischen Stockton u. Darlington – hatte GB schon früh ein engmaschiges Streckennetz, das nach dem 2. Weltkrieg erheblich gestrafft wurde. Heute unterhält BR ein Schienennetz von ca. 16700 km (1980: 17600), von denen 30 % elektrifiziert sind. Auf einem gut ausgebauten Intercity-Netz verkehren Züge mit Geschwindigkeiten von über 200 km/h (↑*Intercity 125*). Die 1993 beschlossene *BR*-Reprivatisierung soll bis 1999 abgeschlossen sein. 25 Eisenbahn-Betriebsgesellschaften stehen zum Verkauf. Zu den ersten Eisenbahnlinien, für die Betriebskonzessionen (*franchises*) angeboten wurden, zählen die Intercity-Linien zwischen *London* u. *Gatwick* (↑*Flughäfen*), Südwestengland, den Midlands u. Schottland sowie die gesamte schottische Betriebsgesellschaft *ScotRail.* Auch für die Gleisanlagen (*Railtrack*) ist eine Privatisierung vorgesehen. ↑*boat-train,* ↑*Bahnhöfe (London),* ↑*Eurostar.*

British Standards Institution (BSI). Brit. Verband für Industrienormen, gegr. 1901, entspricht etwa dem Deutschen Industrie-Normenausschuß (DIN). BSI vergibt ebenfalls „Geprüfte Sicherheit"-Zertifikate, erkennbar am *kitemark,* einem stilisierten Papierdrachen mit den Initialen „BSI".

British Steel plc ist der größte Stahlkonzern Europas mit Sitz in London; 1967 aus einer Fusion von 14 verstaatlichten (↑*nationalization*) brit. Stahlunternehmen hervorgegangen; voll privatisiert (↑*privatization*).

British Summer Time (BST). Die brit. „Sommerzeit" vom 16. März bis 25. Oktober, die dann der Mitteleuropäischen Zeit (MEZ) entspricht; 1925 erstmals eingeführt, um „Tageslicht zu sparen", daher auch *Daylight Saving Time (DST).* Während des Winterhalbjahres (26. Oktober bis 15. März) gilt in GB die Westeuropäische Zeit (WEZ = MEZ minus 1 Std.). Siehe *Greenwich Mean Time* (↑*GMT*).

British Technology Group (BTG). Staatl. Organisation, gegr. 1981 durch Zusammenschluß der *National Research Development Corporation* u. des ↑*National Enterprise Board (NEB).* Die Aufgaben der BTG sind: wirtschaftliche Nutzung der neuen Technologien, insbes. wenn sie aus staatl. unterstützten Institutionen wie Universitäten u. Forschungsstätten stammen; Technologieförderung v. a. in ↑*assisted areas;* Unterstützung von Kleinbetrieben; Investitionshilfen bei innovativen Unternehmen.

British Telecom(munications) plc ↑*BT.*

British thermal unit. Abk. *BTU, Btu, btu.* Wärmeeinheit; 1 BTU = 1055,6 ↑*Joules* = 251 997 Kilokalorien (↑*therm*).

British ton ↑ton.

British Tourist Authority (BTA). Die staatl. Fremdenverkehrszentrale mit Außenstellen in aller Welt, gegr. per Gesetz 1969. Touristenwerbung innerhalb GBs obliegt den gleichzeitig geschaffenen Organisationen *English Tourist Board, Scottish Tourist Board* u. *Welsh Tourist Board* mit zahlreichen *Tourist Information Centres (TIC).*

British Waterways. Öffentliche Behörde mit Sitz in Watford (Herts.), zuständig für die Verwaltung der ca. 2000 Meilen schiffbarer Wasserwege in GB. Rund 380 Meilen sind für den Gütertransport von Bedeutung, hauptsächlich auf der Themse.

Brixton. V. a. von Farbigen bewohnter Londoner Stadtteil (SW 2), durch blutige Rassenkrawalle *(Brixton riots)* 1981 zum Symbol für GBs aus der Kolonialzeit herrührende unbewältigte Einwanderungsproblematik geworden (↑*immigration*).

broad arrow. Ein ‚breiter Pfeil' kennzeichnete früher in GB Regierungseigentum, u. a. auch Sträflingskleidung.

broad church ↑Konfessionen: *Church of England.*

broch [brɒx]. Von gael. *bradh* ‚runder Gegenstand'; var. *dun* (in *Dun*dee, *Dun*fermline). Aus der Eisenzeit stammende Rundtürme (ø 18–20 m, Höhe 15–18 m) der Pikten, mit doppelten Trockensteinmauern (3–5 m), fast ausschließlich auf Nordbritannien beschränkt. Die b. dienten der Bevölkerung als Fliehburgen, z. B. als Schutz gegen die ersten Wikingerüberfälle. Durch die konkave Struktur ihrer Außenmauern waren sie fast uneinnehmbar. Heute sind noch ca. 500 erhalten, z. B. b. von Mousa (Shetlands), b. von Birsay (Orkney), b. von Carloway (Lewis).

broker ↑Stock Exchange.

Bros., *Brothers.* ‚Gebrüder ...' in Firmennamen.

brownies ↑boy scouts.

Brummagem ['brʌmədʒəm]. Mod. phonetische Schreibung von *Bromicham,* urspr. Name von Birmingham, daher auch der Spitzname *Brum* für die Stadt u. *Brummie* für einen Einwohner von Birmingham.

brunch [brʌntʃ]. Wortneuschöpfung aus ↑*breakfast* u. ↑*lunch* (↑*portmanteau words*): spätes, reichliches Frühstück u. zugleich Mittagessen.

BSE, *Bovine Spongiform Encephalopathy,* auch *mad cow disease* ‚Rinderwahnsinn'. Rinderkrankheit, die 1986 erstmals in GB ausbrach. Fast 30000 Bauernhöfe waren betroffen, 120000 an BSE erkrankte Rinder wurden bisher notgeschlachtet u. verbrannt. Es wird vermutet, daß die Rinder über Tierkörpermehl infiziert wurden, das aus Kadavern von an Scrapie erkrankten Schafen hergestellt worden war. Seit 1988 ist das Herstellen u. Verfüttern von Tierkörpermehl in GB streng verboten. Angesichts der langen Inkubationszeit erkranken aber immer noch Tausende von Rindern an BSE. BSE, die Traberkrankheit bei Schafen (Scrapie) und das Creutzfeld-Jakob-Syndrom beim Menschen sind ähnliche, tödlich verlaufende Erkrankungen. Die Erreger rufen schwammartige Veränderungen im Gehirn hervor. Die Krankheit wird in GB und D unterschiedlich bewertet. Während die brit. Regierung eine Übertragung von BSE auf den Menschen ausschließt, hält das Bundesgesundheitsministerium diese unter bestimmten Bedingungen für möglich.

In D wurde deshalb der Import brit. Rinder stark eingeschränkt, die eingeführten Rinder müssen jünger als 3 Jahre sein u. aus Beständen stammen, in denen BSE seit 4 Jahren nicht aufgetreten war. 1993 exportierte GB insgesamt 107000 Tonnen Rindfleisch in die EU. Während der Export direkt nach D auf 1000 t sank, stieg die Ausfuhr in die Niederlande auf 15000 t, nach Italien auf 16000 t u. nach Frankreich sogar auf 71000 t. ↑*Rinderrassen.*

BSI ↑*British Standards Institution.*

BST ↑*British Summer Time.*

BT, seit 1994 das Markenzeichen der Firma *British Telecom(munications) plc,* die 1981 aus der Spaltung des ↑*Post Office* in Post- u. Bankdienste sowie Nachrichtenverkehr (↑*Telekommunikation*) entstand u. 1984 privatisiert wurde. Das seither bestehende Duopol zwischen BT u. dem Wettbewerber ↑*Mercury Communications* wurde 1994 durch die Zulassung weiterer Anbieter aufgelöst. Der Marktanteil von BT betrug 1994 noch 87 %.

BTA ↑*British Tourist Authority.*

BTEC *Business and Technology Education Council* ↑Further Education; ↑Polytechnics.

BTG ↑*British Technology Group.*

BTU ↑*British thermal unit.*

Buckingham Palace ['bʌkɪŋəm ...], colloq. *Buck House.* Seit 1837 (Beginn der Amtszeit von Queen Victoria) Residenz der königlichen Familie in London (SW1); nach dem Duke of Buckingham, der den Palast 1703 erbaute. Eine Touristenattraktion ist die Wachablösung der königlichen Garde um 11.30 Uhr (↑*Changing of the Guard*). Bei Anwesenheit der Königin ist auf dem Palast die königliche Standarte (↑*Royal Standard*) gehißt. Der halbrunde Platz vor dem B.P. mit dem Queen-Victoria-Denkmal in der Mitte heißt *Memorial Garden* in Erinnerung an die große engl. Königin (1837–1901). In der Nähe des Palastes befinden sich die königlichen Stallungen *(Royal Mews)* mit den Pferden, Kutschen u. Fahrzeugen der ↑*Royal Family,* die bei feierlichen Anlässen benutzt werden. ↑*Balmoral Castle, Palace of* ↑*Holyroodhouse,* ↑*Windsor.*

Bucks. Abk. für die Grafschaft Bukkinghamshire (siehe Karte S. 281).

Budget Day. Bis 1993 legte der britische „Finanzminister" (↑*Chancellor of the Exchequer*) im House of Commons (↑*Parlament*) an einem *Dienstag im März* seinen Haushalt für das bevorstehende Finanzjahr (Beginn 1. April, seit 1854) vor. Seit 1994 fällt seine Haushaltsrede mit dem im Nov. gehaltenen *Autumn Statement* zusammen, das 1982 eingeführt wurde und das – im Gegensatz zum *Budget,* das über die Einkünfte des Staates Auskunft gab – die Ausgaben auflistet. Der *Chancellor* wird traditionsgemäß jedesmal mit seinem ramponierten roten Koffer aus dem Jahr 1860 abgebildet, wenn er ↑*Downing Street* verläßt, um zum Parlament zu fahren. Es gibt auch *mini-budgets,* die zwischendurch vorgelegt werden.

buffet ['bufeɪ]. Schnellimbiß, (Bahnhofs-)Cafeteria; nicht zu verwechseln mit dem gleich geschriebenen *(buffet),* aber anders ausgesprochenen Möbelstück ['bʌfɪt].

building societies. D etwa ‚Bausparkassen'. Urspr. Arbeiterselbsthilfeorganisationen zur Finanzierung dringend benötigten Wohnraums zur Zeit der ↑*Industrial Revolution*, in der die meisten der heutigen b.s. gegründet wurden. Schon bald nahmen sie auch Einlagen von Geldgebern an, die kein Haus kaufen, sondern nur ihr Geld investieren wollten. Im Unterschied zu den dt. Bausparkassen nehmen die brit. b.s. kurzfristige Spareinlagen von Kunden an u. leihen das Geld als Bauspardarlehen *(mortgage)* langfristig an andere Kunden für den Erwerb von Immobilien, v.a. Eigenheimen *(owner-occupied houses).* 1994 gab es in GB 84 (1989: 126) registrierte b.s., die durch die – 1986 gesetzlich sanktionierte – Übernahme von klassischen Bankdiensten zunehmend in Konkurrenz zu ↑*Banken* u. Sparkassen treten. Die drei größten b.s., *Halifax, Nationwide, Woolwich,* halten fast 50 % des brit. Bausparvermögens. 1994 eröffnete die siebtgrößte b.s., *Bradford Bingley,* in Hamburg als erste b.s. eine Zweigstelle auf dt. Boden.

bullseye ['bulzaɪ]. 1. Schwarz-weiß gestreiftes Pfefferminzbonbon, rund wie ein ‚Bullauge'; 2. ↑*darts.*

bumping races ↑Eights Week, ↑May Week.

bungalow ↑Haustypen.

buns [bʌnz]. Im BrE süße Hefeteigbrötchen mit Rosinen *(Chelsea buns); hot cross buns* werden traditionell am Karfreitag (↑*Feiertage*) gegessen.

BUPA ['bju:pə], *British United Provident Association.* Die größte private Krankenversicherung; bei Stellenausschreibungen werden die Beiträge oft als ↑*fringe benefit* angeboten. ↑*National Health Service.*

buppie [bʌpɪ], *black urban* (o. *upwardly-mobile*) *professional.* Schwarzer ↑*Yuppie.*

burgh ['bʌrə]. Schott. für *borough;* 1975 abgeschafft ↑*local government.*

Burke's Peerage. Genealogisches Handbuch, etwa wie der dt. „Gotha", erscheint jährlich neu; nach J. B. Burke (1787–1848), der 1826 „Burke's genealogical and heraldical history of the Peerage, Baronetage and Knightage" herausgab (↑*Adelstitel*).

Burns' Night Supper ↑Feiertage.

bushel [bʊʃəl], Abk. *bsh, bu, bush.* Nicht mehr sehr übliche Hohlmaßeinheit für Trockenwaren, insb. für Getreide u. Obst; 1 *bu* = 8 ↑*gallons* = 36,37 l.

Business & Technology Education Council ↑*Further Education;* ↑*polytechnics.*

Butlin's (Camps) ↑holiday camps.

butterscotch ['bʌtəskɒtʃ]. Karamellen *(toffees)* aus Butter u. braunem Kandiszucker (↑*sweets*).

By Appointment to Her Majesty the Queen. Etwa: ‚Offizieller Lieferant, Ausstatter, etc. der Königin'. Aufdruck auf den verschiedensten

Produkten, meist Lebensmitteln, mit hohem Werbewert.

by-election ↑Wahlsystem.

by-laws (auch *bye-laws*) ↑Recht 4.

B.Y.O.B. [biː waɪ əʊ biː], *Bring Your Own Bottle.* Scherzhafte Bez. einer Party („BYOB party"), bei der der Gastgeber für das Essen sorgt, während die Gäste ihre eigenen Getränke mitbringen.

C

C 1. Note 3 (befriedigend) bei einem System von A–E.

CAB ↑*Citizens Advice Bureaux.*

cabinet ↑Regierung.

Caernarfon Castle [kə'nɑːvən...]. Mittelalterliche Befestigungsanlage in Caernarfon (Gwynedd), auf dem Fundament einer Normannenburg von König Edward I (1272–1307) erbaut. Sein Sohn Edward II wurde hier 1284 geboren, 1301 gab Edward I dem Thronfolger – angeblich um die walisischen Stammeshäupter zu ehren u. gewogen zu stimmen – den Titel ↑*Prince of Wales* ‚Fürst von Wales'. Seitdem wird dem ersten Sohn der brit. Königsfamilie (schon bei seiner Geburt trägt er den Titel *Duke of Cornwall*) dieser Titel verliehen. Auch der Brauch, die Verleihung des Titels *(investiture)* in C. vorzunehmen, hat sich bis heute erhalten, zuletzt Prince Charles (*1948) im Jahre 1969.

Caerphilly [kɑː'fɪlɪ]. Runder, sahniger Käse, benannt nach der südwalis. Stadt Caerphilly (Mid-Glamorgan), der bei den Bergleuten der walis. *Valleys* besonders beliebt war; wird heute in ganz GB hergestellt.

café ['kæfeɪ]. Preiswertes kleines Restaurant, oft auch einfache Schnellimbißstube, ohne alkohol. Getränke; eher mit einem frz. *café* o. *bistro(t)* vergleichbar als mit dem dt.-österr. Kaffeehaus o. Konditoreicafé (engl. *tea room* o. *coffee shop*).

Calder Hall ['kɔːldə hɔːl]. Ort in der Grafschaft Cumbria, seit 1956 Standort des ersten brit. u. damals größten Kernkraftwerks der Welt mit 220 MW. ↑*Sellafield,* ↑*UKAEA.*

Cambridge ['keɪmbrɪdʒ]. Stadt in Cambridgeshire und Kurzbez. der dort liegenden berühmten Universität *(University of Cambridge).* C. zählt mit ↑*Oxford* zu den bedeutendsten u. ältsten Universitäten der Welt (↑*Oxbridge*). Ihre Sonderstellung geht wie die Oxfords auf ihre ↑*colleges* zurück. Es gibt heute 31 colleges, darunter 3 reine Frauencolleges; zu den bekanntesten zählen *Corpus Christi* (seit 1352), *King's College* (1441) mit seiner *Chapel* im *Perpendicular-Stil* (↑*Baustile*), *Trinity College* (1546). Studentenzahl: ca. 10000. – Unter Elizabeth I wurden die *colleges* von der Universität unabhängig. An der Spitze der Universität steht heute der *Vice-Chancellor,* ‚Rektor, Präsident'. *Chancellor* ‚Ehrenpräsident' ist seit 1977 HRH The ↑*Duke of Edinburgh.* Die eigentliche Führung obliegt jedoch einem Senat, in dem alle

Sitz und Stimme haben, die in C. ein *Master's degree* (↑*akademische Grade*) erworben haben (↑*Cantab.*). Durch Isaac Newton (Professor in C. von 1673–1702) errang C. bes. auf dem Gebiet der Naturwiss. hohes Ansehen, das es sich bis heute erhalten hat. Vgl. die zahlreichen innovativen High-Tech-Unternehmensgründungen in C. u. Umgebung. Mit *Oxford* besteht eine jahrhundertealte akademische u. sportliche Rivalität (↑*Boat Race*). Vgl. auch ↑*May Week.*

Cambs. Abk. für die Grafschaft Cambridgeshire. Siehe Karte S. 281.

CAMRA ↑ale.

Canary Wharf [kəˈneərɪ ˈwɔːf]. Neu erschlossenes Gewerbegebiet auf der Isle of Dogs in den ehem. Londoner ↑*Docklands.* Der Name erinnert daran, daß an dieser Stelle ab 1937 die Obst- u. Gemüsefrachter von den Kanarischen Inseln *(Canary Islands)* ihre Fracht löschten. 26 Hochhäuser mit mehr als 1 Mio. qm Bürofläche bieten ca. 20000 Angestellten Platz. Der *Canary Wharf Tower* ist das neue Wahrzeichen der Docklands, mit 50 Stockwerken (244m) Europas zweithöchstes Bürogebäude. 5 km östlich der früheren Zeitungsstraße ↑*Fleet Street* sind große Teile der brit. Presse hierher übersiedelt, u.a. die *Daily* u. *Sunday Telegraph*-Gruppe, *Independent* u. *Independent on Sunday, Daily Mirror, Sunday Mirror, Daily Record, Sunday Mail, Sunday People, Sporting Life* (↑*Zeitungen u. Zeitschriften*).

Candlemas. ‚Mariä Lichtmeß' (2. Feb.). ↑*quarter-day* in Schottland.

cant [kænt]. 1. Rotwelsch, Gaunersprache, zugleich älteste Schicht des ↑*slang,* sprachhierarchisch noch darunter angesiedelt; bes. lexikalisch ausgeprägt, z.B. (geheime) Decknamen für ‚stehlen, töten, Geld, Waffen': *to job* ‚gewohnheitsmäßig einbrechen', *pootch* ‚Gewehr', *conk* ‚Spion, Informant'; vgl. auch *cant*-Ausdrücke wie *Pill Island* für ↑*Harley Street, Sparrow Corner* für ↑*Tower of London.* Zusammen mit ↑*slang* entspricht *cant* etwa frz. *argot.* 2. ‚scheinheiliges Geschwätz, Heuchelei' (vgl. die Bedeutungsentwicklung von lat. *cantus* ‚Gesang' zu ‚weinerlich-heuchlerische Art zu sprechen'), galt im 19. Jh. unter GBs Feinden als typisches Kennzeichen des engl. Nationalcharakters (↑*Albion*).

Cantab., *Cantabrigian* n., adj. (aus *Cantabrigium,* lat. Name von ↑*Cambridge*). Angehöriger bzw. Absolvent der *University of Cambridge;* die Abkürzung steht hinter Diplomen u. Titeln, die von der Universität Cambridge verliehen werden. Vgl. ↑*Oxon.*

capital gains tax ↑Steuern.

capital punishment, var. *death sentence.* Im UK ist die ‚Todesstrafe' seit 1964 praktisch abgeschafft *(Death Penalty Abolition Act).* Ausnahmen: Hochverrat *(treason)* nach einem Gesetz von 1814, Piraterie (*piracy*) nach einem Gesetz von 1837 und Beischlaf mit der Gattin des Thronfolgers. Die c.p. wurde das letzte Mal in GB am 10. 7. 92 auf der ↑*Isle of Man* ausgesprochen, wo sie bis heute noch in Kraft ist. Königin Elizabeth wandelte den Richterspruch in eine Haftstrafe um. Der *Tynwald* bereitet die Abschaffung der Todesstrafe vor.

capital transfer tax ↑Steuern 2.

cardphone. ‚Wertkarten-Telefon'. Die dafür nötigen Plastikkärtchen *(phonecards)* zu £ 2, 4 u. 10 (*Mercury phonecards*) bzw. zu £ 2, 5, 10 u. 20 *(BT)* gibt es in Postämtern u. benachbarten Verkaufsstellen. Manche *c.s* akzeptieren auch Kreditkarten. ↑*Telekommunikation.*

careers service. Unter dem *Employment and Training Act* 1973 eingeführter Berufsberatungsdienst in GB. Berufsberater heißen *careers officers.* Sie unterstehen den jeweiligen ↑*LEAs.*

Carey Street ['kɛərɪ...]. Straße in London, in der sich früher das für Pleiten u. Bankrotte zuständige Gericht *(The High Court of Justice in Bankruptcy)* befand; daher der *slang*-Ausdruck *to be in Carey Street* ‚pleite sein'.

Carlton club ↑clubs.

Carnaby Street ['kɑːnəbɪ ...]. Kleine Straße im Londoner ↑*West End* (W1), Mitte der 60er Jahre mit ihren Modeboutiquen, Tand- u. Musikläden *das* Zentrum von „Swinging London". Auch heute noch Anziehungspunkt für junge Leute aus aller Welt.

carol ↑Feiertage: *Christmas.*

CAT, *College of Advanced Technology* ↑colleges 4., ↑Universität.

cat car. Auto mit Katalysator *(catalytic converter, catalyst, catalyser).*

catch [kætʃ]. Im 17. u. 18. Jh. beliebtes Singstück (Kanon o. Rundgesang) für drei o. mehr Männerstimmen mit meist derb-komischen Texten. Einer der bedeutendsten c.-Verfasser war S. Webbe (1740–1816), der eine Sammlung von 300 *catches* herausgab. Um 1800 wurden die ersten *catch-clubs* zur Pflege des Liedguts gegr. Heute wird ihre Tradition in GB von meist studentischen A-cappella-Gesangsgruppen weitergeführt.

cathedral school ↑choir school.

Catholic Emancipation Act ↑Konfessionen.

Catholics ↑Konfessionen.

CB, *Companion of the Order of the Bath.* Mitglied der 3. Klasse des Bath-Ordens (↑*Orden u. Ehrenzeichen A. 3*).

CBE, *Commander of the Order of the British Empire.* Mitglied der 3. Klasse des Ordens des Britischen Empire (↑*Orden u. Ehrenzeichen A. 10*).

CBI ↑*Confederation of British Industry.*

Ceefax ['siːfæks]. Verballhornte Form von „see facts"; von brit. Ingenieuren Anfang der 70er Jahre urspr. für Hörgeschädigte entwickelte Textprogramme zum *BBC*-Fernsehen; entspricht dem dt. System Videotext. Das entsprechende ↑*teletext*-System der *IBA* (↑*Rundfunk u. Fernsehen*) heißt *ORACLE*. Siehe auch ↑*Prestel*.

ceilidh ['keılı]. Gael. ‚Besuch'; trad. schott. Gesangs- u. Tanzfest, „bunter Abend".

Cenotaph ['senətɑːf]. Griechisch ‚leeres Grabmal'; Nationaldenkmal für die Gefallenen beider ↑*Weltkriege*, in ↑*Whitehall*, London, in der Nähe von ↑*Downing Street;* hier werden am Kriegergedenktag (bis 1945 *Armistice Day*, seitdem *Remembrance Day*, colloq. *Poppy Day*, ↑*Feiertage*), dem Sonntag im November, der dem 11. am nächsten liegt, die Opfer beider Weltkriege im Beisein der Königin, des Premierministers, von Mitgliedern der ↑*Regierung* u. ↑*Opposition* sowie von Vertretern des ↑*Commonwealth* u. Veteranenvereinigungen geehrt.

cental. Gewichtsmaß von 100 lb (↑*pound*) für Getreide.

Central Criminal Court ↑Old Bailey; ↑Justiz.

central government. Begriff, der häufig gebraucht wird, um den Unterschied zwischen der Londoner Zentralregierung u. der Kommunalverwaltung (↑*local government*) herauszustellen.

Central Institutions ↑polytechnics.

Central Office of Information (COI). Das staatl. Informationsamt, entspricht in seinen Aufgaben etwa dem Bundespresseamt in D.

Centre of England. Als geogr. Mittelpunkt Englands berühmt geworden ist der kleine Ort Meriden auf halbem Weg zwischen Birmingham u. Coventry, der etwa 80 Meilen vom Wash im Osten, der Irish Sea im Westen u. dem Bristol Channel im Süden entfernt liegt.

centweight (cwt.) ↑hundredweight.

Certificate of Secondary Education (CSE). Bis zur Einführung des einheitlichen *General Certificate of Secondary Education* (↑GCSE) 1989 gab es im mittleren Sekundarschulbereich zwei allgemein anerkannte Abschlußprüfungen: 1. ↑*General Certificate of Education (GCE) O-A-Level*. 2. *Certificate of Secondary Education (CSE)*, 1965 in England u. Wales eingeführt, um Schülern einen Schulabschluß zu ermöglichen, für die das *GCE O-Level* zu schwer zu erreichen wäre. Das *CSE* war eine mittlere Abschlußprüfung in Einzelfächern, die nach 5 Jahren Sekundarausbildung (Ende des Pflichtschulalters = 16 Jahre) erworben werden konnte (Noten 1 bis 5, 1 entspricht dem *GCE O-Level*-Standard). Im Ggs. zum *GCE* kann das *CSE* schulintern abgenommen werden. Die regionalen Prüfungsbehörden entsandten lediglich zur Vergleichbarkeit der Bewertungsmaßstäbe auswärtige Prüfer *(moderators)*. In Schottland führte eine besondere Prüfungskommission *(The Scottish Certificate of Education Examination Board)* ähnliche Prüfungen durch.

-cester, -chester, -caster. Von lat. *castra* ‚Lager'; verbreitetes Element in ↑*Ortsnamen,* weist i. d. R. auf eine römische Stadtgründung hin, z. B. Leicester, Colchester, Chesterfield, Manchester, Lancaster.

CFE, *Colleges of Further Education* ↑college 4.

CGM, *Conspicuous Gallantry Medal* ↑Orden u. Ehrenzeichen B.

CH, *Companion of Honour* ↑Orden u. Ehrenzeichen A. 11.

chain [tʃeɪn]. Längenmaß für die Landvermessung, = 66 ↑*feet* = 20 m.

chambered cairns [... kɛənz]. Schott. Megalith-Kammergräber, z. B. Maes Howe (Orkney), sie hatten im Ggs. zu den vergleichbaren engl., walis. u. irischen Dolmen eine äußere Verkleidung aus Erde.

chambers ['tʃeɪmbəz]. Arbeitsräume eines ↑*barristers.*

Chancellor ↑Cambridge, ↑Oxford (University), ↑Universität.

Chancellor of the Duchy of Lancaster ↑Duchy of Lancaster.

Chancellor of the Exchequer ['tʃɑːnsələ əv ðɪ ɪks'tʃekə]. Der brit. Schatzkanzler (↑*Budget Day*), entspr. etwa dem dt. Finanz- u. Wirtschaftsminister. Er ist immer Mitglied des *cabinet* (↑*Regierung*); sein Ministerium heißt *Treasury* (Schatzamt). Dieses hat neben dem C. noch ein zweites Kabinettsmitglied, den *Chief Secretary to the Treasury,* der für die Kontrolle der öffentlichen Ausgaben verantwortlich ist. Formell aber steht der Premierminister als *First Lord of the Treasury* an der Spitze des Schatzamts. *Exchequer* von me. *escheke* ‚Schachbrett': das Geld wurde auf einem Tisch mit schachbrettartiger Oberfläche gezählt.

change ringing ↑bell ringing.

Changing of the Guard. Die vormittägliche Wachablösung der Königlichen Garde vor dem ↑*Buckingham Palace* und der Kaserne der königlichen Kavallerie (↑*Royal Horse Guards) in Whitehall, London (SW1).*

Channel 3 (bis 1993 *ITV*), *Channel 4, Channel 5* ↑Rundfunk u. Fernsehen.

Channel Islands (CI), ‚Kanalinseln', Normannische Inseln, frz.: Îles Anglo-Normandes. Inselgruppe vor der normannischen Küste westl. der Halbinsel Cotentin im Ärmelkanal: Jersey, Guernsey (Hauptinseln), Alderney, Sark, Brechou, Jethou, Lihou u. Herm. Bis 1205 gehörten die Inseln zum Herzogtum Normandie. Als Wilhelm der Eroberer, ein normannischer Herzog, im Jahre 1066 in England einfiel (↑*Battle of Hastings*) u. sich zum König erhob, änderte sich für die Bewohner der Inseln nichts. Nach dem Zerfall des Normannenreiches Anfang des 13. Jh.s blieben sie bei der nun brit. Krone – bis heute. Alle CI sind weitgehend souveräne Staatsgebilde. Als sog. *Crown Dependencies* gehören sie nicht zum UK; sie erkennen die brit.

Königin an, nicht aber die Regierung u. das Parlament in London. Politisch sind sie allerdings insofern Teile GBs, als sie in Außenangelegenheiten von der Regierung in London vertreten werden.

Der persönliche Repräsentant der Krone auf den CI, der auch der Regierung verantwortlich ist, heißt *Lieutenant-Governor.* Die CI sind in zwei Amtsbezirke *(bailiwicks)* aufgeteilt, *bailiwick of Jersey* u. *bailiwick of Guernsey.* An der Spitze des *bailiwick* steht der *bailiff,* der auch Vorsitzender der gesetzgebenden Versammlung *(States of Jersey* bzw. *States of Deliberation* in Guernsey u. *Court of Chief Pleas* auf Sark) u. des königl. Gerichts ist (*Royal Court:* Rechtsprechung nach alter normann. Rechtstradition!). Den *States of Jersey* gehören neben den Vorstehern *(constables)* der 12 Verwaltungsbezirke (*parishes* ‚Kirchspiele') 12 direkt gewählte Senatoren sowie 29 Abgeordnete *(deputies)* an, während dem „Parlament" von Guernsey 12 indirekt gewählte ehrenamtliche *conseillers,* 10 *constables,* 12 direkt gewählte *deputies* u. 2 Vertreter der *States of Alderney* angehören. Oberhaupt der Insel Sark (500 Einw.) ist der *Seigneur* o. die *Dame of Sark,* ein erblicher Titel, der auf das 16. Jh. zurückgeht. Die *States* der CI erlassen eigene Gesetze u. Verordnungen, die in besonderen Fällen vom Kronrat bestätigt werden müssen; sie bestimmen Steuern u. Taxen, geben eigene Geldscheine u. (seit 1969) Briefmarken heraus u. sind als Freihandelszone ohne Mehrwertsteuer eine Steueroase. Auch innerhalb der Europäischen Union (↑*EU*) genießen sie eine Sonderstellung.

Der normannische Einfluß ist auf den CI noch immer spürbar: viele Familien- u. Straßennamen sind frz., u. der normannisch-frz. Dialekt *(Jersey-French, Guernsey-French, Serequais)* hat sich bis heute behaupten können, wenn er auch langsam vom Englischen als Umgangssprache verdrängt wird. Die offizielle Sprache neben Englisch ist nach wie vor Französisch, das jedoch nur selten u. dann meist nur bei bestimmten Rechtsgeschäften u. offiziellen Anlässen gesprochen wird. – Siehe auch ↑*Isle of Man,* ↑*Isle of Wight.*

Channel Tunnel, colloq. *Chunnel* (↑*portmanteau words*). Die über 200 Jahre alten Pläne einer festen Verbindung *(fixed link)* zwischen GB u. Frankreich kamen lange über geringfügige Bohrarbeiten (1878–83 u. 1973–75) nicht hinaus. Am 20. 1. 1986 einigten sich GB und Frankreich auf den Bau eines 50 km langen Eisenbahntunnels mit zwei parallelen Röhren 40 m unter dem Ärmelkanal zwischen Cheriton bei Folkestone u. Coquelles bei Calais (Ratifizierung 29. 7. 1987). Nach fast 7 Jahren Bauzeit wurde der *ch.* von Königin Elisabeth II. u. Staatspräsident Mitterrand am 6. 5. 1994 eröffnet. Der Tunnel wurde vom Firmenkonsortium *Eurotunnel* der fünf größten brit. u. frz. Baugesellschaften errichtet u. ausschließlich über privates Kapital finanziert. Seit 1751 hat es 26 Pläne gegeben, einen Tunnel unter dem Kanal zu bauen – der 27. Versuch gelang. Das fast 25 Mrd. DM teure Bauprojekt verknüpft GB u. Fr. erstmals seit der Eiszeit in einer freien Landverbindung. Zwischen den beiden Tunnelröhren verläuft ein Lüftungs- u. Wartungstunnel, der im Notfall auch als Rettungstunnel dienen kann. Der Schnellzug, der zwischen Paris-Gare du Nord und London-Waterloo durch den *ch.* verkehrt, heißt ↑*Eurostar*; Fahrtzeit im Tunnel: 35 Min.; insgesamt 3 Std. Mittelfristig soll der *ch.* an das europ. Schnellbahnnetz zwischen Paris und Brüssel angeschlossen werden. Ausbaumaßnahmen in GB sollen die Reisezeit bis zum Jahr 2002 auf 2:30 h verkürzen. Auto-Lkw-Transportzüge (*Le Shuttle*) sollen künftig im 5-Minuten-Takt verkehren.

chapel wird oft gebraucht als Bez. für die *Free Churches* (↑*Konfessionen*). „Are you church or chapel?" bedeutet „Sind Sie Anhänger der anglikanischen Kirche *(Church of England)* o. einer der Freikirchen?"

charades [ʃə'rɑːdz]. Gesellschaftsspiel, bei dem versucht wird, durch das Vorspielen kurzer Szenen einen Begriff o. einen Ausdruck zu erraten, der aus mehreren Teilen zusammengesetzt ist; z.B. *‚milkman'* ergibt zwei Szenen, für *‚milk'* u. für *‚man'*, o. z.B. das Sprichwort *‚A stitch in time saves nine'* (etwa: „Gleich getan ist viel gespart") würde drei o. vier Sketches benötigen. Wird oft zu Weihnachten (↑*Feiertage*) gespielt.

charities ['tʃærɪtɪz]. Ein brit. Phänomen ist die weitverbreitete Bereitschaft zu freiwilliger Wohltätigkeitsarbeit u. die damit verbundene hohe Zahl an Wohltätigkeitsorganisationen: 1994 waren über 171 000 registriert, hinzu kommt eine fast gleich hohe Zahl nicht bei der staatl. *Charity Commission* erfaßter karitativer Einrichtungen. Mit einem jährlichen Umsatz von rd. 10 Milliarden DM (= 4 % des brit. BSPs) sind sie ein nicht zu unterschätzender Wirtschaftsfaktor in GB. – Die ersten ch. entstanden unter Elizabeth I (1558–1603). Gesetzlich anerkannt sind sie seit 1601; als grobe Richtlinie gilt, daß sie sich mit der Bekämpfung der Armut befassen, Erziehung u. Religion fördern u. der Gemeinschaft dienen sollen. 40 % der Einnahmen stammen aus Spenden, Schenkungen u. Sammlungen. Zu den wichtigsten anerkannten ch. zählen: *Age Concern* (für alte Menschen), ↑*British Legion, Christian Aid, Dr. Barnardo's Homes* (für Waisenkinder), *Help the Aged,* ↑*LiveAid (BandAid),* ↑*MIND,* ↑*MENCAP,* ↑*NSPCC,* ↑*OXFAM, Royal National Institute for the Blind, ~ for the Deaf, Royal Association for Disability and Rehabilitation,* ↑*RSPCA, Save the Children Fund, Spastics Society,* ↑*WRVS.* Die Zusammenfassung der privaten Wohltätigkeit hat sich die unabhängige *Charities Aid Foundation (CAF)* unter der Schirmherrschaft des *Duke of Edinburgh* zur Aufgabe gemacht. Sie übernimmt nicht nur die Verwaltung von ch. sowie die Veranstaltung von Fortbildungsmaßnahmen für ch.-Mitarbeiter, sie ist gleichsam auch eine Zentralstelle für die Spendeneintreibung *(fund raising).* Im Ggs. zu D kommt der Steuervorteil i.d.R. nicht dem Spender zugute, sondern dem Empfänger, der vom Finanzamt die entsprechende Steuerrückerstattung kassiert. Koordinierungsstelle zwischen den privaten Organisationen u. den staatl. Behörden ist das *National Council for Voluntary Organizations.*

chartism ['tʃɑːtɪzm]. Bed. engl. Arbeiterbewegung in der 1. Hälfte des 19. Jh.s, benannt nach der 1838 veröffentlichten *People's Charter,* die u.a. die Einführung des allg., gleichen, geheimen Wahlrechts, gleichmäßige Wahlbezirke u. eine Parlamentsreform forderte. Maßgeblicher Einfluß auf K. Marx (↑*Friedhöfe [London]: Highgate*) u. F. Engels. Mit dem Aufkommen der ↑*Gewerkschaften* nach 1850 ging die Bedeutung des ch. zurück.

Chartwell House. Das Landhaus Winston Churchills (1874–1965) (↑*Weltkriege:* 2. Weltkrieg), nördl. von Penshurst (Kent), in dem er von 1924–1965 lebte; wurde nach seinem Tod zu einer Art nationaler Wallfahrtsstätte.

chaser ['tʃeɪsə]. Colloq., Getränk, das nach o. zusammen mit einem anderen Getränk eingenommen wird, z.B. Bier zum ↑*whisky,* ↑*brandy* auf Kaffee, usw.

Cheddar ['tʃedə]. Zylindrischer, orange-gelber Hartkäse mit nußartigem Geschmack, Reifezeit 12 Monate; nach dem Ort Cheddar (Somerset).

cheers! [tʃɪəz]. Urspr. colloq., inzwischen der übliche Ausdruck für ‚Prost!' beim Trinken, seltener auch colloq. *bottoms up, Your Health* o. *Good Luck.* Anstoßen ist in GB nicht üblich. Es ist üblich, gleich auf den Gastgeber zu trinken, noch bevor dieser selbst das Glas erhebt.

Chelsea bun. Weiches Rosinenbrötchen (↑*buns*).

Chelsea Flower Show ['tʃelsɪ...]. Größte Gartenausstellung der Welt, findet alljährl. im Mai in den früheren *Ranelagh Gardens* auf dem Gelände des ↑*Chelsea Hospital* unter der Schirmherrschaft der *Royal Horticultural Society* statt, deren Mitglieder erstmals ab 1988 Eintritt bezahlen müssen; wird von dem Monarchen eröffnet; Herzstück der Ausstellung ist ein 10000 m² großes Riesenzelt *(The Marquee).*

Chelsea Hospital, offiziell: *Chelsea Royal Hospital.* Großes Altersheim für über 500 meist kriegsverletzte Veteranen in London-Chelsea (SW3). Die hier lebenden alten Soldaten *(Chelsea pensioners)* tragen immer noch die traditionelle Uniform aus der Zeit des Duke of Marlborough (1650–1722), knielange Mäntel, scharlachrot im Sommer, marineblau im Winter. Das Ch. wurde vom Architekten von ↑*St. Paul's Cathedral,* Ch. Wren, erbaut u. 1682 von Charles II nach dem Vorbild des Pariser Hôtel des Invalides (1670) eröffnet. In den Parkanlagen des Ch. findet jedes Jahr im Mai die berühmte ↑*Chelsea Flower Show* statt.

Cheltenham ['tʃeltnəm]. Stadt in Gloucestershire; oft übertragen für die dortige Pferderennbahn gebraucht, auf der jedes Jahr im März das Rennen um den *Cheltenham Gold Cup* ausgetragen wird. Siehe auch ↑*Ascot,* ↑*Epsom,* ↑*Newmarket.*

Chequers (Court) ['tʃekəz]. Landhaus aus dem 16. Jh. in Buckinghamshire, seit 1917 der amtliche Landsitz des brit. Premierministers (↑*Regierung*). Vgl. ↑*Downing Street.*

cheques [tʃeks] sind das gängigste Zahlungsmittel in GB. Um aus einem *open cheque* einen Verrechnungsscheck *(crossed cheque)* zu machen, zeichnet man zwei Parallellinien von oben bis unten auf den Scheck. Man kann zwischen den Linien *„and Company"* o. *„& Co."* schreiben. Ein *order cheque* kann nur an eine auf dem Scheck gen. Person bezahlt werden.

cherry brandy. In GB hochprozentiges Kirschwasser, in D Fruchtlikör (30 Vol.-%) aus Sauerkirschsaft, Kirschwasser, Zucker u. Wasser. Siehe ↑*brandy.*

Ches. Abk. für die Grafschaft Cheshire. Siehe Karte S. 281.

Cheshire ['tʃeʃə]. Der älteste engl. Käse, seit dem 12. Jh. in der Grafschaft Cheshire u. darüber hinaus produziert, ein Hartkäse von weißgelblicher Farbe u. ausgeprägtem Geschmack. Reifezeit 6–24 Monate. Auf dem ↑*continent* wird der Ch. oft auch als „Chester" (= Hauptort von Cheshire) bezeichnet.

Cheshire Cat ['tʃeʃə ...]. Tiercharakter aus Lewis Carrolls Buch *Alice in Wonderland* (1865); diese Katze hat die Angewohnheit, plötzlich auf einem Baum zu erscheinen u. wieder zu verschwinden. Alice bittet sie, dies nicht zu tun, worauf die Katze ganz langsam verschwindet, u. zwar vom Schwanz nach vorne, bis nur noch das Grinsen übrigbleibt. Darauf Alice: „Well! I've often seen a cat without a grin, but a grin without a cat! It's the most curious thing I ever saw in all my life!" Der Ausdruck *to grin like a C. c.,* dt. etwa ‚über das ganze Gesicht grinsen', fand durch Alice Eingang in den allg. Sprachgebrauch.

Chester ↑Cheshire.

chief constable ↑Polizei.

Chiltern Hundreds ['tʃɪltən...]. Ein Unterhausabgeordneter (↑*Parlament*) kann normalerweise sein Mandat nicht freiwillig niederlegen. Er verliert es automatisch, wenn er ein bezahltes Kronamt *(an office of profit under the Crown)* annimmt, etwa die *Stewardship of the C.H.* Die C.H., ein historisches Verwaltungsgebiet in der Grafschaft Buckinghamshire, unterstanden früher einem bezahlten königl. *Steward* ‚Verwalter'. Heute ist das Amt rein nominell, aber die Ernennung hierzu durch den ↑*Chancellor of the Exchequer* ist ein höchst nützliches Mittel, einen Sitz im Unterhaus aufzugeben. Man bittet den *Chancellor of the Exchequer* um Ernennung zum *Steward of the C.H.,* eine reine Formsache, die aber den Verlust des Unterhaussitzes zur Folge hat. *The MP for* (... Wahlkreis) *has applied for/been appointed to the Stewardship of the C.H.* heißt, daß er zurückgetreten ist. Ein ähnliches nominelles Amt ist *Steward of the Manor of Northstead.*

Chippendale. Möbelstil aus dem 18. Jh., nach dem engl. Möbeltischler

Thomas Chippendale (1718–1779), der v.a. Schreib- u. Sitzmöbel in Mahagoni von schlanken u. fließenden Formen mit ostasiat. u. Rokoko-Stilelementen entwarf u. baute.

chips heißen in GB die Pommes frites (↑*fish 'n' chips*), AmE *French fries.* Nicht zu verwechseln mit den dt. Kartoffelchips (= Lehnübersetzung aus AmE *potato chips*), BrE *(potato) crisps.* ↑*false friends.*

choir school ['kwaɪə...]. D etwa ‚Domsängerknabenschule'; ↑*preparatory school* o. ↑*public school,* einer Kirche o. einer Kathedrale *(cathedral school)* angegliedert für die musikalische u. allgemeine Ausbildung der Sängerknaben.

Christie's ['krɪstɪz]. Neben ↑*Sotheby's* intern. führendes Kunstauktionshaus (Stammsitz London SW 1) mit Filialen in zahlreichen Ländern; gegr. 1766 von J. Christie (1730–1803). Daneben regulärer Antiquitäten- u. Kunstverkauf (nur August/September). Informationen über bevorstehende Auktionen stehen montags in der Londoner Tageszeitung *The Daily Telegraph* u. dienstags in der *Times.*

Christmas ↑Feiertage.

Christmas pudding ↑pudding.

Chunnel ↑Channel Tunnel.

Church Army ↑Salvation Army.

Church of England ↑Konfessionen.

Church of Scotland ↑Konfessionen.

chutney ['tʃʌtnɪ]. Marmeladenartige indische Paste aus feingeschnittenen Früchten u. Gewürzen (u. a. Ingwer, Cayenne-Pfeffer, Essig, Zucker), bes. zum Würzen asiatischer Gerichte, aber auch als Beigabe zu kaltem Fleisch. Am bekanntesten sind *mango c.* u. *apple c.*

CI ↑*Channel Islands.*

CID, *Criminal Investigation Department* ↑Polizei; ↑Scotland Yard.

cider ['saɪdə]. Leicht perlender Apfelwein in den Geschmacksrichtungen süß, mittel o. trocken, traditionelles Getränk v. a. in den westl. Grafschaften Hereford and Worcester, Somerset u. Devon, oft als (billigere) Alternative zum Bier.

cinema clubs. Kinos, die einerseits durch die unzensierte Club-Lizenz die strenge Filmzensur in GB (↑*British Board of Film Classification*) umgehen u. andererseits durch die Mitgliedsgebühr künstlerisch-wertvolle, nicht-kommerzielle Programme finanzieren können. Die meisten Filmkunstkinos sind daher *cinema clubs,* bei denen neben der Eintrittskarte ein geringer Mitgliedsbeitrag zu entrichten ist, z.B. *Electric Cinema Club* (London W 11), *ICA (Institute of Contemporary Arts,* London SW 1). Siehe auch ↑*film societies.*

Cinque Ports [sɪŋk...]. Urspr. „5 Häfen" an der engl. Südküste: Sandwich, Dover, Hythe, (New) Romney (alle Kent), Hastings (East Sussex), die im Mittelalter mit einem großen Flottenaufgebot am Kanal Wache hielten u. dafür vom engl. König mit umfassenden Rechts- u. Handelsprivilegien ausgestattet wurden. Ende des 12. Jh.s traten die „ancient towns" Winchelsea u. Rye (beide East Sussex) dem Städtebund bei. Vom 14. Jh. an sank ihre Bedeutung für die Küstensicherung u. Kanalüberwachung. Mit Ausnahme von Dover ist heute wegen Versandung kein Hafen mehr in Betrieb. Diesen „head ports" sind ferner als sog. „limbs" weitere Küstenorte assoziiert: Lydd, Faversham, Folkestone, Deal, Tenterden, Margate u. Ramsgate. Ihre Hoheitsrechte gelten z. T. heute noch, wenn auch nur im begrenzten Rahmen der ↑*Admiralty.* Noch heute besteht das Amt des *Lord Warden,* eines Gouverneurs der Krone, der die schon längst nicht mehr vorhandene Flotte der C.P. symbolisch überwacht. *Lord Wardens* waren z.B. William Pitt d.J. (1759–1806), Wellington (1769–1852), Winston Churchill (1874–1965), seit 1978: H. M. Queen Elizabeth the ↑*Queen Mother.* Noch heute haben die *Barons of the C.P.* ein Anrecht auf besondere Plätze bei jeder Krönungszeremonie (↑*Coronation*) in ↑*Westminster Abbey.*

Cirencester. Stadt in Gloucestershire westl. von Oxford, deren Name auf zweifache Weise ausgesprochen werden kann: ['saɪərənsestə] als heute übliche ↑*spelling pronunciation* sowie ['sɪsɪtə], in der sich noch die ältere Schreibung *Ciceter* widerspiegelt, heute kaum mehr gebräuchlich.

Citizen's Charter. Die 1991 von der konservativen Regierung verabschiedete ‚Bürgercharta' stellt die Effizienz u. Effektivität der brit. Verwaltungsbehörden auf den Prüfstand. Grundideen des auf 10 Jahre angelegten Aktionsprogramms: *choice and consultation* – die Nutzer des öffentlichen Dienstes (↑*civil service*) sollen regelmäßig u. systematisch nach ihren Bedürfnissen befragt werden; *standards* – der angestrebte Standard des öffentlichen Dienstes soll klar u. verständlich veröffentlicht werden; *information and openness* – die Qualität d. öffentlichen Dienstleistungen u. ihre Verbesserungen sollen unabhängig überprüft u. regelmäßig veröffentlicht werden; *putting things right* – dem Publikum sollen Beschwerden erleichtert werden; *value for money* – Behörden müssen alle drei Jahre Leistungsbilanzen vorlegen; *courtesy and helpfulness* – von Staatsdienern wird höfliches u. zuvorkommendes Verhalten erwartet. In Anerkennung hervorragender Leistungen im Sinne der CCh verleiht eine Jury *(Prime Minister's Citizen's Charter Advisory Panel)* ein Gütesiegel (*Charter Mark*), das drei Jahre lang für die eigene Werbung verwendet werden darf. Unter dem Dach der CCh haben die meisten Behörden eigene *Charters* aufgelegt. Mitte 1994 gab es 40, darunter die *Charter for Further Education, Jobseeker's Charter, Parents' Charter, London Underground Charter* usw.

Citizens Advice Bureaux (CAB). Bürgernahe Auskunfts- u. Beratungsstellen (u. a. Rechts- u. Steuerberatung, ↑*Verbraucherschutz,* Schwangerschaftsberatung, Wohnungsberatung), die von einer unabhängigen, in ganz GB verbreiteten Privatorganisation *(National Association of CAB)* geführt werden. Sie werden von der Zentralregierung im Sinne der Hilfe zur Selbsthilfe sowie von den *local authorities* (↑*local government*) gefördert. In den 1300 CABs arbeiten etwa 12000 ehrenamtliche Kräfte.

city. 1. Wichtigere Stadt, meist Sitz eines Bischofs (↑*Konfessionen*), mit einem besonderen Status, der mit Vorrechten u. Würden verbunden ist u. der einem *district* o. *town* (↑*local government*) auf Antrag durch königl. Charta *(Royal Charter)* verliehen wird, z.B. City of Leicester ['lestə]. Die Amtsbez. des Ratsvorsitzenden ist *Lord Mayor,* etwa ‚Oberbürgermeister'. 2. *The City:* ↑*City of London.* – Das engl. Wort ist nicht mit dt. City ‚Stadtmitte' zu verwechseln (↑*false friends*), engl.: *town centre* o. *city centre,* auch *inner city,* etwa ‚Innenstadt', meist mit negativem Beiklang im Zusammenhang mit Verfall u. Armut.

City of London, kurz *The City,* heißt der historische Stadtkern Londons, ein selbstverwaltendes *(self-governing)* Gebiet in London EC *(East Central)* mit einer Ausdehnung von nur 1 Quadratmeile (ca. 2,5 km^2), daher *The Square Mile,* mit eigener ↑*Polizei;* die Pendelbevölkerung (Büroangestellte) beträgt ca. 400000, die Wohnbevölkerung jedoch unter 5000. Hier befinden sich die Hauptsitze vieler ↑*Banken,* ↑*Lloyds,* die ↑*Bank of England,* ↑*Stock Exchange,* ↑*Royal Exchange,* die der C. of L. den Ruf eines der bedeutendsten Finanzzentren der Welt eingebracht haben; auch übertragen gebraucht: vgl. *City Editor* für den Wirtschaftsredakteur einer Zeitung. Die C. of L. wird von der *Corporation of London* verwaltet, bestehend aus dem *Court of Common Council, Court of Aldermen* u. dem *Court of Common Hall,* deren Vorsitzender jeweils der *Lord Mayor* (dt. etwa ‚Oberbürgermeister'), ein wichtiger Vertreter der Finanzwelt, ist. Sein Amtssitz ist das *Mansion House,* das Rathaus heißt die ↑*Guildhall.* Nach der alljährlichen internen Wahl eines neuen *Lord Mayor* u. seiner Vereidigung findet am nächsten Tag, dem 2. Samstag im Nov., ein farbenprächtiger Umzug statt, die sog. *Lord Mayor's Show,* wenn er in einer Kutsche durch die Straßen zum *Royal Court of Justice* fährt, wo er dem ↑*Lord Chief Justice* vorgestellt wird. Danach findet das *Lord Mayor's Banquet* in der *Guildhall* statt, bei dem der Premierminister (↑*Regierung*) traditionell eine wichtige politische Rede hält.

city region ↑conurbation.

City Technology College (CTC). Durch den *Education Reform Act* 1988 geschaffener neuer Schultypus in England, der Schüler der Altersstufen 11 bis 18 eine fünfjährige praxisorientierte Ausbildung für wirtschaftl.-techn. Berufe ermöglichen soll. 1994 gab es 11000 Schüler an 15 CTCs, schulgeldfreien unabhängigen Schulen (↑*independent schools*), die von Staat u. Privatwirtschaft partnerschaftlich betrieben werden u. außerhalb des Einflusses der ↑*LEAs* stehen. In D am ehesten mit Fachoberschulen u. Berufsschulen zu vergleichen.

Civil List ist eine vom ↑*Parlament* gewährte Apanage an den Monarchen u. Mitglieder der königl. Familie, die damit die Ausgaben bei der Durchführung öffentl. Aufgaben bestreiten. Die jährl. Auszahlungen 1991–2000 sind: £ 7900000 an die Königin, £ 643000 an die ↑*Queen Mother*, £ 359000 an Prince Philip; die Apanagen an weitere 8 Mitglieder der Königl. Familie, die sich auf £1515000 belaufen, werden von der Königin an das Schatzamt (↑*Chancellor of the Exchequer*) zurückerstattet. Der ↑*Prince of Wales* erhält von der C.L. keine Apanage, sein Einkommen stammt aus den Einnahmen des *Duchy of Cornwall* (↑*Duke of Cornwall*), die er versteuert. Die Königin hat auch ein Privateinkommen, hpts. aus Anlagewerten, womit sie ihre persönlichen Ausgaben bestreitet. Sie bezahlt seit April 1993 Einkommen- u. Kapitalertragssteuer (↑*Steuern*) auf ihr Privateinkommen u. -vermögen u. auf den Teil ihres Einkommens u. Kapitalertrags, der aus der ↑*Privy Purse* herrührt.

civil service. ‚Staatsdienst'; Mitglieder des c.s. heißen *civil servants,* ihr Status entspricht etwa dem eines dt. Beamten im Staatsdienst; die ca. 542000 *civil servants* sind Bedienstete der Krone (↑*Monarchie*) u. sind dem Minister, in dessen Ministerium sie tätig sind, verantwortlich. Der Begriff ist enger gefaßt als dt. ‚Beamter': Beamte im dt. Sinne sind in GB nur in der Zentralen Staatsverwaltung zu finden; *nicht* zum c.s. gehören Lehrer u. Richter, Eisenbahn- u. Postpersonal, Mitglieder der ↑*Streitkräfte,* der Kommunalverwaltung (↑*local government*) u. der ↑*Polizei* u. Angestellte staatlicher Unternehmen, die deshalb auch, anders als dt. Beamte, Streikrecht haben; es gibt den weiteren Begriff *public service,* dem z.B. Angestellte der Kommunalverwaltung u. der Eisenbahn angehören. Die obersten Posten des c.s. sind in die Grade 1–7 gegliedert. Vgl. Übersicht S. 284. Darunter gibt es eine vertikale Organisation mit 12 Kategorien, z.B. *General Category, Information Category, Research* usw. Außerdem gibt es die *‚industrial' civil servants,* v.a. manuelle Arbeiter bei staatlichen Betrieben. *Civil servants* werden von der *C. S. Commission* eingestellt. Im Unterschied zu dt. Beamten ist Angehörigen der brit. Ministerialbürokratie öffentliches parteipolitisches Auftreten untersagt.

Der c.s. wird dominiert von ↑*Oxbridge*-Absolventen (Anteil bei 75%) mit geisteswissenschaftlicher Ausbildung.

Unter der konservativen Regierung Thatcher (↑*thatcherism*) fanden grundlegende Reformen des c.s. statt, die von John Major weiterverfolgt wurden. Kernpunkt dieser Reformen ist das vom *Efficiency Office* entwikkelte ↑*Next Steps Programme*, das Marktbeziehungen in den c.s. einführte u. Funktionsbereiche des öffentlichen Dienstes aus der Verantwortung von Ministerien in teilautonome Einheiten (↑*executive agencies*) überführte *(government by contract).* ↑*Citizen's Charter.*

Civil War. Der Bürgerkrieg von

1642–1649, auch *Great Rebellion.* Der Kampf zw. den Truppen von King Charles I *(Royalists* o. *Cavaliers)* u. dem ↑*Parlament* unter der Führung von Oliver Cromwell, dessen Soldaten *Ironsides* o. nach ihrem Haarschnitt *Roundheads* genannt wurden. Er entwickelte sich zu einem Krieg um Prinzipien der polit. u. religiösen Freiheit gegen königl. Absolutismus u. Königtum von Gottes Gnaden (↑*divine right of kings*). Cromwell gewann allmählich die Oberhand u. schlug den König endgültig 1645 in der Schlacht bei Naseby. Charles I wurde enthauptet. Die parlamentarische Republik, die 1649 entstand, hieß *Commonwealth* u. *Protectorate.* Die ↑*Monarchie* wurde 1660 unter Charles II, dem Sohn von Charles I, wiederhergestellt *(Restoration).*

clamp [klæmp]. Die gelbe Parkkralle, die eine Spezialeinheit der Londoner Polizei *(Metropolitan Police Wheel Clamp Unit)* an den Rädern falsch geparkter Autos anbringt. Das rigorose *clamping* der Londoner Polizei hat bereits zur Gründung eines *Car Clamp Recovery Clubs* geführt, dessen Boten „stillgelegte" Autos von Club-Mitgliedern bei der Polizei gegen Zahlung von Geldbuße u. Gebühren wieder auslösen u. beim Eigentümer abliefern. 1987 wurde das Parkproblem auch privaten Firmen anvertraut.

clan [klæn]. Von gael. ‚Kinder, Nachkommen'; ‚Sippe, Familiengemeinschaft', die von gemeinsamen Vorfahren abstammt; urspr. freiwilliges Lehensverhältnis des Stammes zu seinem Oberhaupt *(chief).* Die Existenz der zahlreichen c., die – eigene kleine Königreiche – im gesamten schott. Hochland u. auf den westl. Inseln zu finden waren, ist zurückzuführen auf eine fehlende zentrale Macht, die dann innerhalb der c. von einzelnen Führerpersönlichkeiten *(chiefs, chieftains* o. *lairds)* wahrgenommen wurde. Nach der Einführung feudalistischer Prinzipien waren sie dem König verpflichtet (↑*clearances*). Es gibt heute noch 90 verschiedene c. im schottischen Hochland. Die *chiefs, chieftains* o. *lairds* werden als Vertreter des Vorfahren angesehen, der einst den c. gründete, u. sind somit das spirituelle Oberhaupt ihrer „Großfamilie". Sie präsidieren bei den *clan gatherings,* den großen Clan-Treffen mit Konzerten, Bällen, Wettbewerben, Volkstanzvorstellungen u. Hochlandfestspielen (↑*Highland Games*). Charakteristisch für die c. ist die Verbindung des Namens mit *Mac* o. *Mc* (= ‚Sohn von…', z.B. *Mc*Pherson, *Mac*Alister), aber es gibt auch viele einfache Namen (z.B. Stewart, Cameron), die sich durch den Namen ihres Besitztums, der dem Familiennamen nachgestellt wird, von den „gewöhnlichen" Stewarts, Camerons abheben. So gibt es z.B. nur einen Stewart *of Atholl* o. Cameron *of Lochalsh;* Anrede nicht „Mr Stewart" usw., sondern „Atholl" (ohne *Mr*) usw.

Die Geschichte der schott. Clans war blutig. Jahrhundertelang kämpften sie gegen die verhaßten Engländer o. führten gegeneinander u. gegen die germanischen Lowland-Schotten – oft aus nichtigen Anlässen – blutige Kriege. Ihr Stammesleben erfuhr nach der Schlacht von ↑*Culloden* (1746) u. der darauffolgenden Angliederung Schottlands an England einen langsamen, sicheren Niedergang. Die Farbe der c., die berühmten Schottenkaromuster (↑*tartans*), sind erst seit Anfang des 19. Jh.s meist über die aus den einzelnen c. gebildeten Regimenter zu festen Abzeichen geworden. Es gibt etwa 500 verschiedene *tartans,* die als untrügliches Erkennungszeichen der Clan-Zugehörigkeit den ↑*kilt,* ↑*plaid* o. Schal schmükken (z. B. Erskine, MacGregor, Royal Stewart). Der größte c. ist der MacDonald-Clan. Seine 5 Millionen Mitglieder leben über die ganze Welt verstreut.

Clapham Junction ['klæpəm dʒʌŋkʃn]. Großer Pendlerbahnhof im SW Londons. Vgl. colloq. *the man on the Clapham bus*, ‚the man in the street', dt. etwa ‚Otto Normalverbraucher'.

Clarendon Press ↑OUP.

Clarendon School ↑public school.

claret ['klærət]. ‚Klarer Wein'; in GB seit dem 12. Jh. gebräuchliche Bez. für rote Bordeaux-Weine.

class list. Liste der Examenskandidaten, die die Honours-Prüfung (↑*akademische Grade*) an ihrer ↑*Universität* bestanden haben u. nach den jeweiligen Ergebnissen in 3 Gruppen eingeteilt werden („classed"). Die Veröffentlichung der Liste durch den *registrar* (‚Kanzler') der Universität u. daran anschließend auch in den großen Zeitungen des Landes Ende Juni/Anfang Juli wird von den Studenten stets mit Spannung erwartet. Die Namen der Durchgefallenen werden nicht erwähnt („not classed").

Clause 4 [klɔːz 'fɔː]. 1. Lehrsatz über die Vergesellschaftung der Produktionsmittel in der Satzung der *Labour Party* (↑*Parteien*), der 77 Jahre lang Bestand hatte (↑*nationalization*). Der 1994 gewählte *Labour*-Führer Tony Blair u. das *National Executive Committee* (Parteivorstand u. Vorsitzende der Gewerkschaften) haben im März 1995 eine Neufassung des nicht mehr zeitgemäßen Absatzes 4 der Satzung durchgesetzt. Die 349 Worte zählende Neufassung, die ebenso wie der alte, lediglich 275 Worte umfassende Text auf die Mitgliederausweise der Parteiangehörigen aufgedruckt werden soll, legt ein deutliches Bekenntnis der *Labour Party* zur sozialen Marktwirtschaft ab.

clearances ['klɪərənsɪz]. ‚Säuberungen'; die systematisch betriebene Entvölkerung des schott. Hochlandes nach der Schlacht von ↑*Culloden* 1746. Was der Duke of Cumberland (Beiname: „Butcher of Culloden") 1743 mit der Verwüstung der Täler („harrying of the glens") begonnen hatte, setzten die Nachkommen der alten ↑*Clan*-Führer mit der Vertreibung der Kleinbauern (↑*crofters*) ihrer Clans fort. Hunderte früherer *clansmen* wurden aus den fruchtbaren Hochlandtälern vertrieben u. mußten sich mit kleinen Parzellen an der Küste, sog. ↑*crofts,* begnügen, wo sie mit einem kleinen Acker, ein o. zwei Kühen u. etwas Fischfang kaum ihr Leben fristen konnten. Bei den c. taten sich v.a. die Dukes of Sutherland hervor, die schon bei Culloden auf der Seite der Engländer gekämpft hatten; Häuser wurden zerstört, Familien ruiniert, *clans* zerrissen u. ganze Täler entvölkert. Viele verfallende *crofts* zeugen noch heute von den c. Die kanad. Provinz Nova Scotia „verdankt" den c. ihre Entstehung, nachdem Tausende gewaltsam nach Übersee ausgewiesen wurden.

Die c., die etwa bis 1860 dauerten, schufen das heutige Bild der Highlands. Die schott. Grafschaft Sutherland ist z. B. heute mit 13000 Einw. (= 2,5 E./km^2) die am dünnsten besiedelte Grafschaft GBs. Die c. machten im übrigen auch vor anderen Teilen des Hochlandes u. der westl. Inseln nicht halt. Auf allen Hebrideninseln leben heute noch 30000 Menschen. Vor über 150 Jahren waren es noch über 100000.

clearing bank ↑Banken.

clearing house. Bez. für das *Committee of London Clearing Banks* (↑*Banken*).

Cleopatra's Needle. Obelisk aus rosa Granit, der aus Heliopolis (Ägypten) – dort ca. 1475 v.Chr. aufgestellt – nach England geschafft u. 1878 am Londoner Themseufer aufgestellt wurde.

clergy. ‚Klerus', ↑*clergyman* ‚Geistlicher'. Ein *vicar* ist ein anglikanischer Geistlicher, Pfarrer einer Gemeinde (↑*Konfessionen*), nicht mit dt. ‚Vikar' zu verwechseln, s. u. Auch der *rector* ist Gemeindepfarrer in der anglik. Kirche; beide werden als *parson* bezeichnet. Früher standen dem *rector* sämtl. *tithes* – eine 1936 abgeschaffte Kirchensteuer, ein Zehntel der Einkünfte der Gemeindemitglieder, auch in Naturalien bezahlbar – zu, im Gegensatz zum *vicar*, der Recht auf ein Zehntel der *tithes* o. gar keine hatte. Der *deacon* untersteht einem Pfarrer in der Hierarchie der anglik. Kirche (‚Diakon'); 1987 beschloß die Generalsynode *(Generalsynod)* der anglik. Kirche gegen den Widerstand einer Minderheit, daß auch Frauen zu Diakoninnen *(deacons)* ordiniert werden können; am 12. 3. 1994 wurden nach einem erneuten Synodalbeschluß 32 Diakoninnen zu Priesterinnen geweiht. Die Hoffnungen vieler Geistlicher u. Laien auf eine eventuelle künftige Vereinigung mit der katholischen Kirche wurden dadurch zerschlagen. Daraufhin kündigten ca. 700 Geistliche, u.a. 7 Bischöfe, aber auch viele Laien, ihren Übertritt zur kath. Kirche an. Ende 1994 hatten ca. 700 Frauen die Priesterweihe empfangen (*ordination of women*). In den *Free Churches* ist ein *deacon* (weibl. *deaconess*) ein Laienmitglied der Gemeinde, das dem Pfarrer bei der Ausübung seiner weltlichen Aufgaben beisteht. Ein *curate* (dt. ‚Vikar') ist ein anglik. Hilfspfarrer. Eine allg. Bez. für einen Pfarrer in den *Free Churches* ist *minister.* Als *priest* wird v.a. der katholische Pfarrer bezeichnet, aber auch der besonders der *high church* (↑*Konfessionen*) nahestehende anglik. Pfarrer. *Pastor* ist eine allg. Bez. für einen evangel. Pfarrer, der eine Gemeinde o. Kirche leitet.

clergyman ['klə:dʒɪmən]. Allg. Begriff für Pfarrer einer christlichen Kirche, insb. der Church of England (↑*Konfessionen,* ↑*clergy*).

Clerk of the House ↑Parlament: *House of Commons.*

clippie ['klɪpɪ]. Colloq. Beiname der Busschaffnerin („bus conductress who clips tickets") in GB, heute kaum mehr gebräuchlich.

clippings. ‚Stutzwörter'; für die engl. Sprache typ. Wortkürzungen, die häufig zu Homophonie führen, z.B. *William > Bill = bill* ‚Rechnung', *bicycle > cycle = cycle* ‚Zyklus'. Weitere Beispiele für *clippings*, die meist zu ↑*slang* o. Umgangssprache gehören, aber auch in das ↑*Standard English* Eingang gefunden haben: 1. *back-clippings* – das Wort wird auf den Anfangsteil verkürzt (sehr häufig): *pram < perambulator, exam < examination, gym < gymnastics,* ↑*pub < public house*; 2. *fore clippings* – der Schlußteil bleibt übrig: *bus < omnibus, phone < telephone, Varsity < University, Bert < Herbert;* 3. *fore and back clippings* – der mittlere Teil bleibt stehen (selten): *tec* < detective, ↑*soccer < association football, flu < influenza, Liz < Elizabeth.*

closed shop. Betrieb, der nur Mitglieder einer ↑*Gewerkschaft* beschäftigt. Es ist zu unterscheiden: 1. *pre-entry closed shop:* Nur Mitglieder der im Betrieb das Monopol ausübenden Gewerkschaft können sich um eine Stelle bewerben; 2. *post-entry closed shop:* der Beitritt des Arbeitnehmers zur jeweiligen Gewerkschaft *muß* nach der Einstellung erfolgen. Bei Arbeitskonflikten bildet diese Regelung ein wirksames Druckmittel der Gewerkschaftsführer gegen streikunwillige Mitglieder. Siehe auch ↑*open shop.*

closed union. Gewerkschaft, die keine neuen Mitglieder aufnimmt (↑*Gewerkschaften*).

closure u. guillotine. Beide sind Verfahren, mit denen eine Debatte im ↑*Parlament* beendet werden kann. (Vgl. dort auch *filibuster.*) *Closure* wird vom *Speaker* im Unterhaus beantragt *(„that the question be now put"),* und wenn 100 Mitglieder ihre Zustimmung erteilen, wird über die ursprüngliche Frage abgestimmt (↑*division*). Die *guillotine* ist ein strengeres Instrument zur Beendung einer Debatte: das Unter- o. Oberhaus beschließt, eine Gesetzesvorlage (↑*bill*) in Teile *(compartments)* aufzuteilen, wovon mehrere in einem Tag erledigt werden müssen.

clotted cream. Extra dicke Sahne, die durch langsames Kochen der Milch in flachen Pfannen gewonnen wird; oft zum ↑*afternoon tea* mit ↑*scones* u. *jam* gereicht (sog. *cream tea*). Spezialität aus Cornwall u. Devon, daher auch *Devonshire cream.*

clubs. ‚Herrenklubs'; aus der Tradition der Kaffeehäuser des 17./18. Jh.s hervorgegangene, typisch engl. Institution, die auf zwei grundlegenden engl. Ideen beruht: Klassentrennung u. Geschlechtertrennung. Abgesehen von den drei berühmten Clubs *White's* (gegr. 1693), *Brooke's, Bootle's,* die noch in die Regency-Zeit des

18. Jh.s zurückreichen, sind die meisten c. viktorianischen Ursprungs. Größtes Prestige genießen unter ihnen der *Reform C.* (berühmt geworden durch sein Mitglied Phileas Fogg, dem Helden von Jules Vernes *In 80 Tagen um die Welt*), mit einer gemischten Mitgliedschaft aus Beamten, Anwälten, Geschäftsleuten u. Journalisten, die sich schriftlich zur ↑*Reform Bill* von 1832 bekennen müssen; der *Garrick C.* (v.a. Schauspieler u. Juristen, Schriftsteller, Musiker, Filmschaffende); der *Carlton C.*, das Hauptquartier der ↑*Tories* u. letzter Londoner C. von politischer Bedeutung; der *Travellers' C.*, nur für Herren, die weit, d.h. mind. 500 Meilen außerhalb der Brit. Inseln, gereist sind (v.a. Diplomaten des Foreign Office, ↑*FCO*); der *Athenaeum C.* (Bischöfe u. Wissenschaftler).

Das Auffälligste an der Londoner Clubwelt ist ihre Unauffälligkeit. Die meisten c. liegen in großen Häusern im „Clubland" um Pall Mall u. St. James's (SW 1), aber kein Türschild weist auf sie hin. Gegen eine vierstellige Aufnahmegebühr u. einen hohen Mitgliedsbeitrag werden den Mitgliedern u. ihren Gästen viele Annehmlichkeiten geboten: Speis und Trank, Rauch- u. Lesezimmer mit tiefen („Club"-)Sesseln, Briefpapier mit Clubsiegel, oft auch Glücksspiele u. Übernachtungsmöglichkeiten. Für viele *clubmen* sind sie ein zweites Zuhause. Die große Zeit der Londoner c. als Oasen für ↑*gentlemen* war im 19. Jh., seitdem nimmt ihre Zahl stetig ab: 200 gab es um 1900, 119 noch 1945, heute sind es nur noch 40.

In fast allen c. (Ausnahme: *White's*) sind inzwischen auch Frauen, die lange als nicht „*clubbable*" galten, als Gäste zugelassen. Im *Reform C.* dürfen sie sogar Mitglied werden. Das Ansehen eines c. läßt sich an der Länge seiner Warteliste für neue Mitglieder ablesen, z.B. 6 Jahre Wartezeit für *White's*, mind. 2 Jahre für *Brooke's.* Die Zulassung neuer Mitglieder ist streng geregelt. Aufnahmeanträge werden von anderen Mitgliedern dem C.-Vorstandskomitee vorgelegt u. befürwortet; die Herren des Komitees stimmen über den Antrag ab, indem jeder diskret eine Kugel *(ball)* in einen Beutel wirft. Eine schwarze Kugel bedeutet ‚nein', eine weiße ‚ja', u. schon eine einzige schwarze Kugel kann genügen, einen Kandidaten abzulehnen (sog. *black-balling,* daher auch engl. *to blackball* ‚eine Absage erteilen, für die eine Begründung nicht erforderlich ist o. verweigert wird'). „Nicht wen man aufnimmt, macht den Charakter eines c. aus, sondern wen man heraushält", heißt die Devise.

Neben den exklusiven Etablissements der Oberklasse gibt es nicht weniger exklusive Arbeiter-C. – wie den *Working Man's C.,* der eine altehrwürdige Institution vor allem im Norden Englands ist –, gegr. in einigen Fällen im 19. Jh. von selbsternannten Wohltätern, die „den Arbeiter" aus den damaligen Fuselkneipen heraushalten wollten. Noch heute gibt es an dieser Gründungstradition festhaltende Arbeiter-C., die nur Tee ausschenken.

CMG, *Companion of the Most Distinguished Order of St. Michael and St. George* ↑Orden u. Ehrenzeichen A. 6.

CNAA, *Council for National Academic Awards* ↑Higher Education Quality Council.

CND, *Campaign for Nuclear Disarmament.* 1958 von dem brit. Philosophen B. Russell (1872–1970) gegr. „Kampagne für nukleare Abrüstung“, die mit 1000 örtl. Gruppen u. über 100 000 nationalen Mitgliedern zu einer bedeutenden Protestbewegung in GB herangewachsen ist; erfand Ende der 50er Jahre die „Ostermärsche“. Ihr Symbol für Frieden – ein Kreis mit drei Strichen, die die Runenzeichen für C u. D darstellen – wurde weltweit berühmt. ↑*Greenham Common.*

c/o, *care of.* Entspricht in Briefanschriften der dt. Abk. ‚p. A.‘ (per Adresse) o. ‚bei‘, wenn man z.B. in Untermiete wohnt.

Co. Abk. für *Company* ‚Handelsgesellschaft‘. Siehe auch ↑*plc.*

coalition ↑Regierung.

cobbler. Wörtl. ‚Schuhflicker‘; Cocktail-Getränk *(longdrink)* aus Sekt, Weißwein o. Weinbrand, Fruchtsäften, Eis – mit Früchten garniert; wird im Ggs. zu anderen Bargetränken nicht geschüttelt, sondern im Glas zubereitet.

cock-a-leekie [kɒkəˈliːkɪ]. Schott. Hühnersuppe mit Lauch.

cockney [ˈkɒknɪ], var. *Cockney.* Seit etwa 1600 zunächst pej., später aufgewerteter Spitzname für einen waschechten Londoner (*der* Cockney) und seinen eigentümlichen Dialekt (*das* Cockney), von me. *cokene ey* ‚Hahnenei‘ = ‚mißratenes Ei‘ mit Bedeutungsentwicklung über ‚verwöhntes Kind‘ zu ‚verweichlichter Großstädter‘ (= in erster Linie der Londoner, aus der Sicht der Landbevölkerung). Im strengen Sinne ist ein c. nur, wer „within the sound of Bow Bells“, in Hörweite der Glocken von St. Mary-le-Bow Church in Cheapside/↑*East End* geboren wurde. Berühmte c. sind u.a. Charlie Chaplin, der Popmusiker Boy George, das Fotomodell Twiggy. Aus dem C.-Milieu stammen auch die ↑*pearlies.*

Die Sprachgewohnheiten des c. reichen weit über die Grenzen Londons hinaus u. sind eine Fundgrube für ↑*slang*-Wörter (z.B. *conk* ‚Nase‘, *stumps* ‚Zähne‘, *tanner* ‚sixpence‘, *blotto* ‚betrunken‘, *boozer* ↑‚*pub*‘, *Guvner, gunner, guv* ‚Anrede: Sir, Mister‘). Es gibt kein einheitliches c., überall finden sich sozial bedingte Unterschiede („light c.“, „deep c.“). Bes. charakteristisch ist die eigentümliche Aussprache, die sich von der ↑*Received Pronunciation (RP)* durch eine große Vokalverschiebung bei langen Vokalen u. Diphthongen unterscheidet, z.B. *RP* [tiː] entspricht *cockney* [teɪ] *(tea);* [deɪ] > [daɪ] *(day);* [buːt] > [bəʊt] *(boot);* [naɪs] > [nɔɪs] *(nice).* Ähnliche phonologische Abweichungen vom Standard English weist das australische Englisch auf. Eine weitere Eigenheit des c. ist der *rhyming slang,* eine humorige, plastische Bildersprache (urspr. eine Art Rotwelsch, ↑*cant*), die im 19. Jh. entstand u. Begriffe durch völlig andere Reimwörter ersetzt. Beispiele: *trouble and strife* steht für ‚wife‘, *apples and pears* ‚stairs', *Adam and Eve* ‚believe' („Would you Adam and Eve it? His trouble and strife fell down the apples and pears"), ferner: *plates of meat* ‚feet', *Daisy roots* ‚boots', *pig's ear* ‚beer', *tit for tat* ‚hat', *bees and honey* ‚money', *loaf of bread* ‚head' etc. Literarische Berühmtheit erlangte das c. in G. B. Shaws „Pygmalion" u. dem darauf beruhenden Musical „My Fair Lady".

COD [siːəʊ'diː], *cash on delivery* ‚per Nachnahme'.

code law system. Bez. für das kodifizierte kontinental-europäische Zivilrecht im Gegensatz zum weitgehend ungeschriebenen engl. *common law.* (↑*Recht.*)

C. of E., *Church of England* ↑Konfessionen.

COI ↑*Central Office of Information.*

Coldstream Guards. Nach den ↑*Royal Scots* das zweitälteste Regiment des brit. Heeres (nach dem schott. Dorf Coldstream); es wurde 1650 aufgestellt u. bildet einen Teil der ↑*Guards Division* (↑*Streitkräfte*).

coleslaw ['kəʊlslɔː]. Pikanter engl. Krautsalat mit Apfelstücken, Karotten, Rosinen, Nüssen u. Mayonnaise verfeinert.

Coliseum [kɒlɪ'sɪəm]. Londoner ↑*West End* Theater, Sitz der *English National Opera* (Staatsoper), London WC 2.

colleges ['kɔlɪdʒɪz]. In GB Bez. für mehrere voneinander völlig verschiedene Einrichtungen des Bildungswesens.

1. Urspr. in ↑*Oxbridge,* später auch an einigen neuen ↑*Universitäten:* in sich abgeschlossene, selbständige, oft als Stiftungen (z. B. durch Übereignung von Landbesitz) angelegte Studienhäuser (var. *halls*) mit kollegialem Statut für Dozenten u. Studenten mit eigener Selbstverwaltung u. eigenen Traditionen, gleichsam Universitäten innerhalb der Universität. In ↑*Oxford* üben sie großen Einfluß auf die Universität aus, während sie in ↑*Cambridge* voneinander unabhängig sind. Zu den ältesten c.-Gründungen zählen: Balliol (1263), Merton (1264) in Oxford, Peterhouse (1284) u. Trinity Hall (1350) in Cambridge, St. Salvator's (1450) in St. Andrews. Zu jedem *College* bzw. *Hall* gehört ein Wohnheim für Studenten *(hall* bzw. *college)* sowie eine eigene Kapelle *(chapel)* im Innenhof („Quad" in Oxford, „Court" in Cambridge). An der Spitze des c. steht der von ↑*scholars* u. ↑*fellows* aus ihrer Mitte gewählte *Master* bzw. *Mistress*, vereinzelt *President* o. *Principal* (in Cambridge), in Oxford gibt es daneben je nach c. auch die Bez. *Provost, Warden, Rector* o. *Dean.*

2. ‚Fachbereich, Institut' einer ↑*Universität,* z.B. *college of agriculture/pharmacy,* etc.

3. Selbständige o. einer Universität angegliederte Fachschule (Akademie) (↑*polytechnics*) o. Berufsbildungsseminar (vgl. *College of Education* für Lehrer, *College of Further Education,* siehe unten 4.), oft auch Vorstufe zu einer Universität, z.B. wurde *Owen's College Manchester* zu *Victoria Uni-*

versity of Manchester 1880, *Mason College* zu *Univ. of Birmingham* 1900, ferner: *Colleges of Advanced Technology (CAT)*, nach 1956 aus den *Colleges of Technology* hervorgegangene Ingenieurschulen, hier wurde z.B. *Birmingham College* zur *University of Aston* ausgebaut.

4. *Colleges of Further Education (CFE)* bilden neben den ↑*polytechnics* (seit 1993 Universitäten) u. den ↑*adult education centres* die dritte Hauptgruppe unter den Einrichtungen der weiterführenden Bildung (↑*further education*). Es gibt eine Vielzahl von *CFE* auf den verschiedensten Fachgebieten u. Ausbildungsniveaus, z.B. *technical colleges, colleges of commerce, art colleges.* Insg. besuchen ca. 2 Mio. Erwachsene u. Jugendliche die *CFE.* 71% aller 16- bis 18jährigen sind im beruflichen Schulwesen (gegenüber 89% in D), davon lediglich 40% auf einer Vollzeit-, die restlichen 31% auf Teilzeitbasis. Maßgeblich für die stattfindenden Kurse sind die Anforderungen des Arbeitsmarktes im Einzugsbereich der *CFE* und die Nachfrage der Studenten. Zwischen den Unternehmen u. den Lehrkräften des *CFE* besteht i.d.R. ein intensiver Kontakt. Im Durchschnitt sind jeweils rd. 5000 Studenten an diesen *CFE* eingeschrieben. Es gibt im UK ca. 500 staatl. *CFE*, deren anwendungsbezogene Ausrichtung an die dt. Berufsakademien u. Fachhochschulen erinnert.

5. Gebäude, in dem ein *College* untergebracht ist. – 6. Höhere Schule mit Internat, meist ↑*Public School,* z.B. Eton College, vgl. auch ↑*United World Colleges.*

collie ↑Hunderassen.

colonies ↑Commonwealth.

Comic Relief ↑Red Nose Day.

command performance. Theater- o. Kinoaufführung auf königl. Befehl o. Wunsch.

Commem(oration). Fest zum Andenken an die Begründer u. Wohltäter der Universität ↑*Oxford* u. ihrer ↑*colleges,* wird jedes Jahr während der ↑*Eights Week* mit Konzerten, Ballveranstaltungen *(commem balls)* gefeiert; entspricht in ↑*Cambridge* der ↑*May Week.*

commercial banks ↑Banken.

Commission for Racial Equality (CRE) ↑Race Relations Act.

Common Entrance Examination ↑preparatory school, ↑public school.

common law ↑Recht 1.

common law wife/husband. Entspricht etwa dt. ‚Lebensgefährtin', ‚-e': Ehefrau o. Ehemann, die/der als solche(r) nur vom *common law* (↑*Recht*) aufgrund längeren Zusammenlebens anerkannt wird, aber nicht legal verheiratet ist.

Common Prayer, Book of ~. Liturgisches Buch der Anglikanischen Kirche (↑*Konfessionen*). Verfaßt von Erzbischof Thomas Cranmer, erstmals 1549 erschienen. Die Fassung von 1662 galt bis 1965. Oft wird eine modernisierte u. vereinfachte Version heute benutzt: das *Alternative Service Book.*

Common Ridings. Volkstümliche Reiterfeste in Städten u. Dörfern an der engl.-schott. Grenze (Borders, Lowlands) zum Gedenken an ein örtliches historisches Ereignis. Jeder kann teilnehmen.

common sense. Wörtl. ‚Gemeinsinn'; den Engländern nachgesagte realistisch-pragmatische Denk- u. Verhaltensweise, die sich mit Vorliebe auf das Wahrnehmbare u. Brauchbare konzentriert, dt. etwa: ‚gesunder Menschenverstand'. Als angeblich typisches brit. Wertideal oft in einem Atemzug mit ↑*gentleman* u. ↑*fair play* genannt.

commoner ['kɒmənə]. 1. In GB eine Person, die nicht der *nobility* (↑*Adelstitel*) angehört, also nicht im *House of Lords* (↑*Parlament*) sitzt; u. a. die ↑*gentry,* die Söhne von ↑*peers* u. die ↑*MPs;* 2. in ↑*Oxbridge* geläufige Bez. für einen Studenten, der ohne ein Stipendium eines ↑*college* seinen Lebensunterhalt selbst bestreitet („his own commons").

Commons *(House of Commons)* ↑Parlament.

Commonwealth. 1. Wörtl. ‚öffentliches Wohl', ‚Gemeinwesen'. 2. *C. of Nations.* Aus dem früheren brit. Weltreich (↑*British Empire*) hervorgegangener loser Zusammenschluß von unabhängigen u. souveränen Staaten zur Zusammenarbeit auf politischem, wirtschafts- u. währungspolitischem Gebiet. Die ersten Mitglieder waren das UK u. die „weißen" *Dominions* (so wurden ab 1911 die monarchischen Mitglieder des *Empire* genannt) Canada, New Zealand, Australia, Union of South Africa (letztere bis 1961). Im *Statute of Westminster* von 1931, das als „Verfassung" des C. gelten kann, wurde der Status der C.-Mitglieder (nationale Unabhängigkeit, Gleichberechtigung) festgelegt, entsprechend der Definition des brit. Außenministers Lord Balfour im sog. *Balfour Report* (1926): Die *Dominions* sind „autonome Gemeinwesen innerhalb des brit. *Empire,* gleich in ihrem Status, einander in keiner Hinsicht in ihren inneren u. auswärtigen Angelegenheiten untergeordnet, jedoch durch gemeinsame Treupflicht gegenüber der Krone vereinigt und frei verbunden als Glieder des *British Commonwealth of Nations*". Kolonien, die die Unabhängigkeit erlangen, können Mitglieder des C. werden; darüber befindet die alle 2 Jahre stattfindende *C. Conference.* 1995 gehörten dem C. 51 Länder *(Members of the C.)* mit einer Milliarde Menschen aller Rassen, Farben u. Religionen an: (in Ländern mit * ist Queen Elizabeth Staatsoberhaupt; das Datum ist das Jahr des Beitritts): *Antigua and Barbuda (1981); *Australia (1931); *The Bahamas (1973); Bangladesh (1972); *Barbados (1966); *Belize (1981); Botswana (1966); Brunei (1984); *Canada (1931); Cyprus (1961); Dominica (1978); The Gambia (1965); Ghana (1957); *Grenada (1974); Guyana (1966); India (1947); *Jamaica (1962); Kenya (1963); Kiribati (1979); Lesotho (1966); Malawi (1964); Malaysia

(1957); The Maldives (1982); Malta (1964); Mauritius (1968); Namibia (1990); Nauru (1968); *New Zealand (1931); Nigeria (1960); Pakistan (1947); *Papua New Guinea (1975); *St. Christopher and Nevis (1983); *St. Lucia (1979); *St. Vincent and the Grenadines (1979); Seychelles (1976); Sierra Leone (1961); Singapore (1965); *Solomon Islands (1978); South Africa (1931); Sri Lanka (1948); Swaziland (1968); Tanzania (1961); Tonga (1970); Trinidad and Tobago (1962); *Tuvalu (1978); Uganda (1962); *United Kingdom; Vanuatu (1980); Western Somoa (1970); Zambia (1964); Zimbabwe (1980). Vertreter des brit. Monarchen in den Monarchien ist ein *Governor General*, Botschafter der C.-Länder untereinander heißen Hochkommissare (*High Commissioners*).

Nur mittelbare Mitglieder des C. (inoffiziell als *C. countries* bez.) sind die letzten 14 *dependent territories* (dependencies, crown colonies, protectorates) aus der Zeit des *British Empire,* z.B. Falkland Islands, Gibraltar, Hong Kong (letzteres bis 1. Juli 1997). Folgende Länder haben das C. verlassen: Irish Free State (heute: Republic of Ireland), 1949; Fiji, 1987. Folgende Länder sind, nachdem sie unabhängig geworden waren, dem C. nicht beigetreten: Burma, 1948; Palestine, 1948; Sudan, 1956; British Somaliland, 1960 (schloß sich der Somali Republic an); South Cameroon, 1961 (schloß sich der Republic of Cameroon an); Aden, 1967; Bahrein, 1971. Folgende Länder verließen das C. und sind später wieder beigetreten: South Africa Austritt 1961, Wiedereintritt 1994; Pakistan, 1972/1989. – Heute sind die Bindungen zwischen den Mitgliedern immer loser geworden, nicht zuletzt durch GBs Beitritt zur EU (↑*EU*), der dazu führte, daß die im Vertrag von Ottawa von 1932 eingeräumten Vorzugszölle *(C. Preference)* abgeschafft wurden. Bindende Kraft haben noch die ↑*englische Sprache,* wirtschaftliche Kooperation sowie Gemeinsamkeiten in Institutionen u. Wertvorstellungen, z.B. das brit. Rechtswesen (↑*Recht*), u. nicht zuletzt internationale ↑*cricket*-Spiele. – 3. ↑*Civil War.*

Communist Party of Great Britain ↑Parteien.

community ↑local government.

Community Arts Centres ↑Arts Centres.

community education. In GB in enger Zusammenarbeit zwischen Schulen u. Kommunen entwickeltes neues pädagogisches Projekt, in dessen Mittelpunkt die „Nachbarschaftsschule“ steht, die sich zum Stadtteil hin öffnet u. das „wirkliche“ Leben in die Schule hereinläßt.

community home ↑approved school.

Companion of Honour (CH) ↑ Orden u. Ehrenzeichen A. 11.

comprehensive school. ‚Integrierte Gesamtschule‘; 1994 waren 86 % der öffentlichen Sekundarschulen (↑*secondary education*) in England c.s., in Schottland u. Wales ist sie bereits zu fast 100 % Regelschule. In den c.s.

werden alle Stufen u. Typen der öffentlichen *secondary schools* (↑*grammar school*, ↑*secondary modern school*, ↑*secondary technical school*) zusammengefaßt. Entscheidende Impulse erhielt die brit. Gesamtschulbewegung von *Labour*-Regierungen (↑*Parteien*) in den 60er u. 70er Jahren (*Circular 10/65* u. *Education Act 1976*). Die *Labour Party* wollte v.a. die Ausleseprüfung ↑*eleven plus*, die die Schüler bereits mit ‚11 Jahren' auf einen Schultyp festlegte, beseitigen u. größere soziale Gerechtigkeit im Bildungswesen schaffen. Der Schüler sollte die Möglichkeit haben, von einer Bildungsstufe o. -richtung in die andere überzuwechseln. Im Bereich der c.s. konkurrieren mehrere Organisationsformen: 1. das System der durchgängigen Gesamtschule für Schüler im Alter von 11 bis 18/19 Jahren; 2. das Zwei-Stufen-System (*two-tier system*), in dem alle Schüler im Alter von 11 Jahren an die Unterstufe (*junior high school*) der c.s. überwechseln u. mit 13/14 J. an die Oberstufenschule (*senior high school*) übergehen; 3. *secondary school* für 11- bis 16jährige Schüler in Verbindung mit einem ↑*sixth form college* o. ↑*tertiary college* für Schüler über 16 J.; 4. das Drei-Stufen-System (↑*three-tier system*), das sowohl den Primär- als auch den Sekundarbereich umfaßt: ↑*first school* für 5- bis 8/9jährige Schüler, ↑*middle school* (8/9–12/13 J.), ↑*high school* (12/13–18/19 J.). Jeweils am Ende der *Fifth Form* (mit etwa 16 Jahren) wird die Prüfung für das ↑*GCSE* abgelegt. Danach schlagen ⅔ der brit. Schüler eine berufliche Laufbahn ein (↑*vocational training*), ⅓ bereitet sich auf die ↑*GCE A-Level*-Prüfung vor. Im Vergleich zu dt. Schulen fällt die Betonung der praktischen Unterweisung auf. Handarbeit u. Hauswirtschaftslehre (*Home Economics*), Werken (*Woodwork, Metalwork*) u. eine Einführung in *Computer Science* gehören ebenso zum Stundenplan wie Mathematik, Englisch, Naturwissenschaften u. mindestens eine Fremdsprache (i.d.R. Französisch, auch Deutsch o. Spanisch). Das Hauptproblem der inneren Organisation der c.s. stellt neben der meist enormen Größe der Schule (c.s. mit bis zu 300 Schülern je Jahrgangsstufe u. bis zu insgesamt 2000 Schülern sind keine Seltenheit!) die Differenzierung des Unterrichts dar, der meist nach Leistungsgesichtspunkten, entweder fächerübergreifend als ↑*streaming* (Einrichtung von Klassen nach Begabung) o. in den einzelnen Fächern als ↑*setting* (Einrichtung von Fächerklassen) erfolgt, wobei sich die Gefahr einer frühzeitigen Verfestigung der Gruppierungen ergibt, in denen sich die soziale Zusammensetzung der Schüler unmittelbar widerspiegelt. Forderungen nach einer „non-streamed" c.s. für alle Schüler bis zum Ende der Pflichtschulzeit fanden bisher nur sehr wenig Resonanz. Mit dem Education Reform Act 1988 wurde für die letzten beiden Pflichtschuljahre ein einheitlicher Lehrplan (↑*national curriculum*) für das ganze Land eingeführt. Für eine bessere Überschaubarkeit der oft sehr großen Schulen wird die c.s. in verschiedene „houses" eingeteilt, denen die Schüler während ihrer gesamten Schulzeit angehören u. die untereinander oft mit schulischen u. sportlichen Leistungen wetteifern.

Concorde ['kɒŋkɔːd]. Brit.-frz. Überschallflugzeug mit Deltaflügeln; Herstellerfirmen *Aeorospatiale* (F) u. ↑*British Aerospace.* Bilaterales Abkommen 1962, erfolgreiche Erprobung 1969, Liniendienst für Air France u. ↑*British Airways* (7 C.s) seit 1976. Mit der Seriennummer 16 mußte die Produktion mangels weiterer Aufträge eingestellt werden. Die C. hat eine Reichweite von 6500 km u. kann 100 bis 128 Passagiere aufnehmen. Da sie in 17 km Höhe mit doppelter Schallgeschwindigkeit (2,2 Mach) fliegen kann, verkürzt sich die Flugzeit etwa auf der Nordatlantikroute von 7 auf 4 Std. Trotz chronischer Betriebsdefizite, die die C. zu einem umstrittenen u. hochsubventionierten Prestigeobjekt für Frankreich u. GB machen, ist ein Nachfolgemodell in Sicht. Der Prototyp *SST-2* wurde auf der Luftfahrtschau in ↑*Farnborough* vorgestellt. Ob er allerdings nach der Ausmusterung der letzten *Concorde* vorauss. im Jahr 2003 schon serienreif sein wird, steht in den Sternen.

concrete universities ↑Universität.

Confederation of British Industry (CBI). Dachverband der brit. Arbeitgeberverbände (Sitz: London); vertritt die wirtschaftlichen u. wirtschaftspolitischen Interessen von über 250 000 Unternehmen der brit. Industrie (1994).

Congregationalism ↑Konfessionen.

Congress House ↑TUC.

conservation areas. Behördlich festgelegte Gebiete von besonderem architektonischem o. historischem Interesse, in denen bauliche Veränderungen o. neue Bebauung nur mit einer Sondergenehmigung der Gemeinde möglich ist. ↑*National Parks.*

Conservative and Unionists Members Committee, kurz *„1922 Committee“.* Eine innerparteilich einflußreiche Organisation von *Conservative* (↑*Parteien*) *backbenchers* (↑*Parlament: House of Commons*), die sich einmal in der Woche in einem Ausschußraum des Unterhauses treffen.

Conservative Party ↑Parteien.

Conspicuous Service Cross ↑Orden u. Ehrenzeichen B.

constable ['kʌnstəbl]. Niedrigster Polizeidienstgrad; die Buchstaben P.C. *(police constable)* stehen vor dem Namen eines c. Kann auch als Anrede verwendet werden, aber die Anrede ‚*Officer*‘ ist vorzuziehen, besonders in heiklen Situationen. Vgl. *Chief Constable,* ↑*Polizei.*

constituency ↑Wahlsystem.

Consumers' Association ↑Verbraucherschutz.

Continent, the ~ ['kɔntɪnənt]. Die übliche brit. Bez. für alle europ. Länder außer den Britischen Inseln (UK u. Irland). Europa zerfällt demnach in „Britain“ u. „The Continent“, die Sprachen gelegentlich in „English“ u. „Continental languages“. Ähnliche Unterschiede macht man beim ↑*breakfast:* „English“ o.

„Continental". Vgl. auch die Bez. *Continental sun lounge* für ‚Sonnenliege'.

conurbation ['kɒnəː'beɪʃən]. Etwa ‚städtischer Verdichtungsraum'; Begriff der Stadtplanung: eine zusammenhängende bebaute städtische Fläche *(continuously urban area)*, die höchstens kleine Enklaven landwirtschaftlich genutzten Landes einschließt. 1951 wurde in GB der Begriff c. erstmals als statistische Bezugseinheit verwendet: *Tyneside C.* (um Newcastle), *West Yorkshire C.* (um Leeds), *South-East Lancashire C.* (um Manchester), *Merseyside* (um Liverpool), *West Midlands C.* (um Birmingham), *Greater London, Clydeside* (um Glasgow).

Während bei der Definition der c. der „Struktur" als Kriterium der Vorrang gegeben wird, ist die *city region* als „Funktionsraum" *(area of functional association with the city)* bestimmt. ↑*local government*, ↑*regional policy.*

Copley Medal ↑Royal Society.

copper. 1. Kupferfarbene Münze (1 p, 2 p), ↑*Geld u. Währung;* 2. Spitzname für einen Polizisten (von colloq. *to cop* ‚erwischen').

coracle. Ovales Korbboot (1 m breit, 1,70 m lang, 10–12 kg schwer), das seit alters in Wales für den Lachs- u. Forellenfang benutzt wird. Das Netz wird dabei zwischen zwei c. gespannt. Sog. *c. regattas* finden jedes Jahr im August in Cilgerran u. im Dez. in Cenarth u. Cardigan (Dyfed) statt.

corgi ↑Hunderassen.

Cornish ['kɔːnɪʃ]. Wie das Bretonische, Gälische (↑*Gaelic*) u. Kymrische (↑*Welsh*) zum Inselkeltischen zählende Sprache von Cornwall, seit Ende des 18. Jh.s ausgestorben. Im 20. Jh. Versuche zur Wiederbelebung (Gründung einer *Celtic-Cornish Society,* Herausgabe eines Wörterbuchs u. einer Grammatik der kornischen Sprache), die durch das in neuerer Zeit erwachte Interesse an den Regionalsprachen verstärkt wurden. Mit Hilfe des alten Grammatikbuches u. von Bibeltexten aus dem Mittelalter erarbeiteten Linguisten eine Sprache, die eine ziemlich genaue Wiedergabe des alten *Cornish* darstellen soll. Inzwischen gibt es wieder rd. 200 fließend *Cornish* Sprechende.

Cornish pasty [kɔːnɪʃ 'pæstɪ]. Spezialität aus der südwestengl. Grafschaft Cornwall, größere Teigtaschen gefüllt mit Fleisch, Gemüse, Kartoffeln u. Zwiebeln; beliebter ↑*pub*-Imbiß *(pub lunch).* Vgl. ↑*pasty.*

coronation. ‚Krönung'. Nach dem Tod eines Monarchen besteigt sein Nachfolger ohne Interregnum den Thron, u. der neue Monarch wird sofort bei einem *Accession Council,* dt. etwa ‚Thronbesteigungsrat', zu dem alle Mitglieder des ↑*Privy Council* gerufen werden, proklamiert; auch die Mitglieder des *House of Lords* (↑*Parlament*), der *Lord Mayor* u. die *Aldermen* ‚Ratsherren' der ↑*City of London,* die ↑*High Commissioners* in London (‚Botschafter' der ↑*Commonwealth*-Länder) werden eingeladen. Die Krönung findet ca. 1 Jahr nach der Thronbesteigung statt u. hat keine Auswirkung auf die konstitutionelle Stellung des Monarchen (↑*Monarchie*). Die Zeremonie, die in der ↑*Westminster Abbey* vom *Archbishop of Canterbury* (↑*Konfessionen*) vorgenommen wird, ist im wesentlichen seit über 1000 Jahren unverändert geblieben: die Zeremonienordnung bei der Krönung von Elizabeth II 1953 entsprach der von King Edgar im Jahre 973. Der Monarch leistet einen *oath of royal duties*, ‚Eid der königl. Pflichten', nach der Feier der Heiligen Kommunion findet die Salbung u. eigentl. Krönung statt, gefolgt von der Huldigung der *Lords Spiritual* u. *Lords Temporal* (↑*peers*). Während der Krönung sitzt der Monarch auf dem sog. *Coronation Chair;* darunter befindet sich der ↑*Coronation Stone* (auch *Stone of Scone*). Die Krönung ist die größte u. farbenprächtigste Zeremonie im öffentlichen Leben des UK; sie wird als der Anfang eines neuen Zeitalters in der Geschichte des Landes betrachtet.

Coronation Stone. Monolith, der sich in ↑*Westminster Abbey,* London, unter dem Krönungsthron *(coronation chair)* befindet. Nach der Legende soll der c.s. Jakob als Kopfkissen gedient haben (daher auch: *Jacob's Stone*), als er in Bethel von Engeln träumte. Auf ihm seien die Könige von Juda u. später die Könige von Irland gekrönt worden. Im Jahr 844 brachte der König der Pikten u. Schotten, Kenneth MacAlpine, den Stein in die keltische Hauptstadt Scone (daher auch: *Stone of Scone* [skuːn]) – heute ein kleines Dorf bei Perth in Schottland –, wo in der Folge auf ihm 34 schott. Könige gekrönt wurden (↑*coronation*). Edward I (1272–1307) überführte den Stein 1297 nach London, wo er sich mit einer kurzen Unterbrechung (1950 wurde er durch schott. Nationalisten, die die engl. Thronfolge nicht anerkennen, „entführt") seitdem befindet.

Coronation Street. Seit 1960 laufende volkstüml. ITV-Serie (↑*Rundfunk u. Fernsehen*) über das bewegte Leben mehrerer Familien, die in der C.S. in einer nordengl. Stadt in Lancashire wohnen; wird dreimal wöchentl. ausgestrahlt; wegen der volksnahen Darstellungsweise sehr beliebt.

coroner [ˈkɒrənə], von me. *corouner.* Urspr. der Verwalter des privaten Vermögens der Krone; heute bestehen seine Aufgaben darin, v.a. die Untersuchung von besonders verdächtigen Todesumständen durchzuführen, aber auch Besitzansprüche auf Schatzfund *(treasure trove)* zu klären. Der *coroner's court* besteht aus dem c., der medizinische bzw. juristische Qualifikationen besitzt, u. einer ↑*jury,* auf die im Falle von *homicide* (sowohl *murder* ‚Mord' als auch *manslaughter* ‚Totschlag') u. von Verkehrsunfällen mit tödlichem Ausgang verzichtet wird.

corporation tax ↑Steuern.

coster(monger) [ˈkɒstə(mʌŋgə)]. Von *costard,* einer 1736 aus Holland eingeführten Apfelsorte; „Fliegender" Obst-, Gemüse- u. Fischhändler in London. Sein Karren o. Stand heißt *trolley,* auch *barrow,* daher die gängige Bez. *barrow boy. Costers* spielten früher eine wichtige Rolle in der Verteilung der Nahrung über das Londoner Stadtgebiet. Als Berufsgruppe waren sie eine verschworene Gemeinschaft u. entwickelten eine besondere Geheimsprache (↑*backslang*).

cottage ↑Haustypen.

council ['kaʊns(ɪ)l]. ‚Rat'; wird allg. für die Kommunalverwaltung gebraucht, z. B. „The c. is responsible for repairing this road." Zu den verschiedenen c. *(county c., district c., parish c., town c., borough c., city c.)* siehe ↑*local government.*

Council for National Academic Awards (CNAA) ↑Higher Education Quality Council.

Council for the Protection of Rural England (CPRE). Dem dt. Bund Naturschutz vergleichbare Organisation, die sich um den Schutz der ländlichen Gebiete Englands bemüht. Die 1926 gegr. Organisation (32000 Mitglieder, 43 Außenstellen in den Grafschaften wird fast ausschließlich durch Mitgliedsbeiträge u. Spenden finanziert. Sie ist parteipolitisch unabhängig.

council house. Von der Kommunalverwaltung (↑*council,* ↑*local government*) gebautes u. vermietetes Haus; seit 1980 besteht für Mieter, die so ein Haus länger als 2 Jahre gemietet haben, die Möglichkeit, es zu kaufen; die Miete wird i. d. R. aus öffentl. Mitteln bezuschußt. Eine Siedlung solcher Häuser heißt *council estate,* eine Sozialwohnung *council flat.*

council tax ↑Steuern 4.

count, countess ↑Adelstitel.

country code. Von der ↑*Countryside Commission* herausgegebene „12 Gebote" für das Verhalten in der freien Landschaft, z. B. „keep your dogs under close control", „keep to public paths across farmland", „fasten all gates", „take your litter home."

country houses. Die vornehmen Häuser im Privatbesitz der Aristokratie (↑*Klassenstruktur*) – auch nach der ersten Zeile eines Gedichts von Felicia Hemans (1793–1835) *stately homes* genannt – werden oft der Öffentlichkeit gegen Eintrittsgebühr zugänglich gemacht, z. B. ↑*Chartwell House,* damit die Kunstwerke, die sie beherbergen, o. gar die Häuser selbst als Folge der hohen Erbschaftssteuer (*death duties,* ↑*Steuern*) nicht veräußert werden müssen.

country parks ↑National Parks.

Countryside Commission ↑Landschafts- u. Naturschutz.

Countryside Council for Wales ↑Landschafts- u. Naturschutz.

county. ‚Grafschaft'; wichtigste Gebietseinheit der brit. Kommunalverwaltung (↑*local government*) in England u. Wales; in Schottland heißt die entspr. Gebietskörperschaft *region* u. *island area.* Es gibt 53 c., 9 *regions* u. 3 *island areas.* Ihre Zuständigkeit erstreckt sich auf Bau- u. sonstige Planung, Wohnwesen, Schulwesen (↑*LEA*), Sozialfürsorge (↑*social welfa-*

re), die ↑*Polizei*, die Feuerwehr u. andere kommunale Dienste; zur Finanzierung eines Teils ihrer Aufgaben erheben sie eigene Steuern, sog. ↑*rates;* zusätzl. Ausgaben werden durch staatl. Zuwendungen o. andere Einkünfte (z.B. Mieten) gedeckt. Die c. sind in *districts* unterteilt. An der Spitze eines Grafschaftsrats (c. council) steht ein *chairman* (‚Vorsitzender'). Höchster Vollzugsbeamter der Krone in einer c. ist der ↑*sheriff;* Stellvertreter des Monarchen ist der ↑*lord lieutenant.* Die c. in Mittelengland (↑*Midlands*), die wegen der Fuchsjagd bekannt sind, heißen *„shires"* ['ʃaɪəz]. Die c., um London heißen ↑*home c.*, die Hauptorte der c.: *c. towns.* Sie bilden in Verbindung mit *-shire* oft den Namen der jeweiligen c., z.B. *York* → *Yorkshire* ['jɔːkʃə]. Die *metropolitan c.*, Verwaltungsgebiete in Ballungsräumen, wurden am 31. März 1986 abgeschafft. Siehe Karte S. 281.

county council ↑county, ↑local government.

county court ↑Justiz.

County Hall. Verwaltungs- u. Ratssitz des *London County Council* bis 1965, danach des *Greater London Council* (↑*GLC*) bis zu dessen Auflösung 1986 (↑*local government*). Der Bau des 9stöckigen, an der Themse bei Westminster Bridge gelegenen Gebäudes im Pseudo-Renaissance-Stil dauerte von 1912 bis 1932.

county schools heißen öffentliche Schulen („publicly maintained schools") in ausschließlicher Trägerschaft der ↑*LEAs.* ↑*voluntary school.*

county town. ‚Hauptstadt' einer ↑*county*, Sitz des *county council* (↑*local government*).

court ↑Justiz, ↑Rechtsmittel.

court circular. Tägl. Bericht von Ereignissen am königl. Hof (↑*Court of St. James*); erscheint in *The Times, Daily Telegraph* u. *The Independent.*

Court of St. James. Offizieller Titel des königl. Hofes, nach dem 1532 von Henry VIII erbauten *St. James's Palace* in London (SW 1), ehem. Residenz der brit. Monarchen 1697–1837 (↑*Buckingham Palace*). Ausländische Botschafter werden offiziell beim C. akkreditiert.

Covent Garden ['kɒvənt . . .]. Urspr. ‚Klostergarten' der ↑*Westminster Abbey.* 1. Stadtbezirk in London (WC 2), berühmt für seinen großen Obst-, Gemüse- u. Blumenmarkt (seit dem 17. Jh.), in den 70er Jahren nach Nine Elms am Südufer der Themse verlegt, heute schickes Geschäftsviertel mit Modeboutiquen, Restaurants, Galerien u. Ateliers. Auf den Straßen u. Plätzen gibt es Straßentheater, spielen Clowns, Musiker u. Akrobaten („buskers") für Trinkgeld. Jedes Jahr im August findet hier ein *Street Entertainer Festival* statt. – Vgl. das ähnliche Schicksal der Pariser „Hallen", die jedoch im Ggs. zu C.G. nach ihrer Verlegung an den Stadtrand von Paris vollständig abgerissen wurden. – 2. Name des in der Nähe gelegenen königlichen Opernhauses („Royal Opera House", seit 1858), an der Stelle des ehem. *Covent Garden Theatre* (eröffnet 1732), mit dem 1945 angegliederten *Royal Ballet.* Von 1988 bis 1993 wurde es von Grund auf restauriert u. umgebaut.

Coventry, send to ~. D etwa: ‚jdm die kalte Schulter zeigen', ‚jdn. schneiden'. Unter Cromwell (1599–1658) sollen viele Royalisten „nach Coventry (sprich: in das dortige Gefängnis) geschickt" worden sein...

Cowes Week [kaʊz...]. Höhepunkt der brit. Segelsaison mit Segelregatten vor Cowes auf der ↑*Isle of Wight,* z.B. *Britannia Cup.* Jedes zweite Jahr wird hier im Sommer der ↑*Admiral's Cup* ausgetragen.

craft [krɑːft]. ‚Handwerk'; im Ggs. zu „trade" wird größere handwerkliche Geschicklichkeit *(craftsmanship)* vorausgesetzt, oft ‚Kunstfertigkeit'; vgl. *the crafts* ‚Kunsthandwerk'. Staatl. Förderung in England u. Wales durch das *Crafts Council,* in Schottland durch das *Crafts Consultative Committee* der *Scottish Development Agency.*

crazy golf heißt in GB das Minigolf-Spiel, nicht zu verwechseln mit BrE ↑*minigolf.*

cream tea ↑afternoon tea, ↑clotted cream.

crescent ['kresnt]. Halbrundförmig gekrümmte Häuserzeilen, prägten im 19. Jh. die vornehme Urbanität des Londoner Westens. Eine der frühesten Anlagen dieser Art ist der *Marylebone Park Crescent* von 1812.

cricket ['krɪkɪt]. Fang- u. Schlagballspiel zwischen zwei Mannschaften *(sides)* auf Rasen, einer Schlagpartei u. einer Fang- o. Feldpartei zu je 11 Spielern, die alle in Weiß gekleidet sind. Gewertet wird nach Punkten. Die Schlagpartei hat zwei Schlagmänner *(batsmen)* im Spiel („they are in, they have their innings"); sie verteidigen die beiden aus jeweils drei nebeneinander gesteckten, 70 cm hohen Stäben *(stumps)* mit zwei Querhölzern *(bails)* bestehenden „Tore" *(wickets),* die 20,11 m voneinander entfernt stehen. Die anderen neun Spieler dieser Mannschaft stehen zur Ablösung am Spielfeldrand bereit. Die Fangpartei besteht aus einem Werfer *(bowler),* einem Fänger („Torwart", *wicket-keeper)* u. neun Feldspielern *(fielders);* sie ist die „out"-Mannschaft. Der *bowler* der Fangpartei versucht aus etwa 20 m Entfernung, mit einem 130–160 g schweren Lederball das Tor *(wicket)* zu treffen. Nach dem 6. Wurf – auch Rollen ist möglich, wird aber als unfair angesehen – wird er vom nächsten Spieler abgelöst. Der leicht gepanzerte *batsman* der Schlagpartei verteidigt dieses *wicket,* indem er den ankommenden Ball mit dem Schlagholz möglichst weit über das Spielfeld (*pitch,* mind. 60 × 80 m) zu schlagen versucht, auf dem die Mannschaftskameraden des *bowler* den Ball abfangen wollen. Während diese den Ball zu fangen versuchen, wechseln die beiden *batsmen* so oft wie möglich ihre Plätze zwischen den beiden *wickets.* Jeder Lauf *(run)* ergibt 1 Punkt. Ein Ball, der über die Spielfeldgrenze geschlagen wird, ergibt 4 Punkte, 6 Punkte, wenn er ohne Aufprall über die Grenze fliegt. Nur der Schlagmann kann Punkte erzielen, er kann seinerseits aber auch „ausgeschlagen" werden *(to be given out)* u. durch einen anderen ersetzt werden. Die häufigsten „Fehler"-Möglichkeiten sind: Der Schlagmann schlägt am Ball vorbei, das *wicket* wird abgeworfen; ein Fänger fängt den abgeschlagenen Ball, bevor dieser auf dem Boden aufkommt; das *wicket* wird abgeworfen, während die Schlagmänner noch laufen. Eine Runde *(innings)* ist beendet, wenn alle Schlagmänner ausgeschieden sind oder der Mannschaftskapitän die Runde für beendet erklärt. Dann wechseln die Parteien. Nach der zweiten Runde *(second innings)* ist das Spiel zu Ende. Bis dahin vergeht oft ein ganzer Tag oder noch mehr. Die Mannschaft, die am meisten Punkte gesammelt hat, ist Sieger. Daneben ist aber auch maßgebend, ob die gegnerische Mannschaft in zwei *innings* ausgeschlagen werden kann. – Die modernen Regeln – mit vielen komplizierten Ausnahmen – stammen aus dem Jahr 1774 (Duke of Dorset). Höchste Autorität in Regelfragen ist heute der Londoner *Marylebone Cricket Club (MCC).* Der *MCC* ist auch Eigentümer des berühmtesten *cricket*-Platzes *Lord's* in NW-London.

Große Ereignisse sind die seit 1880 im Sommer stattfindenden internationalen Vergleichskämpfe *(Test Matches),* die in London *(Lord's* o. *the Oval),* Nottingham *(Trent Bridge),* Birmingham *(Edgbaston),* Manchester *(Old Trafford),* Leeds *(Headingley)* ausgetragen werden u. – bei 6 Std. Spielzeit pro Tag – zwischen 3 u. 6 Tagen dauern. Das 1. *Test Match* fand im *Oval* 1880 zwischen England u. Australien statt („England beat Australia by 5 wickets"). Jedes Jahr spielt eine Mannschaft aus den ehem. *Dominions* (↑*Commonwealth*): Australien, Neuseeland, Indien, Pakistan, Jamaica (West Indies) o. Sri Lanka (zu Hause o. auswärts) mind. dreimal gegen England um den Sieg. Von bes. Interesse sind dabei stets die Spiele England gegen Australien, bei denen es um die ↑*Ashes,* eine symbolische Trophäe, geht. Sehr populär sind auch die *First Class County Championships,* Vergleichskämpfe zwischen den engl. Grafschaften, seit 1873.

Cricket gilt als das engl. Nationalspiel, das wie kein anderes für engl. ↑*fair play* steht. Vgl. die in GB allg. bekannten Redensarten wie *it's not cricket* ‚das ist nicht fair' o. *The other side must have their innings too* ‚man muß auch die andere Partei einmal an die Reihe kommen lassen'.

crime squads ↑Polizei.

Criminal Injuries Compensation Board. 1964 eingerichtet, um die Opfer von Gewaltverbrechen zu entschädigen. Verteilt jährl. ca. £ 35 Millionen an etwa 35 000 Antragsteller; entspricht ungefähr dem dt. Weißen Ring.

Criminal Investigation Department (CID) ↑Polizei, ↑Scotland Yard.

Criminal Record Office ↑Polizei.

croft [krɒft]. Kleiner Bauernhof in den schott. Highlands mit etwas Land (zwischen 1 u. 30 ha) u. Vieh, oft auch mit Torfmoor u. Fischrecht. Die Pächter, die meist noch einem Nebenerwerb nachgehen, heißen *crofters.* Eine *crofter*-Gemeinde besteht aus 10 bis 50 *crofts,* die zusammen bis zu einigen 100 ha Weideland haben. Die *crofters* sind die Erben jener *clansmen* (↑*clan*), die im 18./19. Jh. während der ↑*clearances* von ihrem Land verjagt u. in kleine Parzellen eingewiesen wurden. Es gibt etwa 15 000 *crofters,* die meisten von ihnen verstreut über die entlegensten Gemeinden der Westküste u. der Hebriden. Ausgesprochene *crofting areas* sind die ↑*regions* Strathclyde, Highland, Western Isles, Orkney Islands, Shetland Islands; etwas mehr als ¼ der Highland-Bevölkerung. Seit 1959 stehen die *crofters* unter der besonderen staatl. Fürsorge der *Crofters' Commission.*

cromlech ['krɒmlek]. Kelt. ‚Krummer Stein'; Grab aus neolith. Zeit, besteht aus mehreren kreis- o. halbkreisförmig aufgestellten Steinen; in Wales gibt es etwa 40 c., eines der schönsten u. größten ist das *Pentre Ifan c.* bei Newport (Dyfed) mit einem Tafelstein von über 5 m Länge u. 70 cm Stärke. ↑*Avebury,* ↑*Megalithdenkmäler,* ↑*Stonehenge.*

crossbencher ↑Parlament.

Crown, the ~ ↑Nationalsymbole.

crown colony ↑Commonwealth.

crown court ↑Justiz.

Crown Prosecution Service ↑Justiz.

Cruft's Dog Show. Von Charles Cruft 1891 ins Leben gerufene größte Hundeausstellung im UK, findet jährlich im Februar in Earl's Court, London, statt. ↑*Hunderassen.*

crumpet ['drʌmpɪt], var. *pikelet.* 1. Hefegebäck, das getoastet mit Butter zum Tee gegessen wird („tea & crumpets"); 2. *slang:* ‚steiler Zahn', ‚kesse Biene'.

crwth [kru:θ]. Kymrisch (↑*Welsh*) ‚bauchig'; leierartiges Streichinstrument der kelt. Barden (↑*eidsteddfod).*

CSE ↑Certificate of Secondary Education.

Culloden [kə'lɒdn]. Heidemoor bei Inverness/Schottland; Schauplatz der „Schlacht von C.", bei der im April 1746 in knapp 60 Minuten die zahlenmäßig unterlegenen u. schlecht ausgerüsteten schott. ↑*clans* von einer fast doppelt so großen engl. Armee unter dem Duke of Cumberland vernichtend geschlagen wurden. Es war die letzte große Schlacht um die rund 150 Jahre zuvor verlorengegangene schott. Unabhängigkeit, für deren Wiedererlangung Charles Edward Stuart („Bonnie Prince Charlie") mit seinen zuletzt unter sich zerstrittenen Clans seit 1745 kämpfte. Die siegreichen Engländer führten nach der Schlacht in den Dörfern der Highlands ein blutiges Regiment. Durch Parlamentsbeschluß wurde den Schotten jeglicher Waffenbesitz und alles Schottische – die gälische Sprache (↑*Gaelic*), die Dudelsackmusik

(↑*bagpipe*), das Tragen von ↑ *kilts* u. ↑*plaids* sowie der *clan*-Kennzeichen (↑*tartans*) – verboten. Wie die ↑*clearances* u. ↑*Glen Coe* hat sich *Culloden* tief ins schott. Nationalbewußtsein eingeprägt.

Cumberland sauce ['kʌmbələnd...]. Kalte Sauce aus dem Saft u. der feingeschnittenen Schale von Orangen u. Zitronen, Rotwein u. einem Schuß ↑*port*, ferner Johannisbeergelee, gewürzt mit Senfpulver, Cayennepfeffer u. Ingwer; zu Wild, kaltem Braten, Geflügel u. Fleischfondue.

Cunard (Steamship Company) ['kju:nɑ:d]. Brit. Schiffahrtsgesellschaft, gegr. 1840 von Sir Samuel Cunard (1787–1865). Das Flaggschiff der *Cunard Line*, die einen Liniendienst zwischen Europa u. Amerika unterhält u. Luxus-Kreuzfahrten in die Karibik durchführt, ist der Passagierdampfer *Queen Elizabeth 2 (↑QE 2).*

curate ↑clergy.

curate's egg. Colloq. Ausdruck für eine ‚Sache mit guten u. schlechten Seiten'; geht zurück auf eine Karikatur in der satirischen Zeitschrift *Punch* aus dem Jahre 1895, in der ein kleiner Hilfsgeistlicher *(curate)* u. sein Bischof beim gemeinsamen Frühstück abgebildet sind u. sich folgender Dialog entspinnt. Bischof: – „I'm afraid you've got a bad egg, Mr. Jones." – *Curate* (der das nicht zugeben will): „Oh, no, my Lord, I assure you. Parts of it are excellent."

curling ['kə:lɪŋ]. Aus den schott. Highlands stammender, dem bayer. Eisstockschießen ähnlicher Eissport, bei dem zwei Mannschaften zu je 4 Spielern einen nicht mehr als 44 *pound* schweren, flachrunden Granitstein (mit Griff) auf einer ca. 6 m breiten u. 40 m langen Bahn *(rink)* über das Eis möglichst nahe an den Mittelpunkt *(dolly)* des Zielkreises *(tee)* befördern. Die heute in Regelfragen maßgebende *International Curling Federation* (Sitz Edinburgh) ging aus dem 1833 gegr. *Royal Caledonian Curling Club* hervor. Meisterschaften gibt es in Schottland in Aviemore (Highlands).

curry ['kʌrɪ]. In GB beliebtes indisches Ragoutgericht auf Fleisch-, Gemüse- o. Fischbasis in einer pikanten Currysauce mit Reis.

custard ['kʌstəd]. Süße dick- o. dünnflüssige Vanillesauce, die als Dessert, meist zu ↑*apple pie* o. Kompott warm gegessen wird.

CUT, *Coordinated Universal Time* ↑GMT.

Cutty Sark [kʌtɪ'sɑ:k]. Wörtl. ‚die Kurzbehemdete', Beiname der Hexe Nannie in Robert Burns' Verserzählung *Tam O'Shanter* (1790). Name des letzten der berühmten engl. Segelschiffe (Baujahr 1869), die im 19. Jh. die „Teestraße" zwischen England u. China befuhren (bis zu 363 Seemeilen am Tag!). Später beförderte der „Teeklipper" Wolle zwischen Australien u. England. Seit 1952 liegt sie als Museumsschiff im Trockendock in *Greenwich* bei London.

CVO, *Commander of the Royal Victorian Order* ↑Orden u. Ehrenzeichen A. 8.

cwt., *centweight* ↑hundredweight.

Cymdeithas yr Iaith Cymraeg. ‚Gesellschaft für walisische Sprache.' Regionalistische Protestbewegung, gegr. 1962; war durch gezielte Aktionen maßgeblich an der Durchsetzung des *Welsh Language Act* von 1967 beteiligt (↑*Welsh*), die den Walisern erstmals seit 1536 „equal validity" für ihre Muttersprache, d.h. gleiche Gültigkeit für Walisisch neben Englisch auf Ämtern u. Dokumenten zugestand.

Cymric ['kɪmrɪk] ↑Welsh.

Cymru [kʌmrɪ]. Kelt. Name von ↑*Wales.*

D

D ↑General Certificate of Education.

d. lat. *denarius.* Abk. für *Penny* (↑Geld u. Währung).

daffodil ['dæfədɪl]. Die gelbe Narzisse ist ein Nationalsymbol der Waliser. Vgl. auch *leek, thistle, rose* (↑*Nationalsymbole*).

Dáil Éireann [dɔɪl 'eɪrən] (meist nur *Dail*). Unterhaus des irischen Parlaments, besteht aus 166 Mitgliedern, die nach dem Verhältniswahlrecht gewählt werden. 1919 gegründet, als die irisch. Republikaner, die 1918 ins Londoner Parlament (↑*Parliament*) gewählt wurden, den *Irish State* ausriefen.

Daimler ['deɪmlə]. Automarke der Luxusklasse des brit. Automobilherstellers ↑*BL* (seit 1986: ↑*Rover Group*), nach dem schwäbischen Konstrukteur G. Daimler (1834–1900), der kurze Zeit auch in England arbeitete.

Dame [deɪm] ↑Adelstitel.

dark horse. Rennpferd, über dessen Vorgeschichte nichts o. nur wenigen Eingeweihten etwas bekannt ist u. dessen Aussichten auf Erfolg sehr verschieden beurteilt werden, dt. etwa ‚Außenseiter'; auch Bez. für einen Menschen, der nur schwer durchschaubar ist.

Dartmoor ['dɑːtmʊə, -mɔː]. 1. Hochmoorlandschaft im SW Englands, ↑*National Parks;* 2. übertragen für das dort (bei Princeton) liegende Gefängnis *(Her Majesty's Prison Dartmoor),* gebaut 1805–1810 von Soldaten Napoleons, die in engl. Kriegsgefangenschaft geraten waren. Seit 1850 Strafgefängnis (reines Männergefängnis für Straftäter mit Freiheitsstrafen zwischen lebenslänglich und 1 Jahr, ausschließlich Einzelzellen), heute der Sicherheitskategorie B zugeordnet (bei einer Skala von A–D die zweithöchste Sicherheitsstufe). Wie andere Gefängnisse der Stufen A+B steht Dartmoor unter staatl. Verwaltung; für die Kategorien C+D sind die Kommunalverwaltungen (↑*local government*) zuständig.

darts [dɑːts]. In brit. ↑*pubs* beliebtes

Wurfpfeilspiel (entspricht dort in seiner Funktion etwa dem Kartenspielen in dt. Wirtshäusern), bei dem drei 15 cm lange Metallpfeile *(darts)* aus ca. 2,40 m Entfernung auf eine 40–45 cm große, runde Zielscheibe *(dartboard, clock-board)*, etwa 1,70 m über dem Boden, geworfen werden. Zwei Spieler werfen abwechselnd auf das *board.* Es ist in zwanzig Kreisausschnitte unterteilt, denen Wertungspunkte von eins bis zwanzig zugeordnet sind. Der pfennigstückgroße Mittelpunkt *(bull's eye)* zählt 50 Punkte, der grüne Kreis um den Mittelpunkt 25 Punkte. Alle erzielten Punkte werden von der Ausgangspunktzahl 501 (o. 301) abgezogen. Wer zuerst bei Null ist, hat gewonnen. In GB, wo d. als richtiger Sport gilt, gibt es 5 Mio. Aktive (zum Vergleich: in D sind es 5000), es gibt sogar Berufsspieler. Alle zwei Jahre findet ein Weltcupturnier statt.

Daylight Saving Time (DST) ↑British Summer Time.

day nursery ↑Kindergarten.

day school. Ganztagsschule („Tagesheimschule"), im Unterschied zur ↑*boarding school* ohne Internat.

DCM, *Distinguished Conduct Medal.* Tapferkeitsmedaille (seit 1862); siehe auch↑*Orden u. Ehrenzeichen B.*

D-Day. 1. *Decision Day.* Bei den ↑*Streitkräften* die Bez. des Tages, an dem ein bedeutendes Unternehmen gestartet wird; insb. der 6. Juni 1944, als brit. u. amerik. Truppen in der Normandie zum entscheidenden Angriff gegen die dt. Besatzungsmacht auf dem ↑*Continent* landeten (↑*Weltkriege*); 2. *Decimal Day.* Der 15. Feb. 1971, als die Dezimalwährung im UK eingeführt wurde (↑*Geld u. Währung*).

dean ↑Oxford University, ↑polytechnics.

death duties. ‚Erbschaftsteuer'. ↑*country houses,* ↑*Steuern.*

Debating Society ↑Union societies.

Debrett [də'bret], kurz für *Debrett's Peerage, Baronage, Knightage and Companionage.* Das jährlich veröffentlichte brit. Adelsregister, nach J. F. Debrett, der es 1802 erstmals herausgab.

decorated style ↑Baustile.

deer stalking heißt die Pirsch auf Hochwild, v. a. in Schottland, wo über 250 000 Stück Rotwild *(red deer)* u. etwa dieselbe Zahl Rehwild *(roe deer)* neben Damwild, Sika, Muntjak beheimatet sind – das Rotwild schon seit 7000 Jahren; zählt zu den ↑*field sports.* Auf der Pirsch ist ein ortskundiger Jagdhelfer *(stalker* o. *gillie)* stets dabei. Nach ihm ist der Hut mit Schirm vorne und hinten à la ↑*Sherlock Holmes* benannt *(deerstalker).*

Defender of the Faith ↑fidei defensor.

degrees ↑akademische Grade.

delegated legislation ↑Recht 4.

demerara [demə'rɛərə]. 1. Brauner, grobkörniger Rohrzucker, in GB oft zu Kaffee gereicht; daher auch *coffee sugar;* importiert aus Demerara, einer Region im ehem. British Guyana. – 2. *demerara rum* stammt ebenfalls aus Brit. Guyana u. war das traditionelle Getränk brit. Seeleute u. Kolonialisten. Typisch ist seine ohne bakterielle Hilfe erzeugte schnelle Gärung.

demijohn ['demɪdʒən]. Verballhornte Form von frz. *dame Jeanne,* einer früher bei Bordeauxweinen üblichen Flaschengröße (2,5 l), im Seemannsjargon: Korbflasche mit zwei Korbhenkeln u. einem Fassungsvermögen zwischen 5 u. 50 Litern.

department ↑Regierung.

deposit ↑Wahlsystem.

deposit banks ↑Banken.

Derby, the ~ ['dɑːbɪ] ↑Epsom.

despatch box ↑Parlament: *House of Commons.*

detached house ↑Haustypen.

development areas ↑assisted areas.

devilled ['devld] adj. Eine Speise mit dem Zusatz d. ist meist besonders pikant gewürzt u. gegrillt, z. B. *d. chikken, d. cutlets* (beide mit ↑*Worcester sauce*).

devolution [diːvə'luːʃən]. Übertragung regionaler Befugnisse der Londoner Zentralregierung *(central government)* auf Nordirland, Schottland, Wales mit dem Ziel eines größeren Maßes an Selbstverwaltung für diese Teile des UK. In diesem Sinne gebraucht seit 1877, als die irische Nationalpartei die regionale Autonomie Irlands („↑*Home Rule for Ireland*") auf parlamentarischem Wege anstrebte, die schließlich 1920 die Teilung Irlands brachte, den Freistaat Irland wider Willen zum *dominion* (↑*Commonwealth*) machte u. an das protestantische Nordirland innenpolitische Rechte delegierte, deren Handhabung durch die konfessionelle Mehrheit sich als katastrophal erweisen sollte (↑*IRA*). Die Teilautonomie Nordirlands wurde 1972 durch die Errichtung des Ministeriums für Nordirland in London außer Kraft gesetzt. – Erst in den 60er Jahren des 20. Jh.s setzte die Dezentralisierungsdebatte auch in Wales u. Schottland ein. Diese „keltischen" Regionen hatten schon früher durch die Gründung des ↑*Scottish Office* (1885) u. des ↑*Welsh Office* (1965) ein gewisses Maß an Selbstverwaltung übertragen bekommen. Eine 1969 eingesetzte ↑*Royal Commission* kam im Oktober 1973 zu dem Ergebnis, daß Schottland u. Wales sowie auch den einzelnen Regionen Englands mehr Selbständigkeit zugestanden werden sollte. 1978 wurde der „Gesetzentwurf über die Teilautonomie von Schottland u. Wales" *(Scotland and Wales Bill)* verabschiedet. Er sah eigene Regionalparlamente *(assemblies)* vor, jedoch ohne souveräne Finanz- u. Gesetzgebungsbefugnisse, sondern lediglich mit Verwaltungskompetenz auf den Gebieten Sozial-, Gesundheits-, Schulwesen (ohne ↑*Universitäten*), Umweltschutz, Industrie, Verkehr u. Wohnungsbau. Außerdem sollte die letzte Entscheidung über die d. durch Volksabstimmungen in Schottland u. Wales fallen. Bei entsprechenden Referenda (1.3.1979) erhielten die Gesetzesvorschläge zur d. nicht die qualifizierende Mehrheit. In Schottland stimmten 32 % für ein Regionalparlament, 30 % dagegen. Dies reichte zur Änderung des bestehenden Systems nicht aus, weil das Unterhaus eine Zustimmungshürde von mind. 40 % errichtet hatte. Wales entschied sich mit 11 % Ja-Stimmen u. 46 % Nein-Stimmen eindeutig gegen das Angebot zu mehr Autonomie. Die Frage einer Dezentralisierung des UK wurde danach nicht weiterverfolgt, Mitte der 90er Jahre jedoch durch die *Labour Party* wieder aufgenommen, die für Schottland und Wales je ein eigenes Parlament anstrebt. Haltung der übrigen ↑*Parteien* zur *Devolution: Tories:* Aufrechterhaltung des Status quo, *Scottish National Party (SNP):* völlige Unabhängigkeit Schottlands, *Liberal Democrats:* Föderation aller Teile GBs.

Devonshire cream ↑clotted cream.

DFC, *Distinguished Flying Cross* ↑Orden u. Ehrenzeichen B.

DFE, *Department for Education.* Das engl. Unterrichtsministerium: Für Unterricht zuständig sind in Wales das *Welsh Office,* in Schottland das *Scottish Office Education Department (SOED)* u. in Nordirland das *Department of Education for Northern Ireland (DENI).*

DHSS, *Department of Health and Social Security* ↑National Health Service.

Dieu et mon droit. Frz. ‚Gott und mein Recht'; auf Richard Löwenherz, engl. König von 1189–99, zurückgehender Wahlspruch im brit. Königswappen. Siehe auch ↑*Honi soit qui mal y pense.*

dinks ↑yuppies.

dinner heißt in GB die Hauptmahlzeit des Tages, meist abends (19–21 Uhr), während mittags nur ein ↑*lunch* eingenommen wird. Das Mittagessen in der Schulkantine heißt jedoch stets d. Bei formellen d. trägt der Herr ein *d.-jacket* (AmE *black tie*), dt. etwa ‚Smoking'. Siehe auch ↑*high tea.*

Dinner for One. Etwa 20minütiger Sketch aus den 20er Jahren um einen alten Butler (gespielt von dem engl. Komiker Freddie Frinton, † 1968), der Jahr für Jahr den Geburtstag seiner noch älteren Herrin (May Warden) gestalten muß, dabei aber inzwischen gezwungen ist, auch die längst verstorbenen Gäste zu vertreten. Ständig werden Toasts ausgesprochen mit ↑*sherry,* Champagner, ↑*port* – das Chaos nimmt seinen unaufhaltsamen Lauf... Besonders beliebt ist *Dinner for One* in D, wo das Stück seit 1963 als Aufzeichnung auf dem Silvesterprogramm des Fernsehens steht.

Dip. HE ↑Diploma of Higher Education.

Diploma of Higher Education. Vom

↑*Council for National Academic Awards (CNAA)* nach zweijährigem Studium an einer ↑*polytechnic* verliehenes Diplom; Eingangsvoraussetzung: 2 A-Levels (↑*General Certificate of Education, GCE*).

discount house. 1. var. *cut-price shop* o. *store, discount store;* Einzelhandelsgeschäft, das Waren zu sehr niedrigen Preisen verkauft; 2. ↑*Banken.*

disestablishmentarianism. Name einer Bewegung, die den Monarchen als Oberhaupt der *Church of England* (↑*Konfessionen*) entthronen wollte (↑*longest word in the English language*).

dispensing chemist. Drogerie, in der man auch auf Rezept ausgestellte Medikamente erhält. Apotheken im dt. Sinne gibt es in GB kaum.

dissenters ↑non-conformists.

Distelorden = *The Most Ancient and Noble Order of the Thistle* ↑Orden u. Ehrenzeichen A. 2.

district ↑local government.

divine right of kings. ‚Königtum von Gottes Gnaden'; Lehre zur Verteidigung des monarchistischen Absolutismus, wonach die Autorität eines Königs von Gott herrührte u. von Königen nicht verlangt werden konnte, daß sie sich vor irdischen Institutionen wie ↑*Parlament* o. Gericht verantworten (↑*Civil War*).

division. Abstimmung im Unterhaus (↑*Parlament*). Sie kann durch Zuruf geschehen, aber wenn Zweifel an diesem Ergebnis bestehen, gehen die Abgeordneten durch eine von 2 Türen, eine für die Nein-Stimmen *(Noes)* u. eine für die Ja-Stimmen *(Ayes)*, ähnlich dem ‚Hammelsprung' im dt. Bundestag.

DIY, *do-it-yourself,* z.B. *DIY Centre* ‚Heimwerker- u. Baumarkt'.

D-Notice. (D = *defence*); Anweisung der ↑*Regierung* an die Medien, die davon abrät, eine gewisse Nachrichtenmeldung zu veröffentlichen, da sie den Verteidigungsinteressen des Landes abträglich wäre.

Docklands (London). Das 22 km^2 umfassende ehem. Londoner Hafengebiet, das nach den Bombardierungen des ↑*East End* im 2. Weltkrieg u. der späteren Verlegung des Hafens weiter themseabwärts lange brachlag u. in dem seit Anfang der 80er Jahre im Rahmen eines gigantischen Stadterneuerungsprogramms der Regierung (2,2 Milliarden DM Investitionen, Anerkennung als ↑*enterprise zone*) unter der Planungsleitung der *London Docklands Development Corporation (LDDC)* neue moderne Lebens-, Wohn- u. Arbeitsbereiche entstehen. In den Bezirken ↑*Wapping, Isle of Dogs* (↑*Canary Wharf*), *Royal Docks* u. *Surrey Docks* sind entsprechende Infrastrukturmaßnahmen im Gange. Ziel bis zum Jahr 2000: Geschäfts- und Wohnzentrum mit 200000 Arbeitsplätzen u. Wohnungen für 115000 Menschen. Ende 1987 wurde auf dem in den *docklands* entstandenen *London City Airport* der Passagierverkehr nach Westeuropa aufgenommen. Mehrere Verlagshäuser u. Druckereibetriebe aus ↑*Fleet Street* haben sich in modernen Neubauten hier angesiedelt (↑*Canary Wharf*, ↑*Wapping*). Einen technischen Glanzpunkt setzt die *Docklands Light Railway*, ein computergesteuerter Zug, der den größten Teil der Strecke auf 6 m hohen Gleiskörpern zurücklegt.

Domesday Book ['du:mzdeɪ...]. 1083–1086 auf Anordnung von Wilhelm dem Eroberer (engl. König von 1066–1087) angelegtes Grundbuch für 34 engl. Grafschaften („shires“); enthält eine Aufstellung über die Zahl der Einwohner, ihren Grundbesitz u. ihre Einkünfte u. Abgaben. Die Ergebnisse der 1087 abgeschlossenen Untersuchung wurden in 2 Bänden zusammengefaßt, die als Grundlage der königl. Verwaltung u. Gerichtsbarkeit dienten. Die eigentümliche Bez. D.B. (etwa: „Buch für den Jüngsten Tag“) weist darauf hin, daß es gegen gerichtliche Entscheidungen, die aufgrund der Eintragungen ergingen, keine Berufung gab – bis zum „Jüngsten Tag“ (me. *domesday*, ne. *doomsday*). Dieses „Reichsgrundbuch“ Wilhelms vermittelt heute noch ein Bild des zentralen u. südlichen England vor 900 Jahren mit unzähligen Einzelheiten darüber, wie das Land bearbeitet wurde, wieviel von Wald bedeckt war (viel mehr als heute), was es für Fische in den Gewässern, welche Bodenschätze es gab, wo Wein angebaut, wo Bienen gehalten wurden, aber auch, wie weit sich die Normannen des Jahres 1066 im Lande breitgemacht u. die Angelsachsen verdrängt hatten. Die Geschichte der meisten englischen Dörfer beginnt mit dem D.B. Es wird heute im brit. Staatsarchiv (↑*Public Record Office*) aufbewahrt. Obwohl es 900 Jahre alt ist, ist es noch in ausgezeichnetem Zustand.

dominion ↑Commonwealth 2.

don ↑Fellow 1.

double-decker, var. *double-decker bus*. Die roten Doppeldeckerbusse sind die Hauptverkehrsmittel im öffentlichen Nahverkehr der brit. Städte, insbes. in London. Es gibt in GB etwa 20000.

doughnut ['dəʊnʌt]. Kugel- o. ringförmiges Hefe-Schmalzgebäck, die engl. Version des dt. Krapfens o. Berliners.

double gloucester [dʌbl 'glɒstə]. Pikanter orangefarbener Käse, urspr. aus dem Vale of Gloucester.

down train heißt in England ‚der Zug aus London‘ (z. B. „take the down train to Manchester“), im Ggs. zum *up train* ‚Zug nach London‘.

down under. Brit. Bez. für den Erdteil ‚am anderen Ende der Welt‘: Australien (↑*Commonwealth*).

Downing Street. Unscheinbare Sackgasse, Seitenstraße von ↑*Whitehall*, London SW. *10 Downing St.* ist seit 1732 Amts- u. Wohnsitz des *Prime Minister (↑Regierung)*, wird oft übertragen für dessen Amt gebraucht; *11 Downing St.* ist der Amtssitz des ↑*Chancellor of the Ex-*

chequer; 12 Downing St. ist der Amtssitz der *government* ↑*whips.*

Downs, the ~ [daʊnz]. Etymologisch aus engl. *dune* ‚Düne'; Kreide-Hügelketten *(uplands)* in Südengland. Die *North Downs* (bis zu 294 m) reichen im W bis an London heran u. enden im O bei Dover abrupt im Meer: ↑*White Cliffs of Dover.* Die *South Downs* (bis zu 255 m hoch) fallen bei Eastbourne in die See (↑*Seven Sisters*). Die ebene bis hügelige, waldreiche Landschaft zwischen *North* u. *South Downs* heißt *Weald* [wi:ld].

drambuie [dræm'bjuːɪ]. Schott. Honiglikör (40 Vol.%) auf der Grundlage von mind. 15 J. altem ↑*whisky.*

Dreadnought ['drednɔːt]. Mit schweren Geschützen zum Schlachtschiff umgebautes, legendäres brit. Linienschiff von 1906 (17900 t, 22 Knoten); die Bez. D. wurde später auch für andere Schlachtschiffe gebraucht; auch Name des ersten Atom-U-Bootes der *Royal Navy* (↑*Streitkräfte*).

Drury Lane Theatre ↑Theater.

dry stone walls. Aus unbehauenem Stein geschichtete Mauern entlang von Straßen u. Feldern, bes. charakteristisch für die Landschaft in Nordengland u. Schottland; in Süd- u. Mittelengland entsprechen ihnen grüne Hecken. Da in GB eine Abmarkung der Grundstücke mit Grenzsteinen nicht bekannt ist, dienen die landschaftsgestaltenden Steinmauern bzw. Hecken auch zur Kennzeichnung u. Sicherung der Grundstücksgrenzen.

DSC, *Distinguished Service Cross* ↑Orden u. Ehrenzeichen B.

D.Sc., *Doctor of Science* ↑akad. Grade.

DSM, *Distinguished Service Medal* ↑Orden u. Ehrenzeichen B.

DSO, *Distinguished Service Order* ↑Orden u. Ehrenzeichen B.

dual carriageway. Zweibahnige autobahnähnliche Straße mit Mittelstreifen ohne Schutzplanken u. höhengleichen Kreuzungen u. Einmündungen; oft eine Art Ausbaustrecke einer *A-road* (↑*A 3.*). ↑*M (motorway),* ↑*trunk roads.*

Duchy of Lancaster ['dʌtʃɪ...] ‚Herzogtum von Lancaster'; Ländereien in Lancashire, NW-England, die der jeweilige Monarch (↑*Monarchie,* ↑*Queen*) seit 1399 erbt; *Chancellor of the Duchy of Lancaster* ist eine Ehrenbez. für einen vom *Prime Minister* (↑*Regierung*) ernannten Minister ohne Ressort *(minister without portfolio),* ein Kabinettsmitglied mit Sonderaufgaben.

Duke of Cornwall. Einer der Titel des ältesten Sohnes des Monarchen als Thronerben; er wird – im Gegensatz zu ↑*Prince of Wales,* einem Titel, der verliehen wird – geerbt. Das *Duchy of Cornwall* ‚Herzogtum von Cornwall', der südwestlichsten Grafschaft Englands, wurde 1337 von King Edward III für dessen ältesten Sohn Edward (Beiname *Black Prince*) eingerichtet. ↑*Adelstitel;* ↑*Duke of York,* ↑*Princess Royal.*

Duke of Edinburgh. Erster Titel von Prinz Philip (*1921), dem Gemahl von Königin Elizabeth II (Hochzeit 20. 11. 1947). ↑*Adelstitel;* ↑*Royal Family.*

Duke of Windsor. Titel, der Edward VIII nach seiner Abdankung (↑*abdication*) 1936 verliehen wurde. ↑*Windsor.*

Duke of York. Erster Titel des zweitältesten Sohnes von Königin Elizabeth II, Prince Andrew (*1960). ↑*Duke of Cornwall,* ↑*Princess Royal.*

Dunkirk, Spirit of ~. ↑Weltkriege: 2. Weltkrieg.

dwt ↑pennyweight.

D.V., *Deo volente.* ‚So Gott will'; Abk., die man bisweilen auf (kirchl.) Aushängen mit Terminankündigungen lesen kann. Humoristisch auch mit dem Zusatz ... *W.P. (Weather permitting)* ‚... wenn es das Wetter zuläßt.'

E

E. ↑General Certificate of Education (GCE); ↑Socio-economic profile of the UK population.

Ealing comedies ↑Ealing studios.

Ealing Studios ['iːlɪŋ]. Die Filmstudios der brit. Filmindustrie, seit 1955 im Besitz der *BBC* (↑*Rundfunk u. Fernsehen*). „Hier wurden ein Vierteljahrhundert lang zahlreiche Filme gemacht, die Großbritannien und den brit. Charakter projizierten", lautet die Inschrift auf einer damals angebrachten Gedenktafel. Für viele Briten steht der Name *Ealing* noch immer für die großen engl. Komödien der Nachkriegszeit *(Ealing Comedies),* z. B. *Whisky Galore, Passport to Pimlico, Kind Hearts and Coronets* (alle 1949). Ihr Motto: „Klein ist schön, alt ist gut."

Earl ↑Adelstitel.

early-closing day. Das brit. Ladenschlußgesetz ist äußerst flexibel. Die meisten Geschäfte sind von 9.00–17.30 (mit Mittagspause!) geöffnet. Samstag ist im Prinzip normaler Wochentag. Einer der sechs Wochentage, vor allem Mittwoch, ist e.-c.d., an dem die Geschäfte bereits um 13 Uhr schließen. An einem anderen Tag der Woche sind die Läden dafür bis mind. 19.30 Uhr geöffnet. Kleinere Städte haben einen für die ganze Stadt einheitlichen e.-c.d., in Großstädten kann er von Stadtteil zu Stadtteil variieren. In London gibt es daneben Geschäfte, die rund um die Uhr geöffnet sind.

Early English Style ↑Baustile.

East End ist der östliche, traditionell von Hafen- u. Werftindustrie geprägte Teil von London zwischen ↑*Tower* u. *Isle of Dogs,* das alte Londoner Arbeiterviertel (im Gegensatz zum stets „feineren" ↑*West End*), die Heimat der ↑*Cockneys.* Hier liegt auch das 22 km² umfassende Hafengebiet der ↑*Docklands.*

Easter ↑Feiertage.

Easter Rising. Bez. für den Aufstand in Dublin u. anderen irisch. Städten gegen brit. Herrschaft an Ostern 1916. Die Anführer, die z.T. später hingerichtet wurden, forderten die Briten heraus, indem sie die Republik ausriefen. ↑*Northern Ireland.*

Edgbaston ['edʒbəstən] ↑cricket.

Edinburgh Festival, offiziell: *Edinburgh International Festival of Music and Drama.* Zählt zu den bedeutendsten Musik- u. Theaterfestspielen der Welt. Es findet jedes Jahr von Mitte August bis Anfang September in Edinburgh statt, Hauptspielorte sind die Usher Hall u. das King's Theatre. Finanzielle Unterstützung kommt von der Stadt Edinburgh, dem ↑*Arts Council* u. privaten Mäzenen. Seit seiner Gründung im Jahre 1946 haben sich Zahl u. Vielfalt des Angebots ständig erweitert: Neben Oper u. Ballett, Theater u. Konzert gibt es auch Kunstausstellungen, Filmaufführungen u. Dichterlesungen. Parallel zu den offiziellen Festspielen findet ein alternativ-avantgardistisches ‚Neben'- o. ‚Randfestival' statt, das wesentlich zur Festspielatmosphäre beiträgt (sog. „*Fringe Festival*"), mit Darbietungen junger Künstler u. freier Theatergruppen. 1946 waren es 7 Gruppen, inzwischen sind es über 1000. – Einer der Höhepunkte des E.F. ist das abendliche *Military Tattoo,* der folkloristisch-militär. Zapfenstreich mit Dudelsackkapellen (↑*bagpipe*) u. Trommlerkorps („massed bands") auf der Schloßesplanade von Edinburgh Castle.

Edwardian style. Nach King Edward VII (reg. 1901–1910) genannter Modestil, der Reichtum u. Selbstzufriedenheit dieser Zeit zum Ausdruck brachte. Auf die Kleidung bezogen, ist die „Sanduhrsilhouette" für Frauen u. lange, eng taillierte Anzüge für Männer kennzeichnend für diese Zeit. ↑*Teds.*

EEC [iːiː'siː]. EU.

Eighteen = ‚18' ↑British Board of Film Classification.

Eights Week [eɪts...] heißt in ↑*Oxford* die große Festwoche im Juni, wenn am Ende des Sommertrimesters nach den großen Prüfungen die Wettfahrten der College-Achter *(eights)* auf der Themse bei Oxford u. abends Bälle, Konzerte u. Aufführungen aller Art stattfinden. – Siehe auch ↑*May Week* in ↑*Cambridge.*

Eire ['eərə]. Bez. für Südirland von 1937–49, danach *Republic of Ireland.* Wird in engl. Zeitungen noch häufig benutzt, um den Süden von ↑*Northern Ireland* zu unterscheiden.

eisteddfod [aɪs'teðvɒd], pl. *eisteddfodau.* ↑*Welsh* ‚Sitzung'; Name des walis. Nationalfests: ein Dichter- u. Sängertreffen, das es in Wales (seit dem 10. Jh. belegt) auf Orts-, Provinz- u. Landesebene gibt. Das *National Eisteddfod,* das seit 1860 regelmäßig stattfindet, wird abwechselnd in Nord- u. Südwales veranstaltet. Im Mittelpunkt des e. stehen nach Art der mittelalterlichen Meistersingertreffen Musik-, Sänger- u. Dichterwettbewerbe. Die Druiden tragen weiße Gewänder, die Barden blaue, die Novizendruiden grüne. Vor allem beim nationalen e. wird weiterhin das traditionelle Zeremoniell angewandt. Höhepunkt ist die Krönung des Barden. Der Barde, der die Silberkrone erringt, wird in ganz Wales als nationale Respektperson verehrt. Bei diesem größten walis. Volksfest ist die engl. Sprache tabu.

Elektrizitätswirtschaft. In England u. Wales liefern drei Haupterzeugerunternehmen Strom an 12 regionale Elektrizitätsgesellschaften. *National Power* besitzt 35 mit fossilen Brennstoffen betriebene Kraftwerke, die 46% der gelieferten Elektrizität erzeugen. In den 19 Kraftwerken von *PowerGen* wird ein Stromanteil von ca. 30% produziert. Die 12 Kernkraftwerke des staatseigenen Unternehmens *Nuclear Electric* liefern einen Anteil von ca. 17% (↑*Kernenergie*). Die private *National Grid Company* ‚Überlandwerk' betreibt das Fernleitungsnetz. *Scottish Nuclear*, ebenfalls ein Staatsbetrieb, produziert rund 40% des in Schottland bereitgestellten Stroms. Der verbleibende Teil stammt größtenteils aus den 15 Kraftwerken im Eigentum von *Scottish Power* u. den 59 Anlagen der Firma *Hydro Electric.* Die brit. Regierung prüft derzeit Möglichkeiten, ökonomisch u. ökologisch sinnvolle alternative Energiequellen zu erschließen. Bis zum Jahr 2000 sollen bei der Stromerzeugung 1000 Megawatt aus Regenerativquellen (Wind-, Gezeiten-, Solarenergie) kommen.

elementary school ↑primary school.

eleven-plus. Nach dem normalen Schulübertrittsalter (11 Jahre) benannte Ausleseprüfung für die Aufnahme in eine ↑*grammar school,* ↑*technical school* o. ↑*secondary modern school.* Seit der Einrichtung von ↑*comprehensive schools* als Regelschule in GB spielt die *eleven-plus*-Prüfung kaum mehr eine Rolle. Die Übertrittsprüfung an ↑*public schools* heißt *Common Entrance Examination.*

elevenses [ɪ'levnzɪz], var. *morning coffee.* Bez. für die vormittägliche Pause, die etwa um ‚11 Uhr' stattfindet; zu Kaffee (o. Tee) gibt es dabei stets einige Kekse.

Elgin Marbles ['elgɪn...]. Sammlung von antiken griechischen Marmorskulpturen u. Inschriften, die von der Athener Akropolis während des türk. Bombardements von Thomas Bruce, 7. Earl of Elgin, gerettet, 1803–1812 nach England verschifft u. 1816 von der brit. ↑*Regierung* für das ↑*British Museum* gekauft wurden, wo sie heute noch zu sehen sind u. wahrscheinl. seinen größten Schatz darstellen. Sie sind durch 2 Gesetze dem Museum „auf Ewigkeit" anvertraut. Die Griechen, für die sie die „Quintessenz griechischen Geistes" zum Ausdruck bringen, fordern sie zurück. Das British Museum verweist darauf, daß die Fragmente in London noch genauso gut erhalten seien wie im Jahre 1803. Dagegen hätten die an der Akropolis verbliebenen Teile alle Form verloren, Opfer der sauren Luft des modernen Athen.

Elizabethan Style ↑Baustile.

emergency debate ↑Parlament: *House of Commons.*

Empire ↑British Empire, ↑Commonwealth.

Employment Service. Staatl. Arbeitsvermittlungs- u. Arbeitsberatungsbehörde, eine ↑*executive agency* innerhalb des *Department of Employment.* Daneben gibt es in GB zunehmend private Arbeitsvermittlungsagenturen.

EMU, *Economic and Monetary Union.* Die bis zum Jahr 2000 von der ↑*EU* im Vertrag von Maastricht (1.11.1993) angestrebte ‚Wirtschafts- u. Währungsunion' mit einer gemeinsamen Währung der 15 EU-Staaten. Die sog. Konvergenz-Kriterien zum Beitritt in die Europäische Währungsunion (Inflationsrate, Haushaltsdefizit, Schuldenstand, Zinsen) wurden 1994 nur von Luxemburg u. D erfüllt. GB lag beim Haushaltsdefizit mit –6,3 % um 3,3 Punkte über dem Limit von –3 % (vgl. D: –2,9 %, Frankreich: –5,6 %). GB hat sich – unbeschadet der Erfüllung der Maastricht-Kriterien – in einem „special protocol" vor Eintritt in eine gemeinsame Währung eine nochmalige entsprechende Entscheidung von Regierung u. Parlament vorbehalten.

encore! [ɒŋ'kɔː] (frz. ‚noch einmal') rufen Briten, wenn sie eine Zugabe bei Theater- o. Musikveranstaltungen fordern. In Frankreich ruft man dagegen *„bis! bis!"*

England ['ɪŋglənd] ist der südl. u. – mit 47,9 Mio. Einw. und einer Fläche von 130367 qkm = 369 E. je qkm – der größte Teil der Hauptinsel GB (Great Britain), mit ↑*Scotland,* ↑*Wales* u. ↑*Northern Ireland* Teil des ↑*UK* (siehe Karte S. 281), in D oft für das gesamte gebraucht (s. dazu *Vorwort* S. 6). Es ist im Norden u. Südwesten von Mittelgebirge geprägt (höchster Berg: Scafell Pike 978 m [Cumbria]. Der Süden ist hauptsächlich Flachland. Längster Fluß ist die Themse (Thames) mit 346 km, es folgen Severn, Trent u. Tyne. In der Eiszeit blieb E. südl. einer Linie von Severn zur Themse eisfrei. Vom Festland wurde es erst in der Mittelsteinzeit getrennt. Die letzte erfolgreiche Invasion fand 1066 statt (↑*Battle of Hastings*), danach siedelten französischsprachige Normannen nach E. um u. prägten das Recht u. die gesellschaftlichen Strukturen; Französisch wurde Sprache des Adels für die nächsten 300 Jahre. Obwohl die ↑*Industrial Revolution* von E. ausging, verliert die Industrieproduktion, die allerdings in einigen Gegenden noch sehr wichtig bleibt, seit Anfang dieses Jh. immer mehr an Bedeutung. Der größte wirtschaftliche Wandel in diesem Jh. ist die Verschiebung des Schwerpunkts in Richtung Dienstleistungsgewerbe, das jetzt knapp 75 % aller Erwerbstätigen beschäftigt. Der Tourismus bildet einen der größten Zweige mit einem Umsatz von £ 16,6 Mrd. (1992). London, die Hauptstadt mit über 6,9 Mio. Einwohnern, ist kulturelles Zentrum GB's u. eines der führenden Zentren der Welt im Bank- u. Versicherungswesen u. anderen Finanzdienstleistungen. Im Gegensatz zu ↑*Wales,* ↑*Scotland* u. ↑*Northern Ireland* verfügt E. in der brit. Regierung über keine eigenen Minister. Im Parlament gibt es 524 Sitze für Abgeordnete aus England. Zur regionalen u. kommunalen Gliederung s. Übersicht S. 281. Zahlreiche engl. Künstler u. Schriftsteller werden mit engl. Städten u. Landschaften assoziiert, z.B. William Shakespeare (Stratford-upon-Avon), William Wordsworth (Lake District), the Brontë Sisters (Yorkshire), Thomas Hardy (Dorset), John Constable (Essex u. Suffolk), the ↑*Beatles* (Liverpool).

englische Sprache ↑back-slang, ↑Basic English, ↑BBC English, ↑cant, ↑clippings, ↑cockney, ↑eye words, ↑false friends, ↑Geordie, ↑glottal stop, ↑hard words, ↑King's/Queen's English, ↑longest word in the English language, ↑malapropism, ↑nursery rhymes, ↑Ortsnamen, ↑Oxford English, ↑Pidgin English, ↑portmanteau words, ↑pun, ↑received pronunciation, ↑Scottish English, ↑spelling pronunciation, ↑spoonerism, ↑Standard English, ↑U – Non-U, ↑Welsh English.

English breakfast ↑breakfast.

English garden. Meist zu einem Schloß o. ↑*country house* gehöriger parkartiger Landschaftsgarten mit Wiesen, künstlichen Seen o. Teichen, Baumgruppen u. weiten Ausblicken – das Ergebnis einer Bewegung in der ersten Hälfte des 18. Jh.s, die sich gegen das damalige Idealbild des klassisch-geometrischen frz. Barockgartens wandte. Das neue Ideal der englischen *landscape gardeners* – Hauptvertreter: Lancelot Brown (bekannter als „Capability" Brown, 1715–1783) – war vielmehr romantisch: die Natur an Natürlichkeit zu übertreffen, indem man sie kunstvoll komponierte. Dies war der Ursprung der berühmten brit. Parklandschaft. Beispiele: die Parks von ↑*Blenheim Palace,* ↑*Longleat House* o. ↑*Kew Gardens.* Humphrey Repton (1752–1818) setzte die Tradition Browns fort; Beispiele: *Uppark* (Sussex), *Sheringham* (Norfolk), *West Wycombe Park* (Buckinghamshire). Ende des 18. Jh.s fand dieser Gartenstil viele Nachahmer auf dem ↑*Continent,* vgl. die Gartenkunst des ersten u. größten Landschaftsgärtners Deutschlands, Hermann Fürst von Pückler-Muskau (1785–1871) o. den von Ludwig von Sckell 1789 begonnenen Englischen Garten in München. – Gegen Ende des 19. Jh.s wurde der *cottage garden,* der Dorf- u. Hausgarten mit Blumen u. Kräutern, das Vorbild. Er entspricht eher dem heutigen Durchschnittsgarten in einem „Land der Gärtner" (↑*gardening*).

English Nature (EN) ↑Landschafts- u. Naturschutz.

English-Speaking Union (ESU). 1918 gegr. Vereinigung zur Förderung der kulturellen Einheit der englischsprachigen Länder.

English ton ↑ton.

enterprise zones. 1981–1982 im Rahmen der regionalen Entwicklungsförderung (↑*regional policy*) von der brit. Regierung ausgewiesene Gebiete (50–450 ha), bisher 33, in denen Unternehmensansiedlungen u. -neugründungen u. a. durch Investitionshilfen, begünstigte Darlehen u. erhebliche Steuernachlässe erleichtert werden. Da sie auf nur 10 Jahre angelegt sind, ist bei vielen *e. z.* inzwischen die Förderung ausgelaufen. Im Januar 1995 gab es noch 5 e. z., drei weitere sollen in den von hoher Arbeitslosigkeit betroffenen Gebieten East Midlands, East Durham und Dearne Valley/South Yorkshire entstehen. Siehe auch ↑*assisted areas.*

Episcopal Church ↑Konfessionen.

EPNS, *electroplated nickel-silver.* Aufdruck auf silberähnl. Geschirr, dt. etwa ‚versilbert'.

Epsom ['epsəm]. Stadt im SW Londons mit berühmter Pferderennbahn, auf der schon um 1600 Galopprennen ausgetragen wurden; heute auch für das bekannteste Rennen, *The Derby,* das hier seinen Ursprung hatte, gebraucht: 1780 lieferte sich auf dieser Bahn der 12. Earl of Derby (1752–1834) ein „Wett"-Rennen gegen seinen Nachbarn Lord Burnberry (vgl. dt. ‚Lokalderby'). Seitdem findet am selben Ort alljährlich am ersten Mittwoch im Juni unter den gleichen Bedingungen das sog. *Epsom Summer Meeting* mit Zuchtrennen für dreijährige Hengste u. Stuten über die klassische Distanz von 1½ Meilen statt, am bekanntesten darunter *The Derby* u. *The Oaks.* Als wichtigste Zuchtprüfung für Dreijährige breitete sich das *Epsom Derby* auch über andere Länder aus, z. B. in Chantilly bei Paris seit 1816, Wien 1868, Hamburg-Horn 1869. – Das *Epsom Summer Meeting* ist nicht nur ein sportliches, sondern ebenso ein gesellschaftliches u. – im Unterschied zum exklusiven ↑*Ascot* – v. a. ein volkstümliches Ereignis mit Karnevalsatmosphäre. Siehe auch ↑*Newmarket.*

Epsom salts. Mineralsalz, das urspr. aus Epsom (Surrey) stammte, das als Abführmittel benutzt wird. Daher die Redewendung *like a dose of salts* ‚sehr schnell'.

equity ['ekwətɪ]. 1. ↑*Recht;* 2. *Equity:* Name der Schauspielergewerkschaft.

Ernie. Abk. für *Electronic random number indicating equipment,* auch Diminutivform des engl. Vornamens *Ernest.* Beiname des ↑*Post Office*-Computers, der die Gewinn-Nummern bei der Spar-Lotterie (↑*premium bonds*) zieht.

Eros ↑Piccadilly Circus.

Esq., *Esquire* ↑Anreden.

Established Church ↑Konfessionen.

Establishment, the ~ . Der im Engl. häufig gebrauchte Begriff bezeichnet strenggenommen keine gesellschaftliche Schicht, sondern eine Reihe von Institutionen u. Gruppen, die sich auf Dauer eine führende Rolle in der brit. Gesellschaft angeeignet haben u. ihren Einfluß durchsetzen, gleichgültig welche Regierung an der Macht ist. Dazu gehören ↑*Oxbridge,* die ↑*public schools,* die ↑*Bank of England,* die Londoner ↑*City,* der ↑*Civil Service,* das Schatzamt *(Treasury),* die Krone (↑*Monarchie*), die ↑*peerage* u. die *Church of England* (↑*Konfessionen*), von der der Begriff *establishment* entlehnt wurde. ↑*Klassenstruktur.*

estate [ɪs'teɪt]. 1. ‚Landgut', ‚Wohnsiedlung'; 2. jur. ‚Nachlaß'; 3. ‚Kombiwagen'; 4. *e. agent* ‚Immobilienhändler'; 5. *4th estate*, humor. Bez. für die Presse (↑*Fleet Street*): *The three estates of the realm* sind die *Lords Spiritual, Lords Temporal* (↑*peers*) u. das *House of Commons* (↑*Parlament*).

estate duty ↑Steuern.

estuary ['estjʊərɪ]. Breite trichterförmige Flußmündung (im Bereich der Gezeiten!).

Estuary English. Eine vom Londoner ↑*cockney* abgeleitete Sprachvariante (Aussprache/Wortschatz), die v. a. von jungen Leuten in SO-England – wo auch die Themse-Mündung *(estuary)* liegt – gebraucht wird.

ethnic minorities ↑immigration.

Eton College ↑public school.

EU [iː'juː]. Übliche Abk. für *European Union* ‚Europ. Union', urspr. *European Economic Community (EEC)*, bis 31. 10. 1993 *European Community (EC)*, auch *Common Market.* Das UK trat am 1. Jan. 1973 der EEC bei, nachdem zwei vorherige Versuche durch den frz. Präsidenten Charles de Gaulle zu Fall gebracht worden waren. Der Beitritt wurde 1975 durch ein nationales Referendum bestätigt, in dem sich zwei Drittel für einen Verbleib in der EEC aussprachen. Heute ist das UK einer von 15 Mitgliedsstaaten der *EU.*

European Union ↑EU.

Eurostar. Seit November 1994 zwischen London-Waterloo u. Paris-Gare-du-Nord (in 3:08 Std.) bzw. zwischen London und Brüssel (in 3:10 Std.) via ↑*Channel Tunnel* verkehrende High-tech-Personenzüge der frz. SNCF, der belg. SNCB u. des European Passenger Service (EPS). 18 Waggons bieten Platz für 800 Fahrgäste. Der E. benötigt drei verschiedene Stromsysteme: auf den frz. u. belg. Hochgeschwindigkeitsstrecken sowie im Tunnel 25 000 Volt, auf herkömmlichen belg. Strecken 3000 Volt u. auf den engl. Strecken 750 Volt. ↑*Shuttle.*

Eurotunnel ↑Channel Tunnel.

Euston ↑Bahnhöfe (London).

evangelical movement ↑Konfessionen: *Church of England* b).

Exchange Telegraph Company (Extel). Auf Börsen- u. Sportmeldungen spezialisierte unabhängige brit. Nachrichtenagentur. – Siehe auch ↑*Press Association,* ↑*Reuters.*

executive agencies. Gegen Ende der Amtszeit der Regierung Thatcher (↑*thatcherism*) 1990/91 wurden – im Rahmen der ↑*Next Steps Initiative* – parallel zur Privatisierung von Staatsunternehmen Vollzugsaufgaben aus den Ministerien ausgelagert, auf zahlreiche sog. e. a., nachgeordnete (semiautonome) Einheiten, übertragen u. Leistungsvorgaben gemacht. Wie diese Leistungsvorgaben erfüllt werden, ist im wesentlichen dem meist per Zeitvertrag angestellten *chief executive* (Manager aus der freien Wirtschaft) überlassen, er kann die *agency* nach seinen Vorstellungen organisieren, kann Art u. Weise der Personalgewinnung festlegen usw. Alle 3 Jahre findet eine Effizienzprüfung statt. Staatliche Verwaltung wird zum *government by contract.* Die Beschäftigten der e. a. sind Beamte (↑*civil service*), für die ein eigenes, kollektivrechtliches Vergütungssystem gilt. *Agencies* können im öffentlichen Dienst bleiben, aber auch komplett privatisiert werden. Sie stehen in tatsächlicher o. ideeller Konkurrenz zu alternativen Anbietern des privaten Sektors, sind in ihrer Existenz also immer von der Privatisierungslösung bedroht.

Aus der inneren Verwaltung waren 1994 von insgesamt 554 000 *civil servants* der Zentralregierung (↑*civil service*) bereits 62 % in 92 e. a. beschäftigt; 45 weitere Ausgliederungen sind vorgesehen. Als Fernziel plant die konservative Regierung Major, 80 % des gesamten Beamtenapparates zu privatisieren. Die größte e. a. ist die *Social Security Benefits Agency* mit 62 000 Mitarbeitern, die kleinste ↑*Wilton Park Conference Centre* (30). Weitere e. a. sind z. B. der ↑*Employment Service*, ↑*HMSO*, ↑*Ordnance Survey*, ↑*Public Record Office*, ↑*Royal Mint.*

In engem Zusammenhang mit der Gründung der e. a. sind die ↑*Citizen's Charters* zu sehen, verbriefte „Bürgerrechte", mit denen die brit. Bürger ihre Ansprüche gegenüber dem öffentlichen Dienst geltend machen können, einschließlich Schulen, Ärzten, Gerichten u. den Betreibern der öffentlichen Verkehrsmittel.

expenditure tax ↑Steuern.

eye words. Wörter im engl. Wortschatz, über deren Aussprache auch unter Experten keine Einigkeit besteht, weil sie vorwiegend literarisch gebraucht werden u. meist zwei o. mehrere gleichwertige Aussprachevarianten vorliegen, z. B. *phthisis* ['θaɪsɪs, 'fθaɪsɪs, 'taɪsɪs] (↑*hard words*). Vgl. a. ↑*Marylebone.*

F

FA ↑*Football Association.*

FA Cup Final ↑Football Association.

Fabian Society. 1883/84 gegr. linke politische Vereinigung; nach dem römischen General Fabius Cunctator, der seine Erfolge durch Geduld u. Verzögerungstaktik erzielte; will den Sozialismus durch Evolution u. nicht durch Revolution verwirklichen. Steht der *Labour Party* (↑*Parteien*) nahe u. erreichte ihre höchste Mitgliederzahl (5000) unter der *Labour*-Regierung 1945–1951. Heute von geringer Bedeutung.

Fahrenheit. Trotz der Einführung der Gradeinteilung nach Celsius, z. B. beim Wetterbericht, im Zuge der Anpassung an die metrischen Meßsysteme des ↑*Continents* wird F. im UK weiterhin benutzt: Gefrierpunkt 32° F, Siedepunkt 212° F, Körpertemp. 98,4° F. *5 degrees of frost* heißt 32–5 = +27° F. Umrechnungsformel: C > F: Celsius-Grade mal 9, geteilt durch 5, plus 32; F > C: F = Temperatur minus 32, mal 5, geteilt durch 9.

fair play [fɛ'pleɪ], var. *fairness.* Ins D

eingegangene Begriffe, die fast schon mythisch mit England in Verbindung gebracht werden. Der *fair play*-Mythos stammt urspr. aus der Welt des Sports für ↑*gentlemen*, dessen typische Spielart ↑*cricket* ist. „This is not cricket" bedeutet „this is not fair". Dazu gehört nicht nur die Beachtung der Regeln, sondern auch die Bereitschaft, ein guter Verlierer zu sein. Der Verstoß gegen die Regeln der *fairness* heißt auch in der dt. Sportsprache *foul*. –Massenschlägereien u. Krawalle brit. Fußballfans (↑*hooligans*) haben nicht zuletzt auf die traditionelle Vorstellung von engl. *fairness* u. *sportsmanship* einen Schatten geworfen.

Falklands War, the ~ ['fɔːlkləndz...]. Am 2./3. April 1982 besetzten Truppen der argentinischen Militärregierung die seit 1833 in brit. Besitz befindlichen *Falkland Islands* (span. Islas Malvinas), eine Inselgruppe (1800 Bewohner) im Südatlantik, die zusammen mit South Georgia u. den South Sandwich Islands seit 1917 die Kronkolonie *Falkland Islands Dependencies* (↑*Commonwealth*) bildet. Argentinien hatte die „Malvinas", die 13000 km von GB u. nur 650 km von Argentinien entfernt liegen, schon lange für sich beansprucht. Die Invasion wurde in GB als nationale Demütigung empfunden. Premierministerin Margaret Thatcher ließ die Flotte (mit 20000 Mann) auslaufen, u. der Krieg begann. Zehn Wochen später, nach der argent. Kapitulation am 17. Juni 1982, wehte der *Union Jack* (↑*Nationalsymbole*) wieder über der kleinen Falkland-Hauptstadt Port Stanley. GB hatte bei den Kämpfen 1000 Mann verloren, u. die Schiffs- u. Flugzeugverluste gingen in die Milliarden Pfund Sterling. Trotz dieser Verluste stieg die Beliebtheit der Premierministerin (↑*Iron Lady*). Als die Schiffe der brit. Kampfverbände im Sommer 1982 in die Heimat zurückkehrten, wurden sie jubelnd begrüßt. ↑*Streitkräfte*.

false friends. dt. ‚falsche Freunde', frz. *faux amis;* engl. var. *treacherous twins;* Scheinentsprechungen im Wortschatz zweier verschiedener Sprachen. Entsprechende Wortpaare sind in Schreibung u./o. Aussprache identisch o. sehr ähnlich, haben aber verschiedene Bedeutung. Im Engl. u. D gibt es Hunderte solcher Scheinentsprechungen, die beim Erlernen der Fremdsprache besondere Aufmerksamkeit verlangen, da sie bei falscher Anwendung (*negative transfer;* Interferenz) zu peinlichen Mißverständnissen führen können, z. B. *to become* ≠ dt. ‚bekommen', engl. *meaning* ≠ d. ‚Meinung'; ↑*biscuit,* ↑*brandy,* ↑*café,* ↑*cherry brandy,* ↑*chips,* ↑*beefsteak, bowling (*↑*bowls),* ↑*menu,* ↑*minigolf,* ↑*pantomime,* ↑*pudding,* ↑*shellfish.* – (Seltenere) echte Entsprechungen heißen *true friends,* z. B. *rucksack, eye lid, sofa,* ↑*kindergarten.*

Falstaff ['fɔːlstaːf]. In der Tradition des *Miles gloriosus* stehende Dramenfigur Shakespeares (vgl. *Henry IV, Merry Wives of Windsor*); wurde zum Prototyp des geistreich-schelmischen Lügners u. Schwindlers.

Farnborough Air Show. Intern. Luft- u. Raumfahrtschau auf dem

Gelände des *Royal Air Force Establishment* in Farnborough (Hampshire), veranstaltet von der *Society of British Aerospace Companies;* findet alle 2 Jahre im Turnus mit dem Pariser *Aérosalon* von Le Bourget statt.

farthing ['fɒːðɪŋ]. Vor der Einführung der Dezimalwährung (↑*Geld und Währung,* ↑*D-Day*) war ein f. die kleinste Münze im Werte von einem Viertelpenny.

Fastnet Race ↑Admiral's Cup.

Father of the House. Titel des dienstältesten Abgeordneten im Unterhaus o. Adligen im Oberhaus (↑*Parlament*).

FBA, *Fellow of the British Academy,* ↑academy 2.; ↑Fellow 2.

FCO, *Foreign (and Commonwealth) Office.* Bez. des brit. Außenministeriums; der brit. Außenminister heißt *Secretary of State for Foreign and Commonwealth Affairs,* kurz: *Foreign Secretary* (↑*Regierung*).

Feiertage. In Nordirland, England, Wales, Schottland u. auf den ↑*Channel Islands* gibt es folgende öffentliche Feiertage *(public holidays)*: die *bank holidays,* gesetzl., 1871 eingeführte Feiertage, an denen nicht gearbeitet wird u. die Banken geschlossen bleiben: *New Year's Day* (der 1. Jan. o. der erste darauffolgende Werktag, wenn der 1. Jan. auf einen Samstag o. Sonntag fällt; in Schottland auch der nächste Tag), *Easter Monday* ‚Ostermontag' (nicht in Schottland), der 1. Montag im Mai *(May Day)* , der letzte Montag im Mai *(late Spring Holiday),* der letzte Montag im August *(August Bank Holiday)* u. *Boxing Day* (26. Dez. o. der darauffolgende Werktag nach *Christmas Day,* dem 25. Dez.); auch öffentl. Feiertage *(common law holidays)* sind *Good Friday* ‚Karfreitag' u. *Christmas Day* (25. Dez.). Feiertage sind auf den Kanalinseln ferner der 9. Mai (*Liberation Day* ‚Befreiungstag') u. in Nordirland St. Patrick's Day (18. März) u. *Battle of the Boyne* (12. Juli) (↑*Orangemen*).

Christmas (auch *Xmas,* alte Bez. *Yuletide*) ‚Weihnachten' ist das größte Fest des Jahres. Wochen zuvor ziehen Gesangsgruppen durch die Straßen, die in den Stadtzentren schon ab Mitte Nov. weihnachtlich-festlich geschmückt u. beleuchtet sind, u. singen Weihnachtslieder *(carols).* Auf dem ↑*Trafalgar Square* steht ein Riesentannenbaum, ein Geschenk Norwegens für die während des 2. Weltkrieges geleistete Hilfe. Es ist Sitte, in der Vorweihnachtszeit viele bebilderte, zweiteilige Weihnachtskarten *(Christmas cards)* abzuschicken; der Empfänger stellt sie auf dem Kaminsims *(mantelpiece,* ↑*fireplace)* auf. In der Woche vor dem Fest werden die Räume mit Stechpalme *(holly),* Papiergirlanden u. Mistelzweigen *(mistletoe)* geschmückt; traditionell darf man jedes Mädchen, das man unter den Mistelzweigen trifft, küssen. Der Weihnachtsbaum *(Christmas tree),* ein Import aus D im 19. Jh., steht auch im Wohnzimmer. Der Heilige Abend *(Christmas Eve)* ist kein besonderer Feiertag. In der Nacht zum 25. kommt der Weihnachtsmann *(Father Christmas,* auch

Santa Claus). Er zieht in einem von Rentieren *(reindeer)* gezogenen Schlitten durch den Himmel u. tritt in die Häuser durch den Schornstein ein; er füllt die von den Kindern ausgestellten Schuhe u. aufgehängten Strümpfe mit Geschenken. Die Bescherung findet am 1. Weihnachtstag *(Christmas Day)* statt. Dann wird mittags feierlich gegessen: Zum *Christmas dinner* gehören gefülltes Brathuhn, -gans o. -truthahn, gefolgt von *plumpudding*, auch *Christmas pudding*, einem reichhaltigen ↑*pudding* aus Mehl u. getrockneten Früchten; er wird oft mit Alkohol übergossen u. angezündet, bevor er feierlich aufgetragen wird. Am späten Nachmittag wird der *Christmas cake* serviert, ein schwerer dunkler Früchtekuchen mit Zuckerguß. Wie auch der *pudding*, wird er meist Wochen vorher zubereitet, damit er eine gewisse Reife erlangt. Dieser Tag wird im engen Familienkreis gefeiert. Oft werden Gesellschaftsspiele o. ↑*charades* gespielt, *carols* gesungen. Man schaut sich die *Queen's Christmas message* im Fernsehen an. Weihnachten in England ist nicht so besinnlich, geschweige denn sentimental wie in D, sondern eher ein buntes u. lautes Fest; vor Weihnachten feiert man *Christmas parties* u. wünscht sich gegenseitig „A merry Christmas“, wobei *merry* eher ‚lustig‘ bedeutet. *Boxing Day*, der ‚2. Weihnachtstag‘, so genannt nach dem früheren Brauch, an diesem Tag Lieferanten u. Hauspersonal ihre *Christmas boxes* ‚Geschenke‘ zukommen zu lassen, wird in ähnlicher Weise gefeiert, nur werden Gäste von außerhalb der Familie dazu eingeladen. Der Besuch eines ↑*pantomime*, kurz *panto*, in den Weihnachtsferien gehört für viele Kinder dazu.

Gegen Ende des Jahres überlegt man sich, welche *New Year's resolutions* man sich vornehmen will. *New Year's Eve* ‚Silvester‘, in Schottl. *Hogmanay*, u. der 1. Januar *(New Year's Day)* werden v. a. in Schottland gefeiert, wo es den alten Brauch des *first footing* gibt, wonach ein dunkelhaariger Mann als erster im neuen Jahr die Schwelle eines anderen Hauses überschreiten soll, um dem Haus Glück zu bringen. *New Year's Day* ist daneben einer der beiden Termine, an denen die ↑*Honours list* veröffentlicht wird.

Burns' Night o. *Burns' Supper*, am 25. Januar, dem Geburtstag des schott. Nationaldichters Robert Burns (1759–1796), wird in Schottland festlich mit Essen, Tanz u. Musik begangen; Höhepunkt des Abends bildet die für Nicht-Schotten unverständliche Rede an den ↑*haggis* (Burns' *Ode to the Haggis*).

Carnival ‚Karneval‘ ist im kontinentalen Sinn im UK unbekannt. Ein altes Überbleibsel dieses Festes findet noch Ausdruck in der Sitte, am Faschingsdienstag *(Shrove Tuesday*, auch *Pancake Tuesday)* Pfannkuchen zu essen – man braucht die letzten Speisereste auf, bevor die Fastenzeit *(Lent)* beginnt.

St. Valentine's Day, ‚Valentinstag‘, der 14. Feb., ist der Tag, an dem sich Verliebte Geschenke u. Karten – auch anonym – als Zeichen ihrer Zuneigung zukommen lassen.

April Fools' Day, auch *All Fools' Day*, der 1. April: Ähnlich wie in D versucht man, seine Freunde an der

Nase herumzuführen; gelingt es, ruft man: „*April Fool!*"

Good Friday ‚Karfreitag' wird ähnlich begangen wie in den evangelischen Gebieten Ds; beim Bäcker gibt es *hot cross* ↑*buns* (Brötchengebäck mit einem Kreuz gekennzeichnet). *Easter* ‚Ostern' hat ähnliche Bräuche wie in D: gekochte u. gefärbte Eier, Schokoladeneier.

Hallowe'en am 31. Okt., dem Tag vor Allerheiligen *(All Saints' Day)*, wird oft von Kindern mit Kostümfesten gefeiert.

Guy Fawkes' Day o. *Guy Fawkes' Night* o. *Bonfire Night* ist ein beliebtes Fest im ganzen UK am 5. Nov., zum Andenken an den sog. *Gunpowder Plot,* ein Dynamitattentat, das am 5. Nov. 1605 von den Katholiken unter der Führung von Robert Catesby angezettelt wurde. Guy Fawkes (1570–1606), ein engl. Soldat in den span. Niederlanden, wurde als unbekannte u. daher unverdächtige Person beauftragt, 20 Fässer Dynamit in den Keller des Parlamentsgebäudes zu schaffen, um Parlament samt King James I in die Luft zu sprengen. Der Plan wurde am Tag vorher verraten, Guy Fawkes u. die Verschwörer, die schon bei der Verhaftung nicht umgekommen waren, wurden am 31. Jan. 1606 hingerichtet. Seitdem werden die Kellerräume des Parlaments vor jeder Eröffnung einer neuen Sitzungsperiode *(session,* ↑*Parlament)* kontrolliert. Vor dem 5. Nov. gehen Kinder durch die Straßen, schieben eine Strohpuppe, einen *Guy,* vor sich her u. bitten um „*A penny for the Guy*"; das so gesammelte Geld wird für den Kauf von Feuerwerkskörpern ausgegeben. Der 5. Nov. ist übrigens der einzige Tag, an dem Feuerwerkskörper gezündet werden. Höhepunkt des Abends sind die vielen Scheiterhaufen *(bonfires)* in allen Straßen, wobei die *Guy*-Puppen feierlich verbrannt werden.

Armistice Day, der Jahrestag des Waffenstillstands vom 11. Nov. 1918, heißt seit 1945 *Remembrance Day* o. *Sunday* u. wird an dem Sonntag, der dem 11. am nächsten liegt, gefeiert. In Gottesdiensten wird der Gefallenen beider ↑*Weltkriege* gedacht. Die größte Feier findet am nationalen Kriegerdenkmal, dem ↑*Cenotaph* in ↑*Whitehall,* London, statt. Der Tag wird auch als *Poppy Day* bez., da Kunstmohnblumen zur Erinnerung an die Mohnfelder in Flandern getragen werden, die von der *Royal* ↑*British Legion* hergestellt u. verkauft werden.

fell. V. a. in Nordengland gebräuchl. Form für ‚Berg' (aus dem Skandinav.), z. B. Sca*fell* Pike (978 m).

Fellow ['feləʊ]. 1. In ↑*Oxbridge:* Mitglied des Beirats *(governing body)* eines ↑*College* (var. *don*), das von bereits etablierten F. aufgrund hervorragender wissensch. Leistungen befristet („Junior Fellow") o. auf Lebenszeit („Senior Fellow") gewählt wird. Es gibt ferner *Research F., Honorary F., Emeritus F.* F. eines großen College zu sein ist eine besondere Ehre u. mit bestimmten Rechten verbunden, z. B. Wohnrecht im College sowie das Recht, sich verpflegen u. bedienen zu lassen. Bis Ende des 19. Jh.s mußten die F. sogar im College wohnen, und es war ihnen verboten zu heiraten, sonst verloren sie ihre College-Mitgliedschaft *(fellowship).*

Der Präsident eines College („Master“ in ↑*Cambridge,* verschiedene Bez. in ↑*Oxford*) wird aus den Reihen der F. gewählt. Mancher F. erhält neben der College-Mitgliedschaft auch ein Universitätsamt in Lehre, Forschung o. Verwaltung, so die meisten *Senior F.;* obwohl sie somit großenteils die Aufgaben eines dt. Professors wahrnehmen, führen nur wenige den Titel eines Prof. o. Dr.

2. Mitglied einer gelehrten Gesellschaft (↑*academy 2.*), z.B. der *Royal Society: Fellow of the ~,* (abgekürzt: *FRS*), der *British Academy (FBA)* usw. Die Abk. darf hinter dem Namen – wie ↑*akademische Grade* u. Ordenskürzel (↑*Orden u. Ehrenzeichen*) – geführt werden. – 3. Pej. *a common fellow* ['felə] ‚ein gewöhnlicher Kerl‘.

Festivals. In GB finden jährlich etwa 650 Theater- u. Musikfestivals statt. Das größte u. berühmteste ist das ↑*Edinburgh Festival.* Das zweitgrößte ist das *Mayfest* in Glasgow. Weitere bekannte Festspielorte sind: Gloucester, Worcester u. Hereford, die seit über 260 Jahren das *Three Choirs Festival* ausrichten; außerdem Cheltenham (zeitgenöss. brit. Musik), Aldeburgh, Salisbury, York. Siehe auch ↑*eisteddfod,* ↑*Glyndebourne.*

fête [feɪt]. Traditionelles engl. Dorffest *(village fête)* o. Pfarrfest mit Bastelbazar, Kirmes-Spielen u. sportl. Wettbewerben. Der Erlös wird meist einem guten Zweck zugeführt (↑*charities*).

fidei defensor, engl. *Defender of the Faith.* ‚Verteidiger des Glaubens‘; ein Titel, den die brit. Monarchen seit 1544 führen. Er wurde Henry VIII 1521 von Papst Leo X. als Belohnung für ein vom König verfaßtes u. gegen Luther gerichtetes Pamphlet verliehen. 1534 wurde der Titel zurückgezogen, aber 1544 dem Monarchen, Oberhaupt der *Church of England* (↑*Konfessionen*), vom ↑*Parlament* erneut verliehen. George I (1714–1727) veranlaßte, daß die Buchstaben F.D. immer auf den Münzen erscheinen. Prince Charles (↑*Prince of Wales*) bevorzugt im Falle seiner Thronbesteigung die Übersetzung *Defender of Faith,* da dies eher zum Glauben im allg. Sinn in einer multikulturellen Gesellschaft (↑*immigration*) passe. ↑*Queen, the ~.*

field sports. Sammelbez. für die traditionellen Sportarten der brit. Aristokratie, v. a. auf dem Lande (↑*gentry*): *huntin' – shootin' – fishin'* = Jagen (v. a. *grouse* ‚Moorhühner‘), Schießen, Angeln (v. a. Lachs, See- u. Bachforelle), auch ↑*deer stalking.*

Fifteen = ‚15‘ ↑British Board of Film Classification.

Film ↑British Board of Film Classification; ↑British Film Institute; ↑British Film Year; ↑cinema club; ↑film societies; ↑National Film Theatre.

film societies. In der Tradition des frz. *ciné-club* stehende Filmklubs, die künstlerisch-wertvolle o. ältere, für die großen Verleiher nicht mehr rentable Filme (ausländische Filme oft in Originalfassung) vorführen. Nicht zu verwechseln mit ↑*cinema clubs.*

fireplace. Der offene Kamin ist aus einem engl. Haus kaum wegzudenken, selbst wenn man ihn – bei eingebauter Zentralheizung – mit einer Infrarotlampe beheizt. Zum f.p. gehört stets das *mantelpiece,* der Kaminsims, der mit allerlei Familienerinnerungen, Blumen u. in der Vorweihnachtszeit mit *Christmas cards* (↑*Feiertage: Weihnachten*) geschmückt ist. Zum gewöhnlichen Zubehör eines Kamins gehört der kleine Besen *(hearthbrush),* das Schüreisen *(poker),* eine Zange *(tongs),* eine Schaufel *(shovel)* – Sammelbez. für letztere drei auch *fire irons* – u. ein Kohlenkasten *(coalscuttle).*

First Lord of the Admiralty ↑Admiralty.

first school ↑three-tier system.

First Sea Lord ↑Streitkräfte: *Royal Navy.*

firth [fəːθ]. Schott. Bez. für eine fjordartige Flußmündung, z. B. *Firth of Forth* (bei Edinburgh), *Firth of Tay* (bei Dundee). ↑*Ortsnamen.*

fish 'n' chips [fɪʃn'tʃɪps]. Eine der brit. „Institutionen“: paniertes Fischfilet (normalerweise *cod* ‚Kabeljau‘ o. *haddock* ‚Schellfisch‘) mit Pommes frites (↑*chips*), mit Salz u. Essig gewürzt, zum Mitnehmen auch heute noch oft (trotz einschlägiger EU-Bestimmungen) in Zeitungspapier eingewickelt; wird als Imbiß mit den Fingern gegessen. In den über die ganze Insel verteilten *chip shops* (colloq. *chippies*) o. *fish bars* gibt es daneben meist auch *pizzas, black* ↑*puddings, sausages.*

five o'clock tea ↑high tea.

fiver. Colloq. für £ 5-Schein (vgl. ↑*tenner*).

fives ['faɪvz]. Hpts. an ↑*public schools* gespieltes „Wandballspiel“ mit je nach Schule unterschiedlichen Regeln für 2 o. 4 Spieler in einem an drei (Eton) o. 4 Seiten (Rugby School) geschlossenen Raum o. Platz.

Fleet Air Arm ↑Streitkräfte: *Royal Navy.*

Fleet Street, humor. *Street of Ink.* Schmale Straße in London (EC4), in der sich seit etwa 1500, als Wynkyn de Worde hier eine Druckerpresse einrichtete, Zeitungshäuser u. Druckereien konzentrier(t)en (erste Zeitung: *Daily Courant* 1702), daher oft symbolisch für das gesamte brit. Zeitungswesen gebraucht. Bis Mitte der 80er Jahre wurden die meisten der 12 überregionalen Tageszeitungen u. der 10 überregionalen Sonntagszeitungen in o. in der Nähe von *Fleet Street* hergestellt. Das Problem der F.S. waren ständig drohende Arbeitskämpfe u. Produktionsunterbrechungen der Druckergewerkschaften *SOGAT* u. *NGA* (↑*Gewerkschaften*) sowie die Vielzahl verschiedener, oft untereinander konkurrierender gewerkschaftl. Betriebsgruppen *(chapels).* Die große Zeitungsgruppe „News International“ *(The Times, Sunday Times, Sun, News of the World)* zog daraus als erste Konsequenzen u. siedelte in ein hypermodernes, von der Außenwelt hermetisch abgeschirmtes Druck- u. Verlagshaus nach ↑*Wapping* („Wapping Fortress“) in den Londoner

↑*Docklands* um. Andere Verlagsgruppen wie „Associated Newspapers" mit der *Daily Mail, Mail on Sunday* u. *Evening Standard* sowie der *Guardian* u. die *Financial Times* haben F.S. bis Ende 1987 ebenfalls verlassen, zumal der Staat den Umzug in die zur ↑*enterprise zone* erklärte alte Hafengegend mit Steuererleichterungen u. Investitionshilfen unterstützt. Viele von ihnen sind in das Gewerbegebiet ↑*Canary Wharf* gezogen. 1989 wurde der letzte Zeitungsverlag in der F.S. geschlossen; geblieben sind nur noch die Presseagenturen *Reuters* und *Associated Press.* ↑*Zeitungen.*

florin ['flɒrɪn]. Silbermünze im Werte von 2 *shillings* vor der Einführung der Dezimalwährung (↑*D-Day,* ↑*Geld u. Währung*).

Flughäfen (London). London hat 4 Flughäfen: 1. *Heathrow* = „London Airport" (24 km westl. des Stadtzentrums), der größte Passagierflughafen der Welt (Heimatflughafen der ↑*British Airways*); 2. *Gatwick* (40 km südl. von London), hauptsächl. Charter- u. Touristenverkehr (nach Fluggästen zweitgrößter Flughafen der Welt). 3. *Stansted* (Essex), seit März 1991; soll zum drittgrößten brit. Flughafen ausgebaut werden (künftige Kapazität: 15 Mio. Passagiere); 4. *London City Airport* (seit 1987) in den ↑*Docklands.* Kleiner Flughafen für Geschäftsreisende in Europa. Über den Ausweichflughafen *Luton* im Norden Londons wird hpts. Charterverkehr abgewickelt. ↑*British Airports Authority.*

flummery ['flʌmərɪ]. Engl. Reispudding mit Zitrone u. Zimt. Im Engl. in der dt. Bed. ‚Pudding' kaum mehr gebraucht (↑*blancmange*). Nicht zu verwechseln mit dem engl. ↑*pudding* (↑*false friends*).

flying pickets ↑picketing.

Flying Squad ↑Polizei.

FOE, *Friends of the Earth* ↑Umweltbewegungen.

folly ['fɒlɪ]. Meist einer exzentrischen Idee ihres Bauherrn ohne Rücksicht auf Kosten u. Nutzen entsprungene architektonische ‚Narretei': ein verrücktes Bauwerk o. Monument, v. a. im 18./19. Jh. im Schwange, z. B. das Phantasiedorf *Portmeirion* (Wales), *Paxton's Tower* bei Carmarthen (Wales), ↑*Royal Pavilion* (Brighton), *sham castles* ‚Schloßattrappen' bei Abergavenny; Kulissenarchitektur, eine Mauer mit Türmen, Zinnen u. nichts dahinter (bei Mow Cop, Cheshire).

foolscap ['fu:lskæp], Abk. *f'cap, f/cap, fcp, cap.* Brit. Papiernormformat: 17 ↑*inches* x 13½ inches (432 mm x 343 mm); als Schreibpapier: 16½ x 13¼ inches (419 x 337 mm).

foot, Abk. *ft,* pl. *feet* (bis ca. 10 ist ft. oft Singular). Längenmaßeinheit; 1 *foot* = 12 ↑*inches* = 30,48 cm; v. a. bei Angaben in der Vertikalen, z. B. bei Flughöhen, Berghöhen, Wassertiefe, Körpergröße (letztere wird in *feet* u. *inches* gemessen, z. B. 1 m 85 cm = ca. 6 *foot* 1 *inch*).

football ↑association football; ↑Football Association; ↑Football League; ↑rugby football; ↑soccer.

Football Association (FA). Der brit. Fußballverband, gegr. 1863 (erster Fußballverband der Welt!), mit vier eigenständigen Landesverbänden u. Nationalmannschaften in England, Wales, Schottland u. Nordirland; entwickelte das heute weltweit gültige Fußballregelwerk. Seit 1992 gibt es die *FA Premier League* mit 22 Proficlubs. Die übrigen 70 Profimannschaften spielen in den drei Divisionen der ↑*Football League.* Jeder Landesverband richtet einen eigenen Pokalwettbewerb aus: *FA Challenge Cup* (England), Finale in ↑*Wembley, Tennents Scottish Cup,* Finale in Glasgow (↑*Hampden Park*), *Irish Cup* (Nordirland), Finale in Belfast *(Windsor Park), Welsh FA Cup* mit 2 Finalspielen. Die Endspiele, v. a. das *FA Cup Final* in ↑*Wembley,* sind ein nationales Ereignis. 1996 finden in England die Fußbal-Europameisterschaften statt.

Football League. Die brit. „Fußball-Bundesliga", ein eigener Verband (gegr. 1888) für Proficlubs: England u. Wales gehören zur F.L. (92 Mannschaften in 4 Ligen, *divisions*), Schottland zur *Scottish F.L.* (40 Clubs in 4 Ligen); in Nordirland spielen 16 halbprofessionelle Clubs in der *Irish F.L.* 1992 wurde in England und Wales eine neue *FA Premier League* (19 engl., 3 walis. Clubs) eingeführt. Die übrigen 70 Profimannschaften verteilen sich auf 3 Ligen. In der *National League of Wales* spielen 20 halbprofessionelle Clubs. Die engl. u. schott. Landesverbände führen eigene Pokalwettbewerbe durch: in Engl. „League Cup", u. Schottland „Coca Cola Cup" („Scottish League Cup"). Endspielorte wie ↑*Football Association.*

Footsie ['fʊtsɪ], colloq. Abk. für den *Financial Times Stock Exchange* Aktienindex, auch *FT-SE* o. *FT 100 Share Index;* entspricht dem DAX in D, dem CAC 40 in Frankreich u. dem Dow Jones Index in den USA.

Foreign Office ↑FCO.

Forestry Commission. Die staatl. Forstbehörde, Sitz: Edinburgh/ Schottland, unterhält u. a. 11 *forest parks* (↑*National Parks*).

Fortnum & Mason ↑Kaufhäuser.

four-star (****) ↑petrol.

fourth estate ↑estate 5.

Foyle's ↑Kaufhäuser.

franchise ↑Wahlsystem.

Fraud Squad ↑Polizei.

Free Churches ↑Konfessionen 3.

Free Church of Scotland ↑Konfessionen 4.

free house. Wirtschaft (↑*pub*), die in ihrem Getränkeangebot nicht an eine bestimmte Brauerei gebunden ist; im Ggs. zum *tied house,* das zu einer Brauerei gehört u. nur das Bier dieser Brauerei ausschenkt.

Free Presbyterian Church ↑Konfessionen 4.

Freefone ['fri:fəʊn]. Gebührenfreier Telefonservice von ↑*BT;* findet sich oft in Werbeanzeigen, die den Leser einladen, per Telefon nähere Informationen einzuholen; ähnlich den dt. „0130"-Nummern. ↑*Freepost.*

Freepost. Was ↑*Freefone* für das Telefon, ist F. für Briefe; dt. etwa: ‚Gebühr bezahlt Empfänger'.

Friedhöfe (London). Berühmte Londoner Friedhöfe sind der *Kensal Green Cemetery* (W 10) mit den Gräbern der Schriftsteller W. Thackeray (1811–1863), W. Collins (1824–1899); der *Highgate Cemetery* (N 6) mit den Gräbern von Karl Marx (1818–1883), Charles Dickens (1812–1870); der *Abney Park Cemetery* (N 16) mit dem Grab von General Booth (1829–1912, ↑*Salvation Army*).

Friendly Society (FS). Urspr. Arbeiterselbsthilfe-Organisation, heute eine Art gemeinnütziger Versicherungsverein auf Gegenseitigkeit *(mutual insurance group).* Seine Mitglieder verpflichten sich mit ihrer Beitragszahlung zu gegenseitigen uneigennützigen Hilfsleistungen bei Krankheit u. im Alter. Es gibt in GB etwa 7000 FS. Viele ↑*Gewerkschaften* haben hier ihren Ursprung. ↑*building societies.*

Friends of the Earth (FOE) ↑Umweltbewegungen.

Fringe [frɪndʒ] heißt das nicht-offizielle, meist alternativ-experimentelle „Rand"-Programm eines großen Theater- o. Musikfestivals (↑*Edinburgh Festival,* ↑*Theater:* Fringe Theatres).

fringe benefits. Freiwillige (übertarifliche) Sozialleistungen der Betriebe, z. B. Zuschüsse zu Versicherungen, Arbeitskleidung, Fahrtkosten zum Arbeitsplatz, Essensmarken (↑*LV*) u. andere steuerfreie Zulagen. Siehe auch ↑*BUPA.*

fritters. In einen Eierteig getauchte u. in schwimmendem Fett gebackene Süßspeise, z. B. *apple f.* ‚Apfelküchlein'.

front benches ↑Parlament: *House of Commons.*

FRS, *Fellow of the Royal Society.* ↑Fellow 2.; ↑Royal Society.

FT, *Financial Times* ↑Zeitungen u. Zeitschriften.

FT-SE, *Financial Times-Stock Exchange* ↑Footsie.

Fulham Palace. Offizielle Residenz des Bischofs von London (↑*Konfessionen*).

fully licensed (restaurant) ↑licensed.

furlong ['fə:lɒŋ]. Aus: *a furrow* ‚Furche' *long;* brit. Längeneinheit in der Landwirtschaft: 1 f. = 220 ↑*yards* = ⅛ ↑*mile* = 201,168 m.

Further Education (FE). Die nichtuniversitäre weiterführende Bildung.

Das brit. System ist äußerst flexibel u. ermöglicht Vollzeit-, Teilzeit- o. Abendkurse verschiedener Dauer u. verschiedenen Niveaus beruflicher u. allgemeinbildender Art. Als besondere Formen kommen die sog. *sandwich courses* hinzu, bei denen sich Vollzeitunterricht u. praktische Arbeit im Betrieb abwechseln. Die Kurse sind i.d.R. auf die Bedürfnisse des regionalen o. lokalen Arbeitsmarktes zugeschnitten.

Es gibt ein breites Spektrum von *FE establishments*, darunter die früheren ↑*polytechnics* (seit 1993 ↑*Universitäten*), *Colleges of Further and Higher Education* (*FE colleges* ↑*colleges* 3.), ↑*Tertiary Colleges*, sowie ↑*adult education centres*. Besonders zu nennen sind darüber hinaus der *Business and Technology Council (BTEC)*, das *City and Guilds of London Institute (C&G)* u. der *Royal Society of Arts (RSA) Examination Board;* sie bieten eine Vielfalt von Fachkursen an, die zu angesehenen Zertifikaten führen. Einige von ihnen bereiten auf die A-Level-Prüfung u. damit auf die Zulassung zum Universitätsstudium vor *(GNVQs, Advanced General National Vocational Qualifications)*. Für die Normensetzung (Überprüfbarkeit, Vergleichbarkeit) der landesweit anerkannten Zertifikate *(National Vocational Qualifications)* ist in England, Wales u. Nordirland der *National Council for Vocational Qualifications (NCVQ)* zuständig. Der langjährig tätige *Council for National Academic Awards (CNAA)* mit seinen zahlreichen Bildungsabschlüssen hat seine Tätigkeit eingestellt.

Der *Further and Higher Education Act* 1992 (für England, Wales u. Northern Ireland) hat den Weiterbildungsbereich grundlegend verändert. Die Erwachsenenbildung untersteht nun nicht mehr den Bildungsbehörden der *counties (↑LEA)*, sondern über den *Further Education Funding Council for England (FEFCE)* und den *Further Education Funding Council for Wales (FEFCW)* der Zentralregierung. Diese Institutionen sind verantwortlich für die Verteilung der Finanzmittel u. die Qualität des Lehrangebots. Die 550 (1994) *FE colleges* sind nunmehr sich selbst verwaltende halbstaatliche Körperschaften *(independent corporations)*, die über ihre Mittel frei verfügen u. ihre jeweils eigene Personalpolitik betreiben.

Eine weitere Neuerung ist die völlige Gleichstellung von allgemeiner u. beruflicher Bildung, wobei hauptsächlich wirtschaftswiss., technolog., medizin. und jurist. Fachgebiete angesprochen werden. 1995 wurde im Berufsbildungswesen erstmals ein Bonusheft mit Bildungsgutscheinen an die 16- bis 17jährigen Schüler ausgegeben, mit dem sie bei Institutionen ihrer Wahl unterschiedliche „Wissensmodule“ (modules) erwerben können. Die meisten Schüler an FE colleges sind zwischen 16 u. 19 Jahre alt. Siehe auch ↑*Youth Training*.

In Schottland sind die Verhältnisse ähnlich, doch bis zur Errichtung eines *funding council* für Schottland und einer ausreichenden Zahl von Colleges für die Erwachsenenbildung (1994 gab es 43 *FE colleges*) gelten die Normen des *Scottish Vocational Education Council (SCOTVEC)*, d.h. die Kurse werden auf einem mittleren

Leistungsniveau angesetzt u. führen zum schottischen *National Certificate.*

G

Gaelic ['geɪlɪk, 'gælɪk], kelt. *Gàidhlig.* Das Gälische, die keltische Sprache Schottlands, gehört mit *Irish* u. ↑*Manx* zur goidelischen Gruppe (sog. *q*-Keltisch) der (insel-)keltischen Sprachen im Unterschied zur verwandten britannischen Gruppe (*p*-Keltisch: Walisisch/Kymrisch ↑*Welsh,* Bretonisch, ↑*Cornish*). G. wird heute noch im schott. Hochland sowie den vorgelagerten Inseln gesprochen. Die dialektalen Unterschiede sind von Insel zu Insel u. von Tal zu Tal erheblich. Die Zahl der G.-Sprecher ist stark rückläufig, 1891 waren es noch 250000, 1991 nur noch knapp 80000. Die *Comunn Gaidhealach* (Gälische Gesellschaft) bemüht sich seit 80 Jahren um die Erhaltung der Sprache. Das *Western Isles Council* setzt sich für Zweisprachigkeit ein. Gälische Bestandteile finden sich v. a. in schott. ↑*Ortsnamen,* z.B. *aber* ‚Flußmündung' (*Aber*deen), *avie* ‚Wasser' (*Avie*more), *brae* ‚Berg' (*Brae*riach), *cairn* ‚Hügel' + *gorm* ‚blau o. grün" *(Cairngorms), glen* ‚Tal' (↑*Glencoe*), *inver* ‚Flußmündung' (*Inver*ness), *loch* ‚See' (↑*Loch Ness*). In Schottland wurde das G. seit dem 11. Jh. durch nordengl. Mundarten zunehmend an den Rand gedrängt, aus denen sich in der Folgezeit eine eigene schott. Schriftsprache herausbildete. Sie wurde im Laufe des 16. Jh.s durch das ↑*King's English* verdrängt (↑*Scottish English*).

gallon, Abk. *gal, gall.* Hohlmaßeinheit für Flüssigkeiten (z.B. Benzin) u. Trockenwaren (z.B. Getreide). 1 *gallon* = 8 ↑*pints* = 4,546 l. Brit. Tankstellen bieten Benzin auch zunehmend in Litern an. Siehe ↑*Maße u. Gewichte.*

Galloway Cattle ↑Rinderrassen.

garden city. Stadt mit vielen Gärten u. Grünanlagen am Rande einer Großstadt. Als Antwort auf die großstädtische Wohnungsnot ging die Idee (Motto: „Zurück aufs Land") Ende des 19. Jh.s von GB aus u. wurde später auch auf dem ↑*Continent* aufgegriffen. Die ersten g.c. in England waren Letchworth u. Welwyn Garden City 1919 (beide Hertfordshire). Siehe auch ↑*New Towns.*

Garden of England. Beiname der Grafschaft Kent wegen des dortigen extensiven Obst- u. Gemüseanbaus, wird auch von ehem. Worcestershire u. der ↑*Isle of Wight* beansprucht.

gardening. ‚Garteln' gilt seit über 200 Jahren als eine der großen Freizeitbeschäftigungen der Engländer. 11 Millionen Hobby-Gärtner geben jährlich weit über 400 Mio. DM für Samen, Pflanzen, Gartengeräte aus. Sie gehören i.d.R. einer der zahlreichen *gardening societies* an, darunter die angesehene *Royal Horticultural Soc. (RHS),* Ausrichterin der ↑*Chelsea Flower Show;* ↑*National Trust, National Garden Scheme, The National Association of Floral Arrangement Societies* (100000 Mitglieder) u.v.m. Siehe auch ↑*English Garden.*

Garter, The Most Noble Order of the ~ ↑Orden u. Ehrenzeichen A. 1.

Gatwick ↑Flughäfen (London).

GB. Abk. f. *Great Britain,* die gängige Bez. für die brit. Hauptinsel, die England, Wales u. Schottland umfaßt; offizielles Kfz-Nationalitätskennzeichen des ↑*UK.*

GBE, *Knight Grand Cross of the Order of the British Empire* ↑Orden u. Ehrenzeichen A.10.

GBG. Amtliches Kfz-Nationalitätskennzeichen des *Bailiwick of Guernsey* (↑*Channel Islands*).

GBJ. Amtl. Kfz-Nationalitätskennzeichen des *Bailiwick of Jersey* (↑*Channel Islands*).

GC, *George Cross* ↑Orden u. Ehrenzeichen B.2.

GCB, *Knight Grand Cross of the Order of the Bath* ↑Orden u. Ehrenzeichen A.3.

GCE, *General Certificate of Education.* Zeugnis (seit 1951) über eine Schulabschlußprüfung an staatl. u. unabhängigen Sekundarschulen (↑*secondary schools,* ↑*public schools*), seit 1989 mit 2 Varianten: 1. GCE *A-Level (Advanced Level),* als qualifizierende Prüfung, die bereits einen Bestandteil der Hochschulberechtigung darstellt; wird zwei Jahre nach dem ↑*GCSE* in der ↑*sixth form* (etwa ‚Kollegstufe' abgelegt: Alter der Schüler i.d.R. 18 Jahre. Verantwortlich für die Durchführung der mit dem dt. Abitur kaum vergleichbaren *A-Level*-Prüfung sind die universitätseigenen Prüfungsausschüsse *(Examination Boards).* Jeder Schüler kann frei darüber entscheiden, welche Fächer er belegt (es gibt auf beiden Stufen keine Pflichtfächer), ob er sich überhaupt einer Prüfung stellt, und wenn ja, in wie vielen Fächern u. in welchen. Das GCE kann von jedem geeigneten Bewerber abgelegt werden, auch wenn er keine Sekundarschule besucht hat. Es gibt auch keine obere Altersgrenze. Der Prüfling erhält mit dem GCE kein umfassendes Abgangszeugnis, sondern für jedes Fach, in dem er die Prüfung besteht, ein Zertifikat mit der erzielten Note. Die Wahl der Prüfungsfächer hängt weitgehend von der späteren Studien- u. Berufswahl ab, da jede ↑*Universität,* jede Berufsschule, jeder Arbeitgeber andere Anforderungen sowohl hinsichtlich der Zahl der Fächer als auch der Fächerkombination u. der erzielten Noten stellt. Das GCE wird in fünf Buchstabennoten ausgewiesen: *A, B, C, D, E.*

Der erfolgreiche Abschluß in mind. 2 *A-Levels* ist i.d.R. die Voraussetzung für die Zulassung zum Studium. Für ↑*Oxbridge* benötigt man 3 *A-Levels,* je mit der besten Note. Die Universität London verlangt ebenfalls 3 *A-Levels,* gibt sich aber mit etwas weniger guten Noten zufrieden. Die ↑*polytechnics* stellen vielfach geringere Anforderungen. Die Auswahl der Studenten richtet sich jedoch nicht nur nach dem GCE-Ergebnis: zusätzlich werden eine Beurteilung durch den ↑*headmaster* u. weitere Informationen über den Bewerber (z.B. gesellschaftliche Aktivitäten) berücksichtigt. In Oxbridge gibt es eigene Aufnahmeprüfungen. Im Ggs. zum dt. Gymnasialsystem, das traditionell einer breiteren Allgemeinbildung verpflichtet ist, führt im brit. Sekundarsystem die freie Fächerwahl zu einer frühzeitigen u. striken Spezialisierung auf 2–3 Fächer während der letzten beiden Schuljahre. Drei Viertel aller *A-Level*-Aspiranten wählen schon mit 16 Jahren alle diejenigen Fächer ab, die für das vorgesehene Studium keinen unmittelbaren Nutzen versprechen. 2. Der damit verbundene Verlust an Allgemeinbildung soll durch eine das herkömmliche *GCE A-Level* ergänzende Prüfung *(Advanced Supplementary, AS-Level)* wettgemacht werden. Fächer auf dem *AS*-Niveau sind inhaltlich weniger kompliziert u. erfordern nur die Hälfte der Zeit eines *A-Level*-Fachs (ein Jahr). Die ↑*Universitäten* tragen dieser Entwicklung dadurch Rechnung, daß sie eine Kombination von *GCE A-Level*-Prüfungen und *AS*-Prüfungen verlangen, die wiederum auf entsprechenden ↑*GCSEs* aufbauen müssen.

1993 lag der Anteil der Sekundarschulabgänger mit zwei oder mehr *A-Levels* an den Gleichaltrigen bei 21 % (1982: 14 %), die Erfolgsquote bei den Prüfungen stieg von 75,9 % (1990) auf 80,9 % (1993).

In Schottlands eigenständigem Bildungssystem entspricht dem *GCE* der *Scottish Certificate of Education (SCE) Higher Grade*, der bereits 1 Jahr nach Bestehen der *Standard-Grade*-Prüfung (entspricht ↑*GCSE*) meist im Alter von 17 Jahren abgelegt wird. Für Schüler, die sich nach den *Highers* noch nicht reif für ein Hochschulstudium fühlen, kann sich ein weiteres Jahr anschließen, das durch eine zusätzliche Prüfung, das *Certificate of Sixth Year Studies (CSYS)*, abgeschlossen wird.

GCHQ ↑*Government Communications Headquarters.*

GCIE, *Knight Grand Commander of the Indian Empire* ↑Orden u. Ehrenzeichen A.7.

GCMG, *Knight Grand Cross of the Order of Saint Michael and Saint George* ↑Orden u. Ehrenzeichen A.6.

GCSE, *General Certificate of Secondary Education.* Abschlußprüfung der Sekundarstufe I, die 1988 an die Stelle des *General Certificate of Education (GCE) O-Level (Ordinary Level)* u. des *Certificate of Secondary Education (CSE)* getreten ist u. von den Schülern üblicherweise nach 5 Sekundarschuljahren im Alter von 16 Jahren abgelegt wird. Es entspricht der früheren „Mittleren Reife“ an deutschen Schulen u. entscheidet über das Vorrücken in die Sekundarstufe II (erfolgreiches Abschneiden in 4–5 Fächern), wo nach 2 Jahren das ↑*GCE* abgelegt werden kann. Die Ergebnisse des GCSE werden auf einer siebenstufigen Notenskala A–G ausgewiesen. Für Schüler, die nach dem Erreichen des 16. Lebensjahres noch ein weiteres Jahr die Schule besuchen, gibt es das *Certificate of Pre-Vocational Education* als Vorbereitung auf eine Arbeitsstelle o. auf Berufsbildungskurse. ↑*Further Education*, ↑*Vocational Training.*

In Schottland besteht ein eigenständiges Prüfungssystem. Dort wechseln die Schüler erst im Alter von 12 Jahren auf die Sekundarstufe I und legen dort nach 4 Jahren in bis zu 7 Fächern die Prüfungen zum *Scottish Certificate of Education (SCE) Standard Grade* (früher *O-Level*) ab. Bewertungsstufen 1–7.
Bereits nach einem Jahr kann der *Higher Grade* (↑*GCE*) abgelegt werden.

Ein *School Examinations and Assessment Council* sorgt dafür, daß die Lehrpläne den nationalen Richtlinien entsprechen.

GCSI, *Knight Grand Commander of the Order of the Star of India* ↑Orden u. Ehrenzeichen A.5.

GCVO, *Knight Grand Cross of the Royal Victorian Order* ↑Orden u. Ehrenzeichen A.8.

GDP, *Gross Domestic Product.* ‚Bruttoinlandsprodukt'.

GEC, *General Electric Company.* Größter brit. Elektrokonzern, entstand 1968 durch die Fusion der *General Electric Company Ltd.* mit der *English Electric Company Ltd.*

Geld u. Währung. Die Währung des UK ist das Pfund Sterling *(pound sterling),* Abk. £, ein stilisiertes L für lat. *libra* ‚Pfund', um es vom Pfund anderer Länder zu unterscheiden, z.B. Zypern (C £), Ägypten (E £); *sterling* (Abk.: stg) bedeutet ‚echt', ‚von solidem Wert', bei Gold u. Silber ‚von Standardwert'; vielleicht von ae. *steorling* ‚Münze mit einem Stern', da die normann. Münzen einen Stern trugen. Mit dem US-Dollar ist das Pfund Sterling eine der zwei Reservewährungen. Bis 15. Feb. 1971 wurde das über 1000 Jahre alte System gebraucht: 1 Pfund (£ 1) = 20 *shillings* (Abk. s für lat. *solidus*), 1 *shilling* = 12 *pence* (Abk. d für lat. *denarius,* die römische Silbermünze). Die kleinste Münze war der ↑*farthing,* ein Viertel*penny,* der *florin* war eine Münze mit einem Wert von 2s (geschrieben 2/-), u. die *half a crown* hatte einen Wert von 2s 6d (2/6); ↑*guinea* war ein Betrag von 21 s. Am 15. 2. 1971 wurde die Währung auf metrische Basis gestellt (↑*D-Day* 2). Seitdem ist £ 1 = 100 *pence* (p). Folgende Münzen, von der ↑*Royal Mint* geprägt, sind legales Zahlungsmittel *(legal tender)* im ↑*UK,* auf den ↑*Channel Islands* u. ↑*Isle of Man*: 1p, 2p, 5p, 10p, 20p, 25p, 50p, £ 1, £ 2, £ 5 (drei Varianten für jeweils Engl., Schottl. u. Wales). Folgende Scheine werden von der ↑*Bank of England* ausgegeben: £ 5, £ 10, £ 20 u. £ 50; sie sind im UK u. auf den Channel Islands u. Isle of Man legales Zahlungsmittel. Drei schott. Banken – *Bank of Scotland, Clydesdale Bank Ltd.* u. *Royal Bank of Scotland* – geben ihre eigenen Noten aus, die zwar kein legales Zahlungsmittel, aber in Schottl. in der Praxis denen der Bank of England gleichgestellt sind. Die Kanalinseln Guernsey u. Jersey geben ihre eigenen Münzen u. Scheine aus, auch die Regierung der Isle of Man: sie sind jedoch nur in dem jeweiligen Gebiet gültig, werden aber von ↑*Banken* in Engl. angenommen. ↑*Maundy money,* ↑*scheduled territories,* ↑*pony,* ↑*monkey,* ↑*quid.*

General Assembly of the Church of Scotland ↑Konfessionen 4.

General Certificate of Secondary Education ↑GCSE.

general election ↑Wahlsystem.

General Post Office (GPO) ↑Post Office.

gentleman ['dʒentlmən]. Von frz. *gentilhomme* ‚Edelmann, Kavalier'; colloq. *gent.* 1. Urspr. Bez. für den der ↑*gentry* angehörenden Adeligen. – 2. Später jedes männliche Mitglied der „guten Gesellschaft", vgl. ↑*lady.* Bereits 1630 war das Standesideal des engl. G., das auf die feudalen Überlieferungen des Mittelalters zurückging u. durch Renaissance-Einflüsse verfeinert wurde, definiert: wohlgeboren, gut erzogen, geschliffen, höflich; ähnl. dem frz. *honnête homme* des 17. Jh.s. Das G.-Ideal spielt(e) in GB v.a. in der Erziehung (↑*public school*) eine bed. Rolle; vgl. das Motto des *New College* in ↑*Oxford:* „Manners Maketh Man" o. den Ausdruck „He is a real gentleman" ‚ein Mann von vornehmer Gesinnung u. Lebensart'. Siehe auch ↑*clubs.* – 3. Im Plural: Synonym für dt. ‚Herren', z.B. in der Anrede: *Ladies and Gentlemen;* o. auch *Gents* „Herrentoilette".

gentleman farmer. Etwa: ‚Gutsbesitzer' (↑*gentry*).

gentry ['dʒentrɪ] heißt der niedere Adel, im Ggs. zum Hochadel *(nobility;* ↑*Adelstitel)* nicht im *House of Lords* (↑*Parlament*) vertreten. Zur g. gehören die *Knights* sowie die großgrundbesitzenden ↑*squires* o. *country gentlemen (landed g.)*, ein Titel, der seit dem 14. Jh. ohne Rücksicht auf Adelszugehörigkeit o. Lehensverhältnisse verliehen wurde. Die „landed g." gründet sich jedoch nicht nur auf vererbten Landbesitz, sondern auch auf alte Herkunft. „Burke's Landed G." (↑*Burke's Peerage*), eine Entsprechung des dt. „Gotha", beziffert den landbesitzenden Kleinadel auf einige tausend Mitglieder. Sie besaßen über Jahrhunderte als einzige Schicht das Wahlrecht u. stellten als „independent country gentlemen" bis Anfang des 19. Jh.s mehr als die Hälfte der Abgeordneten im *House of Commons.* Ihre ländliche Führungsrolle ist bis heute unbestritten, auch die Institution des *Justice of the Peace (JP)* (↑*Justiz*) wird auf dem Lande vorwiegend von der *landed g.* getragen.

Geordie ['dʒɔːdɪ]. 1. Spitzname für Einwohner von Newcastle-upon-Tyne u. seiner näheren Umgebung (Tyneside), der auf die dialektale Form des Diminutivs *Georgie* (von George) zurückgeht; 2. Bez. des in dieser Gegend gesprochenen engl. Dialekts.

George Cross (GC) ↑Orden u. Ehrenzeichen B.2.

George Medal (GM) ↑Orden u. Ehrenzeichen B.

Georgian Style ↑Baustile.

Geschichtsdaten. *55 v. Chr.*: Julius Cäsar landet in England; die erste Berührung der Römer mit England. Die Eroberung der Insel durch die Römer begann im J. 43 n. Chr. – *1066:* ↑*Battle of Hastings* u. die darauf folgende Eroberung durch Wilhelm d. Eroberer (William the Conqueror). – *1215:* Magna Charta (↑*Verfassung*). – *1588:* England besiegt die spanische Armada. – *1605, 5. 11.:* Guy Fawkes' Day (↑*Feiertage*). – *1649:* Enthauptung des Königs Charles I. (↑*Civil War*). – *1689:* Glorious Revolution u. Bill of Rights (↑*Verfassung*). – *1776:* amerik. Unabhängigkeitskrieg. – *1832:* First ↑*Reform Act*, der Anfang der Reform von ↑*Parlament* u. ↑*Wahlsystem*. Der obere Mittelstand erwirbt das Stimmrecht. – *1857–58:* Indian Mutiny ‚Meuterei der Sepoys'. – *1918, 11. 11.:* Ende des 1. ↑*Weltkrieges*, Armistice Day (↑*Feiertage*, ↑*Cenotaph*). – *1947:* Indien wird unabhängig (↑*Commonwealth*).

Getränke. In GB unterscheidet man landläufig die folgenden Kategorien: *long drinks* (wenig konzentriert, große Gläser), *short drinks* (konzentriert, kleine Gläser), *hard drinks* (alkoholhaltig, meist hochprozentig), *soft drinks* (ohne Alkohol), *mixed drinks* (Mischgetränke, Cocktails). Typisch brit. o. in GB besonders beliebte Getränke sind u. a. ↑*ale*, ↑*archbishop*, ↑*bitter*, ↑*bitters*, ↑*brandy*, ↑*cider*, ↑*claret*, ↑*drambuie*, ↑*gin*, ↑*ginger ale*, ↑*ginger beer*, ↑*hock*, ↑*port*, ↑*shandy*, ↑*sherry*, ↑*squash*, ↑*tea*, ↑*whisky*.

Gewerkschaften *(trade unions)*. In GB gab es 1994 etwa 287 G. mit insgesamt rd. 9 Mio. Mitgliedern. 80 % aller G.mitglieder sind in den 23 größten G. organisiert, die mehr als 50 000 Mitglieder haben. Die übrigen G. sind Klein- u. Kleinst-G. Diese Zersplitterung ist typisch für GB, führt zu häufigen Spannungen zwischen den Organisationen u. erschwert die industriellen Beziehungen in den Betrieben, wo oft mehrere, manchmal gar bis zu einem Dutzend G. vertreten sind. Seit Ende der 80er Jahre zunehmende Fusionen. 1993 aus einer Fusion entstanden ist auch die derzeit größte Gewerkschaft in GB, *Unison* (Zusammenschluß der *Confederation of Health service Employees*, der *National Union of Public Employees* u. der *National and Local Government Officers' Association)*.

Die Mehrzahl der brit. G. ist im Unterschied zu den nach Branchen gegliederten deutschen Einheitsgewerkschaften nach dem Berufsprinzip organisiert, z. B. *Transport and General Workers Union* (*TGWU*, 1,0 Mio. Mitgl.), *Amalgamated Union of Engineering Workers* (*AUEW*, 884 000), *GMB* (früher *General, Municipal, Boilermakers and Allied Trades Union*, 799 000 Mitgl.), die Druckergewerkschaften *NGA* u. *SOGAT*. Es gibt aber auch Einheitsgewerkschaften, die einen ganzen Industriezweig umfassen, z. B. die *National Union of Miners* (Bergarbeitergewerkschaft *NUM*).

Betriebsräte nach dt. Muster gibt es nur im öffentlichen Dienst (↑*public service*). Die Interessen der Arbeiter u. Angestellten werden in den Betrieben von den *shop stewards* vertreten, Vertrauensleuten einer Berufsgewerkschaft, die – ohne besondere Vergütung o. Freistellung von der Arbeit – alle betrieblichen Belange einschl. der Löhne, Arbeits- u. Urlaubszeiten mit dem jeweiligen Arbeitgeber aushandeln. Die meisten G. sind Mitglied der sozialdemokr. *Labour Party* (↑*Parteien*) – urspr. eine Gründung der G. – der ein Teil der G.beiträge direkt zufließen. – Die wichtigsten G. sind im Dachverband der brit. G.bewegung, dem *Trades Union Congress* (↑*TUC*), repräsentiert. Im Vergleich zum Deutschen Gewerkschaftsbund (DGB), der 16 Einzel-G. mit knapp 10 Mio. Mitgliedern umfaßt, ist der TUC ein mit weniger Kompetenzen ausgestatteter, eher loser Zusammenschluß. Seit 1979 haben die im TUC zusammengeschlossenen Einzelgewerkschaften fast 5 Mio. Mitglieder verloren. 1994 waren dem TUC nur noch 68 G. mit etwa 7,3 Mio. Mitgliedern angeschlossen – bei fallender Tendenz. Besonders drastisch zeigt sich der Rückgang bei der zur Zeit der *Labour*-Regierung (vor 1979) so mächtigen Bergwerks-Gewerkschaft *NUM*, die von mehr als 370000 Mitgliedern auf offiziell 18227, inoffiziell aber weniger als 10000 Mitglieder geschrumpft ist. 1979 waren noch etwa 50 % der brit. Arbeitnehmerschaft gewerkschaftlich organisiert, 1994 nur noch ungefähr 35 %. Hintergrund für den schwindenden Einfluß der G. in GB: die veränderte Arbeitsmarktlage in den 80er Jahren (↑*privatization*), Margaret Thatchers Reform der G.gesetze (s. u.), heute v. a. die Umstrukturierung der brit. Wirtschaft, die zu einem rapiden Rückgang traditioneller Wirtschaftszweige geführt hat.

Bis zum Amtsantritt der konservativen Regierung Thatcher 1979 genossen die G. außerordentliche Privilegien in GB, die sie sich Anfang des 20. Jh.s (*Trade Disputes Bill* 1906) erkämpft hatten. Sie gewannen damals weitgehende Immunität vor dem Gesetz u. konnten kaum noch gerichtlich belangt werden. Daraus ergab sich ein großes Maß an Willkür, z. B. Streiks ohne Urabstimmung, häufig aus politischen Motiven; wilde Streiks; Sympathiestreiks einer G. zur Unterstützung einer anderen; Ausstände wegen zwischengewerkschaftlicher Rivalitäten; *flying* o. *secondary* ↑*picketing*. Ein weiteres – nach wie vor bestehendes – G.monopol ist der ↑*closed shop* (nur Mitglieder einer bestimmten G. dürfen vom Arbeitgeber eingestellt werden). Das politische Machtspiel der G. führte zum Sturz der konservativen Regierung Heath 1974 u. brachte die *Labour*-Regierung Callaghan 1979 in Schwierigkeiten. Nach dem Amtsantritt der Regierung Thatcher 1979 wurde in drei Etappen (1980, 1982, 1984) eine umfassende G.reform in Angriff genommen, die die bisherige Macht der G. wesentlich einschränkte. Wichtige Neuerungen: engere Definition eines Arbeitskonflikts (legal sind nur noch Arbeitskonflikte zwischen den Sozialpartnern ein u. desselben Unternehmens; der Streik muß Einkommen o. Arbeitsbedingungen betreffen, andere Konfliktursachen sind gesetzeswidrig); besondere Auflagen für Sympathiestreiks; Begrenzung der Immunität der G. (auf legale Arbeitskonflikte beschränkt), Begrenzung des Rechts auf Streikposten (Zahl der *pickets* auf 6 begrenzt; *flying picketing* gesetzeswidrig); Einführung der Urabstimmung; Mitglieder der gewerkschaftlichen Führungsgremien müssen sich alle fünf Jahre zur Wahl stellen; der *closed shop* wird von der

Zustimmung von 80 % der betroffenen Belegschaft abhängig gemacht. – In den 90er Jahren hat sich die ursprünglich sehr enge Verbindung zwischen G. und *Labour Party* wesentlich gelockert. Ohne diese starke politische Unterstützung wird es den G. noch schwerer fallen, wieder eine größere Bedeutung zu erlangen. Beim *TUC* hofft man jedoch, daß die britischen G. über verbindliche europ. Richtlinien (z. B. allg. Einführung von Betriebszeiten, Vertretung der Arbeitnehmer bei Lohnverhandlungen) wieder mehr Einfluß gewinnen. – Siehe auch ↑*chartism.*

ghosts. Der Glaube an ‚Geister' u. übernatürliche Erscheinungen ist in GB viel stärker als in D. Fast jeder kennt jemanden, der g. gesehen o. gehört hat. Ein Grund dafür mag sein, daß es in England immer noch viele alte Häuser gibt. Gerüchte, daß es in einem Haus spukt, drücken den Marktpreis erheblich o. machen das Haus gar unverkäuflich. Es gibt ein Verzeichnis von *haunted houses* ‚Spukhäusern'. Die 1882 gegr. *Society for Psychical Research* untersucht die Echtheit der Berichte über g., aber ein unwiderlegbarer Beweis für ihre Existenz ist noch nicht erbracht. Eine besonders übliche Erscheinungsform ist der *poltergeist* (das dt. Wort wird benutzt), der sich durch Geräusche bemerkbar macht.

gill [dʒɪl]. Maßeinheit für Flüssigkeiten; 1 *gill* = ¼ ↑*pint* = 142 ml.

gin [dʒɪn]. Klarer Wacholderschnaps, kam urspr. als „Genever" aus den Niederlanden nach England. Der exzessive Genuß von billigem, selbstgebranntem Gin-Fusel (unter Wilhelm III. von Oranien, engl. König von 1689–1702, steuerfrei!) war im 17./18. Jh. ein nationales Problem. 1743 legte der *Gin Act* strenge Qualitätskontrollen fest. Der Gin von heute ist ein Destillat aus Getreide- u. Roggenmaische, das mit Wacholderbeeren u. anderen Substanzen, u. a. Kümmel, Koriander, Zitronenschalen, hergestellt wird. *Dry Gin* muß mind. 40 Vol.-% enthalten; bes. beliebt für Mixgetränke, z. B. *Gin (and) Tonic* (mit Tonic Water, Zitronensaft), *Gin Fizz* (mit Zitronensaft, Zuckersirup, Sodawasser „geschüttelt").

ginger ale [ˈdʒɪndʒərˈeɪl]. Alkoholfreies, kohlensäurehaltiges, bräunliches Erfrischungsgetränk, mit Ingwer *(ginger)* u. Hopfen gewürzt; ideal für Mixgetränke, z. B. ↑*gin and ginger,* ↑*highballs,* ↑*horse's neck.*

ginger beer [ˈdʒɪndʒəˈbɪə]. Bes. bei Kindern beliebter *soft drink* mit Ingwergeschmack, der sich von ↑*ginger ale* v. a. durch seine weißliche Farbe unterscheidet; wird auch zur Herstellung von ↑*shandy* verwendet.

ginger wine [ˈdʒɪndʒə ˈwaɪn]. ‚Ingwerwein', mit Alkohol verstärkter Kunstwein.

gingerbread [ˈdʒɪndʒəbred]. Mit Ingwer gewürzter Lebkuchen.

girl guides ↑boy scouts.

Girobank (früher *National Giro*) entspricht dem dt. ‚Postgiroamt'. Nicht mit dem *bank giro* zu verwechseln, einem Geldüberweisungssystem zwischen den Banken.

GLC, *Greater London Council.* Stadtverwaltung für die knapp 7 Mio. Einwohner Londons mit Sitz in der ↑*County Hall* bis 31. März 1986, als sie zusammen mit 6 anderen *metropolitan counties* (↑*local government*), Verwaltungsbezirken in Ballungsgebieten, abgeschafft wurde. Seitdem werden die Kommunalaufgaben von den 32 Londoner *boroughs* wahrgenommen. Siehe Karte S. 287.

glen [glen]. Schott. Bez. (↑*Gaelic*) für ‚Schlucht, Tal', vgl. *Glen More,* ↑*Glen Coe.*

Glen Coe, var. *Glencoe* [glen'kəʊ]. Tal im früheren schott. Argyllshire (heute Strathclyde), das traurige Berühmtheit als Schauplatz des ‚Glencoe Massacre' erlangte: am 13. Februar 1692 wurden hier 40 Mitglieder des ↑*Clan* MacDonald von den königl. Truppen Wilhelms III. von Oranien u. Kriegern des Campbell-Clans niedergemetzelt, weil der *chief* des MacDonald-Clans den Treueeid *(oath of allegiance),* den alle Clan-Chiefs Ende des 17. Jh.s auf die engl. Krone leisten mußten, zu spät geleistet hatte. Etwa 400 Angehörigen des Clans gelang die Flucht, viele von ihnen erfroren o. verhungerten im Schnee des Hochlandes. ↑*Clearances,* ↑*Culloden.*

Glorious Revolution. ‚Glorreiche Revolution' von 1688; Sturz des engl. Königs James II (1685–1688) u. Thronbesteigung durch Wilhelm von Oranien (1689–1702) u. seine Gemahlin Maria, eine protest. Tochter James' II, die dann gemeinsam regierten. Sie unterschrieben die *Bill of Rights* (↑*Verfassung*). Der König konnte von nun an nur als ‚*King in Parliament*' (↑*Parlament: Sovereign*) regieren, somit wurde die Stellung des Parlaments gestärkt. ‚*Glorious*' bezieht sich darauf, daß die Revolution ohne Blutvergießen stattfand.

Glorious Twelfth. Beiname für den 12. August, den Tag, an dem die Schonzeit für Moorhühner *(grouse)* zu Ende geht. Die Jagdzeit dauert bis 10. Dezember. *Grouse shooting* ist ein unter Adeligen beliebter ↑*field sport.*

Glos. Abk. f. d. Grafschaft Gloucestershire ['glɒstəʃə]. Siehe Karte S. 281.

glottal stop, var. *glottal plosive.* Kehlkopfknacklaut [ʔ], der im (Nord-)Deutschen häufig im Anlaut vor Vokalen (harter Einsatz) vorkommt: im nicht-dialektalen Englisch (↑*Standard English*) lange so gut wie unbekannt, daher die Tendenz, das Aneinanderstoßen zweier Vokale zu vermeiden *(far off,* ['fa:rɒf]), die sogar oft zum Einschub eines hyperkorrekten *r (intrusive r)* führt (z.B. the idea-*r*-is). Im heutigen Engl. ist jedoch eine zunehmende Tendenz zum *glottal stop* zu beobachten: *it's 'awful, law 'and order.* Urspr. in vielen Dialekten, inzwischen charakteristisch für die nicht-förmliche Umgangssprache, auch das ↑*Cockney* u. ↑*Scottish English,* als Ersatz für *t*-Laute, z.B.. *be'er* für *better, bo'l: bottle, Sco'land: Scotland.*

Gloucester ['glɒstə]. Milder Vollmilchkäse aus Gloucestershire.

Glyndebourne ['glaɪndbɔːn]. Kurzbez. für die *Glyndebourne Festival Opera:* Angesehene internationale Opernfestspiele, die seit 1934 auf dem Landsitz G. (East Sussex) ihres Begründers John Christie (1882–1962) vier Monate im Sommer (ca. 80 Spielabende) stattfinden; finanziert sich ausschließlich aus Eintrittsgeldern u. Spenden. Das Repertoire konzentriert sich auf Mozart, Rossini u. Strauss, es gibt aber auch Zeitgenössisches, v. a. Benjamin Britten (1913–976), der nicht zuletzt durch G.-Aufführungen zu Weltruhm gelangte. – Weite Rasenflächen um das Opernhaus im Tudor-Stil, auf denen festlich gekleidete Opernbesucher während der langen Pause vor dem dritten Akt picknicken, sorgen für ein unvergleichliches Ambiente.

GM, 1. *George Medal* ↑Orden u. Ehrenzeichen B.; 2. ↑*Grant-Maintained School.*

GMB, vormals *General, Municipal, Boilermakers and Allied Trades Union* ↑Gewerkschaften.

GMT, *Greenwich* ['grenɪdʒ] *Mean Time* ist die Basis für die Zeitzonen der Welt („Weltzeit"). Dem ersten Königlichen Astronomen *(Astronomer Royal)* John Flamsteed (1646–1719) gelang es in der Königlichen Sternwarte Greenwich bei London (↑*Royal Greenwich Observatory*), mittels einer genauen Bestimmung der Fixsterne u. der Mondbahn ein System der Längengrade zu entwickeln. In seinem „Nautical Almanack" (Ersterscheinung 1767) legte er ein für die Seefahrt einheitliches System der Längenbestimmung fest u. bestimmte die Achse des großen Teleskops in Greenwich als Null-Meridian. Erst 1840 wurde eine einheitliche Zeit in ganz GB eingeführt; 1884 wurde die Einteilung der Welt in Zeitzonen u. Längengrade auf einer internationalen Konferenz in Washington verbindlich bestätigt: GMT wurde zur Weltzeit u. damit 100 Jahre lang Maßstab für die Chronometer in aller Welt. Bis 1966 wurde die Zeit mechanisch gemessen, ab 1966 mittels supergenauer Atomuhren. Ende 1985 liefen die sechs Atomuhren der Sternwarte aus u. wurden aus Kostengründen nicht ersetzt. Seit 1. 1. 1986 wird daher GMT vom Internationalen Büro für Maße u. Gewichte in Paris unter der neuen Zeitbezeichnung *CUT (Coordinated Universal Time)* kontrolliert. CUT entspricht dabei genau GMT.

GNP, *Gross National Product.* ‚Bruttosozialprodukt'.

God save the Queen (King). Titel u. letzte Worte der ersten Strophe der *national anthem* ‚Nationalhymne'. Der Autor ist unbekannt; der Sohn von Henry Carey (1687–1743) behauptete, sein Vater sei der Autor gewesen, aber dies wurde später in Frage gestellt.

Golden Mile heißt die berühmte Strandpromenade von Blackpool (Lancashire) mit vielen Unterhaltungsmöglichkeiten.

golf [gɒlf]. Von schott. *gouf* ‚Schlag'. Urspr. schott. Nationalspiel (belegt seit dem 15. Jh.), bei dem es in seiner heutigen Form darum geht, im Einzelspiel, zu zweit o. zu viert einen weißen Hartgummiball (Durchmesser mind. 41 mm) mit möglichst wenigen Schlägen über verschieden lange Bahnen in ein Loch (*hole,* Durchmesser 108 mm) zu befördern. Dazu benutzt man einen Satz von 7–14 unterschiedlichen, durchnumerierten Schlägern *(clubs).* Hölzerne Schläger *(woods)* werden ausschließlich für Weit- u. Treibschläge *(drives)* benutzt, Schläger aus Eisen *(irons)* für kürzere Distanzen, der *putter* ist zum Einlochen des Balles. G. wird i.d.R. auf einem 18 Löcher umfassenden Platz *(g. course* o. *links)* mit ca. 50 ha Fläche gespielt. Dem Abschlag – der Ball wird dabei, wie bei jedem ersten Schlag vor einem Loch, auf einen Holz- o. Plastikstift *(tee)* gesetzt – folgt eine mehrere hundert Meter lange u. 20–50 m breite Spielbahn *(fairway)* mit gemähtem Rasen, die von hohem Gras *(rough),* Büschen o. Gräben begrenzt wird u. in der sich absichtliche Geländetücken wie Wasserlöcher o. Sandgruben *(bunker)* befinden. Das mit einer Fahne gekennzeichnete Loch selbst liegt inmitten des 500 bis 1000 m^2 großen, kurzgeschorenen Graskreises *(green).* Für jede Spielbahn, aber auch für den gesamten Platz ist eine Anzahl von Schlägen als Normwert *(par)* festgelegt, i.d.R. *Par* 3–5 pro Spielbahn, je nach Länge. *Par* 5 heißt: 5 Versuche vom Abschlag bis zum Einlochen bei einer Entfernung über 424 m. Jeder Amateurgolfer erhält aufgrund seiner Spielergebnisse vom Club eine Vorgabe *(handicap),* d.h., wenn ein Platz *par* 75 u. der Spieler *handicap* 35 hat, darf der Spieler 110 (75 + 35) Schläge für die Runde brauchen, ein Spieler mit *handicap* 0 *(scratch player)* nur 75 Schläge. Weitere Fachausdrücke: *bogey* ‚ein Schlag über *par*' (negativ), *birdie* ‚ein Schlag unter *par*' (positiv), *eagle* ‚zwei Schläge unter *par*', *albatross* ‚drei Schläge unter *par*'. Das Kunststück, den Ball mit einem einzigen Schlag vom Abschlag ins Loch zu befördern, heißt *hole in one.*

G. ist in Schottland Volkssport geblieben, es gibt dort allein über 400 G.plätze (von insges. 1900 *golf courses* in GB), auf denen i.d.R. auch ohne Clubmitgliedschaft gespielt werden kann. Entscheidende Impulse erhielt der G.sport durch den 1754 gegr. *Royal and Ancient Golf Club (R & A)* in der Universitätsstadt St. Andrews (Fife) – „The Home of G." –, der als erster verbindliche Regeln aufstellte u. bis heute die oberste Autorität in allen Regelfragen ist. Der *R & A* richtet auf dem berühmten *Old Course* (6 km, *par* 72) jedes Jahr zahlreiche nationale u. intern. Meisterschaften aus. Das bedeutendste Golfereignis des Jahres in GB sind die ↑*British Open (Championships).*

Gordonstoun [ˈgɔːdənstən]. 1934 von dem dt. Pädagogen Kurt Hahn (1886–1974) nach dem Vorbild seiner Schule in Salem (Baden-Württemberg) gegr. berühmte ↑*public school* in Elgin/Schottland. Bevorzugte Internatsschule der ↑*Royal Family.* Den Schwerpunkt bilden Literatur, Musik u. Mathematik, neben einer strengen körperlichen Erziehung. Siehe auch ↑*United World Colleges.*

Gothic novel. Bez. für den engl. Schauerroman, der Ende des 18. Jh.s, seit H. Walpole (*The Castle of Otranto,* 1765) zur literarischen Mode wurde. Strukturmerkmale der G.n. sind eine pseudohistor.-düstere Architektur (z.B. gotisches Schloß, mittelalterl. Abtei mit unterirdischen Gängen), unheilvolle Naturerscheinungen u. Landschaften (dunkler Wald, wilde Schluchten), die vom aristokratischen Schurken verfolgte unschuldige Heldin, das Übernatürliche, groteske Gestalten (Geister, Dämonen, Hexen), Träume u. Visionen sowie stets ein happy end. Während die früheren G.n. (H. Walpole; W. Beckford, *Vathek*) Furcht u. Schrekken *(terror)* ausmalten, tragen spätere G.n. (Ann Radcliffe, *The Mysteries of Udolpho* 1794; M.G. Lewis, *Ambrosio or The Monk* (1795) mit krassen *horror*-Elementen viel stärker auf. Siehe auch ↑*Baustile: Gothic Style.*

Gothic Style ↑Baustile.

government ↑Regierung.

Government Communications Headquarters (GCHQ). Lauschstation des brit. Geheimdienstes ↑*MI5* in ↑*Cheltenham* (Jahresetat über eine halbe Milliarde DM). Leiter: Sir John Ayde, mit über 6000 Zivilmitarbeitern, darunter Wissenschaftler u. Spezialisten für *Sigint (signals intelligence)* u. weiteren 3000 Mitgliedern der ↑*Streitkräfte.* Der Abhördienst, eng verbunden mit der US-*National Security Agency* u. deren Computernetz mit Filiale in Menwith Hill bei Harrogate (North ↑*Yorks.*) überwacht alles, was irgendwo auf der Welt gesendet wird. Nach dem Ende des Kalten Krieges eher auf die weltwirtschaftlichen Entwicklungen, Geldwäscherei, Drogenhandel, organisiertes Verbrechen u. die Aktivitäten der „neuen Mafia" in der ehem. UdSSR als auf militärische Erkenntnisse konzentriert. Die japanische Abteilung ist nun größer als die russische. Der *Intelligence Services Act* (1994) gibt dem *GCHQ* u. *MI5* weitreichende Vollmachten hinsichtlich ihrer Aktivitäten u. der Weiterleitung der gewonnenen Informationen – der in D umstrittene „Große Lauschangriff" ist in GB möglich.

governor ['gʌvənə]. Leiter bestimmter Institutionen: 1. Präsident der ↑*Bank of England.* 2. Direktor eines Gefängnisses. 3. *Governor-General,* Vertreter des Monarchen in einem ↑*Commonwealth*-Land, das den Monarchen als Staatsoberhaupt anerkennt, also nicht in den Republiken im *Commonwealth.* 4. „Guvner"; Anrede durch einen Untergebenen (statt *Sir*), v.a. im ↑*Cockney,* oft abgekürzt „*Gov*".

GP, *General Practitioner.* Etwa: ‚Praktischer Arzt'. ↑ *National Health Service.*

GPO, *General Post Office.* Die offizielle Bez. der brit. Post bis 1969 (↑*Post Office*).

graduate ['grædʒuət] heißt in GB jeder Absolvent einer ↑*Universität,* i.d.R. im Besitz eines ↑*akademischen*

Grades (degree), in den USA entspricht dies dem *college g. G.* ohne Zusatz bez. dagegen in den USA generell jeden Absolventen eines Ausbildungsganges. – *G. student* ‚Student, der ein Aufbau- o. Forschungsstudium absolviert', vgl. ↑*postgraduate.*

grammar school ['græmə sku:l]. Histor. am ehesten dem dt. humanistischen Gymnasium entsprechende höhere Schule (↑*secondary education*) für ausgewählte Schüler (↑*eleven plus*) von 11–18/19 Jahren; hat wie die ↑*secondary modern school* u. *secondary technical school* zugunsten der ↑*comprehensive school* inzwischen zahlenmäßig erheblich an Bedeutung verloren.

Grand National. Berühmt-berüchtigtes Pferde-Hindernisrennen *(steeplechase),* das seit 1837 jährlich Anfang April auf der Bahn von Aintree bei Liverpool (4½ Meilen lang, 16 Hindernisse bei 30 Sprüngen) ausgetragen wird u. als das schwerste der Welt gilt. 40 Pferde sind am Start, am Ziel sind es – nach fast immer glimpflichen Ausfällen – meist weniger als die Hälfte.

Grandstand. Live-Sportschau von *BBC 1* (↑*Rundfunk u. Fernsehen*) am Samstagnachmittag (seit 1958).

grant-maintained (GM) schools. Im Ggs. zu den von den ↑*LEAs* bezuschußten Schulen erhalten GM schools ihre Mittel direkt *(grant* ‚direkter Zuschuß') von der Zentralregierung. Voraussetzung für dieses „Opting out" aus der *LEA*-Abhängigkeit: Schulen mit mind. 300 Schülern, deren *governing bodies* (Schulvorstände, die i.d.R. aus 12 Personen, davon mind. 7 Eltern bestehen) sich in geheimer Abstimmung für GM entscheiden können. *LEA*-Schulen sind verpflichtet, den Eltern die Wahlmöglichkeit jedes Jahr von neuem zur Abstimmung zu bringen. 1994 hatten 15 % der Sekundarschulen GM-Status. Siehe auch ↑*maintained schools.*

Great Britain ↑GB.

Great Cheviot Sheep [... 'tʃevjət, 'tʃɪvjət ...]. In Schottland verbreitete Schafrasse, speziell für die rauhen klimatischen Bedingungen der schott. Highlands gezüchtet.

Great Little Trains. Die z.T. über 100 Jahre alten Nostalgiezüge, die über Schmalspurgleise (Spurweite 60 cm) durch die Landschaft (v.a. in Mittel- u. Nordwales, aber auch in anderen Teilen GBs) zuckeln; daher auch *narrow-gauge railways.* Heute sind in Wales 8 Linien von April bis September für den Touristenverkehr in Betrieb, zu den bekanntesten zählen die *Ffestiniog Railway* (von Porthmadog nach Blaenau-Ffestiniog, Gwynedd, 22 km, eröffnet 1836, urspr. gebaut für den Schiefertransport von den Waliser Bergen zur Küste); *Talyllyn Railway* von Tywyn nach Nant Gwernol, 11,7 km, eröffnet 1866; *Welshpool/Llanfair Railway* von Llanfair Caereiniou nach Welshpool, 12 km, eröffnet 1903, v.a. für den Transport von Vieh u. Feldfrüchten; *Snowdon Mountain Railway* von Llanberis zum Snowdon-Gipfel, 6 km, eröffnet 1896, schon damals als Touristenbahn, einzige Zahnradbahn GBs. Die Nostalgielinien sind fast ausschließlich in Privatbesitz u. werden von Eisenbahnfreunden in deren Freizeit betrieben. Für Ausbildung, Sicherheitsvorkehrungen u. Ausbesserungen arbeiten die Besitzer jedoch mit ↑*British Rail* zusammen u. unterhalten gemeinsame Reparaturwerkstätten. Daneben gibt es in England auch zahlreiche Oldtimer-Eisenbahnen auf Normalgleis.

Great Paul. 17 t schwere Glocke in ↑*St. Paul's Cathedral*, London, die größte Glocke GBs.

Great Rebellion. Andere Bez. für den ↑*Civil War.*

Great War ↑Weltkriege: 2. Weltkrieg.

Greater London Council ↑GLC.

green belt. In ‚Grüngürteln' in der Umgebung großer Städte sind weitere Industrialisierung u. neue Siedlungsprojekte gesetzlich verboten, um den ländlichen Charakter zu erhalten. In England gab es 1994 insges. 1,5 Mio. ha, in Schottland 150 000 ha als g.b. (= 12 % der Insel).

green paper. Bericht der ↑*Regierung*, die Vorschläge unterbreitet, die in Erwägung gezogen werden, aber noch nicht angenommen sind. *Green* bezieht sich auf die Farbe des Einbanddeckels. Vgl. ↑*white paper.*

Green Party. Bis 1985 die *Ecology Party;* politisch unbedeutend (↑*Parteien*).

green pound. Populäre Bez. des Pfundes im Zusammenhang mit der Agrarpolitik der EU (↑*EEC*), wenn sich der Wechselkurs des Pfundes von seinem Wert in Rechnungseinheiten unterscheidet (↑*Geld u. Währung*).

Greenham Common. Luftwaffenstützpunkt der *Royal Air Force (RAF,* ↑*Streitkräfte)* bei Newbury (Berkshire), bekannt geworden durch das 1981 in seinem Umfeld errichtete *peace camp* weiblicher Mitglieder der brit. Friedensbewegung. Die „Frauen von Greenham Common" gelten heute als Symbolfiguren der internat. Friedensbewegung. Vgl. ↑*CND.*

Green Line coaches. Grüne Autobusse, die London mit der näheren u. weiteren Umgebung verbinden; Nrn. 701 bis 799. Nur in die nähere Umgebung von London fahren die ebenfalls grünen *Country Buses* (Nrn. 300–499 u. über 800). Die Londoner Stadtautobusse *(central buses)* sind rot (Nrn. unter 300). ↑*double decker,* ↑*London Regional Transport.*

Greenpeace ↑Umweltbewegungen.

Greenwich Mean Time ↑GMT, ↑Royal Greenwich Observatory.

Grenadier Guards. Regiment der ↑*Guards Division;* gegr. 1685.

Gretna Green. Kleiner Grenzort im Südwesten Schottlands, in der der legendäre Dorfschmied als Friedensrichter *(Justice of the Peace,* ↑*Justiz)* des Ortes seit 1754 minderjährige Pärchen ohne Wissen bzw. gegen den

Willen ihrer Eltern traute (sog. *Gretna marriages*). In Schottland, das auch nach dem ↑*Act of Union* mit England seine eigene alte Rechtsprechung behalten hatte, war eine Heirat nichts anderes als eine Absichtserklärung in Gegenwart von zwei Zeugen. Erst im Jahre 1940 untersagte ein Gesetz dem Dorfschmied jegliche standesamtliche Tätigkeit. Das frühere Heiratsparadies ist heute ein beliebtes Touristenziel. Noch heute werden hier Trauungen vollzogen, allerdings mit der Bedingung, daß einer der Verlobten volljährig ist, sich mind. 3 Wochen in Schottland aufgehalten hat u. daß das Paar eine gemeinsame Bereitschaftserklärung zur Eheschließung abgibt. „Runaway marriages" von Teenagern sind somit nicht mehr möglich.

greyhound races. Windhundrennen zählen zu den beliebtesten „Wett"-Sportarten GBs. Es gibt landesweit etwa 90 lizensierte Windhundrennbahnen, am bekanntesten ist das Londoner *White City Stadium,* in dem das jährliche *Greyhound Derby* ausgetragen wird. Die oberste Autorität in Regelfragen ist der *National Greyhound Racing Club,* nach dessen Regeln über 10000 Hunde für die Rennen trainiert werden.

grill room. Lokal für Grillspeisen, oft innerhalb eines Hotels.

gross ton ↑ton.

Grundy, Mrs ~ ['grʌndɪ]. Von T. Morton in seinem Stück *Speed the Plough* (1798) geschaffener Typus der braven, anständigen, etwas prüden Frau von nebenan, davon abgeleitet: *grundyism* ‚Prüderie'. Siehe auch *the* ↑*Joneses.*

Guards [ga:dz]. Allg. Bez. für ein o. alle Regimenter der ↑*Guards Division* des Heeres u. für die ↑*Life Guards* u. die ↑*Blue and Royals* in der ↑*Household Cavalry.*

Guards Division. Infanteriedivision des Heeres, die aus den ↑*Grenadier Guards,* ↑*Coldstream Guards,* ↑*Scots Guards,* ↑*Irish Guards* u. ↑*Welsh Guards* besteht, den berühmtesten Regimentern des Heeres (↑*Streitkräfte*).

Guildhall. 1411–1423 erbautes u. 1788 teilweise umgebautes Rathaus der ↑*City of London,* wo sich die *Corporation* (‚Stadtrat') trifft.

Guildhall School of Music and Drama ↑Barbican Arts Centre.

guillotine ↑closure.

guinea ['gɪnɪ]. Von 1663 an geprägte Goldmünze, aus Gold von Guinea, mit dem ursprüngl. Wert von 20 *shillings;* ab 1717: 21 *shillings;* 1816 als Münze durch den ↑*sovereign* ersetzt; wurde weiterhin als Geldeinheit im Werte von 21 *shillings* (seit 1971 – ↑*D-Day* – als £ 1.05), aber heute recht selten, für Gebühren gebraucht (↑*Geld u. Währung*).

Guinness ['gɪnɪs]. Starkes schwarzes Bier mit typisch herbem Geschmack, das seit 1759 von der gleichnamigen anglo-irischen Brauerei (Sitz: Dublin) gebraut wird.

Guinness Book of Records. Die Idee stammt vom Geschäftsführer der *Guinness*-Brauerei, Sir Hugh Beaver (1890–1967). Er erkannte, daß es kein Lexikon gab, anhand dessen Streitigkeiten u. Wetten um Rekorde in den 81 400 Kneipen im UK u. in Irland geschlichtet werden konnten. Das erste Exemplar erschien im September 1955. 20 Jahre später trug sich das GBofR mit 23,9 Mio. verkauften Ex. selbst ins Rekorde-Verzeichnis als „das meistverkaufte Buch in der Geschichte des Verlagswesens" ein. Bis 1994 waren über 74 Mio. Ex. in 43 Sprachen verkauft.

Gunpowder Plot ↑Feiertage: 5. Nov.

Gurkhas ['gəːkəs] sind die herrschende Hindukaste in Nepal. Sie wurden von den Engländern nach dem Krieg zw. England u. Nepal (1814–1816) als treue u. tapfere Soldaten erkannt u. rekrutiert. Bis 1996 soll ihre Sollstärke auf 2500 reduziert werden (1975: 14 000). Nur 140 werden jährl. in das brit. Heer (↑*Streitkräfte*) aufgenommen.

Guy Fawkes' Day ↑Feiertage.

gym(nasium) [dʒɪm'neɪzjəm]. Die engl. Bez. – entsprechend dem Griech. – für eine ‚Turnhalle', nicht zu verwechseln mit dem dt. Gymnasium, dem etwa die ↑*grammar school* entspricht.

H

Habeas Corpus Act ['heɪbjəs 'kɔːpəs ækt] ↑Verfassung.

haddock ['hædək]. Der ‚Schellfisch' ist ein in GB häufig gegessener Fisch – geräuchert o. paniert (↑*fish 'n' chips*); nicht zu verwechseln (↑*false friends*) mit engl. *shellfish* ‚Meeresfrüchte' (z.B. Krebse, Krabben, Langusten u. Seemuscheln).

Hadrian's Wall ['heɪdrɪənz ...]. Unter dem röm. Kaiser Hadrian 122–127 errichteter Wall zum Schutz des röm. Britannien vor den keltischen Pikten u. Skoten im Norden, gleichsam der „Limes" der Provinz Britannien. Seine Aufgabe als uneinnehmbare Grenzfeste konnte er jedoch nie voll erfüllen. Die genaue Lage der Überreste des 73 Meilen langen Walles mit seinen 17 Kastellen, 80 Toren u. 320 Türmen zwischen Wallsend (an der Tyne-Mündung) im O u. Bowness-on-Solway (Cumbria) im Westen dokumentiert eine Spezialkarte des ↑*Ordnance Survey.* Siehe auch ↑*Antonine Wall.*

haggis ['hægɪs]. Schott. Nationalgericht, ein aus gehackten Schafsinnereien (Herz, Lunge, Leber) mit Hafermehl, Zwiebeln u. verschiedenen Kräutern zusammengesetztes Fleischgericht (↑*pudding*), das in einem Schafsmagen einige Stunden gekocht wird u. im Geschmack einer gut gewürzten, groben Blutwurst ähnelt. – Bei größeren Gesellschaften wird *h.* auf einem Tablett unter Dudelsackklängen ins Zimmer getragen, im Rahmen einer Zeremonie *(the Ceremony of the Haggis)* das Gedicht „Address to the Haggis" von R. Burns (1759–1796) rezitiert u. das Gericht mit einem Dolch angeschnitten (*Burns' Night* ↑*Feiertage).*

hall [hɔːl]. Mehrdeutiger Begriff im brit. Universitätsleben: 1. *h. of residence* ‚Studentenwohnheim', meist bei neueren Universitäten o. neuen Wohnkomplexen alter Univ., z. B. in St. Andrews (Fife). – 2. In ↑*Oxbridge:* Bez. für die akad. Gebäude des ↑*college* insgesamt, z. B. *Trinity H., Pembroke H.,* o. das *college* selbst (*Lady Margaret H.,* Oxford – *New H.,* Cambridge). – 3. Großer Speisesaal mancher altehrwürdiger *colleges,* in dem Lehrer u. Studenten gemeinsam die Mahlzeiten einnehmen *(to dine in H.).*

Hallowe'en ↑Feiertage.

ham and eggs. Spiegeleier mit gebratenen Schinkenscheiben, als Alternative zu ↑*bacon and eggs* unverzichtbarer Bestandteil eines *English* ↑*breakfast.*

Hampden Park ['hæm(p)dən ...]. Das schott. ↑*Wembley:* Fußballstadion in Glasgow, der Stadt der Profi-clubs *Celtic Glasgow* u. *Glasgow Rangers,* für 150000 Zuschauer, das größte Stadion GBs u. zweitgrößte der Welt; berühmt für den *Hampden roar,* die massiven Anfeuerungsrufe der Zuschauer zur Unterstützung der Heimmannschaft.

Hampton Court (Palace). An der Themse gelegenes, 1514–1522 erbautes Schloß; ein Geschenk von Cardinal Wolsey an Henry VIII (1457–1509). Königl. Residenz bis zur Zeit George II (1683–1760). Sir Christopher Wren, der Erbauer von ↑*St. Paul's Cathedral,* baute 1689 weitere Teile dazu. Heute ein Museum. Der nach dem Vorbild franz. Gartenkunst des 18. Jh. angelegte Garten (↑*English gardens*) enthält einen bekannten Irrgarten *(maze).* 1986 wurde H. C. von einem Brand schwer beschädigt u. nach Restaurierungsarbeiten für £ 10 Millionen 1992 wiedereröffnet. ↑*real tennis.*

Hansard ['hænsəd]. Amtl. Protokoll der Debatten im Unterhaus (↑*Parlament*). 1803 begann Thomas Curson Hansard die Berichterstattung der Debatten herauszugeben. Heute ist ↑*Her Majesty's Stationery Office* dafür zuständig, aber der Name ist geblieben.

Hants. Abk. für Hampshire ['hæmpʃɪə]. Siehe Karte S. 281.

hard rock ↑rock (music).

hard words. Wörter, v. a. lateinische u. französische Lehnwörter, die der großen Mehrheit der Englischsprechenden Aussprache-, Rechtschreibe- u./o. Verständnisschwierigkeiten bereiten, weil sie nicht von einheimischen (germanischen) Wörtern ableitbar sind u. daher dem Gedächtnis eher entfallen als gestützte (motivierte) Wörter, z. B. *liberty/freedom, permit/authorize/allow, paternal/father, glacial/Ice Age, oral/mouth.* Die Beispiele zeigen, daß Wörter einer Wortfamilie hier weitgehend beziehungslos nebeneinander stehen. Diese Wortschichtung bietet jedoch auch reiche stilistische Möglichkeiten, vgl. *a hearty welcome* neben *a cordial reception.* – Die große Häufigkeit der h. w. im engl. Wortschatz hat sprachgeschichtliche Gründe (röm. Besatzung; gelehrt–latein. Einflüsse im Zuge der Christianisierung des Landes; frz. Eroberung u. Einwanderung nach 1066). Im Zusammenhang mit den h.w. hat sich im Englischen eine Umschichtung des gesamten Wortschatzes ergeben: mündlicher u. schriftlicher Gebrauch klaffen auseinander; im mündlichen Gebrauch finden ganz einfache einheimische Wörter als universale Funktionselemente Verwendung (z.B. *get, put, set*), die zur Grundlage des ↑*Basic English* wurden. Vgl. auch ↑*eye words*, ↑*malapropism*.

Harley Street ['hɑːlɪ ...]. Straße in London (W1), wie die benachbarte *Wimpole Street* Hauptquartier der Londoner Spezial- u. Modeärzte; übertragen oft auch für diese gebraucht. Siehe auch ↑*Fleet Street*, ↑*Mincing Lane*, ↑*Hatton Gardens*, ↑*Savile Row*, ↑*Wardour Street*.

Harrier ['hærɪə], colloq. *jump jet*. Von *Hawker Siddeley Aviation* (↑*British Aerospace*) entwickeltes Düsenkampfflugzeug mit Senkrechtstart u. -landung; 1966 Erstflug, 1969 von der *RAF* (↑*Streitkräfte*) übernommen. Die Marineversion des *Fleet Air Arm* heißt *Sea Harrier*. Der *Harrier II* ist z.Z. die aktuelle Version bei der *Royal Navy* (↑*Streitkräfte*) u. den *US Marines*. Den neuen *Harrier (V/STOL vertical/short take-off and landing)* gibt es seit Anfang der 90er Jahre.

Harrods ↑Kaufhäuser.

Harrow ↑public school.

Harwell ['hɑːwel]. Dorf in Oxfordshire, übertragen für die in der Nähe gelegene Zentralnuklearforschungsstätte der *United Kingdom Atomic Energy Authority* (↑*Kernenergie*) gebraucht.

hat trick. Urspr. aus der ↑*cricket*-Sprache: Gewinn dreier *wickets* durch denselben *bowler* hintereinander, ein Kunststück, für das dieser einen speziellen Hut *(hat)* bekam. Inzwischen auch auf andere Sportarten ausgedehnt (Fußball: drei Tore durch denselben Spieler in einer Halbzeit hintereinander) u. im übertragenen Sinn gebraucht, (‚drei Erfolge hintereinander'), z.B. „Margaret Thatcher's *hat trick*" = drei Wahlsiege in Folge.

Hatton Gardens. Straße in London (EC1), Zentrum des brit. Diamantenhandels, symbolisch auch für diesen gebraucht.

Haustypen. Die meisten Engländer bewohnen Häuser u. nicht Etagenwohnungen *(flats)*; vgl. den Anteil von 67 % an Wohneigentum, nach den USA die zweithöchste Rate der Welt. Das mag daran liegen, daß Immobilien im UK trotz massiver Preissteigerungen in den 80er Jahren immer noch billiger als in D sind (↑*building societies*). Die Immobilienmakler *(estate agents)* geben die Anzahl der Zimmer als Hinweis auf die Größe an (z.B. 2 reception rooms, kitchen, 2 bathrooms, 4 bedrooms), außer für Büroräume, die in *square feet* angegeben werden (1 m^2 = 10.76 *square feet*). Es gibt folgende Typen: *terraced houses:* oft kleinere Häuser, die nebeneinander in einer Reihe stehen; meist älteren Baujahrs; 2–3 Schlafzimmer; hinten ist ein kleiner

Hof o. Garten; *semi-detached houses:* kurz *semis,* vertikal getrennte Doppelhaushälften; jede hat einen eigenen Garten hinten u. vorne; 3–4 Schlafzimmer; *detached houses:* freistehende Häuser; *mews:* urspr. Pferdeställe hinter einer Wohnstraße, heute eine modische Luxuswohnung (vgl. *Royal Mews* ↑*Buckingham Palace); bungalow:* einstöckiges, freistehendes Haus, das nicht so hoch im Kurs steht wie ein Bungalow in D; *cottage:* ein kleines, eher romantisches als bequemes Häuschen, meistens auf dem Lande. ↑ *My house is my castle.*

headmaster ↑LEA.

Health Acts, offiziell: *Public Health Acts.* Reihe von Gesetzen über das öffentl. Gesundheitswesen. Am wichtigsten waren die HA, die am 5. Juli 1948 in Kraft traten u. den ↑*National Health Service* schufen.

Health and Safety Commission (HSC). Etwa: Kommission zur Überwachung der Sicherheit u. Gesundheit am Arbeitsplatz; die brit. Arbeitsschutzbehörde.

health centres ↑National Health Service.

hear, hear [hɪə 'hɪə]. Ausruf der Zustimmung in öffentlichen Versammlungen, auch im ↑*Parlament.*

Heart of England. Beiname für die Grafschaften Staffordshire, Shropshire, West Midlands, Hereford & Worcester, Warwickshire, Gloucestershire. Vgl. Karte S. 281.

Heathrow ↑Flughäfen (London).

Heavy Metal ↑rock (music).

Henley-on-Thames. Mit dem kleinen Marktstädtchen H. in Oxfordshire verbinden Briten die seit 1839 ausgetragene internationale Ruderregatta *(Henley Royal Regatta),* die im gesellschaftlichen Leben einen hohen Stellenwert einnimmt, vergleichbar ↑*Ascot,* ↑*Epsom* o. ↑*Wimbledon.* Urspr. Austragungsort des allerersten ↑*Boat Race* zwischen den „Dunkelblauen" aus ↑*Oxford* und dem „hellblauen" ↑*Cambridge*-Achter; später auf die Themse bei London verlegt. Auf der 1½ Meilen langen Strecke auf der Themse bei Henley geht es an den Regattatagen Anfang Juli in über 200 Rennen um 13 Pokale, darunter als wichtigster der *Grand Challenge Cup* der Achter (seit 1896).

Her Majesty's Government ↑Regierung.

Her Majesty's Inspector of Schools (HMI). Dem dt. Regierungsschulrat vergleichbarer „Königl. Schulinspektor" zur Beratung von Schulleitern u. Lehrern an staatl. u. privaten Schulen. Er untersteht direkt dem *Department for Education (DfE).* Das *Inspectorate,* etwa 500 *HMI*s, wird vom *Senior Chief Inspector* geleitet, über den die *HMI*s dem Ministerium regelmäßig über Vorgänge im Bereich des Schulwesens berichten. Sie wachen vor allem darüber, daß in dem auf örtlicher Ebene organisierten brit. Schulwesen etwa gleichmäßige u. national vergleichbare Standards herrschen. In England u. Wales haben sie durch die unabhängigen Inspektoren des ↑*OFSTED* Konkurrenz bekommen u. arbeiten z.T. als Sonderberater zu. In Schottland gibt es noch das sog. *Inspectorate,* das dem ↑*Scottish Office* verantwortlich ist.

Her Majesty's Stationery Office (HMSO). Regierungsamtl. Verlagshaus u. Dokumentationszentrum für alle Fragen des öffentlichen Lebens in GB, gegr. 1786, Sitz in Norwich (Norfolk); mit alljährlich 8000 neuen Bänden ist das *HMSO* der größte Verlag der Welt, mit eigenen Druckereien u. Buchläden; auch zuständig für Regierungs- und Parlamentsdrucksachen; versorgt darüber hinaus sämtliche Regierungsstellen u. den königl. Haushalt mit Schreibwaren u. Büroartikeln aller Art *(stationery).* Zu den bekanntesten *HMSO*-Publikationen zählt das Jahrbuch *Britain: An Official Handbook.*

Hereford ['herɪfəd] ↑Rinderrassen.

Herts. [hɑːts]. Abk. für die Grafschaft Hertfordshire ['hɑːtfədʃə].

HGV, *heavy goods vehicle.* Schwerer Lastwagen, dessen Fahrer eine besondere Fahrerlaubnis braucht; Bez. für diese besondere Fahrerlaubnis. ↑*MOT.*

High Church ↑Konfessionen.

High Commission. Bez. für die Botschaften der Mitglieder der ↑*Commonwealth*-Staaten untereinander; die Botschafter heißen *High Commissioners.*

High Court (of Justice) ↑Justiz.

High School. 1. Inhaltlich nicht genau festgelegte Bez., die im Namen mancher ↑*grammar schools* für Jungen u. bes. von ↑*secondary schools* für Mädchen vorkommt; nicht zu verwechseln mit AmE ‚Sekundarschule'; 2. Die Oberstufe im ↑*three-tier system* des engl. Schulwesens.

High Street, the ~. Einziger Straßenname mit Artikel!, häufige Bez. für *die* Haupt- u. Geschäftsstraße im Zentrum größerer u. kleinerer brit. Städte.

high tea, var. *five o'clock tea,* kurz: *tea.* Kleiner warmer Imbiß mit ↑*tea,* ↑*sandwiches,* ↑*marmalade,* ↑*Bovril* o. ↑*Marmite;* regional – v.a. in Nordengland u. Schottland – nicht selten eine komplette Mahlzeit am späten Nachmittag, die ↑*afternoon tea* u. ↑*dinner* ersetzt.

highballs. Longdrinks (↑*Getränke*), meist in großen ballonförmigen Gläsern serviert, aus ↑*whisky,* Cognac, ↑*gin* o. Rum u. ↑*ginger ale,* garniert mit einer langen Zitronenspirale.

Higher Education. Das Hochschulwesen umfaßt die ↑*Universitäten,* die ↑*polytechnics* u. diejenigen Einrichtungen im Bereich der ↑*further education,* die eine Ausbildung auf Hochschulniveau vermitteln; die Mehrzahl der Weiterbildungsinstitutionen wird nicht dazu gezählt.

Higher Education Quality Council (HEQC). Nachfolger des 1992 im Zuge der ↑*polytechnics*-Reform aufgelösten *Council of National Academic Awards (CNAA)*, der über 25 Jahre lang ein Prüfungssystem neben den ↑*Universitäten* unterhalten hatte, wurde der *HEQC*, der nun an allen neuen u. alten *Universitäten* für die Überwachung der akademischen Standards zuständig ist. Das nationale Gremium setzt sich aus Vertretern des *Committee of Directors of Polytechnics* für die „neuen" Universitäten, des *Committee of Vice-Chancellors and Principals (CVCP)* für die „alten" Universitäten, der *Standing Conference of Principals* für die *Colleges of Higher Education* u. des *Scottish Colleges Committee* zusammen.

Highgate ↑Friedhöfe (London).

Highland cows ↑Rinderrassen.

Highland Games, auch *Highland Gathering.* ‚Hochland-Spiele' mit musikalischen, tänzerischen u. sportlichen Veranstaltungen finden in den Sommermonaten überall in Schottland statt. Die bekanntesten sind das *Braemar Gathering* (auch: *Royal Braemar*) in der Grampian Region, an dem traditionell die vom nahen ↑*Balmoral* anreisende königl. Familie teilnimmt; das *Argyllshire Gathering* in Oban, das *Cowal Gathering* in Dunoon u. das *Aboyne Gathering.* Geboten werden Dudelsack- u. Akkordeonmusik sowie Solo- (z.B. *Highland Fling*) u. Gruppentänze (z.B. sword dance), Wettläufe über 80 yards u. 2 Meilen, ein Dreikampf für Schwerathleten *(heavies):* Hammerwerfen *(throwing the hammer),* das Werfen eines masthohen, über 50 kg schweren Baumstammes *(tossing the caber)* u. eine Art Kugelstoßen, bei dem ein 25-kg-Gewicht nach oben über eine Latte gestoßen wird *(putting the weight).*

highlander. 1. Bewohner der schott. *Highlands;* 2. Soldat eines schott. Hochlandregiments, z.B. *The Argyll and Sutherland Highlanders* (Ehrenoberst: Queen Elizabeth II), *The Gordon Highlanders* (Prinz Charles), *The Royal Highland Fusiliers* (Prinzessin Margaret). ↑*Royal Family.*

Highness ↑Anreden.

Highway Code. Erstmals 1931 erschienene amtl. Veröffentlichung, die in einfacher Sprache die wichtigsten Verkehrsregeln für alle Verkehrsteilnehmer *(road-users)* angibt. Unter *highway* versteht man ‚öffentl. Verkehrsstraße'.

hill figures. ‚Hügelfiguren'; in die Kreidehügel der ↑*Downs* geschnittene Menschen- o. Pferdefiguren aus prähistorischer (z.B. *Uffington White Horse,* Berkshire; *Cerne Abbas Giant,* Dorset), aber auch aus neuerer Zeit (*Osmington Horse,* Dorset; *Westbury White Horse,* Wiltshire).

HIV, Abk. f. ↑*Human Immunodeficiency Virus,* den ↑*Aids*-Erreger, der bei „HIV-Positiven" zur Erkrankung führen kann, aber nicht muß.

HM. 1. Abk. für *His/Her Majesty,* z.B. auf der Briefanschrift: Anrede für den König/die Königin *(H.M. The Queen ...)*; 2. *Heavy Metal* ↑rock (music).

HM Chief Inspector of Schools (HMCI) ↑OFSTED.

HMI ↑*Her Majesty's Inspector of Schools.*

HMS, *Her Majesty's Ship.* Offizielle Bez. aller Schiffe der brit. Marine (↑*Streitkräfte*), z.B. *HMS Belfast,* der größte Kreuzer, der je für die *Royal Navy* gebaut wurde; *HMS Victory,* Nelsons Flaggschiff in der Schlacht von ↑*Trafalgar,* heute in den *Royal Naval Dockyards* von Portsmouth (Hampshire), *HMS Conqueror* (Atom-U-Boot, Einsatz im ↑*Falklands War), HMS* ↑*Britannia* (3.).

HMSO ↑*Her Majesty's Stationery Office.*

hock heißen in GB fast alle dt. Weißweine, nach Hochheim am Main, wo Königin Victoria (1837–1901) ein Weingut hatte.

hockey. In GB beliebtes Stockballspiel auf Rasen o. Hallenspielfeldern (*field* bzw. *indoor hockey*), an vielen Schulen fester Bestandteil des Sportunterrichts. Das erste Regelwerk für h. stammt aus Harrow 1874. Nicht zu verwechseln mit AmE *hockey* ‚Eishockey'. Vgl. auch ↑*lacrosse,* ↑*shinty.*

Hogmanay. Silvester in Schottland (↑*Feiertage*).

holiday camps. ‚Organisierte Ferienlager' für preiswerten Familienurlaub sind in GB außerordentlich beliebt. Sie befinden sich meist am Meer auf einem geschlossenen Gelände u. bieten allerlei Zeitvertreib u. Unterhaltung. Schon 1906 vergnügten sich Familien bei Caister in *Dodd's Socialist Holiday Camp* u. auf der Isle of Wight in *Cunningham's Young Men's Holiday Camp.* Die bekanntesten h.c. sind die *Butlin's Camps* (seit 1972: *Butlin's Holiday Worlds*), eine Art „Club Méditerranée" der brit. Arbeiterklasse, nach B. Butlin, der den ersten Ferienclub für Arbeiter 1936 in Skegness (Lincolnshire) gründete. Heute gibt es 5 Zentren („villages"), alle am Meer: „Sommerwestcoast" bei Minehead (Somerset), Pwllheli (Gwynedd, Wales), Ayr (Strathclyde, Schottland), „Funcoast World" bei Skegness (Lincolnshire), „Suncoast World" bei Bognor Regis (West Sussex). Die „Animateure" heißen hier *Redcoats* nach ihren rot-weißen Uniformen (vgl. die „GO" – Gentils Organisateurs im Club Méditerranée).

Holyroodhouse. Offiziell: *Palace of H.;* Residenz des Monarchen in Edinburgh bei offiziellen Besuchen in Schottland; nach der benachbarten Ruine der ehem. Abtei *Holyrood Abbey.* Nach alten schott. Gesetzen darf der Monarch den Palast nur in Begleitung des Oberbürgermeisters von Edinburgh betreten. Vgl. ↑*Buckingham Palace.*

home counties. Allg. Bez. für die ↑*counties* (↑*local government*), die um London liegen: Hertfordshire, Essex, Kent, Surrey u. die frühere Grafschaft Middlesex, die seit 1965 weitgehend zu *Greater London* zählt. (Middlesex spielt noch ↑*cricket* als Mannschaft.)

Home Office. ‚Innenministerium' (↑*Regierung*).

Home Rule. ‚Selbstregierung'; die Losung einer Bewegung, die 1870–1914 für die Autonomie in Irlands (↑*Northern Ireland*) kämpfte u. die brit. Innenpolitik beherrschte, da die irisch. Nationalisten oft das Zünglein an der Waage im Londoner Parlament waren. Ab 1885 befürworteten die Liberalen unter Gladstone HR, die Konservativen u. Unionisten (irisch. Protestanten) aber nicht. Nach einigen vergeblichen Versuchen sollte HR 1914 in Kraft treten, aber wegen des Kriegsausbruchs (↑*Weltkriege*) u. der Drohung bewaffneten Widerstandes seitens der Unionisten wurde es aufgeschoben. Das HR-Gesetz *(Government of Ireland Act)* von 1920 sah die Gründung zweier Parlamente Dublin u. Belfast vor. Das Gesetz trat in Nordirland in Kraft, als 6 der 9 Grafschaften in der Provinz ↑*Ulster* ein eigenes Parlament erhielten. Im Süden kämpfte die ↑*IRA* für die Unabhängigkeit von GB weiter. Der *Irish Free State* wurde kraft des *Anglo-Irish Treaty* von 1921 gegründet u. wurde 1949 zur Republik.

Home Secretary, kurz für *Secretary of State for Home Affairs*. ‚Innenminister' (↑*Regierung*).

Hon. ↑Honourable, ↑Anreden.

Honi soit qui mal y pense. ‚Ein Schelm, wer Schlechtes dabei denkt'; Devise des brit. Hosenbandordens (*Most Noble Order of the Garter,* ↑*Orden u. Ehrenzeichen* A.1.), Teil des Königswappens. Siehe auch ↑*Dieu et mon droit.*

Honourable (Hon.) ‚Ehrenwert'. Titel der jüngeren Söhne der *earls,* aller Kinder der *viscounts* u. *barons* (↑*Adelstitel*), der Ehrendamen des Hofes, der Mitglieder des Unterhauses (↑*Parlament*), gewisser höherer Richter, der Bürgermeister sowie Minister der meisten ↑*Commonwealth*-Staaten. Siehe auch ↑*Right Honourable,* ↑*Anreden.*

honours courses ↑Universität.

honours degree ↑akademische Grade.

Honours List. Die Liste der Titel- u. Rangverleihungen (↑*Orden u. Ehrenzeichen*), die zweimal im Jahr veröffentlicht wird (↑*Feiertage: New Year's Day,* ↑*Official Birthday*).

hooligans ['hu:lɪgənz]. Jugendliche Rowdies; nach notorischen Ausschreitungen u. Krawallen zwischen Fußballfans innerhalb u. außerhalb der engl. Stadien fast nur noch für ‚Fußballrowdies' gebraucht.

Horse Guards. 1. ↑*Royal Horse Guards.* 2. 1753 fertiggestelltes Gebäude mit schönem Glockenturm in ↑*Whitehall* nicht weit von ↑*Downing Street,* früher das Wachhaus des alten *Palace of Whitehall,* heute Sitz einiger Regierungsstellen; hier findet die tägl. Wachablösung der ↑*Household Cavalry* (↑*Changing of the Guard*) statt. Hinter H.G. ist der Paradeplatz, *Horse Guards Parade,* wo die Zeremonie ↑*Trooping the Colour* am

↑*Official Birthday* der Königin vorgeführt wird.

horsepower (HP). ‚Pferdestärke': 1 HP = 746 Watt; die engl. Maßeinheit entspricht nicht genau der dt. PS (= 735,5 Watt).

horse's neck. Nicht-alkoholisches Erfrischungsgetränk aus ↑*ginger ale* o. *bitter lemon* u. Zitronen- o. Grapefruitsaft.

Hosenbandorden ↑Orden u. Ehrenzeichen A.1.

hot cross buns ↑buns.

Hotol, *horizontal take-off and landing.* Weltraumflugzeug, das durch „horizontales" Starten u. Landen die Infrastruktur bestehender Flughäfen benutzen u. mit einer Geschw. von fast 30000 km/h alle Punkte der Erde innerhalb von 2 Stunden erreichen kann. GB's Antwort auf die mit Raketen gestartete franz. Raumfähre *Hermes.* Ein Gemeinschaftsprojekt von ↑*British Aerospace* u. ↑*Rolls-Royce;* Gesamtkosten ca. 15 Mrd. DM. Ersteinsatz im Jahr 2005. H. benutzt sog. *scram jets.* Während des Aufstiegs wird Sauerstoff aus der Luft gezogen, so daß H. keinen schweren flüssigen Sauerstoff als Brennstoff benötigt. Wenn H. die Erde in einer Höhe von 300 km umkreist, verbraucht der Motor eine herkömmliche Mischung aus flüssigem Sauerstoff u. Wasserstoff.

House. 1. Typische Einrichtung des brit. Schul- u. Universitätswesens: a) Bez. für Wohngebäude u. Wohngemeinschaften in einer ↑*boarding school;* b) einzelnes Wohngebäude in einer Studentenwohnanlage *(Hall),* z.B. Shairp House, David Russell Hall, St. Andrews/Fife; c) in ↑*comprehensive schools* u. ↑*public schools:* jahrgangsübergreifende Gruppen *(houses)* von ca. 200–300 Schülern, die von einem für sie verantwortlichen Lehrer (*housemaster* o. *house mistress*) betreut werden u. in sportlichen u. oft auch schulischen Leistungen miteinander konkurrieren. Siehe auch ↑*prefect;* 2. *The House,* kurz für das brit. Unterhaus *(House of Commons,* ↑*Parlament).*

House of Commons ↑Parlament.

House of Lords ↑Parlament.

Household Cavalry. Teil des Heeres, der aus den 2 Regimentern der ↑*Life Guards* u. der ↑*Blues and Royals* besteht. Zu ihren Aufgaben gehört es, den Monarchen zu bewachen u. besondere zeremonielle Funktionen auszuüben. ↑*Streitkräfte.*

Houses of Parliament. Bez. für das Parlamentsgebäude in London (SW1), offiziell: *Palace of Westminster,* mit den beiden „Häusern" *House of Commons* ‚Unterhaus' u. *House of Lords* ‚Oberhaus' (↑*Parlament*). Das neugotische Bauwerk (19. Jh.) (↑*Baustile*) zählt mit seinem Glockenturm ↑*Big Ben* zu den Wahrzeichen Londons.

hovercraft ['hɒvəkrɑːft]. Luftkissenboot, schwebt (Höchstgeschwindigkeit 120 km/h) knapp über der Wasseroberfläche auf einem Luftstrom, der von Düsen erzeugt wird. Die brit. Gesellschaft *Hoverspeed* unterhält für den Fährverkehr zwischen „hoverports" in Dover u. Calais/Boulogne („Flugzeit" 35 Min.) mit 6 Luftkissenfähren für Fahrzeuge u. Passagiere die größte *Hovercraft*-Flotte der Welt. Siehe auch ↑*jetfoil.*

HP, hp ↑horsepower.

HRH, *His/Her Royal Highness.* Anrede von ‚Königlichen Hoheiten' (z.B. auf Briefanschrift), nicht jedoch von König/Königin (↑*HM*); z.B. *H.R.H. The Prince of Wales* (↑*Anreden*).

HTV ↑Rundfunk u. Fernsehen.

humour. Der engl. Humor drückt sich im Alltagsleben häufig in leicht ironischen, oft selbstironischen Bemerkungen aus, die von einem kaum spürbaren Schmunzeln begleitet werden, so daß der Außenstehende unsicher ist, ob das Gesagte ernst zu nehmen ist o. nicht, u. fragen kann: „Was that a tongue-in-cheek remark?" ‚War das eine nicht ernst zu nehmende Bemerkung?'. Wesentliche Elemente des engl. Humors sind Wortspiele (↑*puns*, ↑*spoonerisms*), die viel öfter im Alltagsgespräch, aber auch in Werbeslogans u. Zeitungsüberschriften vorkommen als im Dt. Humoristen u. Komödianten werden als Nationalhelden gefeiert, u. das Fernsehen bietet eine Reihe von *comedy shows* an, die sich großer Beliebtheit erfreuen.

Humpty Dumpty ['hʌmptɪ 'dʌmptɪ]. Berühmte Phantasiefigur des gleichnamigen ↑*nursery rhyme:* „Humpty Dumpty sat on a wall/ Humpty Dumpty had a great fall/ All the King's horses, and all the King's men/ Couldn't put Humpty Dumpty together again"; bezeichnet daher auch symbolisch etwas ‚Zerbrochenes, das nicht mehr gekittet werden kann'.

Hunderassen *(breeds of dogs).* Viele H. kommen aus GB: die lebhaften *Terriers* wie der *Airedale Terrier* aus dem Tal des Aireflusses in Yorkshire, der *Welsh Terrier, Yorkshire Terrier, West Highland White Terrier, Scotch Terrier* u. *Jack Russel Terrier* aus Devon; der urspr. als Schäferhund gezüchtete *Collie* aus Schottland, der *Old English Sheepdog* (auch *Bobtail), Shetland Sheepdog;* der *Corgi* aus Wales, mit kurzen Beinen u. einer fuchsartigen Schnauze, der Lieblingshund von Queen Elizabeth II; bekannte engl. Jagdhunde sind die *Pointers, Beagles, Setters.*

hundredweight, auch *centweight* (cwt). 1 cwt = 112 lbs (↑ *pounds*) = 50,8 kg.

Hundred Years' War. Periode von sporadischen Kriegen (1337–1453) zw. England u. Frankreich. Die Auseinandersetzung begann, als der engl. König Edward III Anspruch auf den franz. Thron nach dem Aussterben der Kapetinger in direkter Linie erhob. Eine entscheidende Wendung des Krieges führte Jeanne d'Arc *(Joan of Arc)* herbei, als sie 1429 das von den Engländern belagerte Orléans entsetzte u. den franz. König Charles VII nach Reims zur Krönung führte.

Der Krieg endete 1453 mit dem Verlust aller franz. Territorien außer Calais (engl. bis 1558) u. den Kanalinseln (↑*Channel Islands*). Die engl. Könige führten den Titel ‚König von Frankreich' bis 1802.

hung parliament ↑ Wahlsystem.

huntin' – shootin' – fishin' ↑field sports.

Hunts. Abk. für die Grafschaft Huntingdonshire ['hʌntɪŋdənʃə], s. Karte S. 281.

Hyde Park. 25 ha großer Park im ↑*West End* von London mit See *(Serpentine)* u. Reitweg (↑*Rotten Row*). An der nordöstl. Ecke ist *Marble Arch,* nicht weit von *Speakers' Corner,* wo jeder seine Meinung frei äußern darf, eine Art ‚Meckerecke'. Die meisten Redner – i. d. R. Vertreter von Sekten u. ausgefallenen politischen Gruppierungen – u. Zuhörer kommen sonntags. Westlich des H. P. liegen die *Kensington Gardens,* urspr. der Privatgarten von *Kensington Palace,* Hauptprivatresidenz der Monarchen von 1689 bis 1760; heute immer noch von Mitgliedern der königl. Familie (↑*Royal Family*) bewohnt. Ein Teil ist als Museum der Öffentlichkeit zugänglich.

I

Ibrox Park [aɪbrɒks . . .]. Das zweite große Fußballstadion in Glasgow (↑*Hampden Park*), Heimstadion der *Glasgow Rangers.*

Ich dien. Wahlspruch im Wappen des ↑*Prince of Wales* als jeweiligem Thronfolger, gleichzeitig das Motto des *Bath-Ordens* (↑*Orden u. Ehrenzeichen* A.3.); geht angeblich zurück auf den *Black Prince* (1330–1376), Sohn König Edwards III. Er soll den Spruch sowie die drei weißen Straußenfedern (ebenfalls im Wappen) von König Johann von Böhmen übernommen haben, der während des 100jährigen Krieges (↑*Hundred Years' War*) zwischen England u. Frankreich bei Crécy 1346 gefallen war. – Nach einer anderen – weniger gesicherten – Version eine Verballhornung des walis. *eich dyn* ‚Euer Mann' als Ausspruch König Edwards I (1272–1307) gegenüber den von ihm unterworfenen Walisern, als er ihnen seinen neugeborenen Sohn als zukünftigen Monarchen präsentierte, da die Waliser sich geweigert hatten, von jemandem regiert zu werden, der Englisch sprach.

ICI, *Imperial Chemical Industries.* Größter Chemiekonzern in GB u. fünftgrößter der Welt; gegr. 1926. International besonders wichtig in den Bereichen Salz-, Kalkstein-, Agrarchemie, Farben, pharmazeutische Präparate u. Kunststoff. 50 % der hergestellten Produkte werden ausgeführt.

ICU, *Intensive Care Unit.* Intensivstation eines Krankenhauses.

immigration. Unter i. versteht man heute v. a. die Einwanderung schwarzer u. farbiger Bewohner der ↑*Commonwealth*-Länder als Folge der Auflösung des brit. ↑*Empire* nach dem 2. Weltkrieg u. der Verdrängung der Inder aus Ostafrika. Nach der Volkszählung 1991 gehören über 3 Mio. (5,5 % der Bevölkerung) einer nicht-weißen Volksgruppe an. 891 000 (1,6 % der Bevölkerung) bezeichneten sich als Schwarze, haupts. aus der Karibik (*West Indies*), 840 000 (1,5 %) als Inder, 477 000 (0,9 %) als Pakistani, 163 000 (0,3 %) als Bangladeshi, 157 000 (0,3 %) als Chinesen. 47 % der Mitglieder ethnischer Minderheiten wurden in GB geboren. Sie sind in London, den ↑*Midlands* u. den Industriestädten N-Englands konzentriert. Außerdem hat es früher mehrere Einwanderungswellen gegeben: z.B. Iren v.a. im 19. Jh., Juden (↑*Konfessionen*), Osteuropäer nach dem 2. Weltkrieg. Diese Einwanderer sind alle keine „Gastarbeiter", die eines Tages wieder in ihr Heimatland zurückkehren wollen, sondern Staatsangehörige des UK. Es gibt oft erhebliche Spannungen u. gelegentl. Ausschreitungen, die auf Rassenzugehörigkeit, Hautfarbe o. „Verschiedenheit" zurückzuführen sind (↑*Brixton*, ↑*Notting Hill Carnival*). Diesen entgegenzuwirken, wurde 1976 der ↑*Race Relations Act* erlassen, den die *Commission for Racial Equality* einrichten ließ und der jegliche Diskriminierung verbot. Der *Public Order Act* 1986 stellte die Anstiftung zum Rassenhaß unter Strafe. Die Einwanderung unterliegt strengen Kontrollen u. Einschränkungen. Nur *British citizens* haben das uneingeschränkte Wohn- u. Aufenthaltsrecht im UK.

impeachment. Verurteilung eines Ministers o. hohen Beamten durch eine vom Unterhaus erhobene Anklage vor dem Oberhaus (↑*Parlament*). Zuletzt 1806 gegen Lord Melville angewandt; war früher ein Instrument, Widerstand gegen die Politik des Königs ohne eine Rebellion zu leisten. I. wird in den USA noch angewandt; zuletzt im Jahre 1974 gegen Präsident Richard Nixon, der aber zurücktrat, bevor das *Impeachment*-Verfahren abgeschlossen war.

Imperial Chemical Industries ↑ICI

Imperial Conference. Frühere Bez. der jetzigen *Commonwealth Conferences* (↑*Commonwealth* 2).

imperial ton ↑ton.

inch, Abk. *in.* ‚Zoll'; Maßeinheit für kleinere Längen; 1 *inch* = 2,54 cm; 12 *inches* = 1 ↑*foot.* Wird auch im übertragenen Sinn benutzt: *He refused to budge one inch* ‚Er weigerte sich, überhaupt von seinem Standpunkt abzurücken'.

income tax ↑Steuern.

independent schools, var. *private schools.* Im Ggs. zu den staatl. ↑*maintained schools* Bez. für die vom Staat unabhängigen (Privat-)Schulen, die v.a. in England eine wichtige Rolle innerhalb des Bildungswesens spielen. Sie erhalten i.d.R. keinerlei Zuschüsse aus öffentlichen Mitteln, unterliegen jedoch der Aufsicht des *Department for Education (DfE).* Das akademische Niveau der etwa 2500 i.s. (2250 in England, 65 in Wales, 121 in Schottland u. 18 in Nordirland) ist unterschiedlich: nur etwa ⅓ sind vom *DfE* als „efficient" anerkannt. Das Lehrer-Schüler-Verhältnis liegt bei 1:10. Etwa 7% der brit. Schulkinder besuchen i.s., vom kleinen Kindergarten bis zu großen Internaten und Gymnasien. Das Schulgeld kann je nach Einrichtung zwischen £ 1200 und £ 16000 pro Jahr variieren. Der *Education Reform Act* von 1988 führte ein Stipendienprogramm (*Assisted Places Scheme*) für derzeit 35000 Plätze an i.s. ein. Zu den bekanntesten i.s. zählen ↑*preparatory schools*, ↑*pre-preparatory schools*, ↑*public schools*. Siehe auch ↑*Gordonstoun*, ↑*United World Colleges*, ↑*Summerhill*. Siehe auch ↑*City Technology College*.

industrial democracy. Dt. etwa ‚Mitbestimmung der Arbeitnehmer an Arbeitsprozeß u. Arbeitsbedingungen', (auch *codetermination* o. *workers' participation*). Seit der Begriff 1974 durch einen Bericht des ↑*TUC* aufkam, waren die ↑*Gewerkschaften* gespalten: urspr. dagegen, haben sie in der i.d. ein Instrument erkannt, ihren Einfluß in der Wirtschaft zu verstärken; ihre Forderung lautete jedoch: nur Gewerkschaftsmitglieder in den Vorstand, paritätische Besetzung. Ein Untersuchungsausschuß stimmte diesen Forderungen zu, aber keine Seite war zufrieden: Die Arbeitgeber befürchteten die Kontrolle der Unternehmen durch die Gewerkschaften, diese wiederum kritisierten, daß die Unternehmen nicht gesetzlich verpflichtet sind, ihre Strategien den Gewerkschaften offen darzulegen u. daß sie nicht bei verstaatlichten Unternehmen (↑*nationalization*) paritätisch vertreten sind. So wurde i.d. zerredet; kein System hat sich auf breiter Basis durchgesetzt.

Industrial Revolution. Bez. für die große Umwälzung in wirtschaftlicher, gesellschaftlicher u. technologischer Hinsicht, die zuerst in England zwischen 1750 u. 1850 stattfand. Aus einer überwiegend landwirtschaftlichen Gesellschaft wurde eine industrielle. Die I.R. fing mit der Mechanisierung der Textilindustrie an (*Hargreave's Spinning Jenny* 1764, *Arkwright's water frame* 1769, *Crompton's mule* 1770, *Watt's* Dampfmaschine 1785). Sie dehnte sich auf Bergbau, Transport u. industr. Organisation aus. Die Industrie konzentrierte sich auf Kohle- u. Stahlproduktion. Neue, große Industriestädte entstanden wie Birmingham, Manchester, Newcastle u. Glasgow. Die Folgen waren unermeßlicher Reichtum, v.a. in der neuen Schicht der Fabrikbesitzer, Zerstörung der dörflichen Struktur, Entstehung von Ballungsgebieten ohne Infrastruktur u. daher mit menschenunwürdigen Lebensbedingungen u. die Herausbildung des geldbesitzenden, industriellen Bürgertums u. eines geld- u. landlosen Proletariats. Die I.R. machte GB zum reichsten Land der Welt bis in das 20. Jh. hinein. ↑*British Disease*.

infant school ↑ primary school.

inheritance tax ↑Steuern.

Inland Revenue, Board of ~. Staatliche Behörde *(government department)*, die die Steuergesetze ausführt u. die Lohn- u. Einkommenssteuern eintreibt. Etwa ‚Finanzamt' (↑*Steuern*).

inn. ‚Gasthaus, Landgasthof'; ↑*pub* mit Fremdenzimmern, neben ↑*Bed & Breakfast* zweite urbritische Übernachtungsmöglichkeit. Typische brit. *inns* haben i.d.R. zwischen 4 u. 20 Zimmer, im ↑*pub* dürfen *residents* ‚Pensionsgäste' die ↑*licensing hours* überschreiten. *Inns* sind oft sehr alt u. von historischem Interesse u. spiegeln in Architektur u. Interieur die Eigenart ihrer Gegend u. ihrer Epoche wider. Es gibt *inns* im ↑*cottage*-Stil mit kleinen Fenstern, Fachwerk u. dicken Mauern, georgianische *inns* (Anfang 19. Jh.) mit glatten Fassaden u. hohen Schiebefenstern, Türeingängen mit Ziergiebeln u. Säulenvorbauten. *Inns* aus dem 13./14. Jh. sind keine Seltenheit. In Großstädten finden sich „inns", die – obwohl eigentlich nur *pubs* – die Bezeichnung lediglich aus historischen Gründen beibehalten haben. Eine Sonderkategorie von *inns* sind die jahrhundertealten Gasthöfe, die oft auch Postkutschenstationen *(coaching houses)* waren.

Inns of Court. Ausbildungsstätten der ↑*barristers*.

inquest ↑coroner.

INSET, kurz für *In-Service Training*. Obligatorische Fortbildungslehrgänge für Lehrer an 5 Tagen während des Schuljahres, auch *INSET course, INSET days* (↑*Baker day*).

Intercity 125. Im Intercity-Verkehr von ↑*British Rail* eingesetzter stromlinienförmiger Hochgeschwindigkeitszug (bis zu 250 km/h). Im Ggs. zum frz. *TGV (train à grande vitesse)* braucht der Intercity 125 keine eigene Hochgeschwindigkeitstrasse, da eine neue, elastische Aufhängung der Räder eine Kurvenneigung von bis zu 9° nach innen u. somit eine um 20–40% höhere Geschwindigkeit in Kurven – bei gleichbleibendem Reisekomfort – ermöglicht.

intermediate area ↑assisted areas.

Iona Community [aɪ'əʊnə …]. Die kleine Insel Iona vor der Westküste Schottlands (Innere Hebriden) ist eines der ältesten Zentren der europäischen Christenheit. Hier landete der heilige Columba im Jahre 563 u. gründete das berühmteste Kloster der kelt. christlichen Kirche. Iona ist heute eine Begegnungsstätte zwischen ↑*Konfessionen* u. Kirchen aus aller Welt, gleichsam das schott. „Taizé". Die I.C. ist eine 1938 gegr. religiöse Bruderschaft aus Theologen, Priestern u. Laien, die hier den Sommer über in der Gemeinschaft leben, miteinander Gottesdienste abhalten u. Diskussionen über aktuelle Fragen der Kirche veranstalten. Im Winter kehren die Angehörigen der I.C. auf das schott. Festland zurück u. übernehmen dort seelsorgerische Tätigkeiten; manche leisten Missionsarbeit u. unterrichten im Ausland.

I.O.U. [aɪ əʊ 'jʊ] = **I owe you.** Dt. ‚Ich schulde Ihnen'; formloser Schuldschein, der eine Geldschuld anerkennt u. deren Rückzahlung verspricht.

IRA [aɪ aːr 'eɪ], *Irish Republican Army.* 1919 gegr. Organisation, die für die Unabhängigkeit Nordirlands von GB, also ein vereinigtes Irland, kämpft. 1969 spaltete sich die *IRA* in einem gemäßigten *Official wing* u. einen *Provisional wing,* der Terror u. Gewalt befürwortet, um sein Ziel zu erreichen. Der politische Flügel der *Provisional IRA* ist die Partei *Sinn Fein* [ʃɪn 'feɪn] (↑*Gaelic* für ‚Wir selbst'); Präsident: Gerry Adams. Seit 1969 verübte die *IRA* auch in GB Bombenanschläge. Am 31. 8. 1994 erklärte die IRA einen Waffenstillstand, dem am 13. 10. 1994 ein gleichlautender Beschluß der unionistischen Terroristen folgte. ↑*Northern Ireland,* ↑*Troubles,* ↑*Ulster.*

Irish Guards. Viertältestes Regiment der ↑*Guards Division;* gegr. 1900.

Iron Lady ['aɪən ...]. ‚Eiserne Lady'; Beiname der brit. Premierministerin Margaret Thatcher (nach 1979 u. 1983 wurde sie im Juni 1987 erneut wiedergewählt, ↑*hat trick*), je nach politischem Lager anerkennend o. ablehnend gebrauchter Ausdruck für ihre Entschlußkraft, Zielstrebigkeit u. Prinzipientreue bei der Umsetzung des Wahlprogramms der Konservativen Partei (↑*Parteien*) sowie bei der Durchsetzung politischer Entscheidungen (↑*thatcherism*). 1990 war sie der brit. *prime. minister* mit der längsten ununterbrochenen Amtszeit seit 1827. Im Nov. 1990 Rücktritt aufgrund innerparteilicher Widerstände. Nachfolger: John Major.

Isis ['aɪsɪs]. Lokale Bez. für die Themse bei Oxford.

Isle of Man (I. of M.). Eine der brit. Inseln zw. England u. Nordirland, die nicht zum UK gehört; bis 1266 nominell unter norwegischer Staatsgewalt, dann an Schottland abgetreten; kam unter die direkte Verwaltung der brit. Krone 1765. Sie ist heute ein selbstverwaltendes abhängiges Gebiet der Krone *(Crown dependency),* in dem der Monarch (↑*Monarchie*) von einem *Lord-Lieutenant* vertreten wird. Die I. of M. hat ein eigenes Parlament, den *Tynwald,* mit Unterhaus *House of Keys* u. Oberhaus *Legislative Council.* Das Unterhaus hat 24 Mitglieder, die von der Inselbevölkerung gewählt werden, es ist eine der ältesten gesetzgebenden Versammlungen der Welt. Die Insel hat auch eigene Gerichte. Die Steuersätze sind niedriger als im UK. Die I. of M. gehört nicht zur ↑*EU;* es gelten dort nur die *EU*-Zölle u. Teile der Agrarpolitik.

Isle of Wight (I.o.W.). Insel vor der S-Küste Englands, eine Grafschaft (↑*county*) des UK. Die I.o.W. ist heute eine ausgesprochene Ferieninsel, die vom Tourismus lebt, wo es aber immer noch Oasen der Ruhe gibt. ↑*Admiral's Cup,* ↑*Cowes Week.*

issuing houses o. **banks** ↑Banken: *merchant banks.*

INT, *Independent Television News* ↑Rundfunk u. Fernsehen.

ITV, *Independent Television* ↑Rundfunk u. Fernsehen.

J

Jack Horner. Neben ↑*Humpty Dumpty* jedem engl. Kind u. Erwachsenen geläufige ↑*nursery rhyme*-Figur: Little Jack Horner/ Sat in a corner/ Eating a Christmas pie/ He put in his thumb/ And pulled out a plum/ And said, „What a good boy am I."

Jack Ketch. Name eines berüchtigten Scharfrichters im 17. Jh., inzwischen allg. Bez. für ‚Henker' *(hangman).*

Jack Tar. Bez. für einen Seemann (*tar* = Kurzform von *tarpaulin* ‚Teerjacke').

Jack the Ripper. Beiname des geheimnisumwitterten, nie entdeckten Mörders, der im Spätsommer des Jahres 1888 in Whitechapel im Londoner ↑*East End* sechs Morde an Frauen verübte. Mit dem Namen werden heute von den Medien Serien- u. Meuchelmörder, die ähnliche grauenvolle Taten begangen haben, bezeichnet, z.B. *Yorkshire Ripper* für einen 1981 verhafteten Frauenmörder aus Bradford (West Yorkshire).

Jacobean Style ↑Baustile.

Jaguar. Legendäre brit. Autofirma, ihre Nobellimousinen wurden zuerst hergestellt 1936 von *SS (Sallow Sidecar) Cars Ltd.*, gegr. 1923 in Blackpool (*Lancs.*), 1926 Umzug nach Coventry. 1935 wurde der Familienbetrieb in die Aktiengesellschaft *SS Jaguar Cars Ltd.* umgewandelt. 1945 hieß die Fa. nur noch *Jaguar*, um keine Erinnerungen an die Nazi-SS zu wecken. Die 50er Jahre waren goldene Jahre für das Unternehmen: J.-Rennwagen holten unter Fahrern wie Stirling Moss u. Peter Walker zahllose Siege auf den Rennstrecken der Welt. 1960 übernahm J. den Luxuslimousinenhersteller *Daimler* (nicht zu verwechseln mit der Stuttgarter Daimler-Benz AG) u. fusionierte 1966 mit der *British Motor Corporation BMC* (↑*Rover plc*). Im gleichen Jahr brachte J. seinen wohl berühmtesten Sportwagen, den *E-Type*, auf den Markt. 1984 ging die kurz zuvor aus *BMC* ausgegliederte u. privatisierte *Jaguar plc* an die Börse. Seit 1989 gehört J. zum Ford-Konzern.

jam ↑marmalade.

jamboree [dʒæmbəˈrɪ]. Großes Treffen, insb. von ↑*boy scouts* o. ↑*girl guides.*

Jane's Information Group. Fachverlag für Bücher über Waffen, Kriegsschiffe u. Flugzeuge, von Fred T. Jane gegr., der 1898 sein erstes Buch *All the World's Fighting Ships*, jetziger Titel *Jane's Fighting Ships*, herausgab, das die Panzerkreuzer- u. Linienschiff-Flotten der damaligen Großmächte – 1000 Kriegsschiffe von 22 Ländern – beschrieb. Heute erscheint eine ganze Reihe weiterer Handbücher, die als führend auf ihrem Gebiet international anerkannt sind: *Jane's Infantry Weapons, Jane's Weapons Systems, Jane's Military Communications, Jane's High-Speed Marine Craft and Air Cushion Vehicles, Jane's Armour and Artillery, Jane's All the World's Aircraft, Jane's World Aircraft Recognition Handbook*, ein

Flugzeugerkennungshandbuch, u. die Fachzeitschriften *Jane's Defence Weekly*, *Jane's Intelligence Review*, *Jane's Navy International*, *International Defence Review*.

Jerry ['dʒerɪ]. Spitzname für einen Deutschen *(German)*.

Jersey cow ↑Rinderrassen.

JET, *Joint European Torus*. Europ. Kernfusionsanlage in Culham bei Oxford, eröffnet 1984. Hauptziel des *JET*-Großexperiments, an dem alle europ. Fusionslaboratorien, darunter auch das Max-Planck-Institut für Plasmaphysik in Garching bei München, beteiligt sind, ist es, die Bedingungen für das thermonukleare Brennen eines Fusionsplasmas (ionisiertes Gas aus den beiden Wasserstoffisotopen Deuterium u. Tritium) – Anfangstemperatur mind. 100 Mio. Grad Celsius – u. schließlich die kommerzielle Erzeugung von Energie durch die kontrollierte Fusion von Deuterium u. Tritium zu ermöglichen. Um die Jahrhundertwende soll eine doppelt so große Experimentieranlage, sog. *Next European Torus (NET)*, mit der erstmals eine Fusionsreaktion – allerdings noch ohne Energiegewinn – gelingen soll, *JET* ablösen.

jetfoil ['dʒetfɔɪl]. Turbinengetriebenes Tragflügelboot für den Passagierverkehr (über 300 Personen) zwischen Ostende u. Dover, Fahrtzeit 1 h 40 min, Höchstgeschwindigkeit etwa 85 km/h.

jigger ['dʒɪgə]. Engl. Bar-Hohlmaß mit 2 Hohlräumen: 40g (= Whiskymaß) bzw. 28 o. 56g. – Beliebter ↑*pub*-Name.

Jingo ['dʒɪŋgəʊ]. In der Zeit des russ.-türk. Krieges (1877–78) entstandene pej. Bez. für brit. Nationalisten u. Hurrapatrioten, vgl. die frz. Bez. *chauvin*; daher *jingoism* ‚Chauvinismus'. Der Ausruf „By Jingo" statt „By Jove" ist eine weitere Ersatzvariante für die Nennung des Namen Gottes.

jingoism ↑Jingo.

jobber ↑Stock Exchange.

jobcentre. ‚(Lokales) Arbeitsamt', früher: *employment office*. Es gibt etwas 1200 j.c. ↑*jobclubs*, ↑*jobplan workshops*.

jobclubs. Staatl. geförderte Selbsthilfegruppen für Arbeitslose (seit 1985). Die Gruppenmitglieder werden vom örtl. Arbeitsamt (↑*jobcentre*) in der Technik der Bewerbung u. des Vorstellungsgesprächs unterwiesen, sie treffen sich mehrmals wöchentlich in den Räumen des Arbeitsamts u. können dort Telefon, Fotokopiergeräte, Schreibmaterial kostenlos für ihre Bewerbung benutzen. Hohe Erfolgsquote. ↑*jobplan workshops*.

Jobplan workshops. Hilfsprogramm zur Wiedereingliederung von Langzeitarbeitslosen. ↑*Jobclubs*.

Jock. Spitzname für schott. Soldaten (↑*Scots Guards*), auch allg. für Schotten; neben ↑*Sandy*. Siehe auch ↑*Jerry*, ↑*John Bull*, ↑*Taffy*, ↑*Tommy*.

John Bull. Spitzname für Engländer (↑*Nationalsymbole*). Vgl. a. ↑*Jock*, ↑*Taffy*, ↑*Tommy*, ↑*Sandy*.

joint committees ↑parliamentary committees.

joint-stock banks ↑Banken.

Joneses, the ~ ['dʒəʊnzɪz]. Etwa: ‚die lieben Nachbarn', an denen man sich trotz aller Kritik stets gesellschaftlich orientiert („to keep up with the Joneses"). Der Familienname Jones ist in GB etwa so häufig wie in D Schmid(t) o. Müller.

joule, Abk. *J.* [dʒuːl o. dʒaʊl]. Nach dem brit. Physiker James P. Joule [nur dʒuːl] (1818–1889); Maßeinheit für alle Formen der Energie, 1 Kalorie = 4,1868 Joule. *Joule* hat die Kalorie als Wärmeeinheit ersetzt.

JP, *Justice of the Peace* ↑Justiz.

junior school ↑primary school.

jury ['dʒʊərɪ]. Gruppe von 12 Personen, die vor einem Gericht über die Schuld o. Unschuld eines Angeklagten zu befinden haben. Es genügt, wenn nur 10 von ihnen ein einstimmiges Urteil abgeben. Die Strafe wird von dem Richter festgelegt. *Trial by jury* ‚Schwurgerichtsverfahren' findet normalerweise Anwendung nur bei Strafverfahren vor höheren Gerichten, also nicht vor dem *Magistrates' Court* (↑*Justiz*).

Justice of the Peace *(JP)* o. *magistrate* ↑Justiz.

Justiz. In GB gibt es keinen Justizminister. Seine Aufgaben teilen sich vier Amtsträger: der ↑*Attorney General* (Erster Kronanwalt), der *Solicitor General* (Zweiter Kronanwalt), der *Home Secretary* (Innenminister) u. der ↑*Lord Chancellor.* Alle vier sind Regierungsmitglieder, der Lord Chancellor u. der Home Secretary mit Sitz im Kabinett (↑*Regierung*). – In England u. Wales liegt die Entscheidung, Anklage zu erheben, seit 1986 bei dem *Crown Prosecution Service* unter der Leitung des *Director of Public Prosecution.* Es gibt folgende Gerichte:

1. *Juvenile courts* für Angeklagte unter 17 Jahren.

2. *Magistrates' courts* mit v.a. strafrechtlicher Zuständigkeit, u. zwar für die leichteren Straftaten *(summary offences);* die Höchststrafen, die sie verhängen können, sind 6 Monate Haft o. eine Geldstrafe bis £ 2000. In Zivilsachen haben die *magistrates' courts* nur begrenzte Zuständigkeit, z.B. bei Sorgerecht, Adoption, Vormundschaft. An diesen Gerichten sind i.d.R. nur unbezahlte Laienrichter tätig (derzeit ca. 30000), sog. *magistrates* (auch *Justices of the Peace, JPs*), die sich während der Verhandlung der Hilfe von *clerks* ‚Justizbeamten' bedienen; nur die ranghöchsten, sog. *Clerks to the Justices,* sind ausgebildete Juristen. Lediglich in London u. anderen Großstädten bestehen die *magistrates' courts* aus Berufsrichtern, die Juristen sind, sog. *stipendiary magistrates* dt. etwa ‚Amtsrichter'.

3. *County courts* sind ausschließlich Zivilgerichte mit erstinstanzlicher Zuständigkeit für weniger be-

deutsame Fälle. Sie unterstehen, im Gegensatz zu den *magistrates' courts,* dem *Lord Chancellor's Department* (↑*Lord Chancellor*). Für die tägliche Verwaltung der ca. 300 *county courts* sind England u. Wales in 6 *circuits* (Gerichtsbezirke) eingeteilt. Das richterliche Personal besteht aus den *registrars,* früheren *solicitors* (↑*barristers*), u. den *circuit judges,* früheren *barristers.* Die Richter sind einem bestimmten *circuit* zugeordnet u. außerhalb der Großstädte an mehreren *county courts* tätig. An *county courts* wirken auch als Teilzeitrichter aktive *solicitors* u. *barristers* (sog. *deputy county court registrars* u. *recorders* bzw. *assistant recorders*). Wie *magistrates' courts* gehören auch die *county courts* zu den *inferior courts* ‚Untergerichten'.

4. *Crown Court* ist das Strafgericht erster Instanz mit Zuständigkeit für alle schweren Straftaten, d.h. solche, die nicht von den *magistrates' courts* behandelt werden können, sog. *indictable offences.* Hier wird die richterliche Funktion zw. einem rechtskundigen Einzelrichter u. einer rechtlich nicht vorgebildeten ↑*jury* verteilt. Im Gegensatz zu den vorgen. Gerichten gibt es nur einen einheitlichen *Crown Court* mit Zuständigkeit für ganz England u. Wales, daher gehört der *Crown Court* zu den *superior courts* ‚Obergerichten'. Gleichwohl wird der *Crown Court* an 90 verschiedenen Gerichtsorten, sog. *Crown Courts Centres,* in den 6 *circuits* tätig. Die Richter sind entweder *circuit judges* bzw. *recorders* o. *High Court judges.* Der *Central Criminal Court,* volkstüml. *Old Bailey* genannt, ist der *Crown Court* in der ↑*City of London* mit Zuständigkeit für die City of London u. Großlondon.

5. Der *High Court (of Justice)* ist auch ein einheitliches Gericht mit mehreren Gerichtsstätten (insg. 26). Hauptsitz sind die *Royal Courts of Justice* in London. Der *High Court* ist in 3 Abteilungen *(divisions)* geteilt: Die *Queen's Bench Division,* die v.a. für das *common law* zuständig ist (Vorsitzender: ↑*Lord Chief Justice*), die *Chancery Division,* die insb. für *equity* (↑*Recht*) zuständig ist, u. die *Family Division* mit Zuständigkeit für Familienrecht. Der *High Court* ist v.a. erstinstanzliches Zivilgericht für bedeutendere Rechtsstreitigkeiten. Die Rechtsprechung geschieht durch Einzelrichter, die entweder den Status eines *High Court Judge* – es gibt z.Z. nur insg. 77 davon – o. eines *Deputy High Court Judge,* i.d.R. *Circuit Judges,* haben.

6. Der *Court of Appeal* ist das Haupt-Berufungsgericht (↑*Rechtsmittel*).

7. Der *Supreme Court* umfaßt den *Court of Appeal,* den *Crown Court* u. den *High Court.*

8. Das *House of Lords* ist oberstes Appellationsgericht, sowohl in Zivil- wie auch in Strafsachen.

9. Außerdem gibt es eine Reihe von Spezialgerichten wie den *Restrictive Practices Court* ‚Kartellgericht', *courts martial* ‚Militärgerichte', ↑*coroner's courts* u. sog. *administrative tribunals* (↑*quangos*), die unterschiedliche Rechtsbefugnisse besitzen, z.B. *rent tribunals* ‚Mietgerichte', *tax tribunals* ‚Steuergerichte', ↑*Criminal Injuries Compensation Board.*

In Schottland wird die Anklage vom *Lord Advocate* o. *Procurator*

Fiscal in unteren Gerichten erhoben. Leichtere Straftaten werden vor den *district courts,* schwerere vor dem *Sheriff Court* u. Straftaten wie Mord o. Hochverrat vor dem *High Court of Justiciary* verhandelt. Zivilsachen kommen vor die *Sheriff Courts* o. den *Court of Session.* Es gibt auch den *Scottish Land Court* speziell für landwirtschaftl. Pachtbesitz.

juvenile court ↑Justiz 1.

K

K [keɪ]. **1. to get one's ~.** ‚to be knighted', dt. ‚zum Ritter geschlagen werden'. ↑*Adelstitel,* ↑*Orden u. Ehrenzeichen;* 2. Abk. für ‚1000', meist in Verbindung mit Preisangaben, z. B. £ *12 k* = 12 000 Pfund Sterling.

Kabinett ↑Regierung.

Kanalinseln ↑Channel Islands.

Kaufhäuser. Das größte u. wohl bekannteste Londoner Warenhaus ist *Harrods* in Knightsbridge; es hat den Ruf, jeden Artikel (z. B. einen Elefanten) u. jede Dienstleistung (z. B. Bestattungen) liefern zu können; vgl. Telex-Adresse: Everything-London. In den 1840er Jahren führte Henry Harrod an derselben Stelle ein kleines Lebensmittelgeschäft; sein Sohn Charles machte daraus 1861 ein Warenhaus. Der Winterschlußverkauf *(winter sales)* ist bekannt wegen seiner günstigen Preise für Waren gehobener Qualität. Das zweitgrößte Warenhaus ist *Selfridges* in ↑*Oxford St.;* gegr. 1909 von dem Amerikaner H. Gordon Selfridge; es ist v. a. wegen der Lebensmittelabteilung bekannt u. hat zwei ↑*restaurants* u. mehrere ↑*cafés.* Andere interessante K. sind: *Heal's,* gegr. 1810, für Möbel; *Fortnum & Mason* in Piccadilly, gegr. 1707, für Lebensmittel, Hoflieferant der Königin, gilt als das vornehmste Londoner K.; *Foyle's,* größte Buchhandlung der Welt, neu u. Antiquariat, in Charing Cross Road; *Liberty's* in Regent St., gegr. 1875, v. a. bekannt für Textildesigns *(Liberty prints).*

KBB, *King's Bad Bargain.* Seit George II, engl. König 1727–60, gebräuchliche Bez. für einen ‚schlechten Soldaten'.

KBE, *Knight Commander of the Order of the British Empire* ↑KC, ↑Orden u. Ehrenzeichen A.10.

KC 1. *Knight Commander* ‚Komturritter', Titel der Inhaber der 2. Klasse der mehrklassigen brit. Orden (↑*Orden u. Ehrenzeichen* A.); 2. *King's Counsel* entspr. *Queen's Counsel,* ↑*QC.*

KCB, *Knight Commander of the Order of the Bath* ↑Orden u. Ehrenzeichen A.3.

KCIE, *Knight Commander of the Order of the Indian Empire* ↑Orden u. Ehrenzeichen A.7.

KCMG, *Knight Commander of the Order of St. Michael and St. George* ↑Orden u. Ehrenzeichen A.6.

KCSI, *Knight Commander of the Order of the Star of India* ↑Orden u. Ehrenzeichen A.5.

KCVO, *Knight Commander of the Royal Victorian Order* ↑Orden u. Ehrenzeichen A.8.

keltische Sprachen in GB ↑Cornish, ↑Gaelic, ↑Manx, ↑Welsh.

Kensington Palace ↑Hyde Park, ↑Royal Family.

Kernenergie (nuclear energy). GB hat in der friedlichen Nutzung der Kernenergie Pionierarbeit geleistet. Als erstes KKW ging ↑*Calder Hall* 1956 in Betrieb. 1994 waren 13 KKWs (37 Reaktoren) mit einer Gesamtleistung von 11900 MW in Betrieb (= 26% der brit. Stromerzeugung (↑*Elektrizitätswirtschaft*), vgl. Frankreich 78% bei 57 Reaktoren, D. 30%, 21 Reaktoren); darunter sind 5 ältere, aus der Zeit zwischen 1962 u. 1972 stammende gasgekühlte Magnox-KKWs (Höchstleistung 840 MW) u. 5 neuere KKWs des Typs AGR (Advanced Gas-cooled Reactor) mit etwa 1200 MW, ebenfalls gasgekühlt (Betreiber: *Nuclear Electric*). Zwei weitere AGRs werden von *Scottish Nuclear* betrieben. Der erste brit. Druckwasserreaktor PWR (Pressurized Water Reactor, 1200 MW) steht in Sizewell (Suffolk), ein zweiter Block ist dort im Bau.

Die 1954 gegr. brit. Atomenergiebehörde *UK Atomic Energy Authority (UKAEA)* mit Sitz in London wurde 1994 in zwei Unternehmen gegliedert: *AEA Technology*, ein kommerzielles Unternehmen, das wiss. u. techn. Dienstleistungen für die Nuklearindustrie weltweit anbietet, sowie *UKAEA (Government Division)*, zuständig für Betrieb u. Stillegung der *AEA*-Nuklearanlagen, Entsorgung, Wiederaufarbeitung u. das nukleare Forschungs- u. Entwicklungsprogramm der Regierung. Das *UKAEA* unterhält Forschungseinrichtungen u. Versuchszentren in Harwell u. Culham (Oxfordshire), Winfrith (Dorset) sowie in Dounreay (Highland, Schottland) den im März 1994 stillgelegten Prototyp-Schnellbrüter. Zusammenarbeit mit *British Nuclear Fuels plc*, der staatlichen Gesellschaft für nukleare Brennelemente mit Sitz in Risley (Cheshire); *BNFL* betreibt die größte Wiederaufarbeitungsanlage (*nuclear reprocessing plant*) der Welt in ↑*Sellafield* (bis 1981: Windscale), Cumbria. In der Anlage (15000 Mitarbeiter) werden verbrauchte Kernbrennstäbe aus GB, D, der Schweiz u. anderen europ. Ländern aufbereitet. Das dabei gewonnene Uran u. Plutonium wird in Atomsprengköpfen o. den 13 brit. KKWs wiederverwendet. Im März 1994 nahm eine zweite Wiederaufarbeitungsanlage für oxidischen Brennstoff in Sellafield den Betrieb auf (*THORP, Thermal Oxide Reprocessing Plant*), 217 m lang, 130 m breit. Die ersten 10 Betriebsjahre sind bereits ausgebucht; während dieser Zeit werden die Kosten der Anlage (£ 1,85 Mrd.) voll amortisiert. Weitere *BNFL*-Anlagen stehen in Capenhurst/Cheshire (Urananreicherung), Chapel Cross /Dumfries & Galloway u. Springfields/Lancashire (Herstellung von Brennelementen).

Brit. KKWs unterliegen einer strengen Kontrolle nach dem *Radioactive Substances Act* von 1960, dem *Nuclear Installations Act* von 1965 u. dem *Health and Safety at Work Act*

(1974). Aufsichtsbehörde für Kernanlagen ist das *Nuclear Installations Inspectorate.* Für den Strahlenschutz zuständig ist der *National Radiological Protection Board.*

Die Kernenergienutzung ist auch in GB nicht mehr unumstritten. So gelang es wegen der Risiken der Kernenergie nicht, im Zuge der Privatisierung der ↑*Elektrizitätswirtschaft* auch die KKWs zu privatisieren. Siehe auch ↑*JET.*

Kew Gardens, offiziell: *Royal Botanic Gardens.* Der Königliche Botanische Garten an der Themse im SW-Londoner Vorort Kew (Surrey) zählt zu den beliebtesten Touristenattraktionen Londons. Über 80000 lebende Pflanzen werden hier in landschaftlich schöner Umgebung bei geringem Eintrittsgeld zur Schau gestellt. Die weitläufige parkähnliche Anlage (120 ha) wurde 1759 (u.a. von Landschaftsgärtnern wie Capability Brown) für botanische Forschungszwecke eröffnet. Auch heute noch ist die Bestimmung von Pflanzen eine der wichtigsten Aufgaben der dort forschenden Botaniker.

Keys, House of ~ ↑Isle of Man.

KG, *Knight of the Order of the Garter* ↑Orden u. Ehrenzeichen A.1.

kilt [kɪlt]. Knielanger Faltenrock aus festem Wollstoff mit dem ↑*tartan*-Farbmuster schott. ↑*clans;* Teil der schott. Hochland-Tracht, traditionell von Männern getragen, urspr. auch milit. Tracht der schott. Regimenter, heute noch Paradeuniform (↑*highlander* 2.). Der k. entwickelte sich aus einem wollenen Mantel, den die schott. Hochlandbewohner als losen Umhang über der Schulter trugen u. der ihnen in der Nacht als Decke diente (↑*plaid*). Im 16. Jh. wurde er durch einen Gürtel um die Taille gehalten; in den unteren Teil arbeitete man Falten ein, trennte ihn später ab u. erhielt den k. Zum k. gehört stets die Kiltnadel *(kilt pin),* die den vorne offenen Rock zusammenhält, u. die kleine Jagdtasche *(sporran)* aus Leder o. Dachsfell, die vorne am Gürtel hängt. – Der k. galt lange als Symbol des schott. Widerstands gegen England u. wurde nach der Schlacht von ↑*Culloden* verboten (bis 1782). Heute hat er auch in die Damenmode Eingang gefunden.

kindergarten ['kɪndə'gɑːtn]. Das dt. Lehnwort *kindergarten* ist neben engl. ↑*nursery school* gebräuchlich; während letztere eine öffentliche Vorschule für 3- bis 5jährige ist, bez. *kindergarten* meist eine entsprechende private Einrichtung. Für die Betreuung von Kleinkindern stehen ferner *day nurseries* o. *creches* ‚Kindertagesstätten, Kinderkrippen' zur Verfügung.

King's/Queen's English ist der vorbildliche engl. Sprachgebrauch, der sich an der Aussprache des gebildeten Londoners (früher: des Königshauses) orientiert. Diese Form des Englischen (wissenschaftl. Terminus: ↑*Standard English*) wurde seit den 30er Jahren als Rundfunk-Englisch (↑*BBC English*) weltweit verbreitet. Sie gilt auch als Standard für den Englischunterricht in D. „The King's English" heißt eine erstmals 1906 erschienene engl. Stilkunde von H. W. u. F. G. Fowler. ↑*Oxford English*, ↑*Received Pronunciation*.

king's (queen's) shilling. *To take the k. s.* hieß ‚der Armee beitreten', da ein neuer Rekrut im 19. Jh. einen ↑*shilling* auf die Hand bekam.

kipper. Gepökelter, geräucherter Hering, traditioneller Bestandteil des *English* ↑*breakfast*, heute seltener.

Kirche von England ↑Konfessionen.

Kirk ↑Konfessionen.

Klassenstruktur. In GB ist das Klassenbewußtsein nach wie vor stark ausgeprägt. Unterschieden wird einmal zwischen der brit. Arbeiterschicht *(working class)* u. der Mittelschicht *(middle class)* – also etwa zwischen *blue-collar* u. *white-collar workers* ‚körperlich u. geistig Arbeitenden' – u. zum anderen an der Spitze der Gesellschaftspyramide, wo die Mittelschicht in die Oberschicht *(upper class)* übergeht, v. a. Hocharistokratie (↑*Adelstitel*) u. Landadel (↑*gentry*). ‚Klasse' beruht in GB weniger auf Geld als auf *background*. Im Engl. bezeichnet „class" eine Kombination daraus, wie jemand sein Geld verdient u. wofür er es ausgibt. Seine berufliche Stellung ist der wichtigste Einzelindikator für seine Klassenzugehörigkeit. Eine bes. für Zwecke der Kreditgewährung u. des Direktmarketing (z. B. von ↑*Building Societies*) übliche Einteilung der Bevölkerung in Einkommenskategorien lautet: *A = upper middle class* (gehobene Mittelklasse, z. B. *executive, doctor*); *B = middle class* (Mittelklasse, z. B. *manager*); *C1 = lower middle class* (untere Mittelklasse, z. B. *supervisor*); *C2 = skilled working class* (Facharbeiter, z. B. *joiner, electrician*); *D = unskilled working class* (ungelernter Arbeiter, z. B. *labourer, roadsweeper*); *E = unemployed, pensioners*, „those at the lowest level of subsistence" (Arbeitslose, Rentner, Sozialhilfeempfänger). Für die Klassenzugehörigkeit müssen aber auch die feinen Unterschiede von Lebensweise, Manieren, Sprache (↑*U-Non-U*) sowie die Bildung, die soziale Stellung u. der Akzent der Eltern berücksichtigt werden. Auch die ↑*Haustypen* gelten als äußerer Hinweis auf die Klassenzugehörigkeit ihrer Bewohner: die kleineren *terraced houses* sind typisch für die Arbeiterfamilien, die *semis* für den unteren Mittelstand u. die *detached houses* für den oberen Mittelstand. – Die politische Macht der Aristokratie als Klasse ist heute gleichsam analog zu ihrer zahlenmäßigen Stärke verschwindend gering. Sie hat es jedoch verstanden, das Klassenbewußtsein in der brit. Gesellschaft am Leben zu erhalten.

knight ↑Adelstitel, ↑Orden u. Ehrenzeichen.

Knight Commander ↑*KC* (1.), ↑Orden u. Ehrenzeichen A.

KO 1. Fußball: colloq. Abk. f. *kick off* ‚Anstoß', Beginn eines Fußballspiels; 2. Boxen: *knockout* ‚k. o.'.

Kolonien ↑Commonwealth 2.

Konfessionen. 1. *Church of England*,

var. *Anglican Church,* auch *Established Church:* Die anglikanische Staatskirche. GB ist überwiegend protestantisch. Die Reformation fand 1534 statt, als sich Henry VIII aus politischen, finanziellen u. persönlichen Gründen zum Oberhaupt der Ch. of E. erklärte u., legitimiert durch die Suprematsakte *(Act of Supremacy),* alle Rechte, die bisher vom römischen Papst in England ausgeübt wurden, übernahm. Bekenntnis- u. Kirchenordnungsgrundlage ist das *Book of* ↑*Common Prayer.* 1549 erschien ein seitdem mehrfach revidierter Katalog mit 42 Glaubensartikeln; heute gelten davon noch 39 *(39 Articles).* Anfang der 50er Jahre gingen fast 10 % der Bevölkerung regelmäßig in die Kirche; Mitte der 90er Jahre war dieser Prozentsatz auf unter 2 % gesunken. Oberhaupt *(Supreme Governor)* der Ch. of E. ist der Monarch. An der Spitze der beiden Kirchenprovinzen Canterbury (30 Bistümer) u. York (14 Bistümer) stehen zwei Erzbischöfe: der *Archbishop of Canterbury* führt den Titel *Lord Primate of All England,* seine Residenz ist der *Lambeth Palace* in London; der *Archbishop of York* ist *Lord Primate of England.* Beide Erzbischöfe u. 24 Bischöfe haben einen Sitz im *House of Lords* (↑*Parlament*). Der Anglikanismus weist katholische u. protestantische Tendenzen auf, die sich in drei verschiedenen Richtungen ausgeprägt haben: a) *High Church,* die dem Katholizismus zuneigende Richtung *(Anglo-Catholic),* die starke Impulse von dem von J. Keble, E. Pusey u. J. H. Newman geführten *Oxford Movement* erhielt; b) *Low Church,* die evangelische Richtung, auch *evangelical movement* genannt; c) *Broad Church,* heute vereint in der *Modern Churchmen's Union,* versucht die kirchliche Lehre u. Liturgie in einem liberalen Sinn auszulegen. Die weltweite anglikanische Glaubensgemeinschaft heißt *Anglican Communion.* Zu ihr zählen neben der Ch. o. E. auf den Brit. Inseln die *Church in Wales* (seit 1920, 1 Provinz mit 6 Diözesen), die *Episcopal Church in Scotland* (seit 1690) u. die *Church of Ireland* (seit 1871, 2 Provinzen mit 12 Diözesen) sowie weltweit 27 weitere Kirchen u. Glaubensgemeinschaften. Alle 10 Jahre findet die *Lambeth Conference* statt, um neue Kirchenpolitik vorzuschlagen. Das höchste Verwaltungs- und gesetzgebende Organ der anglikanischen Kirche ist die *General Synod,* die aus 3 Häusern besteht: *House of Bishops* (52 Mitglieder), *House of* ↑*Clergy* (250) und *House of Laity* (‚Laien') (251). Eine Aufgabe der *Synod* ist es, Gesetze über Kirchenangelegenheiten zu entwerfen, die dann dem ↑*Parlament* zur Genehmigung vorgelegt werden müssen, z.B. die Frage der Frauenordination (↑*clergy*).

2. *Roman Catholics.* Die römischen Katholiken (rd. 4,2 Mio.) – die älteste religiöse Gruppe in GB – sind trotz der Staatskirche nie ganz aus GB verschwunden u. stellen unter den übrigen Konfessionen die größte Gruppe dar (10 %); 7 Kirchenprovinzen mit 29 Bistümern in England, Wales u. Schottland. 1829 erhielt sie im *Catholic Emancipation Act* die politische Gleichberechtigung. Primas ist der *Archbishop of Westminster.* Mitte der 90er Jahre waren katholi-

sche Gottesdienste besser besucht als anglikanische. ↑*Test Act.*

3. Neben der Staatskirche („Church") gibt es die Freikirchen *(Free Churches* o. *Chapel),* deren Mitglieder ↑*non-conformists* o. *dissenters* genannt werden, weil sie sich weigerten, sich der Anglikanischen Kirche anzuschließen: a) *Methodists,* urspr. eine Erneuerungsbewegung innerhalb der Ch. of E., um 1760 unter John u. Charles Wesley u. G. Whitefield von ihr ausgeschlossen; stark verbreitet in den walis. Industriegebieten; b) *Baptists,* seit dem 16. Jh., vertreten die volle Unabhängigkeit der Gemeinde u. bekennen sich zur Erwachsenentaufe; c) *Congregationalists,* seit dem 17. Jh., ohne kirchliche Organisation, fusionierten 1972 mit der *Presbyterian Church in England* zur *United Reformed Church* (s.u.); d) the *Society of Friends,* „*Quakers*", gegr. 1652 von G. Fox. Die Quäker sind eine kleine, aber bedeutende Gruppe, sie lehnen Abendmahl u. Taufe, den Eid u. Militärdienst ab; Friedensnobelpreis 1947; e) *Presbyterian Church,* in England (s. o.) nicht so stark vertreten wie in Schottland, wo sie seit Anfang des 18. Jh. Staatskirche ist.

4. *Church of Scotland* o. *Kirk* (7 Bistümer) hat sich in der Reformation weiter von der kath. Kirche entfernt als die Ch. of E. Ihr Gründer J. Knox führte in der 2. Hälfte des 16. Jh. die Lehre Calvins in Schottland ein. Jede Gemeinde hat ihren Kirchenrat *(Presbyterium),* in dem Priester u. Laienälteste gleichberechtigt sind. Der Status der *Kirk* ist in der ↑*Act of Union* festgelegt, dem Vertrag, mit dem 1707 die Vereinigung zwischen England u. Schottland vereinbart wurde. Der Monarch wird nicht als geistliches Oberhaupt anerkannt. Das höchste Organ der *Kirk* ist die *General Assembly,* die aus gewählten Pfarrern u. Gemeindeältesten besteht. Diese trifft sich jährlich unter der Präsidentschaft eines *moderator,* der für ein Jahr gewählt wird. Die Krone ist in dieser Versammlung von einem *Lord High Commissioner* vertreten. Aus der *Kirk* hervorgegangene Splittergruppen sind die *Free Church of Scotland,* die *Free Presbyterian Church* u. die *United Free Church of Scotland.*

5. Die *Episcopal Church* ‚Bischofskirche' stellt den schottischen Zweig der *Church of England* dar. Das Bischofsamt lehnt sich an altkirchliche Vorstellungen des anglikanischen Katholizismus an (↑*Anglican Communion*).

6. Die Juden *(Jews)* wurden 1290 aus England ausgewiesen u. durften erst Mitte des 17. Jhs. zurückkehren, wurden aber nur wegen ihrer Förderung des Handels geduldet. Erst ab 1858 konnten Juden in den Staatsdienst (↑*civil service*) eintreten, u. 1871 erhielten sie freien Zugang zu den ↑*Universitäten.* Seit 1890 stehen ihnen alle Ämter offen. Die jüd. Gemeinschaft – vertreten durch das *Board of Deputies of British Jews* – zählt ca. 350000 Mitglieder u. ist somit die drittgrößte Europas. Sie ist in 2 Gruppen geteilt, die Orthodoxe (ca. 75%) u. die Reformierte, die 1840 entstand.

7. Neben den genannten Konfessionen gibt es 1,5 Mio. Muslime, 300000 Sikhs, 320000 Hindus u. Buddhisten.

Kt., *knight* ↑Adelstitel.

KT, *Knight of the Order of the Thistle* ↑Orden u. Ehrenzeichen A.2.

Kt. Bach., *Knight Bachelor* ↑Orden u. Ehrenzeichen A.

L

L = Learner. ‚Fahrschüler'. *L-Plates*, quadratische, weiße Schilder mit dem roten Buchstaben *L* in der Mitte, ca. 20×20 cm, vorne u. hinten am Auto angebracht, weisen darauf hin, daß sich der Fahrer in diesem Auto auf die Fahrprüfung *(driving test)* vorbereitet. *Learner drivers* müssen jedoch stets von einem Führerscheininhaber begleitet werden. Fahrschulen *(driving schools)* gibt es im UK ähnlich wie in D. Bei der Prüfung steht der praktische Teil im Vordergrund (Sehvermögen, Fragen über Verkehrsregeln, den ↑*Highway Code*). Wenn man Autofahren lernen will, beantragt man eine *provisional driving licence* (‚vorläufige Fahrerlaubnis'), die jeweils für 3 Monate ausgestellt wird, aber mehrmals erneuert werden kann. Nach bestandener Fahrprüfung bekommt man einen Führerschein mit einer Gültigkeitsdauer von 3 Jahren; er wird ohne weiteren Test gegen eine geringe Gebühr verlängert. Man ist nicht verpflichtet, den Führerschein bei sich zu tragen; bei einer Kontrolle muß man ihn innerhalb einer Woche bei der ↑*Polizei* vorzeigen.

La reyne le veult. ‚Die Königin will es'. Altfranzösische Formel auf dem Urkundensiegel der brit. Monarchin; erinnert an die noch jahrhundertelang von den Nachfahren des Normannenherzogs Wilhelm der Eroberer am ↑*Court of St. James* gesprochene Sprache. Bis zum *Royal Assent Act* 1967 war diese Formel die mündlich vorgetragene Zustimmung für *public* ↑*bills.*

lab, *low-alcohol beer* ↑*nab.*

Labour Party ↑Parteien.

lacrosse [lə'krɒs]. Ein kanadisches, dem ↑*hockey* ähnliches Schlagballspiel, in dem der Ball von einem Netzschläger *(crosse)* mit langem Griff getrieben u. geschlagen wird, in GB bevorzugt an höheren Mädchenschulen gespielt.

Lady ['leɪdɪ]. 1. Frau eines *baronet* o. *knight* (↑*Adelstitel*); *Dame,* der eigentliche Rechtstitel der Frau eines *knight,* wird immer seltener verwendet; 2. weibliches Äquivalent von *Lord,* auch Anrede der jüngeren Töchter eines Duke o. Marquess; 3. im Plural: allg. weibliches Äquivalent von ↑*gentleman,* vgl. die Anrede „ladies and gentlemen".

Lady Day. 25. März, entspricht dem Fest ‚Maria Verkündigung'; urspr. der Beginn des brit. Steuerjahres, heute der 6. April (↑*Steuern*). Siehe auch ↑*quarter day.*

lager, var. *German lager* ['lɑːgə]. Im Ggs. zu ↑*ale* untergäriges, der dt. Brauart ähnliches helles Bier, i.d.R. sehr kühl serviert. Man bestellt „half of lager, please", jedoch „(a) pint of ↑*bitter,*...", dt. ‚eine Halbe'.

Lake District ↑National Parks.

Lake Poets, var. *Lake School.* Bez. für die engl. Dichter W. Wordsworth (1770–1850), S. T. Coleridge (1772–1834) u. R. Southey (1774–1843), die im Lake District (↑*National Parks*) lebten u. ihre Landschaftserlebnisse in die Dichtung einfließen ließen.

Lambeth Conference ↑Konfessionen.

Lambeth Palace ↑Konfessionen.

Lancashire (cheese). Krümeliger, weißer Rahmkäse mit mildem Geschmack aus der gleichnamigen Grafschaft (NW-England).

Lancs. Abk. für die Grafschaft Lancashire ['læŋkəʃə], s. Karte S. 281.

Land of my Fathers heißt die inoffizielle Nationalhymne von Wales (bekannt seit 1860).

landed gentry ↑gentry.

Landschafts- u. Naturschutz (countryside and nature conservation). Mit dem *Environmental Protection Act* 1990 wurde u. a. der staatl. Landschafts- u. Naturschutz (bisher in der Zuständigkeit des *Nature Conservancy Council*) umgegliedert. In England gibt es die Naturschutzbehörden *Countryside Commission (CC)* u. *English Nature (EN)*, in Wales den *Countryside Council for Wales (CCW)*, in Schottland *Scottish National Heritage (SNH).* Ihre Aufgabe: Erhaltung u. Gestaltung der landschaftlichen Schönheit des Landes u. Verbesserung der Möglichkeiten für Freizeit u. Erholung in der Natur. Sie initiieren Informationskampagnen (↑*country code*) u. fördern geeignete Projekte durch Zuschüsse. Sie beraten die Zentralregierung, aber auch die Gebietskörperschaften (↑*local government*) in allen Fragen des Naturschutzes u. der Landschaftspflege (↑*National Parks*), legen die Schutzgebiete fest u. erteilen Ausnahmegenehmigungen von den Schutzgebietsbeschränkungen.

CC, EN, CCW u. *SNH* sind zuständig für über 300 *National Nature Reserves* mit insgesamt 190000 ha, etwa 340 *Local Nature Reserves* (England) u. 21 in Wales, jeweils in Abspache mit den *local authorities* sowie 6700 unseren „Naturdenkmälern“ vergleichbaren *Sites of Special Scientific Interest (SSSI)* mit Flächen zwischen 0,5 u. 6000 ha in ganz GB. In England ist die *CC* darüber hinaus für die ↑*National Parks* u. die *Areas of Outstanding Natural Beauty* (↑*National Parks*) zuständig. In Nordirland untersteht der Landschafts- u. Naturschutz dem *Environment Service.* Es gibt dort 44 *National Nature Reserves* u. 40 *SSSIs.*

Land's End/John o'Groats. Der südwestlichste bzw. nordöstlichste Punkt in GB, 970 km voneinander entfernt. *From LE to J o'G* bedeutet ‚im ganzen Land‘.

language schools ↑ARELS.

Last Night of the Proms ↑promenade concerts.

laverbread, walis. var. *Bara Lawr.*

Vitamin- u. mineralreiches Püree aus eßbarem rotem o. grünem Seetang *(laver,* bot. *Porphyra umbilicalis),* zu dünnen kleinen Brötchen geformt, mit grobem Hafermehl bestreut u. bes. zu gegrilltem Fleisch gereicht; eine typisch walis. Spezialität.

Law Society. Berufsverband der *solicitors* (↑*barrister*).

lawn tennis heißt das moderne Tennis, auch wenn es nicht auf dem in GB traditionellen harten, kurzen Rasen (↑*Wimbledon*), sondern auf Asche, Beton o. Tartan gespielt wird; im Ggs. zu ↑*real tennis.*

lb. lat. *libra;* Abk. für ↑*pound* (Gewicht).

LDC, *less developed country.* Kurzbez. für *developing country* ‚Entwicklungsland'. Die ärmsten dieser Länder sind *LLDC, least developed countries.*

LEA, *Local Education Authority.* Die Bildungsbehörden (LEAs) der *County Councils* (↑*county,* ↑*local government*) sind Schulträger der öffentlichen *county schools* u. *voluntary schools,* nicht jedoch der ↑*grant-maintained schools.* An der Spitze der LEA steht der *Chief Education Officer.* LEAs sind weitgehend autonom, sie können z.B. in ihrem Zuständigkeitsbereich entscheiden, welche Lehrer eingestellt u. welcher Schultyp in ihrem Bezirk errichtet werden soll. – Bis 1988 waren die LEAs für das gesamte Erziehungswesen ihres Bezirks zuständig (ausgenommen die ↑*Universitäten*). Ein Teil dieser Zuständigkeiten der LEAs wurde durch den Education Reform Act von 1988 stark eingeschränkt u. zentralisiert zugunsten von Elternmitspracherechten. Die *governing bodies* (Schulvorstände, die i.d.R. aus 12 Personen bestehen, davon mindestens 7 Eltern) von Elementar- und Sekundarschulen mit mind. 300 Schülern haben nun das Recht erhalten, sich von der Kontrolle der Kommunalbehörden zu befreien u. ihre finanziellen Mittel (*grants*) direkt von der Londoner Regierung zu beziehen u. weitgehend selbständig zu verwalten („to opt out"). Schulen, die sich dafür entschieden haben, heißen ↑*grant-maintained schools.* Voraussetzung: Mehrheitliche Zustimmung der Eltern. ↑*Her Majesty's Inspectors.*

Leader of the House ↑Parlament: *House of Commons.*

LECs, *Local Enterprise Companies,* entsprechen in Schottland in etwa den ↑*TECs* in England u. Wales.

lecturer ['lektʃərə]. Dozent; allg. Bez. für Lehrkräfte im Hochschulwesen (↑*Universität*). Man unterscheidet zwei Aufstiegsstufen: *senior lecturer* u. *principal lecturer.* Vgl. auch ↑*reader.*

Leicester (cheese). Rötlicher Käse mit mildem Aroma, das jedoch mit zunehmender Reife schärfer wird; urspr. Herkunftsort Leicester.

Leics. Abk. für die Grafschaft Leicestershire ['lestəʃə]. S. Karte S. 281.

Liberty's ↑Kaufhäuser.

licensed, auch *fully licensed,* liest man – oft in Leuchtschrift – auf Restaurant- u. Hotelschildern: das Lokal hat eine Schankgenehmigung *(licence)* u. darf innerhalb der ↑*licensing hours* – ein Hotel seinen Gästen jederzeit – Wein, Bier u. Spirituosen servieren. ↑*restaurant.*

licensing hours sind die in GB früher streng geregelten, inzwischen jedoch immer liberaler gehandhabten Alkoholausschankzeiten in ↑*pubs,* ↑*inns,* ↑*restaurants* usw. Die Rationierung der brit. Schankstunden geht auf den 1. Weltkrieg zurück, als man die Munitionsarbeiter aus den *pubs* fernhalten wollte. Seit 1976 können Wirte in Schottland eine Tageslizenz (11–23 Uhr) beantragen. Seit 1987 können in Engl. u. Wales Speisegaststätten, seit 1988 auch *pubs* u. Weinbars an Werktagen durchgehend von 11 Uhr morgens bis 11 Uhr abends öffnen. Sonntags öffnen sie hier von 12–15 Uhr u. 19–22.30 Uhr, in Schottland meist von 12.30–14.30 u. 18.30–23.00 Uhr. Bestrebungen sind im Gange, die Pubs auch am Sonntagnachmittag durchgehend zu öffnen.

Life Guards. Zusammen mit den ↑*Blues and Royals* eines der bedeutendsten Regimenter des brit. Heeres; gegr. 1656; jetzt ein Teil der ↑ *Household Cavalry.* Vgl. ↑*Streitkräfte.*

life peer ↑peer.

Lincs. Abk. für die Grafschaft Lincolnshire ['lɪŋkənʃə] (siehe Karte S. 281).

Little Neddy ↑National Economic Development Council.

Live Aid ['laɪv 'eɪd]. Größtes Pop-Benefiz-Konzert aller Zeiten, das am 13. Juli 1985 unter Mitwirkung namhafter Popinterpreten u. Rockbands gleichzeitig in London (England) u. Philadelphia (USA) zugunsten der Hungernden in Afrika (v.a. Äthiopien) stattfand u. per Satellit weltweit im Fernsehen übertragen wurde. Erlös ca. 50 Mio. Pfund Sterling. Das Konzert fand im Rahmen des bereits 1984 von dem irischen Popmusiker Bob Geldof gegr. Äthiopien-Hilfswerks *Band Aid* (prominente engl. Pop- u. Rockmusiker) statt, das mit Benefizschallplatten u. Konzerten auf Anhieb erfolgreich war. Für seine Verdienste wurde der Organisator Bob Geldof von Königin Elizabeth II zum *Knight Commander of the Most Excellent Order of the British Empire* (*K.B.E.,* ↑*Orden u. Ehrenzeichen* A.10.) ernannt. Als Ausländer darf er den zugehörigen Titel „Sir" nicht führen (↑*Adelstitel*). ↑*charities.*

Llanfairpwllgwyngyllgogerychwyrndrobwllllantysiliogogogoch ['θlænvaɪəpʊθl'gwɪŋɪθl gəʊ'gærɪx 'wɪrndrəbʊθl'θlæntɪ'sɪljəʊgəʊgəʊ'gəʊx]. Mit 58 Buchstaben längster Ortsname Europas (offizieller postalischer Name: *Llanfairpwll* o. *Llanfair P.G.*) in Anglesey (Gwynedd/Nordwales). Der im 19. Jh. als Werbegag ausgeheckte fiktive walis. Name bedeutet etwa: ‚Die Kirche der heiligen Maria im Tal des weißen Haselnußstrauches nach einer Stromschnelle und der Tysilio-Kirche bei der roten Höhle.' Der gleichnamige

Bahnhof des Ortes – das Gebäude ist seit 1986 in Privatbesitz – ist eine große Touristenattraktion.

LL.B., *Bachelor of Laws* ↑Akademische Grade.

LL.D., *Doctor of Laws* ↑Akademische Grade.

Lloyd's [lɔɪdz]. Verband von Versicherern *(underwriters),* 1688 in *Lloyd's coffee house* in London gegr. Die ca. 22000 Mitglieder (sog. *names*), die sich verpflichten, mit ihrem gesamten Vermögen für Schäden aufzukommen, müssen mündig sein u. ein Privatvermögen von mindest. 100000 Pfund nachweisen können. Ursprüngl. auf Schiffsversicherung spezialisiert, genießt L. heute den Ruf, fast alles zu versichern. L. gibt einen tägl. Schiffahrtsbericht heraus *(Lloyd's List).* 1986 baute L. im Zentrum Londons ein neues Glashochhaus, in dessen Atrium das Wahrzeichen von L. hängt, die *Lutine Bell,* eine Glocke der 1799 mit einer Ladung Gold gesunkenen Fregatte *Lutine,* die einmal läutet, wenn ein überfälliges Schiff als gesunken gemeldet wird, zweimal, wenn der Schaden doch nicht eingetreten ist. L. veröffentlicht ein Schiffsregister, *Lloyd's Register Book,* das die Versicherungssumme eines Schiffs bestimmt (↑*A1*). In den frühen 90er Jahren führte eine Reihe von Katastrophen – Feuer auf Bohrinseln, Öltankern, Erdbeben – zu Forderungen, die das Vermögen mehrerer *names* überschritten. Sie warfen L. vor, zu oft unkalkulierbare Risiken eingegangen zu sein u. drohten Klage an. Inzwischen wird L. zunehmend von Unternehmenskapital *(corporate capital)* mit beschränkter Haftung finanziert.

local authorities ↑local government.

local government. ‚Kommunalverwaltung'; reicht in angelsächsische Zeiten zurück, bevor durch die Normannen (ab 1066, ↑*Battle of Hastings*) eine staatliche Verwaltung entstand; ein umfassendes System gewählter Kommunalbehörden *(local authorities)* wurde jedoch erst gegen Ende des 19. Jhs. eingeführt. Sie sind wie folgt in England eingeteilt: auf der höchsten Ebene 39 *non-metropolitan* ↑*counties* (‚nichtgroßstädtische Grafschaften'), die in 332 *non-metropolitan districts* (‚nichtgroßstädtische Bezirke') auf der mittleren Ebene eingeteilt sind. Auf der untersten Ebene sind die ca. 10000 *parishes* (‚Landgemeinden'). Die 7 Verwaltungsräte für Ballungsgebiete (einschl. Groß-London, ↑*GLC*), die *metropolitan county councils* (Merseyside, Greater Manchester, West ↑*Midlands,* Tyne and Wear, West Yorkshire, South Yorkshire) wurden 1986 abgeschafft, ihre jeweiligen Aufgaben den 32 Londoner *boroughs* u. 36 *metropolitan districts* übertragen. In Wales: 8 *non-metroplitan counties,* die in 37 *non-metropolitan districts* eingeteilt sind. Auf der untersten Ebene gibt es ca. 1000 *communities* (entsprechend den engl. *parishes*). Ab 1996 werden in Wales die *counties* u. *districts* durch 22 *counties* u. *county boroughs* auf einer einzigen Ebene ersetzt. In Schottland gibt es anstatt *counties* 9 *regions,* in 53 *districts* eingeteilt, u. 3 *island areas* (Orkney,

Shetland u. die Western Isles). Der *burgh* wurde 1975 abgeschafft. Siehe Übersicht S. 282. Ein *parish* kann den Status einer *town* beantragen; eine *town* ist meistens eine Unterteilung eines *district.* Die *districts* in London u. einigen anderen Städten heißen *boroughs; borough*-Status kann von einem *district* u. der besondere Status der ↑*city* von einer *town* beantragt werden; dies hat nur formelle Bedeutung.

Der jeweilige Rat heißt *council,* z.B. *county council, district council, parish council* (etwa ein Drittel der *parishes* sind zu klein, um ein *council* zu bilden); *councillors,* die ehrenamtlichen Mitglieder der *councils,* werden für 4 J. direkt gewählt; der Vorsitzende, der in *cities lord mayor* (etwa ‚Oberbürgermeister'), in *boroughs* u. *towns mayor* (‚Bürgermeister') (in Schottland *provost* bzw. *lord provost*), sonst *chairman* heißt, wird vom *council* selbst gewählt. Der Rat der ↑*City of London* heißt die *Corporation of London,* an der Spitze steht der alljährl. gewählte *Lord Mayor.*

In Schottland gibt es anstatt *counties* 9 *regions,* in 53 *districts* eingeteilt, u. 3 *island areas* (Orkney, Shetland u. die Western Isles). Der *burgh* wurde 1975 abgeschafft.

Die Zuständigkeit der *local authority,* der Verwaltungsbehörde im Bereich des *local government,* erstreckt sich auf Bau- u. sonstige Planung, Wohnwesen, Schulwesen, Sozialfürsorge, die Polizei, die Feuerwehr u. viele andere kommunale Dienste. Die *local authorities* erhalten ihre Vollmacht vom Parlament u. genießen nach eigenem Ermessen erhebliche Freiheit. Bis zur Einführung der poll tax 1989 in Schottland u. 1990 in England u. Wales erhoben sie eigene Steuern, ↑*rates,* mit denen sie mit anderen Einkünften u. staatlichen Zuwendungen *(central government grants),* ihre Ausgaben bestritten. Kapitalausgaben werden v.a. auf dem Kreditwege finanziert. Das wichtigste Bindeglied zwischen *local authorities* u. ↑*central government* ist in England das *Department of the Environment,* in Schottland das *Scottish Office* u. in Wales das *Welsh Office.*

Wie bei Landtagswahlen in D. gelten die Kommunalwahlen *(local elections)* als politisches Stimmungsbarometer. Unter der konservativen Thatcher-Regierung wurde die Macht der Kommunen erheblich geschwächt: Ihre Aufgaben wurden wesentlich reduziert, ihre gewählten Amtsträger einer Reihe von politischen u. finanziellen Kontrollen unterworfen u. die Möglichkeiten der Kommunen zur Eigenfinanzierung drastisch eingeschränkt. Nach den kommunalen Finanzreformen sank der von den Gemeinden kontrollierte Steueranteil auf ca. 25 % in England u. noch weniger in Schottland u. Wales. Die Kommunen sind nun so gut wie vollständig von Finanzzuweisungen der Zentralregierung abhängig, die sich vorbehält, über den lokalen Bedarf zu entscheiden. Siehe ↑*rates,* ↑*Steuern.*

loch [lɒk, lɒx]. ↑*Gaelic* ‚Binnensee, Förde'. In Schottland gibt es über 1700 *lochs;* ihre Größe variiert zwischen sehr kleinen Seen *(lochan,* pl. *lochins)* bis hin zum 39 km langen u. stellenweise fast 8 km breiten *Loch Lomond.* Das berühmteste l. ist ↑*Loch Ness.*

Loch Ness. Zweitgrößter See Schottlands in der Nähe von Inverness (Highland), Teil des Kaledonischen Kanals, stellenweise über 200 m tief, mit außergewöhnlich dunklem Wasser; bekannt durch sein sagenhaftes Seeungeheuer *(Loch Ness Monster*, Kosename *Nessie)*. Vor 1400 Jahren wurde es von einem römischen Missionar zum erstenmal gesehen (vgl. Adamnan's *Vita Sancti Columbae*, 565 n. Chr.); 1933 gelang das erste, 1951 ein weiteres Foto des Ungeheuers. Bes. Kennzeichen: etwa 8–15 m lang, kleiner pferdeähnlicher Kopf mit einem langen Schlangenhals; 2 Höcker sichtbar, Farbe dunkelgrau bis schwarz; vermutetes Gewicht 35 t. Etwa 4000mal hat sich Nessie in den letzten 40 Jahren angeblich gezeigt, wissenschaftlich ist seine Existenz – trotz langjähriger Nachforschungen (1962–1972) des *Loch Ness Investigation Bureau* – jedoch noch immer nicht nachgewiesen. Für den Fang des Monsters hat die irische ↑*Guinness*-Brauerei £ 500 000 ausgesetzt.

Loch Ness Monster ↑Loch Ness.

lollipop man (lady) ['lɒlɪpɒp ...]. Ehrenamtl. Schulweghelfer, Schülerlotse. Zu seiner/ihrer Ausrüstung gehört eine Stange mit einem Schild „Stop! Children!", die einem Dauerlutscher *(lollipop)* ähnelt.

Lombard Street ['lɒmbəd, – bɑːd ...]. Bankenstraße in der ↑*City of London* (EC3) in der Nähe des ↑*Stock Exchange*. Auch übertragen für die Londoner Bankenwelt gebraucht (↑*Banken*).

London Airport ↑Flughäfen (London).

London Banker's Clearing House ↑Banken.

London docklands ↑East End, ↑Wapping.

London Orbital. 1986 fertiggestellte Londoner Stadtumgehungsautobahn (= ↑*M* 25). Der Autobahnring ist etwa 200 km lang, führt vierspurig unter der Themse durch, sonst sechs- bis achtspurig.

London School of Economics and Political Science (LSE). Hochschule für Wirtschafts-, Rechts- u. Sozialwissenschaften, gegr. 1895 u. seit 1900 Teil der *University of London;* gehört mit ↑*Oxbridge* zu den angesehensten akademischen Instituten GBs. Ehemalige Direktoren waren u. a. Lord Beveridge (1919–1937), der Vater des brit. *welfare state* (↑*Beveridge Plan*) u. der deutsche Politikwissenschaftler u. Politiker Ralf Dahrendorf (1974–1984). Die über mehrere Gebäude in London verteilte Hochschule hat den höchsten Anteil aller brit. Universitäten an Auslandsstudenten (40 %).

London (Regional) Transport (LRT). Die Londoner Verkehrsbetriebe mit roten Bussen (↑*Red Arrows*, ↑*double deckers*), Untergrundbahn (↑*London Underground*); bis 1984 in Verantwortung des ↑*GLC*, seither unter Aufsicht des *Secretary of State for Transport*. Siehe auch ↑*Green Line coaches*.

London Underground, colloq. *the Tube* ‚Röhre'. Die Londoner U-Bahn gilt als die älteste der Welt: die ersten dampfgetriebenen Züge fuhren 1863, ab 1890 elektrifiziert, 1906/07 umfassender Ausbau des heutigen Röhrensystems *(tubes)*. Heute gibt es 9 Hauptlinien in Zuständigkeit von ↑*London Regional Transport* auf einem über 400 km langen Schienennetz mit 273 Stationen. (Nur ⅓ der Strecke ist „unter Grund"). Manche U-Bahn-Züge fahren bis zu 80 km ins Londoner Umland. Im Ggs. zur Pariser Métro (13 Linien, ca. 200 km) gibt es keinen Einheitspreis, der Tarif hängt von der Entfernung ab. Die Londoner Tube-Linien heißen: Metropolitan Line, Central Line, Bakerloo Line, Piccadilly Line, Northern Line, Circle Line (verbindet als Ringlinie alle großen ↑*Bahnhöfe Londons* miteinander), District Line, Victoria Line, Jubilee Line. Eine zehnte U-Bahn-Linie (Waterloo and City Line) wird von ↑*British Rail (Southern Region)* betrieben. U-Bahnen gibt es auch in Glasgow, Liverpool u. Newcastle (↑*Metro*).

long distance footpaths. In GB gibt es 12 ‚Fernwanderwege', die mit Unterstützung der ↑*Countryside Commission,* z.T. unter Einbeziehung der alten Treidelpfade *(bridleways)* entlang der Wasserwege, im ganzen Land angelegt werden, z.B. *Pennine Way* (250 Meilen von Sheffield bis Südschottland), *South West Peninsula Coast Path* (500 Meilen entlang der Küste von Cornwall), *Cleveland Way* (100 Meilen in Yorkshire), *Cotswold Way* (100 Meilen von Gloucestershire nach Avon), *South Downs Way* (80 Meilen unweit von London), *Pembrokeshire Coast Path* (150 Meilen Küstenwanderweg in Wales), *Offa's Dyke Path* (168 Meilen von Prestatyn nach Chepstow, ↑*Offa's Dyke*).

Longest word in the English language. Das längste engl. Wort wurde angeblich von William Gladstone (1809–1898) geprägt: *ultraantidisestablishmentarianism.* (↑*disestablishmentarianism*). Spaßmacher führen das Wort *smiles* an, weil zwischen dem ersten u. letzten Buchstaben ‚eine Meile *(mile)*' liegt.

Longleat ['lɒŋliːt]. Landsitz in Wiltshire, S-England, von Lord Bath, der seinen von Capability Brown (↑*English Garden*) in einen Landschaftspark verwandelten holländ. Garten 1967 in einen Tierpark mit Löwen u. anderen Tieren umgestaltete. L. House ist ein Beispiel für engl. Frührenaissance. Die elisabethanische Innenarchitektur wurde weitgehend kurz nach 1800 u. wieder in den 60er Jahren des 19. Jh. im viktorianischen Geschmack dekoriert (↑*Baustile*).

Lord. Titel eines ↑*peer* (↑*Adelstitel*).

Lord Advocate ↑Attorney General.

Lord Chancellor. Offiz. Titel: *Lord High Chancellor.* Vorsitzender des Oberhauses (↑*Parlament*) u. damit des höchsten Berufungsgerichts des Landes (↑*Rechtsmittel*), des *Judicial Committee* des ↑*Privy Council,* Mitglied des Kabinetts (↑*Regierung*) u. Vorsitzender der *Chancery Division* des *High Courts* (↑*Justiz*). Im Lordkanzler ist somit die Gewaltentrennung aufgehoben, da er in Exekutive, Legislative u. Judikative eine Rolle spielt.

Lord Chief Justice. Titel des Richters, der den Vorsitz in der *King's (Queen's) Bench Division* des *High Court of Justice* führt (↑*Justiz* 5.). Er steht auf dem 2. Platz in der Justizhierarchie nach dem ↑*Lord Chancellor* und ist ein ↑*peer.*

Lord High Chancellor ↑Lord Chancellor.

Lord High Commissioner ↑Konfessionen: *Kirk.*

lord lieutenant [lɔːd lef'tenənt]. Persönlicher Vertreter des Monarchen (↑*Monarchie*) in einer Grafschaft (↑*county,* ↑*local government*); heute hat er v. a. repräsentative Aufgaben. Vgl. ↑*sheriff.*

lord mayor ↑local government. ↑City of London.

Lord Mayor's Banquet ↑City of London.

Lord Mayor's Show ↑City of London.

Lord President of the Council. Titel des ↑*peer,* der den Vorsitz bei Zusammenkünften des ↑*Privy Council* führt; ist auch *Leader of the House of Commons* (↑*Parlament*) u. Mitglied des Kabinetts (↑*Regierung*).

Lord Primate of All England ↑Konfessionen.

Lord Privy Seal. ‚Lordsiegelbewahrer' (↑*Regierung*).

Lord provost ↑provost, ↑local government.

Lord Warden ↑Cinque Ports.

Lord's (Cricket Ground). ↑*cricket*-Platz in St. John's Wood, London NW 8, nach Thomas Lord, der ihn für den *Marylebone Cricket Club (MCC)* 1814 erwarb. Heute Schauplatz großer *test matches.*

Lord's Day Observance Society. 1831 gegr. Verein, der sich für die Heilighaltung des Sonntags (↑*Sunday*) einsetzt. Heute zieht er gegen Gesetze, die den Sonntag kommerzialisieren o. Sport am Sonntag zulassen, zu Felde.

lords spiritual ↑peers.

lords temporal ↑peers.

lounge bar ↑pub.

lovespoon. Aus einem einzigen Stück Holz geschnitzter u. reichverzierter ‚Liebeslöffel', in Wales vom 17.–19. Jh. das traditionelle Liebeszeichen, das der Verehrer seiner Geliebten schenkte; wird heute noch in Wales als Touristensouvenir hergestellt.

Low Church ↑Konfessionen: *Church of England.*

Loyal Toast. Bei feierlichen Anlässen wird der L. T. auf die Königin ausgebracht: nach dem Essen steht der Vorsitzende auf u. kündigt an: „The

Loyal Toast!" Daraufhin stehen die Gäste auf u. sagen: „The Queen!" Erst dann darf geraucht werden.

LSE ↑London School of Economics and Political Science.

Ltd. Abk. f. *limited.* Bei Kapitalgesellschaften in GB, Kanada u. Südafrika Zusatz zum Firmennamen, dt. etwa GmbH *(private limited company).* ↑*plc.*

Luddites ['lʌdaɪts]. Gruppe von Arbeitern, die 1811–1818 Maschinen in mittelengl. Industriestädten zerstörten, von denen sie sich verdrängt fühlten. L. kommt wahrscheinlich von Ned Lud, einem Geistesgestörten, der schon 1799 einige Maschinen zerschlug.

lunch [lʌntʃ], formell: *luncheon.* Das nach dem reichlichen Frühstück (↑*breakfast*) normalerweise einfach u. kurz gehaltene Mittagessen zwischen 12 u. 14 Uhr, als Hauptmahlzeit des Tages aber auch oft ↑*dinner:* das Abendessen heißt dann ↑*high tea* o. (am späten Abend) ↑*supper.*

Lutine Bell ↑Lloyd's.

LV, *Luncheon Voucher.* Essensmarke als Essenszuschuß des Arbeitgebers für Kantine o. Restaurant (↑*fringe benefits*).

LWT, *London Weekend Television* ↑Rundfunk u. Fernsehen: *IBA.*

M

M, *motorway.* ‚Autobahn'; in GB gibt es im Vergleich zu D nur wenige Autobahnen (Ausnahme: der Einzugsbereich Londons), Gesamtstrecke 1994: 3200 km. Die wichtigsten Strecken (Geschwindigkeitsbegrenzung = 70 *mph* = 112 km/h) sind: M 1 London–Yorkshire, M 4 London–South Wales, M 5 Birmingham–Bristol–Exeter, M 6 Birmingham–Carlisle, M 9 Edinburgh–Stirling, M 25 (↑*London Orbital*), M 40 London–Oxford. Bis 1998 sollen die M. gebührenpflichtig werden. Es ist geplant, an 700 Stellen elektronische Erfassungsgeräte aufzustellen, die alle vorbeifahrenden Autos registrieren und ihre Besitzer mit den entsprechenden Gebühren belasten.

m. Bei Geldbeträgen: *million,* z. B. £ 4 *m* = 4 *million* pounds sterling.

M.A., *Master of Arts* ↑akademische Grade.

ma'am [mæm, mɑːm], kontrahierte Form von *madam.* Höfliche Anrede eines weiblichen Mitglieds der königlichen Familie, v. a. der Königin (↑*Anreden*).

Mac, auch *Mc.* Vorsilbe bei schott. u. irisch. Namen, bedeutet ‚Sohn von …', z. B. MacDonald = Sohn von Donald (↑*clan*).

Mace ↑Parlament: *House of Commons.*

mad cow disease ‚Rinderwahnsinn' ↑*BSE.*

madam ↑Anreden, ↑ma'am.

Madame ['mædəm] ↑Anreden.

Madame Tussaud's ['mædəm tə'sɔːdz]. Das berühmte Wachsfigurenkabinett in London (NW) wurde von der Schweizerin Marie Tussaud (1760–1850) 1835 in London eröffnet. Die ca. 500 historischen u. zeitgenössischen Figuren reichen von Henry VIII mit seinen sechs Frauen, Staatsmännern der Franz. Revolution wie Marat u. Robespierre, von denen Madame Tussaud unmittelbar nach ihrer Hinrichtung die Köpfe als Vorlage benutzte, über Churchill, Gandhi bis hin zu Queen Elizabeth II, die besondere Audienzen dafür gab, Film- u. Fernsehstars, Popidolen u. Margaret Thatcher. In der *Chamber of Horrors* (‚Gruselkammer') sieht man besonders furchterregende Figuren u. Ereignisse; auch werden Szenen dargestellt wie die Schlacht von Trafalgar, wobei Admiral Nelson auf seinem Flaggschiff ‚*Victory*' inmitten von Kanonendonner stirbt. Dem Museum angeschlossen ist das *London Planetarium.*

Madeira cake [mə'dɪərə . . .]. Runder Kuchen aus Rührteig, mit Zitronat verziert; traditionell wird dazu ein Gläschen Madeirawein getrunken.

Magistrate, auch *Justice of the Peace, JP* (↑*Justiz*).

Magna Charta ↑Verfassung.

Maids of Honour. 1. Unverheiratete Hofdamen, Ehrenjungfern; 2. Kleine Mürbteigtörtchen, in GB beliebtes Teegebäck.

maintained schools, var. *state schools.* Im Gegensatz zu den ↑*independent schools* (vom Staat unabhängige Schulen) Bez. für staatl. Schulen, z.T. in der Zuständigkeit der ↑*LEAs* (sog. *LEA-maintained schools*), z.T. direkt bezuschußt durch die Zentralregierung (↑*Grant-maintained [GM] schools*) ↑*nursery schools,* ↑*primary schools,* ↑*first schools,* ↑*middle schools,* ↑*secondary schools,* ↑*special schools. LEA-maintained schools* fallen in 2 Kategorien: ↑*county schools,* ↑*voluntary schools.*

malapropism ['mæləprɒpɪzəm]. Falsche Wortwahl, meist bei ↑*hard words,* z.B. engl. **epithet* statt *epitaph,* **alligator* statt *allegory,* **missile* statt *missive* (vgl. dt. *professorisch statt provisorisch). Seit Shakespeare Attribut zahlreicher komischer Figuren der engl. Literatur, z.B. Dogberry in Shakespeares *Much Ado About Nothing* (ca. 1600), Mrs Slipstop in Fieldings *Joseph Andrews* (1742), Tabitha Bramble in Smollets *The Expedition of Humphrey Clinker* (1771); Wortprägung nach Mrs Malaprop in Sheridans Komödie *The Rivals* (1775), die viel u. gerne schwierige Fremdwörter verwendet, sie aber meist verwechselt.

Mansion House ↑City of London.

Manx [mæŋks]. 1. Bez. für die Bewohner der ↑*Isle of Man;* 2. die keltische Sprache (↑*Gaelic*), wie sie dort bis etwa 1960 gesprochen wurde; wird heute nur noch bei der Eröffnung des ↑*Tynwald* (↑*Isle of Man*) verwendet.

Manx cat. Schwanzlose Katzenrasse von der ↑*Isle of Man.*

market-maker ↑Stock Exchange.

Marks & Spencer's [mɑːks ən 'spensəz], colloq. *Marks and Sparks.* Große Warenhauskette, gegr. 1884 von Simon Marks, Sohn eines poln. Einwanderers, u. Tom Spencer aus Yorkshire, mit Filialen in den meisten brit. Städten; Schwerpunkt im Verkaufsangebot liegt auf Kleidung u. Lebensmitteln (↑*Kaufhäuser*).

Märkte *(markets)* sind in London eine alte Tradition. Kaum ein Stadtteil, der nicht seinen eigenen Markt hätte; z.B. in der *Portobello Road* (W 11) etwa 350 Läden u. 500 Stände, v.a. Antiquitäten, Kleidung, Blumen, Mo–Sa; *Petticoat Lane,* Middlesex Street (E 1), der größte u. berühmteste Straßenmarkt Londons, nur So; *Chapel Market,* White Conduit Street (N 1), Obst, Gemüse, Tand, Mo–So. Der legendäre Fischmarkt von *Billingsgate* zog Anfang der 80er Jahre auf die Isle of Dogs in den Londoner ↑*Docklands* um (vormittags, Di–Sa).

marmalade ['mɑːməleɪd]. In GB stets ‚Orangenmarmelade', traditioneller Bestandteil des *English* ↑*breakfast.* Marmelade aus anderen Zitrusfrüchten heißt ebenfalls m., muß aber näher bezeichnet werden, z.B. *lemon m.* Vgl. dagegen *jam* ‚Konfitüre, Marmelade aus anderen Früchten'. Die englische Unterscheidung wurde in den EU-Richtlinien vom 31.10.1982 u. damit auch für den Handel verbindlich festgeschrieben.

Marmite ['mɑːmaɪt]. Aus frischer Brauhefe hergestellter Extrakt, im UK beliebter Brot- o. Toastaufstrich, auch als Suppenwürze o. Getränk in heißem Wasser aufgelöst. Im Gegensatz zu ↑*Bovril* enthält M. rein pflanzliche Zutaten u. ist etwas schärfer im Geschmack.

Marplan ['mɑːplæn]. Abk. für *Market Research Plan.* Brit. Meinungsforschungsinstitut, gegr. 1959.

Marquess, Marquis ↑Adelstitel.

Marylebone ['mærələbən, 'mærɪbən, 'mɑːlɪbən] ↑Bahnhöfe (London), ↑cricket.

Maße u. Gewichte (measures and weights). In GB werden vom 1.10.1995 an die meisten Maße an die kontinentaleuropäischen metrischen Größen, Längen, Breiten u. Gewichte angepaßt, v.a. bei abgepackten Lebensmitteln wie Fleisch u. Käse. Bis zum Jahr 2000 dürfen Milch u. Bier noch in ↑*pints,* frische Lebensmittel auch weiterhin in ↑*pounds* u. ↑*ounces* verkauft werden. Auch der ↑*therm* als Maßeinheit für die Lieferungen von ↑*British Gas* bleibt bis auf weiteres. Über das Jahr 2000 hinaus dürfen in GB als einzige Ausnahmen die Maße ↑*mile,* ↑*yard,* ↑*foot,* ↑*inch,* ↑*acre* verwendet werden. Die Gewichtseinheit ↑*stone* wird nach u. nach durch *kilogramme,* ↑*Fahrenheit* durch *Celsius,* ↑*gallon* durch *liter* ersetzt. Siehe a. ↑*quart.*

Master ['mɑːstə]. 1. Inzwischen leicht veraltete, vornehme ↑*Anrede* für einen Jungen, z.B. *Master Oliver*

Nichol, v.a. als Briefanschrift; 2. ↑*Cambridge,* ↑*Oxford University.*

Master of the Fox Hounds (MFH). Der Führer der Hunde bei der Fuchsjagd, meist verantwortlich für die gesamte Jagd (↑*field sports*).

Master of the Horse. Amtsträger, der für die persönliche Sicherheit des Monarchen (↑*Monarchie*) verantwortlich ist. Bei der Parade ↑*Trooping the Colour* reitet er unmittelbar hinter dem Monarchen; in einer Prozession, z.B. *State Opening of Parliament* (↑*Parlament: Sovereign*) fährt er in der Kutsche hinter der des Monarchen.

Master of the Rolls ↑Rechtsmittel.

matinee ['mætɪneɪ]. Von frz. *matinée* ‚Vormittag'; in GB i. d. R. eine Nachmittagsvorstellung (Konzert, Theater), im Unterschied zur dt. Matinee ‚künstlerische Veranstaltung am Morgen o. Vormittag'.

Maundy Money heißen die Silbermünzen im Werte von 4p, 3p, 2p u. 1p (↑*Geld u. Währung*), die der Monarch am Gründonnerstag *(Maundy Thursday)* älteren armen Leuten schenkt; die Anzahl der Empfänger entspricht dabei dem Alter des Monarchen. Die Münzen kommen nicht in Umlauf u. haben Sammlerwert.

May Queen heißt in GB ein Mädchen, das sich am 1. Mai *(May Day,* ↑ *Feiertage)* durch besondere Schönheit auszeichnet u. mit einem Blumenkranz als Mai-Königin gekrönt wird. Der Brauch geht auf ein altes Vermächtnis zurück, demzufolge ein Mädchen mit besonders gutem Leumund im Londoner ↑*East End* zur *M.Q.* gekürt werden soll. Diesem Mädchen wurde bei ihrer Hochzeit, die am 1. Mai stattzufinden hatte, eine Summe von £ 100 ausgezahlt. Nach ihrer Heirat wurde sie im *Crystal Palace,* einer großen Ausstellungshalle, feierlich zur *M.Q.* erhoben.

May Week. In ↑*Cambridge:* Festwoche am Ende des *May term* (Mitte April bis Mitte Juni) mit zahlreichen Tanz-, Theater-, Konzert- u. Sportveranstaltungen, z.B. Bootswettfahrten *(the Mays)* zwischen den Achtern der einzelnen *colleges.* Die entsprechende Festwoche in ↑*Oxford* heißt ↑*Eights Week.*

Mayfair ['meɪfɛə]. Mondäner u. modischer Bezirk im Londoner ↑*West End* mit teuren Geschäften, Luxusrestaurants u. eleganten Hotels zw. Oxford Street, Bond Street, Piccadilly u. Park Lane. Siehe Karte S. 288.

Mayflower ['meɪflaʊə] hieß das Schiff (ca. 27 m lang, eine genaue Beschreibung ist nicht überliefert), mit dem die 35 *Pilgrim Fathers,* ‚Pilgerväter', 1620 von Plymouth, England, nach Massachusetts, Nordamerika, segelten. Diese Angehörigen der *English Separatist Church,* die sich von der *Church of England* (↑*Konfessionen*) losgelöst hatte, waren vorher nach Holland ausgewandert, um sich vor der Verfolgung zu retten. Sie hatten die Reise über eine Londoner Aktiengesellschaft finanziert; die anderen 67 Passagiere fuhren mit, um die Interessen der Gesellschaft zu schützen. Die M. lief am 15. Sep. aus u. kam nach einer stürmischen Überfahrt von 66 Tagen am Cape Cod an; einen Monat später landeten sie in der Nähe von Plymouth, Massachusetts, wo sie die erste ständige Kolonie in New England gründeten. Während der Reise hatten 41 der Passagiere den *Mayflower Compact,* eine Vereinbarung über das politische Gebilde *(„civil Body Politick")* der neuen Siedlung, unterschrieben, deren Grundgedanken sich noch in der Verfassung der USA widerspiegeln. Die Bez. *Pilgrim Fathers* wurde erstmals bei der 200jährigen Gedenkfeier (1820) gebraucht u. hat sich seither eingebürgert.

mayor ↑local government.

Mays ↑May Week.

M.B., *Bachelor of Medicine* ↑akademische Grade.

MBE, *Member of the Order of the British Empire* ↑Orden u. Ehrenzeichen A.10; ↑Beatles.

MC, *Military Cross* ↑Orden u. Ehrenzeichen B.

MCC, *Marylebone Cricket Club* ↑cricket, ↑Lord's.

M.D., *Doctor of Medicine* ↑akademische Grade.

Medical Research Council (MRC). Die zentrale staatl. Behörde zur Förderung der medizinischen Forschung mit über 50 Forschungseinrichtungen an ↑*Universitäten* u. Kliniken; zu den bedeutendsten zählen das *National Institute for Medical Research* in Mill Hill, London, das *Clinical Research Centre* am Northwich Park Hospital, London, u. das *Laboratory of Molecular Biology* in Cambridge.

Dem MRC sind 4 beratende Gremien angegliedert: *Neurobiology and Mental Health Board, Cell Biology and Disorders Board, Physiological Systems and Disorders Board* u. *Tropical Medicine Research Board.*

Megalithdenkmäler. In GB zeugen viele tausend M. von den vorgeschichtlichen Völkern, v.a. Pikten u. Kelten, die in mehreren Wellen vom europ. Kontinent her einwanderten: gewaltige Steinkreise von ↑*Stonehenge* u. ↑*Avebury;* große Ringwälle o. Hügelfestungen aus der Eisenzeit (durch Gräben u. Erdwälle befestigte Hügel), z.B. *Maiden Castle* (Dorset); Fluchtburgen (↑*broch*); Hügelgräber (↑*chambered cairns*), z.B. Maes Howe (Orkney), Bryn Celli Ddu ‚Hügel der dunklen Kammer' (Anglesey, Wales); *Dolmen* o. ↑*cromlechs,* z.B. Pentre Ifan (Wales), La Hogue Bie (Jersey), das längste Ganggrab Europas mit 22 m; *Menhire,* z.B. „Standing Stones" of Callanish (Lewis, Hebrides); Siedlungsreste wie die Steinzeitdörfer *Skara Brae* u. *Knap of Howar* (Orkneys) o. das Eisenzeitdorf *Chysanster* (Cornwall); Hügelzeichnungen (↑*hill figures*).

Member of Parliament (MP) ↑Parlament: *House of Commons,* ↑Wahlsystem.

menu ['menju:]. Typisches Beispiel für einen ↑*false friend:* ‚Speisekarte', nicht zu verwechseln mit dt. Menü ‚a set meal' o. ‚table d'hôte (dinner)'.

MEP, *Member of the European Parliament.* ‚Mitglied des Europäischen Parlaments' (MdEP).

merchant bank ↑Banken.

Mercury Communications. Mit einem Anteil von 13% des brit. Telefonmarktes zweitgrößter brit. Telefonkonzern, der bis zur Zulassung weiterer Anbieter 1991 mit dem größten, ↑*BT,* in GB ein Duopol bildete. Mercury gehört zu 80% dem brit. Telekommunikationskonzern *Cable & Wireless.*

Mermaid Theatre ['mə:meɪd] ↑Theater.

Merry Old England. Beiname für das England zur Zeit Königin Elizabeths I (1558–1603: Elisabethan. Zeitalter), v.a. in bezug auf das sinnenfrohe kulturelle Leben der Zeit (Shakespeares Komödien).

Mersey sound, var. *Mersey beat.* Bez. der ↑*beat music,* wie sie in Liverpool u. Umgebung von 1960–1964 in Anlehnung an den amerik. *rhythm and blues* von Gruppen wie den (frühen) ↑*Beatles,* den *Searchers, The Escorts, Cass and the Casanovas* u. vielen anderen mit großer Breitenwirkung gespielt wurde; nach dem Fluß Mersey zwischen Liverpool u. Birkenhead (Merseyside).

Messrs. ['mesəz] ↑Anreden.

Methodists ↑Konfessionen.

Metro, the ~, offiziell: *The Tyne and Wear Metro.* Das moderne U- u. S-Bahn-System von Newcastle nach Gateshead (Tyne & Wear) mit vier Strecken *(metrolines).*

metropolitan counties ↑GLC, ↑local government.

Metropolitan Police Commissioner ↑Polizei.

Metropolitan Police Force ↑Polizei.

mews ↑Haustypen.

MFH ↑*Master of the Fox Hounds.*

MI5 [em aɪ 'faɪv], *Military Intelligence section 5.* Bez. für den staatl. Spionageabwehrdienst; dem ‚Verfassungsschutz' in D vergleichbar. Befindet sich in Thames House, ↑*Whitehall; Director General:* Stella Rimington, erste Frau auf diesem Posten; ca. 2000 Mitarbeiter. MI6 *(Military Intelligence Section 6),* genauer *SIS, Secret Intelligence Service,* ist die Bez. für den staatl. Spionage- u. Nachrichtendienst, dem ‚Bundesnachrichtendienst' vergleichbar. Befindet sich in London in Vauxhall Cross am Südufer der Themse; Leiter 1994–1998: David Spedding; ca. 2000 Mitarbeiter, von denen ca. 400 im Ausland tätig sind.

middle school ↑three-tier system.

Midlands. Nicht genau abgegrenztes Gebiet in Mittelengland, unterteilt in *East M.* (Derbyshire, Leicestershire, Northamptonshire, Nottinghamshire), *West M.,* die frühere *metropolitan* *county* (↑*local government*) desselben Namens, die aus Teilen von Staffordshire, Warwickshire u. Worcestershire gebildet wurde) u. – oft dazu gezählt – *South M.* (Bedfordshire, Buckinghamshire, Oxfordshire). Siehe Karte S. 281.

mile (o. *statute mile, land mile*), Abk.: *m.* Längenmaß; 1 m. = 1760 ↑*yards* = 1609 m; m. wird in der Alltagspraxis in ½ m. u. ¼ m. eingeteilt.

milkman. Viele brit. Haushalte lassen sich noch täglich frühmorgens vom ‚Milchmann' frische Milch in Glasflaschen zu 1 o. 2 ↑*pints* vor die Haustür liefern. Sein kleiner Spezial-Elektrolieferwagen heißt *milk float.* Das Verteilsystem *(milk marketing scheme)* des brit. *Milk Marketing Board* funktioniert traditionell sehr gut u. erklärt, warum der Verbrauch an Frischmilch u. Frischmilcherzeugnissen im UK mit 133 kg pro Kopf der Bevölkerung p. a. deutlich höher als in D (91 kg) liegt, wo die Milch i. d. R. im Geschäft gekauft wird.

mince pies ['mɪns 'paɪz]. Mit ↑*mincemeat* gefüllte Pastetchen (↑*pie*) aus Blätter- o. Mürbteig, als Nachtisch warm serviert, auch beliebtes Weihnachtsgebäck.

minced meat. ‚Hackfleisch', nicht zu verwechseln mit dem süßen ↑*mincemeat.*

mincemeat ['mɪnsmiːt]. Traditionelle engl. Pastetchen-Füllung (↑*mince pies*), eine Mischung aus kleingehackten Früchten, v. a. Korinthen, Rosinen, Sultaninen; Nüssen, Nierenfett, braunem Zucker, Zitronat, Orangeat, gekochten Äpfeln, Himbeerkonfitüre, Rum o. Cognac u. Gewürzen (Zimt, Muskat, Nelken, Ingwer). Nicht zu verwechseln mit ↑*minced meat!*

Mincing Lane. Straße in London (EC 3), in der viele Teehändler ansässig sind; auch übertragen für den Teehandel *(tea business)* gebraucht.

MIND, offiziell: *National Association for Mental Health.* Karitative Institution für geistig behinderte Menschen, gegr. 1946 (↑*charities*).

mini-budget ↑Budget Day.

minigolf ist in GB echtes Golfspiel (↑*golf*) im Kleinformat. Das Spielgelände *(pitch and putt course)* ist meist den großen *golf links* angegliedert u. verfügt über alle Kennzeichen eines großen Golfplatzes (Hügel, Sandgrube, gepflegte kleine *greens*) von Golfern daher gerne als Übungsgelände benutzt. Nicht zu verwechseln mit dt. Minigolf (engl. ↑*crazy golf*).

minister ↑Regierung; ↑clergy

minister of state ↑Regierung.

minorities ↑immigration.

mint sauce. Pfefferminzsauce aus gehackter Minze, braunem Zucker u. Malzessig, in GB die klassische Sauce zu Hammel- o. Lammbraten.

Miss, Mister, Mistress ↑Anreden.

MM ↑akademische Grade.

mock-turtle soup. Wörtl. ‚falsche Schildkrötensuppe'; Kalbskopfsuppe, pikant gewürzt mit Champignon-Einlage; eine engl. Spezialität.

Mod. Gälisches Musik- u. Literaturfestival, das jährlich im September an wechselnden Orten in den schott. Highlands stattfindet. ↑*Highland Games*, ↑*Gaelic.*

Moderations, kurz: *Mods.* Zwischenprüfung in bestimmten Fächern an der Universität ↑*Oxford.* Der Prüfer heißt ↑*moderator.* Nicht zu verwechseln mit dem *moderator* der *Church of Scotland* (↑*Konfessionen*).

moderator ['mɔdəreɪtə]. 1. Kirchliches Oberhaupt der presbyterianischen *Church of Scotland* (↑*Konfessionen*). 2. ↑*Moderations;* 3. ↑*tripos.* – Der dt. (Fernseh-)Moderator heißt ‚presenter, host'.

Modern Churchmen's Union ↑Konfessionen.

Mods. 1. Anfang der 60er Jahre Bez. für die engl. Teenager, die sich in Mode- u. Musikgeschmack in bewußten Gegensatz zu den rock-'n'-roll-besessenen, eher schäbigen ↑*Teds* stellten. Kennzeichen dieses Teenagerkults (Höhepunkt 1964/65): Motorroller, kokette Kleidung, adretter, kurzer Haarschnitt, eigener ↑*slang.* Musik: zunächst *modern jazz* (kurz: *mods*), dann *rhythm & blues,* später aggressive ↑*rock music* à la ↑*Rolling Stones,* ↑*Who;* häufige, fast schon rituelle, gewalttätige Auseinandersetzungen mit den ledernackigen, motorradfahrenden *Rockers* in engl. Seebädern, v.a. Brighton. Mitte der 60er Jahre von der Hippie-Bewegung abgelöst. Mitte der 80er Jahre als Jugendkult wiederauflebend *(Mod Revival).* 2. ↑*Moderations.*

Monarchie *(The Monarchy).* Die brit. M. – älteste weltliche Institution GBs – geht auf König Egbert von Wessex (802–839) zurück, der im 9. Jh. ganz England (außer Wales u. Schottland) zu einem vereinten Königreich machte. Seit 1066 (↑*Battle of Hastings*) gab es in der Entwicklung der brit. M. nur eine kurze Unterbrechung von 1649–1660 („Protektorat" Cromwells, ↑*Civil War*). Der Monarch ist Symbol der nationalen Einheit, er steht über der Alltagspolitik, verkörpert den Staat, gehört zur Exekutive, Legislative (↑*Parlament: Sovereign*) u. ↑*Justiz,* ist Oberhaupt *(Supreme Governor)* der *Church of England* (↑*Konfessionen*) u. des ↑*Commonwealth* u. gewährleistet Kontinuität: der seit 1952 regierenden Königin Elizabeth II (↑*Queen*) haben bereits 9 verschiedene Premierminister (↑*Regierung*) von Churchill bis Major gedient. Das Land wird im Namen des Monarchen regiert, der u.a. folgende Aufgaben hat: die jährliche Eröffnung des Parlaments u. Verlesung des Regierungsprogramms; die Auflösung des Parlaments u. die Einberufung eines neuen durch Wahlen, die Einführung des Premierministers in sein Amt u. dessen Beauftragung mit der Regierungsbildung (dreimal hat Elizabeth II einen Premierminister selbst auswählen müssen), und auf Empfehlung seiner Minister: Ernennung der Minister, Richter, Offiziere, Erzbischöfe u. Bischöfe (↑*Konfessionen*), die Verleihung von ↑*Adelstiteln* u. ↑*Orden* am Geburtstag des Monarchen (sog. *Birthday honours,* ↑*Official Birthday*). Er erläßt Strafen u. darf – theoretisch – Krieg erklären u. Frieden schließen. Der Monarch hat heute eine wichtige repräsentative Funktion: er nimmt an den wichtigsten Feiern u. Gedenktagen teil (z. B. *Remembrance Day,* ↑*Cenotaph, State Opening of Parliament*), er stattet Staatsbesuche im Ausland ab u. übt die normalen protokollarischen Funktionen eines Staatsoberhauptes aus, z. B. den Empfang von Staatsgästen o. die Akkreditierung von Botschaftern.

Während King George III (1760–1820) noch etwa über die gleiche Autorität wie der Präsident der Vereinigten Staaten von Amerika verfügte, hat der engl. Monarch alle politische Macht verloren. Heute gilt: „The sovereign reigns but does not rule" (Der Monarch regiert, aber herrscht nicht). Er hat aber stets „das Recht, gefragt zu werden, das Recht zu ermuntern u. das Recht zu warnen." Dieses Recht wird von Queen Elizabeth II bei ihren wöchentlichen Zusammenkünften mit dem Premierminister im ↑*Buckingham Palace* wahrgenommen. Der Monarch wird in Ländern des ↑*Commonwealth,* die ihn als Staatsoberhaupt anerkennen, von einem *Governor General* u. in Kolonien von einem *Governor* vertreten. Alle mit den offiziellen Aufgaben der königlichen Familie (↑*Royal Family*) verbundenen Unkosten werden von Staatsstellen bestritten. Ein ganzes Herzogtum (↑*Duchy of Lancaster*) zahlt seine Steuern nur an sie. Die Ausgaben des Monarchen für öffentliche Aufgaben werden von der ↑*Civil List,* private Ausgaben von der ↑*Privy Purse* gedeckt.

Queen Elizabeth II steht hoch in der Gunst der Briten. Durch ihr Pflichtbewußtsein u. ihre charmante u. würdevolle Persönlichkeit hat sie sich fast uneingeschränkte Anerkennung u. Zuneigung gesichert. Mitte der 90er Jahre haben die Ehekrisen ihrer Kinder *Prince Charles* und *Prince Andrew* (s. Übersicht S. 290/291) auch die Monarchie in eine tiefe Krise geführt. Nach den jüngsten Umfragen sind 30 % der Briten für die Abschaffung der Monarchie (doppelt so viele wie vor 10 Jahren). ↑*Balmoral Castle,* ↑*Britannia,* ↑*coronation,* ↑*fidei defensor,* ↑*Trooping the Colour,* ↑*Windsor,* ↑*Holyroodhouse,* ↑*Princess Royal.*

monkey ['mʌŋkɪ]. Volkstüml. Bez. für 500 Pfund Sterling (£ 500) (↑*Geld u. Währung*).

Monopolies and Mergers Commission. Brit. ‚Bundeskartellamt', gegr. 1948.

Monument, the ~. Imposante Säule in der Fish St. im Londoner ↑*East End,* 1671–1977 erbaut zum Gedenken an das *Great Fire* von 1666, einer Feuersbrunst, die vier Fünftel der Stadt in Asche legte, 13 200 Häuser u. 89 Kirchen zerstörte. Die Säulenhöhe von 61,5 m entspricht angeblich der Entfernung zum damaligen Brandherd, einer Bäckerei; eine Wendeltreppe mit 311 Stufen führt zu einer Aussichtsplattform hinauf.

moonlighter. Wörtl. ‚Mondscheinarbeiter'; Bez. für Berufstätige, die sich in ihrer Freizeit etwas hinzuverdienen, oft im Sinne von ‚Schwarzarbeiter'. Doppel- o. Mehrfachbeschäftigung, auch im Sinne von ‚Schwarzarbeit', heißt *moonlighting,* var. *clandestine work.*

MORI, *Market & Opinion Research International.* Brit. Meinungsforschungsinstitut, gegr. 1969. ↑*Marplan.*

morning tea. var. *early ~.* In brit. Hotels u. ↑*inns* wird häufig mit dem Wecken – noch vor dem Frühstück (↑*breakfast*) – eine Tasse Tee serviert.

Morris dance. ‚Moriskentanz'; schon in altengl. Zeit bei Volksfesten beliebter pantomimischer Volkstanz mit besonderen lokalen Ausprägungen, teils Schwertertanz, teils mit Tüchern u. Schellenbändern von Männern getanzt; im 19. Jh. durch sog. Morris-Gilden wiederbelebt, v. a. bei den Festivitäten zum 1. Mai *(May Day,* ↑*Feiertage).*

Morven. Kleiner, quadratischer Käse aus Schottland, mild, manchmal mit Kümmel.

Most Honourable. ‚Höchst Ehrenwert'; Titel eines *Marquis,* eines Ritters des *Bath-Ordens* (↑*Adelstitel,* ↑*Orden u. Ehrenzeichen A.3.*). ↑*Honourable;* ↑*Rt. Hon,*↑*Anreden.*

MOT [em əʊ 'tiː], *Ministry of Transport Test.* Der brit. ‚TÜV'; die Abk. wird auch für den Test selbst gebraucht. Die Prüfung wird erstmals nach drei Jahren u. dann jährl. durchgeführt an PKW u. leichten Nutzfahrzeugen *(light vans)* von einer hierzu bestimmten privaten Autowerkstatt, die ein *certificate* ausstellt; nur damit kann das Fahrzeug zugelassen bleiben. Für schwere Nutzfahrzeuge u. Lastwagen *(heavy goods vehicles)* gibt es besondere Prüfstellen.

motorail. Autoreisezüge von ↑*British Rail;* es gibt über 30 Routen – v. a. zwischen London u. Schottland –, die meist nachts verkehren.

motorway ↑M.

mousetrap. Colloq. Bez. für billigen, „aromatischen" Käse.

MP, *Member of Parliament.* Die Buchstaben M.P. erscheinen hinter dem Namen eines Parlamentsabgeordneten, z. B. John Smith, M.P., ähnlich MdB bei dt. Bundestagsabgeordneten (↑*Parlament*).

Mr, Mrs, Ms ↑Anreden.

MRC ↑Medical Research Council.

M.Sc., *Master of Science* ↑Akademische Grade.

muffin ['mʌfɪn]. Rundes Hefegebäck, wird in GB warm zum Tee serviert, mit Butter u. Marmelade. Siehe auch ↑*crumpet* 1, ↑*scones.*

Mulligatawny soup. Currysuppe mit Gemüse- u. Fleischeinlage, Äpfeln, Tomatenmark u. Reis.

Murder Squad ['mə:də skwɒd]. Colloq. Bez. für das *CID (Criminal Investigation Department).* ↑*Polizei,* ↑*Scotland Yard.*

Muppet Show ['mʌpɪt ...]. Von *ma*ionette u. *puppet*; eine beliebte Sendung des privaten Fernsehkanals ITV (↑*Rundfunk u. Fernsehen*); die *Muppets* sind Handpuppen, die v.a. Tiercharaktere wie *Miss Piggy, Kermit the Frog, Fozzie Bear* darstellen; lief von 1976 bis 1980.

Murrayfield ['mʌrɪ...]. Was ↑*Wembley* in London für die ↑*Football Association* (FA), ist M. in Edinburgh für die ↑*Rugby Union* in Schottland: Schauplatz großer intern. Rugby-Vergleichskämpfe; entspricht ↑*Twikkenham* (Engl.), ↑*Cardiff Arms Park* (Wales).

music-hall ['mju:zɪkhɔ:l]. Von ↑*Cockneys* in London begründete u. nachhaltig beeinflußte engl. Kabarett- u. Variété-Institution (erste m. 1852 in Lambeth im tiefsten Cockney-London), die ihre besten Zeiten um die Jahrhundertwende erlebte; nach dem Ersten Weltkrieg (↑*Weltkriege*) wurden die m. durch die Popularität des Films, später des Fernsehens, verdrängt. Die riesigen m.-Paläste (z.B. Coliseum, Alhambra, Hippodrome) wurden zu Kinos, Tanz- u. ↑*Bingo*hallen umfunktioniert. Seit Ende der 60er Jahre gibt es in London Versuche, die m.-Tradition wiederzubeleben. Vereinzelte m.-Darbietungen gibt es aber auch heute noch in London, v.a. in bestimmten ↑*pubs.*

My house (home) is my castle, var. *The Englishman's home is his castle.* Sprichwort, das die Unantastbarkeit des Privatbesitzes im brit. Recht unterstreicht; urspr. geprägt von Sir Edward Coke (1551–1633), der in den *Institutes of the Laws of England* den Satz: „Es darf jemand Freund u. Nachbarn versammeln, um sein Haus gegen diejenigen zu verteidigen, die ihn berauben u. töten o. ihm darin Gewalt antun wollen" so begründet: „For a man's house is his castle."

My Lady [maɪ'leɪdɪ] ↑Adelstitel.

My Lord [maɪ'lɔ:d] ↑Adelstitel.

N

NAAFI ['næfɪ], *Navy, Army and Air Force Institutes.* Kantinen u. Läden in GB u. im Ausland für die Mitglieder der brit. ↑*Streitkräfte.*

nab [næb], kurz für *no-alcohol beer,* alkoholfreies Bier. Leichtbier (mit wenig Alkohol) heißt *lab (low-alcohol beer);* für beide Sorten findet sich auch die Bez. *nablab.*

national anthem. ‚Nationalhymne', ↑*God save the Queen.*

National Audit Office. Der brit. ‚Bundesrechnungshof', trat 1984 an die Stelle des *Exchequer and Audit Department;* Leiter: *Comptroller and Auditor General.*

National Bus Company (NBC). Größtes öffentliches Autobusunternehmen in England u. Wales mit mehr als 50 Filialen.

National Consumers Council ↑Verbraucherschutz.

National Council for Civil Liberties (NCCL). 1934 gegr. Organisation, die sich für die Rechte u. Freiheiten des einzelnen u. gegen jegliche Diskriminierung einsetzt.

National Council for Vocational Qualifications (NCVQ). Durch den *Further and Higher Education Act* 1992 geschaffene staatl. Einrichtung, die die Rahmenrichtlinien für die Abschlüsse an Berufsschulen, die *National Vocational Qualifications (NVQ)*, in Schottland *Scottish Vocational Qualifications (SVQ)*, festlegt. ↑*vocational training*.

National Curriculum. Zu den wichtigsten Neuerungen des *Education Reform Act 1988* zählt die Einführung eines einheitlichen Lehrplans (National Curriculum) in England u. Wales. Bis dahin hatte die Entscheidung über Lehrplangestaltung u. Organisation, selbst die Entscheidung über Lehrbücher bei den ↑*LEA*s, oft sogar bei den einzelnen Schulen gelegen. Das NC sieht eine Anzahl obligatorischer Fächer vor, darunter *core subjects* (Kernfächer wie Mathematik, Englisch u. Naturwiss.) u. *foundation subjects* (Hauptfächer wie Geschichte, Geographie, Technologie, Musik, Kunsterziehung, Sport u. – für Sekundarschulen – eine moderne Fremdsprache. Religion ist an allen staatl. Schulen Pflichtfach (Unterrichtsbefreiung auf Antrag der Eltern ist möglich). In Wales ist die walisische Sprache ein Kernfach des NC. Lernziele, Lerninhalte u. Bewertungsmaßstäbe sind überall einheitlich. Zentral organisierte Leistungsprüfungen finden für alle Schüler im Alter von 7, 11, 14 u. 16 Jahren statt (↑*GCSE*, ↑*GCE*). Ähnliche Reformen werden in Schottland u. Nordirland eingeführt.

National Economic Development Council (NEDC), colloq. *Neddy.* Staatl. Organisation, versucht durch eine Art konzertierte Aktion, Arbeitgeber, Arbeitnehmer u. ↑*Gewerkschaften* zusammenzubringen, um die Leistungsfähigkeit der Wirtschaft zu verbessern; Vorsitzender ist der ↑*Chancellor of the Exchequer*. Ein Treffen eines örtl. Ausschusses der NEDC heißt ‚*Little Neddy*'.

National Enterprise Board (NEB) ↑British Technology Group.

National Executive Committee (NEC) ↑Parteien: *Labour Party.*

National Giro ↑Banken.

National Film Theatre (NFT) ↑British Film Institute.

national grid. 1. Landesweites Netz von Leitungen u. Röhren für die Gas-, Wasser- u. Stromversorgung im UK; 2. Netz von horizontalen u. vertikalen Linien auf den Landkarten, die vom ↑*Ordnance Survey* herausgegeben werden.

National Grid Company ↑Elektrizitätswirtschaft.

National Health Service (NHS). Der 1948 errichtete Nationale Gesundheitsdienst geht auf den sog. ↑*Beveridge Report* von 1942 zurück, der vorsah, daß jedem Bürger die ganze Palette ärztlicher u. zahnärztlicher Fürsorge, einschl. Hilfsmittel u. Medikamente, kostenlos zur Verfügung stehen sollte. 1957 wurde ein geringer einheitl. Beitrag eingeführt, der sich später auf Rezepte, Zahnprothesen usw. erweiterte. (1994 lag der Gesamtbetrag für jede Menge einer Arznei o. eines mediz. Hilfsmittels bei ca. 12,– DM). Die Kernidee ist jedoch erhalten geblieben. Fast 80 % der Verordnungen erfolgen nach wie vor unentgeltlich, da Personen mit niedrigem Einkommen, Kinder, Schwangere u. Rentner von der Rezeptgebühr befreit sind. 4/5 der praktischen Ärzte arbeiten in Gruppenpraxen, ca. ¼ in *health centres,* einer Art Poliklinik. Fast alle Ärzte behandeln Patienten, einschl. Besucher aus dem Ausland, die sich in Not befinden, „unter dem NHS", d.h. kostenlos. Trotz eines Jahresetats von ca. 90 Mrd DM (5,2 % des Bruttosozialprodukts; in D: 8,5 %, in den USA: 13,4 % – der NHS wird zu 82 % aus Steuergeldern finanziert –) gibt es ein ständiges Gerangel um die nötigen Mittel. Die meisten Krankenbetten sind unter der Verwaltung des NHS, aber ihre Zahl reicht nicht aus, u. es gibt längere Wartezeiten für stationäre Behandlung. Gelegentlich werden NHS-Patienten auf öffentliche Kosten in Privatkrankenhäusern behandelt, um Wartelisten zu vermeiden. Es gibt ca. 6 Mio. Privatversicherte. Im Rahmen des *NHS and Community Care Act* 1990 (Reformen in Verwaltung und Patientenbetreuung) wird jede Gesundheitsbehörde *(District Health Authority [DHA])* mit Finanzmitteln ausgestattet, mit denen sie die Gesundheitsversorgung für die in ihrem Zuständigkeitsbereich wohnenden Personen durch Verträge mit öffentlichen o. privaten Krankenhäusern einkauft. Krankenhäuser können den Status eines sich selbst verwaltenden *trusts* beantragen, der nicht unter Kontrolle der Gesundheitsbehörde steht, aber Bestandteil des *NHS* bleibt; diese Krankenhäuser übernehmen die Behandlung von NHS-Patienten u. werden zum größten Teil über Verträge mit Gesundheitsbehörden u. mit denjenigen Hausärzten *(General Practitioners [GP])* finanziert, die sich entschieden haben, die Zuständigkeit für einen Teil ihres eigenen NHS-Jahresbudgets selbst zu übernehmen (sog. *GP fundholders*). Im April 1994 boten 420 NHS-Trusts 96 % der NHS-Leistungen in England an. Etwa 9800 GPs arbeiten mit einem Jahresbudget.

National Insurance. Das brit. Sozialversicherungssystem umfaßt – nach dem *N.I. Act* von 1948 – Versicherungen gegen Alter (Altersrente), Arbeitsunfähigkeit, Krankheit, Arbeitslosigkeit, Witwenschaft sowie Mutterschaftszuschüsse *(maternity allowances)* u. Zuschüsse in Todesfällen *(death grants);* wird vom *Department of Social Security* verwaltet. Die Versicherungsleistungen *(social security benefits)* werden aus dem *N.I. Fund* ‚Sozialversicherungsfonds' gezahlt, in den die Pflichtbeiträge *(N.I. contributions)* der Arbeitnehmer u. Arbeitgeber, der Selbständigen u. die staatl. Zuschüsse fließen. Die Beiträge der Arbeitnehmer werden im Lohnabzugsverfahren (↑*PAYE*) vom Arbeitgeber einbehalten u. dem *N.I. Fund* zugeführt. Es gibt auch einen beitragsfreien Sektor. Beitragsfreie Leistungen (*non-contributory benefits*) sind z.B. Kriegsrenten (*war pensions*), Einkommenszuschüsse (*income support*), Kindergeld (*child benefit*), Unterstützung für Alleinerziehende (*one-parent benefit*), Wohnungsgeld (*housing benefit*), Ruhestandsrente (*non-contributory retirement pension*), die z.T. vom Nachweis der Bedürftigkeit abhängen. Diese Leistungen werden aus Steuermitteln finanziert. ↑*social welfare*, ↑*social security.*

National Lottery. Seit Dezember 1994 gibt es (wieder) ‚Lotto' in GB, Lospreis £ 1.–. Lotterieunternehmen gab es in England bis Ende der 20er Jahre des 19. Jh.s, dann wurden sie als unmoralisch verboten. Heute sollen 30 % der Einnahmen von schätzungsweise £ 5 Mrd. zur Förderung der Kunst, des Sports u. für Wohltätigkeitszwecke (↑*charities*) weitergegeben werden.

National Parks. Es gibt in England u. Wales 10 Nationalparks, die sich durch besondere Schönheit o. besondere historische Bedeutung auszeichnen u. unter Naturschutz stehen (= fast 10 % der Insel). Die engl. u. walis. N.P. werden von der nationalen *Countryside Commission* (↑*Landschafts- u. Naturschutz*) ausgewiesen, koordiniert u. subventioniert, sind jedoch wegen ihres Status als Landschaftsschutzgebiet den *local authorities* (↑*local government*) unterstellt. Sie entsprechen daher nur bedingt dt. Nationalparks, deren Gebiet sich in einem von Menschen nicht o. wenig beeinflußten Zustand befinden muß. In engl. N.P. darf sich – im Ggs. zu den dt. – die Landwirtschaft voll entfalten. Die engl. u. walis. N.P. sind: *Brecon Beacons*, 1344 km² (Powys/Wales), *Dartmoor*, 945 km² (Devon), *Exmoor*, 750 km² (Somerset, Devon), *Lake District*, 2750 km² (Cumbria), *Northumberland*, 1030 km² (Northumberland), *North York Moors*, 1450 km² (North Yorkshire), *Peak District*, 1400 km² (Derbyshire), *Pembrokeshire Coast*, 580 km² (Dyfed/Wales), *Snowdonia*, 2200 km² (Gwynedd/Wales), *Yorkshire Dales*, 1750 km² (North Yorkshire). – In Schottland gibt es offiziell keine N.P., dafür 40 den N.P. vergleichbare *National Scenic Areas* im Besitz des ↑*National Trust of Scotland* (= 13 % des Landes) u. 4 *Regional Parks* der ↑*Forestry Commission: Argyll, Galloway, Glen More, Queen Elizabeth F.P.*

Neben den 10 N.P. u. 11 *Forest Parks* (3 in Engl.: *New Forest*, Hants., *Dean F.P.*, Glos., *Border F. P.*, Northumb.) gibt es in Engl. u. Wales 40 unserer ‚Naturschutzgebiete' vergleichbare *Areas of Outstanding Natural Beauty (AONB)* mit einer ebenso großen Fläche wie alle N.P. zusammen (z.B. *Cotswolds, North and South* ↑*Downs*, weite Küstenabschnitte Norfolks, Suffolks, Cornwalls u. Devons, sog. *heritage coast*), in Nordirland gibt es 9 *AONBs*, z.B. *Causeway Coast, Lagan Valley;* etwa 6700 unseren ‚Naturschutzdenkmälern' vergleichbare *Sites of Special Scientific Interest (SSSI)*, in Nordirland 54 *Areas of Special Scientific In-*

terest etwa 250 *Country* o. *Regional Parks* (von der *Countryside Commission* anerkannte u. geförderte regionale Naturparks als Erholungsgebiete in der Nähe größerer Städte). Neben dem Naturschutz steht hier vor allem der Freizeit- u. Erholungswert im Vordergrund. Hinzu kommen etwa 300 (+ 45 in Nordirland) *National Nature Reserves* ‚Naturreservate', die vom ↑*Nature Conservancy Council* (↑*Landschafts- u. Naturschutz*) festgelegt wurden. Außer den staatl. Behörden befaßt sich eine Reihe von privaten u. gemeinnützigen Organisationen mit dem Schutz von Natur u. Landschaft. Die bekanntesten sind: ↑*Council for the Protection of Rural England, British Ecological Society* (älteste Naturschutzorganisation Englands), ↑*National Trust, British Ornithologists' Union,* ↑*Royal Society for the Protection of Birds.*

National Radiological Protection Board ↑Kernenergie.

National Savings Banks bieten die Möglichkeit, Geld über die Postämter anzulegen u. kurzfristig abzuheben. ↑*Banken.*

National Scenic Areas ↑National Parks.

National Service ↑ Wehrpflicht.

National Society for the Prevention of Cruelty to Children ↑*NSPCC.*

National Theatre ↑ Theater.

National Trust (NT), offiziell: *National Trust for Places of Historic Interest or Natural Beauty.* 1895 gegr. Stiftung u. gemeinnützige Gesellschaft (↑*charities*), deren Aufgabe es ist, nationale Kunst- u. Naturschätze in England, Wales u. Nordirland vor Verfall u. Zerstörung zu bewahren. In Schottland gibt es einen eigenen 1931 gegr. *NT for Scotland.*

1907 erhielt der NT den offiziellen Auftrag, „zum Wohle der Nation die dauernde Erhaltung von Land u. Gebäuden zu fördern, die sich durch besondere Schönheit oder historisches Interesse auszeichnen". Diese in der ganzen Welt einmalige Stiftung übernimmt treuhänderisch Kunst-, Kultur- u. Landbesitz „von nationalem Interesse", pflegt ihn u. stellt ihn der Öffentlichkeit – gegen geringe Gebühr – zur Besichtigung o. Benützung zur Verfügung. Die Stiftung ist dafür per Regierungserlaß ermächtigt, Land u. Gebäude für unveräußerlich zu erklären: ohne ausdrückliche Genehmigung des Parlaments kann derartiger Grund- u. Hausbesitz dann weder verkauft noch abgegeben o. seiner Bestimmung entfremdet werden. Die Arbeit des NT ist eng mit den ↑*National Parks* verbunden. Bei den Objekten des NT handelt es sich im allg. um Parks u. Gärten, Wald- u. Moorgebiete, Seen, Berge (z.B. etwa 40000 ha zusammenhängende Fläche im Lake District, *National Scenic Areas* in Schottland), Küstenstreifen (880 km), Anlagen aus prähistorischer u. römischer Zeit, geschichtlich interessante Industrieanlagen, landwirtschaftliche Betriebe, Schlösser, ↑*country houses,* Kirchen u. Kapellen, Wind- u. Wassermühlen u. etwa 40 historische Dörfer, darunter das ganze nordwalis.

Dorf Port Dinllaen, alles in allem ca. 300 öffentlich zugängliche Objekte.

Insgesamt besitzt der NT etwa 250 000 ha Land u. ist damit der größte private Grundeigentümer in England. Er genießt in der Öffentlichkeit hohes Ansehen. Seine Mitglieder (2,2 Mio., jedes Jahr kommen etwa 150 000 neue hinzu) erhalten gegen einen geringen Jahresbeitrag eine regelmäßig erscheinende Zeitschrift, freien Zugang zu den Objekten des NT im UK u. andere Vergünstigungen. Schirmherrin des NT ist die ↑*Queen Mother.* Der Haushalt des NT umfaßte 1994 etwa £ 140 Mio. bei einem Gesamtpersonal von nur 1700 Personen, darunter jedoch 27 600 freiwilligen Helfern.

Die Mittel kommen zum größten Teil aus Mitgliedsbeiträgen (30 %), Spenden u. Erbschaften (16 %), Mieten u. Erlösen aus Souvenirverkauf u. Betrieb von 130 Restaurants (20 %) u. Eintrittsgeldern (7 %). Der Staat beteiligt sich mit ca. 20 % durch Zuschüsse, v. a. mit Mitteln der Denkmalpflege. Siehe auch ↑*conservation areas.*

nationalization. ‚Verstaatlichung' von Unternehmen durch Überführung des Kapitals o. eines Teils davon in Staatsbesitz. Vor 1945 waren schon verstaatlicht: Teile der Gas- u. Stromversorgungsunternehmen, die von der Kommunalverwaltung *(local authorities,* ↑*local government)* betrieben wurden; Rundfunkwesen *(BBC);* die Londoner Bus- u. U-Bahn-Betriebe; die 1939 gegr. *British Overseas Airways Corporation* (↑*British Airways*); seit 1933 *London Passenger Transport Board* (1962 in *London Transport Board* umbenannt), koordinierte die Personenbeförderung mit Bahn, Bus u. U-Bahn; das ↑*Post Office* wurde als Ministerium schon 1657 gegr. Die eigentliche Verstaatlichungswelle setzte unter der ersten *Labour*-Regierung 1945–1951 mit einer Mehrheit im Unterhaus ein. Folgende Industrien wurden verstaatlicht: 1. Kohle: durch den *Coal Nationalization Act 1946,* Einrichtung des *National Coal Board* (NCB). 2. Eisen u. Stahl: durch den *Iron and Steel Act 1949;* die Konservativen reprivatisierten *(denationalized)* die Eisen- u. Stahlindustrie 1953 u. gründeten den *Iron and Steel Board* zur Überwachung der Industrie. Als Labour 1966 wieder an die Regierung kam, wurde der *Iron and Steel Act 1967* verabschiedet, wonach die verstaatlichte Stahlindustrie aus 14 größeren Unternehmen besteht, während sich ca. 200 Firmen, auf die etwa ein Drittel der Gesamtumsätze entfällt, im Privatbesitz befinden. Der Privatsektor wird von der *British Steel Corporation,* die die Aktien der 14 Firmen besitzt, geführt. 3. Gas u. Strom: als Folge des *Electricity Act 1947* u. des *Gas Act 1948* wurde die Industrie, die schon vorher weitgehend von den Kommunen geleitet wurde, koordiniert u. zentralisiert. 4. Transport: Gemäß dem *Transport Act 1947* wurden Eisenbahnen (↑*British Rail*), Binnenkanäle u. Güterkraftverkehr *(road haulage)* verstaatlicht; letzterer 1953 reprivatisiert; außerdem ein Teil der Luftfahrtindustrie (*British European Airways, BEA,* 1946). 5. ↑*Bank of England: Bank of England Act 1946.*

Die verstaatlichten Unternehmen

werden von sog. *public corporations* geleitet; ihre Vorstände werden vom zuständigen Minister o. durch ihn vom Monarchen (↑*Monarchie, beim* BBC *u. der* Bank of England) ernannt; der Minister legt die allg. Richtlinien fest, aber ihre Durchführung liegt bei der *public corporation,* deren Personal nicht aus Beamten (↑*civil service*), sondern freien Angestellten besteht, die im Interesse der Öffentlichkeit tätig sein müssen. 1971 sahen sich sogar die Konservativen gezwungen, den Teil der Fa. ↑*Rolls-Royce,* der Flugzeugtriebwerke u. Schiffs- u. Industriegasturbinenmotoren herstellt, durch Verstaatlichung vor dem Zusammenbruch zu retten; 1972 wurde die schott. Schiffsbauindustrie aus demselben Grund in den Staatsbesitz übernommen. 1975 gründete die *Labour*-Regierung den *National Enterprise Board* (↑*British Technology Group*) als staatl. Wirtschaftsplanungs- u. Investitionsbehörde; er kann durch Direktinvestitionen u. Überbrückungshilfen Unternehmen kontrollieren, was als ‚*backdoor n.*' kritisiert wurde. So wurde z.B. *British Leyland* (↑*Rover Group plc*) ‚übernommen'. Im Mai 1995 wurde das Nationalisierungspostulat gegen den heftigen Widerstand der Parteilinken u. ↑*Gewerkschaften* aus dem *Labour*-Programm gestrichen (↑*Clause 4*). Die *Conservative*-Regierungen führen seit 1979 ein umfassendes ↑*privatization*-Programm durch.

Nationalsymbole u. -embleme. *Crown:* symbolisiert den Monarchen, die Verkörperung des Staates u. der ↑*Regierung,* die im Namen der Krone ihre Macht ausübt. – *lion* (Löwe): jahrhundertealtes Symbol der Kraft u., als König der Tiere, der ↑*Monarchie;* wird oft gepaart mit dem *unicorn* (‚Einhorn'), das als Sinnbild der Reinheit in dem engl. u. schott. königl. Wappen erscheint. – *John Bull:* Personifizierung Englands u. des Engländers. Urspr. 1712 von John Arbuthnot in einer politischen Satire als ehrlicher Leinenhändler dargestellt. Die Figur wurde vor allem im 19. Jh. weiterentwickelt: mal dumm u. verschuldet, mal wohlhabend u. solide, mal jovial mit einem *Union Jack* (s.u.) als Weste u. einer Bulldogge zu seinen Füßen. – *bulldog:* kampflustig aussehender Hund, mit dem früher Stiere gehetzt wurden, symbolisiert GB als aggressive Nation, besonders in einem militärischen Zusammenhang; oft in Verbindung mit *John Bull.*

Union Jack: Offiz. *Union Flag,* die nationale Flagge des UK, bestehend aus 1. dem roten Kreuz von St. George, Schutzpatron von England, 2. den zwei diagonalen weißen Streifen auf blauem Grund, dem Kreuz von St. Andrew, Schutzpatron von Schottland, u. 3. dem roten Kreuz von St. Patrick, Schutzpatron von Irland (jetzt für Nordirland), das mit dem schott. Kreuz 1801 verbunden wurde. Siehe auch ↑*Royal Standard.*

Britannia: die Personifizierung GB.s als sitzende Frau, die einen Helm u. einen Dreizack trägt u. über die Meere herrscht (↑*Rule Britannia*); sie ist auf der 50p-Münze abgebildet; vgl. auch den Namen der königl. Yacht (↑*Britannia*).

Es gibt folgende Pflanzenembleme für die verschiedenen Nationen des

UK: *leek* ‚Lauch‘ u. *daffodil* ‚Narzisse‘ für Wales; *thistle* ‚Distel‘ für Schottland; *rose* für England aus der Zeit des ↑*War of the Roses.*

nautical mile, auch *sea mile.* 6080 *feet* (↑*foot*) = 1852 m; entspr. der dt. Seemeile.

NBC ↑*National Bus Company.*

NCB ↑*National Coal Board.*

NCO, *non-commissioned officer.* ‚Unteroffizier‘.

NEB, *National Enterprise Board* ↑British Technology Group.

Neddy ↑*National Economic Development Council.*

Newcastle: to carry coals to ~. Entspr. ‚Eulen nach Athen tragen‘. Die Redewendung verweist auf die große Bedeutung des Kohlebergbaus in NO-England, dessen Zentrum die Hafenstadt Newcastle-upon-Tyne (Tyne & Wear) ist.

Newmarket. Städtchen in der Nähe von Cambridge, gilt als „Geburtsort" des brit. Pferderennsports; seit King James I (1603–1625) berühmte Rennbahn. Große Rennveranstaltungen im Mai („One Thousand Guineas", „Two Thousand Guineas") u. Oktober („Cambridgeshire" u. „Cesarewitch"). N. ist daneben das Zentrum der brit. Pferdezucht (seit 10. Jh.) u. einer der weltweit wichtigsten Orte für dic Versteigerung u. den Erwerb von Vollblut-Rennpferden (Auktionshaus: Tattersalls Ltd.). N. zählt mit ↑*Ascot* u. ↑*Epsom* zu den wichtigsten, oft schon symbolisch gebrauchten Rennorten GB.s.

New Towns, var. *overspill cities.* Eine nach modernen funktionalen Gesichtspunkten zur Entlastung großer Ballungszentren in deren Nähe geplante u. neuerbaute o. in Anlehnung an bestehende Siedlungen angelegte Stadt mit zentralen Einrichtungen, Wohn- u. Gewerbevierteln. GB gilt als Wegbereiter für die Entwicklung von NT in anderen Ländern, vgl. „Entlastungsorte" in D, „villes nouvelles" in Frankreich. Seit 1946 sind in verschiedenen Zeitphasen (1946–1955, 1961–1966, 1967–1970) 32 NT, in England 21, in Wales 2 u. in Schottland 5 NT – unter weitgehender Einbeziehung von Vorstellungen der ↑*garden city* – angelegt worden. Die meisten wurden im näheren Umkreis von London (40–60 km) errichtet: Stevenage, Crawley, Hemel Hampstead, Harlow, Hatfield, Welwyn Garden City, Basildon, Bracknell. Die Entscheidung über den Bau neuer Städte trifft die Zentralregierung. Sie setzt eine Entwicklungsbehörde *(NT Development Corporation)* ein, die für die Gesamtplanung, das Management u. den Einsatz der öffentlichen Mittel verantwortlich ist u. nach den Prinzipien eines Wirtschaftsunternehmens arbeitet. Nach Erfüllung der Aufgabe geht die Zuständigkeit für NT auf die *Commission for the NT* über. In 13 NT ist heute der Aufbau abgeschlossen: Basildon (Essex), Bracknell (Berkshire), Central Lancashire, Corby (Northamptonshire), Crawley (Sussex), Harlow (Essex), Hatfield, Hemel

Hampstead, Stevenage, Welwyn Garden City (alle Hertfordshire), Northampton, Redditch (Hereford and Worcester), Skelmersdale (Lancashire). Ende des Aufbaus 1992: Aycliffe u. Peterlee (Durham), Cwmbran (Gwent), Milton Keynes (Buckinghamshire), Peterborough (Cambridgeshire), Telford (Shropshire), Warrington u. Runcorn (Cheshire) u. Washington (Tyne & Wear). In Schottland ist der Aufbau abgeschlossen in Cumbernauld, East Kilbride (beide Strathclyde), Glenrothes (Fife), Irvine (Ayrshire) u. Livingstone (West Lothian).

Die Größe der NT variiert zwischen 25 000 (Hatfield) u. 250 000 E. (Central Lancashire NT). Gesamteinwohnerzahl aller NT: 2 Mio. Gemeinsame Merkmale: neues Stadtzentrum *(town centre)*, häufig in verschiedene Funktionsviertel *(precincts)* eingeteilt (Abgrenzung zwischen Fahr- u. Fußgängerverkehr), *neighbourhood centres* (kleines *shopping centre,* z. T. auch *community centre* (mit Versammlungsräumen, ↑*pub,* Kirche, Primarschule), die den jeweiligen Mittelpunkt eines Wohnquartiers *(neighbourhood,* var. *ward* o. *precinct),* v. a. in NT der 1. Generation, z. B. Harlow, bilden. Bes. die jüngeren NT besitzen fast alle planmäßig angelegte, durchgrünte Industrieparks mit umweltfreundlichen Fabriken. Einige haben sich wegen ihres attraktiven Einkaufs-, Freizeit- u. Kulturangebots bereits selbst zu regionalen Zentren mit vielen Dienstleistungen für ihre Umgebung entwickelt. Besondere Probleme der brit. NT sind die unausgeglichene Sozial- u. Altersstruktur, die relativ hohen Mieten sowie ihre starke Konzentration auf Südostengland zuungunsten der wirtschaftlich benachteiligten Gebiete im W u. N GB.s. – Siehe auch ↑*regional policy.*

New Wave. In den USA u. GB Ende der 70er Jahre aus dem ↑*punk rock* hervorgegangener Musikstil von Gruppen wie *Talking Heads, Television* (USA), *Ultravox, The Stranglers, X-Ray-Spex* (GB): in den provozierenden Lärm des *punk* mischen sich u. dominieren schließlich Elemente der Polyphonie. Die Musik ist betont unterkühlt, intellektualistisch arrangiert u. zeichnet sich durch effektvoll eingesetzte Tontechniken aus. Die Texte weisen dadaistische Züge auf.

Next Steps Initiative/Programme. Anfang der 90er Jahre aufgelegtes Aktionsprogramm der konservativen Regierung, bei dem parallel zur Privatisierung von Staatsunternehmen (↑*privatization*) Vollzugsaufgaben aus den Ministerien (↑*civil service*) ausgelagert u. auf nachgeordnete semiautonome Einheiten (↑*executive agencies*) übertragen werden. Jede staatl. Tätigkeit wird in folgenden „Schritten" geprüft: Feststellung der Tätigkeit; Notwendigkeit der Tätigkeit; Alternativen wie Privatisierung, Vergabe von Teilaufträgen an Dritte o. Gründung öffentlicher Körperschaften (*non-departmental public bodies* ↑*quango*) wie z. B. ↑*Scottish Enterprise.*

NHS ↑*National Health Service.*

NIACE, *National Institute of Adult Continning Education* ↑*adult education.*

NIMBY, auch *nimby* ['nɪmbɪ], nach den Anfangsbuchstaben von „*not in my backyard*". Bez. für eine Person, die nach dem Sankt-Florians-Prinzip handelt: „überall anders, nur nicht bei uns"; die entsprechende Haltung heißt *nimbyism*.

nobility ↑Adelstitel.

non-conformists, var. *dissenters,* heißen die Protestanten im UK, die nicht Angehörige der Staatskirche (in Engl. u. Wales die *Church of England,* ↑*Konfessionen*) sind, sondern der *Free Churches: Independents* (o. *Congregationalists*), *Baptists, Presbyterians, Quakers, Unitarians* u. die 1972 aus den *Congregationalists* u. *Presbyterians* gebildete *United Reformed Church.* Sie wurden stark diskriminiert; erst zw. 1828 u. 1898 wurde die religiöse u. gesellschaftliche Gleichheit der n-c. gesetzlich verankert. In Schottland (Staatskirche: die presbyter. „*Kirk*") können auch Angehörige der anglik. Kirche n-c. sein.

Non-U ↑U.

Norman Style ↑ Baustile.

North Sea gas. GB ist weltweit der fünftgrößte Gasproduzent. Erdgas aus den 48 Gasfeldern vor der Küste *(offshore)* O-Englands (East Anglia) u. O-Schottlands; Erdgas hat Stadtgas in der öffentlichen Versorgung ersetzt (↑*North Sea oil*). Die Reserven lagen 1994 bei ca. 2 Mio. mcm (1 mcm = 1 Mio. m^3) u. reichen für den Binnenmarkt voraussichtlich bis ins nächste Jh. hinein. ↑*British Gas plc.*

North Sea oil. ‚Nordsee-Öl'; Erdöl aus 62 Ölfeldern vor der Küste *(offshore)* von O-Schottland u. NO-England, sog. *UK Continental Shelf (UKCS);* 1969 entdeckt, erst seit 1975 gefördert; 1994 betrug die Fördermenge 2,06 Mio. ↑*barrels* (274 205 t) pro Tag, damit ist GB der zehntgrößte Ölproduzent. Die Reserven liegen bei ca. 7,4 Mrd. t. Die brit. Ölindustrie ist inzwischen völlig in privater Hand. Insges. 280 Gesellschaften, darunter als größte ↑*BP* u. *Shell,* teilen sich das Ölgeschäft in der Nordsee. Das *Department of Energy* ist für die staatl. Forschung u. Entwicklung der Technologie zuständig. Die führenden Ölgesellschaften betreiben ihre eigene Forschung u. Entwicklung für die Exploration u. Förderung.

Northants. Abk. für Northamptonshire [nɔː'θæmptənʃə] (s. Karte S. 281).

Northern Ireland (14 121 km^2, 1,5 Mio. Einwohner = 113 E. je km^2). NI ist seit 1921 Teil des UK. Wegen seiner überwiegend protest. Bevölkerung (50,6 % der Einwohner bekennen sich zum Protestantismus, 38,4 % zum Katholizismus [Volkszählung 1992] blieb NI bei der Gründung des *Irish Free State* beim UK. Die meisten Protestanten sind Nachfahren der engl. u. schott. Siedler, die sich im nord.-östl. Irland niedergelassen hatten; ihrer Kultur u. Tradition nach sind sie brit. u. befürworten die verfassungsmäßige Bindung an die brit. Krone. Der röm.-kath. Bevölkerungsteil ist von seiner Geschichte und Tradition her irisch. Als Bezeichnung für NI wird in GB oft der Name der Provinz ↑*Ulster* gebraucht.

Irlands erster Kontakt mit England war 1169, als Henry II von England im Land einfiel. Der engl. Papst Adrian IV hatte ihn unterstützt, weil er die irische Kirche der Oberherrschaft Roms unterstellen wollte. Ein Großteil des Landes kam unter anglo-normannische Herrschaft, wurde jedoch im Mittelalter nur wenig von England beeinflußt. Die Religionspolitik von Henry VIII u. seiner Nachfolger führte zur neunjährigen Rebellion, die 1602 besiegt werden konnte. James I (1603–1625) u. später Oliver Cromwell (↑*Civil War*), der einen weiteren Aufstand 1649–1651 niederschlug, siedelten in Ulster viele schott. u. engl. Protestanten an (↑*Plantation of Ulster*). James II fand als Katholik nach seinem Sturz Rückhalt in Irland, so daß der protest. König William III die Insel zurückerobern mußte (*Battle of the Boyne 1690,* ↑*Orangemen*).

1801 entstand das Vereinigte Königreich von GB u. Irland. Bis 1829 durften nur Protest. in das gemeinsame Parlament entsandt werden. Die schwere Hungersnot 1845–1849 führte zur Auswanderung u. zu einem starken Rückgang der Bevölkerung. Im 19. Jh. verlangten die Iren die ↑*Home Rule* (eigenes Parlament u. eigene Regierung). Das *Home Rule*-Gesetz von 1914 trat wegen des Kriegsausbruchs (↑*Weltkriege*) und des drohenden bewaffneten Widerstandes der Unionisten nicht in Kraft. Diese wollten die Bindung an GB erhalten u. gründeten 1912 die Miliz *Ulster Volunteer Forces*, worauf die irischen Nationalisten mit der Aufstellung der *Irish Volunteers* antworteten.

Ein Wendepunkt war der Osteraufstand 1916 (↑*Easter Rising*) in Dublin, in dem die *Irish Republic* ausgerufen wurde. In der brit. Parlamentswahl 1918 gewann *Sinn Fein* (↑*IRA*) 73 der 105 irischen Mandate. Ihre Mitglieder boykottierten das Parlament in London u. bildeten das erste Parlament (↑*Dail Eireann*) in Dublin, das die Gründung der Republik bestätigte. Dies führte zu Zusammenstößen zwischen dem militär. Flügel der *Sinn Fein,* der *Irish Republican Army (IRA)*, u. der brit. *Royal Irish Constabulary.* Die brit. Regierung gewährte die *Home Rule,* allerdings wegen der ablehnenden Haltung der Unionisten nur teilweise. Der *Government of Ireland Act* von 1920 sah getrennte Parlamente im Norden u. Süden der Insel vor. Das Gesetz trat nur im Norden in Kraft. Der *Anglo-Irish Treaty* 1921 schuf den *Irish Free State* mit dem verfassungsmäßigen Status einer *Dominion* (↑*Commonwealth*) wie Kanada od. Australien. Eine Minderheit im *Dail* lehnte den Vertrag ab. Es folgte 1922/23 ein erbitterter Bürgerkrieg zwischen dem *Free State* u. der *IRA*, die besiegt wurde. 1937 erließ die irische Regierung eine neue Verfassung, die den irischen Anspruch auf NI festschrieb u. den Namen des Irischen Freistaates in ↑*Eire* änderte. Die verbleibenden Bindungen an GB wurden allmählich gelöst. 1949 trat *Eire* aus dem *Commonwealth* aus u. wurde die souveräne *Republic of Ireland.*

Nach der Gründung des *Free State* 1921 stimmte eine Mehrheit der Wähler im Norden für eine *Unionist-*

Regierung. Die Katholiken in NI fühlten sich zunehmend von der Staatsverwaltung ausgeschlossen u. in Fragen der Wohnungs- u. Arbeitszuteilung u. des Wahlrechts diskriminiert. NI wurde von der Auseinandersetzung zwischen protest. Unionisten u. kath. Nationalisten beherrscht. Die 1967 entstandene Bürgerrechtsbewegung mit dem Ziel, Katholiken u. Protestanten gleichzustellen, wurde gewaltsam von protestant. Unionisten bekämpft. GB mußte 1969 Truppen nach NI entsenden, was die *IRA* auf den Plan rief. Ein Reformprogramm Ende der 60er Jahre umfaßte: Umstrukturierung der Polizei, Einführung des allg. Wahlrechts auf lokaler Ebene, Gründung einer neuen Wohnungsbehörde u. Einführung eines Punktesystems bei der Zuweisung öffentl. geförderter Wohnungen, Verbot der Diskriminierung bei der Einstellung von Arbeitskräften. Seit den frühen 70er Jahren, nachdem sich die *Provisional IRA* von der *Official IRA* abgespalten hatte, gab es in NI nicht mehr öffentliche Unruhen, sondern terroristische Gewaltakte. Zur jüngeren Geschichte siehe ↑*Troubles*, ↑*IRA*, ↑*Northern Ireland Office*, ↑*Orangemen*.

Northern Ireland Office. 1972 mit der Entscheidung für die Direktregierung in Nordirland eingerichtetes Ministerium unter Leitung des Nordirland-Ministers. Seine Aufgaben liegen im Bereich der inneren Sicherheit, es ist für die Kontakte zur Republik Irland in Nordirland betreffenden Angelegenheiten zuständig u. für diejenigen Bereiche der Wirtschafts- u. Sozialpolitik, die in die Verantwortung des ihm unterstehenden nordirischen Beamtenapparates fallen. ↑*Northern Ireland.*

Northumb. Abk. f. Northumberland [nɔːˈθʌmbələnd], s. Karte S. 281.

Notting Hill Carnival. Traditioneller Straßenkarneval der westindischen (karibischen) Bevölkerung des Notting Hill-Viertels im Londoner Stadtteil Kensington, mit farbenprächtigen Umzügen u. Maskeraden *(mas)*, *steel bands*, ↑ *reggae*-Kapellen u. Calypso-Musikern, Tanz u. Gesang; findet seit seiner Gründung 1966 stets am letzten Augustwochenende *(August Bank Holiday)* statt. In den 80er Jahren kam es in seinem Gefolge immer wieder zu unfriedlichen Demonstrationen u. Auseinandersetzungen mit rassistischem Hintergrund (↑*immigration*).

Notts. Abk. für die Grafschaft Nottinghamshire [ˈnɒtɪŋəmʃə] (siehe Karte S. 281).

NSPCC, *National Society for the Prevention of Cruelty to Children.* Brit. Kinderschutzbund, gegr. 1884, mit ca. 50 000 ehrenamtlichen Mitarbeitern (↑*charities*).

NT. 1. *National Theatre,* ↑ Theater; 2. ↑New Towns.

nuclear energy ↑Kernenergie.

Nuclear Installations Inspectorate ↑Kernenergie.

NUM, *National Union of Mineworkers.* Die Auswirkungen der Umstrukturierung der brit. Wirtschaft seit 1979 (↑*thatcherism*) und die damit einhergehende Krise der ↑*Gewerkschaften* zeigen sich besonders drastisch bei der zur Zeit der *Labour*-Regierung (vor 1979) so mächtigen Bergarbeitergewerkschaft *NUM*, die von mehr als 370000 Mitgliedern auf offiziell 18227, inoffiziell aber weniger als 10000 Mitglieder geschrumpft ist. Unter ihrem militanten Führer Arthur Scargill führte sie langandauernde, klassenkämpferische Streiks, die eine konservative Regierung zu Fall brachten (Regierung Heath 1973: Gewerkschaftsreform) u. eine andere erschütterten (Regierung Thatcher 1984/85: Grubenschließungen).

nursery rhymes ['nəːsərɪ 'raɪmz]. ‚Kinderverse', aufgesagt o. gesungen, erfreuen sich in GB großer Beliebtheit u. gehören als „oral poetry" zum allg. Bildungsgut. Viele n.r. gehen auf alte Balladen u. Volkslieder zurück u. sind nur mündlich überliefert. Es gibt unter den n.r. auch Abzählverse o. reine Nonsensgedichte u. Zungenbrecher *(tongue twisters)*. Sprache u. Inhalte sind oft archaisch. Rhythmus u. Reim (häufige Kehrreime!) der n.r. gehen leicht ins Ohr. Bekannte n.r. sind (jeweils Anfangszeile): ↑*Humpty Dumpty* sat on a wall; *Jack and Jill* went up the hill; Little ↑*Jack Horner* sat in a corner; *Old King Cole* was a merry old soul; *Peter Piper* picked a peck of pickled pepper; *The Queen* of Hearts she made some tarts, u. v. a.

nursery school. ‚Vorschule, Kindergarten', var. *play school.* Staatl. Schule o. Kindergarten für Kinder vor dem Pflichtschulalter (5–16 J.), meist mit ↑*Infant School* verbunden. Über 40% der 3- bis 4jährigen Kinder nahmen 1987 an Vorschulerziehung teil *(nursery education, pre-school education).* Neben den staatl. Vorschulen gibt es auch Einrichtungen nichtstaatl. Organisationen, wie z.B. der *Pre-School Playgroups Association (PPA).* Sie erhalten staatl. Zuschüsse u. nehmen auch die Hilfe von Eltern in Anspruch. ↑*kindergarten,* ↑*playgroup.*

NUS, *National Union of Students.* Einflußreicher Studentenverband (gegr. 1922) mit über 1 Mio. Mitgliedern; vertritt an ↑*colleges* u. ↑*Universitäten* studentische Angelegenheiten (u.a. Wohnungsvermittlung, Reisevermittlung, Studentenausweise, Beratung). An manchen Universitäten schwankt die Bez. für diese Studentenvertretung zwischen *Student Representative Council (SRC), Student Guild* o. *Union.*

NUT, *National Union of Teachers.* Der größte von 9 Lehrerverbänden in GB mit etwa 185000 Mitgliedern, gegr. 1870. Lehrer sind in GB keine Beamte, sie können sich daher gewerkschaftlich organisieren u. ihre Forderungen ggf. mit Streiks durchsetzen.

O

Oaks, the ~ ↑Epsom.

OAP, *Old Age Pensioner.* Bez. für ältere Menschen, die das Renten-/Pensionsalter (Frauen ab 60 J., Männer ab 65 J.) erreicht haben u. von der ↑*Na-*

tional Insurance eine staatl. Rente *(old age pension)* erhalten. Statt OAP ist heute zunehmend die Bez. *senior citizen* gebräuchlich. Ein Altersheim heißt *old people's home.*

OBE, *Officer of the Most Excellent Order of the British Empire* ↑Orden u. Ehrenzeichen A.10.

OED ↑*Oxford English Dictionary.*

of the ilk. Vgl. altengl. *ilca* ‚the same'. In Schottland findet sich dieser Ausdruck heute nicht selten in Familiennamen, jedoch nur dann, wenn Familienname u. Heimatort der jeweiligen Person identisch sind, z.B. Iain Guthries of Guthrie = Iain Guthries *of the ilk;* Peter Kinloch of Kinloch = Kinloch *of the ilk;* urspr. den Oberhäuptern der ↑*clans* vorbehalten.

Offa's Dyke ['ɑfəs'daɪk]. Von König Offa von Mercia (757–796) im 8. Jh. angelegter Grenzwall zwischen Dee-Mündung u. dem River Wye, der z.T. noch gut erhalten ist u. bis heute in etwa der Grenzlinie zwischen Wales (Kelten!) u. England (Angelsachsen!) entspricht. Die durch *Offa's Dyke* von England abgetrennten Kelten wurden von den Angelsachsen als Welsche ‚Ausländer' bez., daher die heutigen Namen *Wales* u. *Welsh.*

Official Birthday. Amtlicher Geburtstag des Monarchen (↑*Monarchie*), z.Z. am 2. Samstag im Juni, da zu diesem späteren Zeitpunkt – Queen Elizabeth II wurde am 21. April 1926 geboren – besseres Wetter für die traditionell an diesem Tag stattfindende Parade ↑*Trooping the Colour* zu erwarten ist; am O.B. werden die *Birthday Honours,* die an diesem Tag vom Monarchen verliehenen ↑*Orden u. Ehrenzeichen,* verkündet. ↑ *Honours List.*

Official Secrets Acts. Gesetze von 1911, 1920 u. 1939 zur Wahrung der Geheimhaltung von Staatsgeheimnissen. Die OSA werden häufig kritisiert, weil viele angeblich belanglose Dokumente als geheim klassifiziert werden, aber v.a., weil sie dem Beamtentum (↑*civil service*) ermöglichen, wichtige Informationen dem ↑*Parlament* u. sogar Ministern vorzuenthalten.

off-licence. 1. Lizenz für den ganztägigen Verkauf von alkohol. Getränken „zum Mitnehmen"; 2. das Geschäft, das diese Lizenz erhalten hat.

OFSTED, *Office for Standards in Education.* Durch den *Education (Schools) Act* 1992 neu geschaffene oberste Schulaufsichtsbehörde in England unter der Leitung von *Her Majesty's Chief Inspector of Schools (HMCI).* Sie untersteht nicht – wie ↑*Her Majesty's Inspector of Schools (HMI)* – dem *Department for Education* in London. Ihre 6000 unabhängigen *inspectors* inspizieren alle 4 Jahre jede staatl. u. private Schule in England. Ihre Berichte sollen zu einem möglichst ausgeglichenen Unterrichtsniveau an den englischen Schulen beitragen, bei so unterschiedlichen Schulen wie ↑*Summerhill* o. ↑*Eton* ein schwieriges Unterfangen. Beim OFSTED arbeiten ferner 240 *HMIs.* In Wales heißt die entsprechende Einrichtung *Office of Her*

Majesty's Chief Inspector of Schools in Wales (OHMCI), in Schottland *HM Schools Inspectorate.*

OHMS [əʊ eɪtʃ em 'es], *On His (Her) Majesty's Service.* Aufdruck bei Sendungen von staatlichen Stellen, z.B. Mitteilungen des Finanzamts (↑*Inland Revenue*).

Old Bailey. Colloq. Bez. für den *Central Criminal Court* in London, den *Crown Court* (↑*Justiz*) in der ↑*City of London.*

Old Boy/Girl. Ehem. Schüler(in) einer ↑*secondary school,* v. a. einer ↑*public school,* der/die meist einer Vereinigung der „Ehemaligen" (erkennbar an der typischen Schulkrawatte: „the old school tie") angehört u. seine/ihre frühere Schule unterstützt.

Old King Cole ↑nursery rhymes.

Old Lady of Threadneedle Street. Humorvoller Beiname der ↑*Bank of England,* die in der Londoner Threadneedle Street (EC2) liegt.

Old Trafford. Das Fußballstadion von Manchester United.

Old Vic ↑Theater.

O-Level ↑General Certificate of Education.

OM, *Order of Merit* ↑Orden u. Ehrenzeichen A.4.

Ombudsman, colloq. Bez. für den *Parliamentary Commissioner for Administration.* Staatsbeamter (seit 1967), der Beschwerden untersucht, die von Einzelpersonen o. Körperschaften gegen Ungerechtigkeiten durch Ministerien o. andere Staatsstellen an ihn herangetragen werden. Wer sich geschädigt fühlt, muß seine Beschwerde schriftlich an seinen Parlamentsabgeordneten richten, der sie an den O. weiterleitet, der dann dem Unterhaus (↑*Parlament*) über seine Entscheidung berichtet. 1973 wurde die Zuständigkeit des O. auf das Gesundheitswesen (↑*National Health Service*) u. 1974 auf die kommunale Selbstverwaltung (↑*local government*) ausgeweitet.

o.n.o., *or near offer.* Bes. bei Immobilien- u. Gebrauchtwagenanzeigen: dt. etwa ‚Verhandlungsbasis' (VB) beim Verkaufspreis, z.B. eines Autos: £ 5000 *o.n.o.*

open shop. Im Ggs. zum ↑*closed shop* ein Betrieb, der auch Nicht-Gewerkschaftsmitglieder einstellen darf (↑*Gewerkschaften*).

Open University (OU). 1969 gegründete Fernuniversität (Sitz: Milton Keynes, Buckinghamshire) mit 8 Fakultäten: *arts; education; health, welfare and community education; management; mathematics and computing; science; social sciences; technology;* bedient sich für ihre Studiengänge zur Vorbereitung auf die verschiedenen ↑*akademischen Grade* u. andere Lehrgänge einer Kombination aus Rundfunk- u. Fernsehsendungen, Lehrbriefen *(correspondence courses),* Heimkursen u. Sommerschulen in Verbindung mit einem Netz von örtlichen Studienzentren. Für die Immatrikulation zu diesen Studiengängen sind keine formalen wissenschaftlichen Qualifikationen erforderlich, doch das Niveau der akad. Grade, die aufgrund eines Gutschriftensystems für jeden abgeschlossenen Studienkurs verliehen werden, soll so anspruchsvoll sein wie das jeder anderen ↑*Universität.* Daneben gibt es auch zahlreiche Fortbildungsprogramme. 1994 waren 200000 Studenten eingeschrieben, 60% streben einen ↑*akademischen Grad* an.

oppidan (Eton) ↑public school.

Opposition. Bez. für die Oppositionspartei im Unterhaus (↑*Parlament*). Offiziell: *Her (His) Majesty's Loyal Opposition;* die Abgeordneten der Partei, die der Regierungspartei (↑*Regierung*) im Unterhaus gegenübersitzt. ↑*shadow cabinet.*

Oracle ↑teletext.

Orangemen. Mitglieder der *Orange Society,* einer protestantischen Organisation, gegr. 1795, um die protest. Oberherrschaft in Irland, jetzt in Nordirland, aufrechtzuerhalten. Es gibt Zweige in vielen englischsprachigen Ländern; nach William III von England, Prinz von Oranien *(Orange),* der den irischen Aufstand am 12. Juli 1690 in der *Battle of the Boyne* (‚Schlacht an der Boyne') niederschlug. Zur Erinnerung daran veranstalten die Protestanten in Nordirland alljährlich an diesem öffentl. ↑*Feiertag* Umzüge, die von den Katholiken als Provokation angesehen werden.

Orden u. Ehrenzeichen *(decorations and distinctions).* A. *Orders of Chivalry* (Ritterorden). Aus eigenem Recht o. auf Vorschlag des Premierministers ehrt die Königin an Neujahr *(New Year's Honours)* u. an ihrem offiziellen Geburtstag *(Birthday Honours)* im Juni (↑*Official Birthday*) verdiente Personen durch Erhebung in den Adelsstand (↑*Adelstitel*), durch die Aufnahme in einen der 14 Orden (mit oder ohne Adelserhebung je nach Ordensklasse) o. durch Auszeichnung mit einem Orden o. einer Medaille. Die Abkürzung des Ordens bzw. der Medaille wird stets dem Familiennamen nachgesetzt. *K., D.* o. *G.* als erster Buchstabe der Abk. bedeutet: der Ordensinhaber wurde geadelt u. hat das Recht, den Adelstitel *Sir* vor seinen Namen bzw. *Lady* vor den seiner Frau zu setzen. Geadelte Frauen führen den Titel *Dame.*

Der Monarch verleiht aus eigenem Recht vier hohe Orden: 1. Der höchste u. älteste Orden ist der Hosenbandorden *(The Most Noble Order of the Garter),* gegr. 1348. Ordenssouverän: The Queen. Seine Mitglieder sind die *Knights of the Garter, KG,* unterteilt in *Royal Knights:* Gemahl *(Duke of Edinburgh)* u. ältester Sohn *(Prince of Wales)* der Königin, *Extra Knights* (ausländische Monarchen) u. *Knights Companions* (auf 24 begrenzt). Wegen ihres goldgerandeten dunkelblauen Kniebands werden sie auch als *Blue Knights* bezeichnet; Motto: „Honi soit qui mal y pense" (Shame on him who thinks evil of it). – An 2. Stelle folgt der Distelorden *(The Most Ancient and Most Noble Order of the Thistle),* gegr. 1687; das schott. Gegenstück des engl. Hosenbandordens, identisch gegliedert, die Zahl der Knights – wegen ihres grünen Kniebands auch „The Green Knights" – ist auf 16 begrenzt (Abk. *KT*). Motto: „Nemo me impune lacessit" (No one provokes me with impunity). – An 3. Stelle folgt der Bad-Orden *(The Most Honourable Order of the Bath),* mit drei zivilen u. militär. Klassen: *GCB = Knight* (o. *Dame) Grand Cross* ‚Großkreuz'; *KCB. = Knight Commander* ‚Komturritter' bzw. *DCB = Dame Commander; CB = Companion.* Die Ordensbez. leitet sich von dem „Bad" ab, das die Ritter vor ihrer Ernennung nehmen mußten. Motto: „Tria juncta in uno" (Three joined in one). – An 4. Stelle der Rangordnung – noch vor den übrigen Ritterorden – steht der Verdienstorden *Order of Merit (OM),* gestiftet 1902 – Motto: „For Merit" –, der auf jeweils nur 24 lebende Inhaber beschränkt ist u. im Unterschied zu den übergeordneten höfischen Auszeichnungen nur für wahre Verdienste in Kunst, Literatur u. Wissenschaft, aber auch im Kriege ohne Rangstufe u. ohne Adelserhebung verliehen wird. Zu den Inhabern des hochangesehenen Ordens zähl(t)en der brit. Bildhauer Henry Moore (1898–1986), Lord Olivier (Sir Lawrence Olivier, 1907–1989), der amerik. Präsident D. D. Eisenhower, der Schriftsteller Graham Greene (* 1904), die jugoslaw. Wohltäterin Mutter Teresa.

Bei den nachfolgenden Hoforden (mit weiter absteigender Rangordnung) liegt das Vorschlagsrecht beim Premierminister: 5. *The Most Exalted Order of the Star of India* (gegr. 1861, seit 1947 nicht mehr verliehen), mit drei Klassen: *GCSI = Knight Grand Commander; KCSI = Knight Commander; CSI = Companion.* Motto: „Heaven's Light Our Guide." – 6. *The Most Distinguished Order of St. Michael and St. George* (gegr. 1818), mit drei Klassen: *GCMG = Knight (o. Dame) Grand Cross; KCMG = Knight Commander* bzw. *DCMG = Dame Commander; CMG = Companion.* Motto: „Auspicium melioris aevi" (Token of a better age). – 7. *The Most Eminent Order of the Indian Empire* (gegr. 1868, seit 1947 nicht mehr verliehen), mit drei Klassen: *GCIE = Knight Grand Commander; KCIE = Knight Commander; CIE = Companion.* Motto: „Imperaticis auspiciis" (Under the auspices of the Empress). – 8. *The Royal Victorian Order* (gegr. 1896) mit 5 Klassen: *GCVO = Knight o. Dame Grand Cross; KCVO = Knight Commander* bzw. *DCVO = Dame Commander; CVO = Commander; LVO = Lieutenant; MVO = Member.* Motto: „Victoria". – 9. *The Royal Victorian Chain* (gegr. 1902), für ausländische Monarchen u. Staatsoberhäupter, keine Rangstufe. – 10. *The Most Excellent Order of the British Empire* (gegr. 1917) mit je 5 zivilen u. militärischen Klassen für besondere Verdienste um das brit. ↑*Commonwealth: GBE = Knight* o. *Dame Grand Cross; KBE = Knight Commander* bzw. *DBE = Dame Commander; CBE = Commander; OBE = Officer; MBE = Member.* Motto: „For God and the Empire." – 11. *Order of the Companions of Honour* (gegr. 1917) mit nur einer Klasse ohne Rangstufe u. Titel, Abk. *CH,* auf 65 lebende Inhaber(innen) beschränkt. – Die beiden letztgenannten Orden entsprechen nach ihrer Intention u. Vergabepraxis am ehesten dem Bundesverdienstkreuz in der BRD. – 12. *Royal Victoria and Albert* (gegr. 1862), nur für Damen, ohne Rangstufe u. Titel, Abk. *VA.* – 13. *The Imperial Order of the Crown of India* (gegr. 1877), nur für Damen, ohne Rangstufe u. Titel, Abk. *CI.* – 14. *The Imperial Service Order* (gegr. 1902), der Orden des ↑*Civil Service,* Abk. *ISO,* beschränkt auf 1700 „Companions". – *Knights,* die keinem der genannten Orden angehören, heißen *Knights Bachelor, Kt. Bach.* Sie setzen die Tradition der mittelalterlichen *State Orders of Knighthood* fort.

B. *Decorations and Medals.* Neben den Ritterorden gibt es eine Vielzahl milit. u. ziviler Ehrenzeichen, v.a. Tapferkeitsauszeichnungen. Auch hier wird die jeweilige Abk. dem Familiennamen hinzugefügt. Zwei dieser Auszeichnungen sind den *Orders of Chivalry* übergeordnet: 1. *Victoria Cross, VC,* ‚Victoriakreuz' (gegr. 1856), die höchste Tapferkeitsauszeichnung („For Valour"), als einzige brit. Tapferkeitsauszeichnung klassenlos, für Soldaten aller Grade u. Waffengattungen sowie für Zivilpersonal der Streitkräfte. Dem *VC* entsprach im 1. Weltkrieg auf dt. Seite der Orden „Pour le Merite", im 2. Weltkrieg das Ritterkreuz mit Eichenlaub u. Schwertern. – 2. *George Cross, GC,* ‚Georgskreuz' (gegr. 1940) für außergewöhnliche zivile Tapferkeit („For Gallantry"). Die Inhaber des *VC* u. des *GC* erhalten eine jährliche steuerfreie Zuwendung von £ 100. – In der Ordensrangordnung etwa zwischen *Royal Victorian Order* u. *Royal Victorian Chain* (s. oben 8. u. 9.) steht *The Distinguished Service Order, DSO,* 1806 als Kriegsverdienstorden für Offiziere aller Waffengattungen gestiftet (seit 1942 auch für Offiziere der Handelsmarine). – Weitere angesehene Tapferkeitsauszeichnungen (nach Rangordnung): *Royal Red Cross, RRC* (1883), nur für Damen; *Distinguished Service Cross, DSC* (1914), nur für Marineoffiziere; *Military Cross, MC* (1914) für Heeresoffiziere *(Captains, Lieutenants); Distinguished Flying Cross, DFC* (1918) ‚Fliegerverdienstkreuz' für Offiziere u. Unteroffiziere von *Royal Air Force* u. *Fleet Air Arm* (↑*Streitkräfte*); *Albert Medal, AM* (1866): „For gallantry in saving life at sea or on land", Lebensrettungsmedaille; *Distinguished Conduct Medal, DCM* (1854), Unteroffiziere der *Army* u. der *Royal Air Force; Conspicuous Gallantry Medal, CGM* (1874) für Deckoffiziere der Marine, seit 1942 auch der Handelsmarine u. *Royal Air Force; George Medal, GM* (1940) für zivile Tapferkeit; *Distinguished Service Medal, DSM* (1914) für die Marine; usw.

Order in Council ↑Privy Council.

Order Paper ↑Parlament: *House of Commons.*

Ordnance Survey (OS) ['ɔːdnəns 'səːveɪ]. Das „Zentrale Vermessungsamt" GB's. Seine detaillierten Meßtischblätter *(Ordnance Survey Maps)* sind als General- u. Wanderkarten weit verbreitet. Der 1801 erstmals festgelegte Standard-Maßstab 1:63,360 („one inch to a mile") wird zunehmend durch Karten im Maßstab 1:50000 u. 1:25000 ersetzt.

Ortsnamen. Ortschaften verraten durch ihre Namen, ob sie keltischer, römischer, angelsächsischer, dänischer o. normannischer Herkunft sind u. liefern damit ein Spiegelbild der Einwanderungswellen u. der Vielschichtigkeit des engl. Wortschatzes.

1. In Schottland u. Wales sind die meisten O. keltischer Herkunft (↑*Gaelic;* ↑*Welsh*). Schottisch-keltisch sind: *aber* ‚Mündung' (Aberdeen), *ben, pen* ‚Gipfel' (Ben Nevis), *firth* ‚Golf' (Firth of Forth), *glen* ‚Tal' (Glencoe), *loch* ‚der See' (↑*Loch Ness*), *strath* ‚Tal' (Strathclyde). Walisisch-keltisch sind: *afon* ‚Fluß' (Avon Park), *bryn* ‚Hügel' (Brynmawr), *caer* ‚Festung' (Caernarvon), *cwm* ‚Tal' (Cwmbran), *llan* ‚Kirche' (Llanelly [θlæn'eθlɪ]), *llyn* ‚der See' (Llanuwchllyn), *mynydd* ‚Berg' (Mynydd Hiraethog). – 2. Römischer Herkunft sind: *-coln* ‚Kolonie' (Lincoln ['lɪŋkən]), *street* ‚Straße' (Streetend), *-chester, -caster, -cester* ‚Lager' (Manchester, Lancaster, Leicester ['lestə]); die Namen stammen aus den ersten vier Jh. n. Chr. – 3. Angelsächsischer Herkunft sind: *borough, burgh, bury* ‚Festung' (Loughborough ['lʌfbərə], Edinburgh, Salisbury ['sɔːlzbərɪ]), *-burn, -bourne* ‚Fluß' (Eastbourne), *-combe, -den* ‚Tal' (Ilfracombe ['ɪlfrəkuːm], Deepden), *-don,* o. *-down* ‚Höhe' (Ashdown), *-ey* ‚Insel' (Sheppey), *-fleet* ‚Mündung' (Fleetwood), *-ford* ‚Furt' (Milford, Oxford), *-holt* ‚Wald' (Northolt), *-hurst* ‚bewaldeter Hügel' (Midhurst), *-ley* ‚Lichtung' (Barnsley), *-stead, -stock, -stoke* ‚Bauernhof' (Hampstead, Woodstock, Stoke-on-Trent), *-ton* ‚Siedlung' (Brighton), *-weald, -wold* ‚Wald' (York Wolds, Cotswolds), *-wick, -wich, -worth* ‚Dorf' (Flitwich, Norwich ['nɒrɪdʒ], Haworth). Diese Namen stammen aus den Jahren 450–750. – 4. Dänischer Herkunft sind: *-by* ‚Dorf' (Oadby), *-holm(e)* ‚Insel' (Foxholm), *toft* ‚Herrschaftsgebiet' (Lowestoft), *-thorp(e)* ‚Bauernhof' (Scunthorpe). Sie stammen aus der Zeit 800–1066. – 5. Normannischer Herkunft sind z. B. Beaulieu ['bjuːlɪ], Beauchamp ['biːtʃəm], Belvoir ['biːvə], Cowdray (Haselbusch, franz. *coudreau*). Sie entstanden nach 1066.

ounce, Abk. *oz.* 1 oz = 28,35 g; 16 oz = 1 lb (↑*pound*).

OUP, *Oxford University Press.* Urspr. der Universität ↑*Oxford* angeschlossenes u. von einer Akademiker-Kommission geleitetes Druck- u. Verlagshaus mit Niederlassung in London, der es seit Anfang des 20. Jh.s gestattet ist, Bücher unabhängig von der Oxforder Kommission herauszugeben. Die Veröffentlichungen dieser Filiale u. ihrer weltweiten Niederlassungen sind an Zahl denen der Mutterorganisation *Clarendon Press* in Oxford weit überlegen. Heute ist OUP eine der größten Verlagsanstalten GBs; veröffentlicht neben wiss. Werken u. Wörterbüchern (↑*Oxford English Dictionary*) auch die engl. Klassiker, Lyrik, Bibeln (Vertriebsmonopol für die Bibelversion von 1611, sog. „*Authorized Version*"), Gesangbücher, Kinderbücher usw.

Oval ↑cricket.

Oxbridge ['ɒksbrɪdʒ]. Aus Wortmischung (↑*portmanteau words*) entstandene colloq. Bez. der beiden ältesten u. renommiertesten Universitäten GBs, ↑*Oxford* u. ↑*Cambridge,* im Ggs. zu den jüngeren *redbrick* u. *plateglass universities* (↑*Universität*). Oxford ist ein klein wenig älter u. wird darum immer als erstes genannt. Die beiden Universitäten sind einander im wesentlichen sehr ähnlich, doch ihre Organisation ist in fast allen Einzelheiten verschieden. So üben z.B. in Oxford die ↑*colleges* einen großen Einfluß auf die Universität aus, während in Cambridge Universität u. Colleges völlig voneinander getrennt sind. Oxford war lange ein Hort des Katholizismus u. hat eine große geisteswiss. Tradition, während Cambridge eine Bastion des Protestantismus u. ein Zentrum der Naturwiss. war. Oxford gilt heute als eher akademisch, literar., politisch bewußt u. engagiert, Cambridge mehr auf Erziehung bedacht, wissenschaftlicher, ungezwungener u. gemäßigt. Rivalitäten bestehen zwischen beiden seit alters, nicht nur beim traditionellen ↑*Boat Race.* Gemeinsam ist ihnen ihr außerordentliches Prestige. – Weniger als 5 % aller engl. Studenten – die meisten kommen von den großen ↑*public schools* – studieren in O. Trotzdem rekrutieren sich in O. noch immer die Eliten in Politik, in Industrie, Verwaltung u. Rechtswesen, ähnlich den Absolventen der Grandes Ecoles in Frankreich.

OXFAM, *Oxford Committee for Famine Relief.* 1942 in Oxford gegr. Wohltätigkeitsorganisation (↑*charities*), unterhält in ganz GB zahlreiche Second Hand Shops, deren Erlös der Hungerhilfe in der Dritten Welt zugute kommt. ↑*Live Aid.*

Oxford ['ɒksfəd] ↑Oxford University.

Oxford and Cambridge Boat Race ↑Boat Race.

Oxford Blue heißt ein Student in Oxford, der seine Universität bei Sportwettkämpfen (↑*Boat Race*) vertreten hat; nach den dunkelblauen Oxforder Trikots.

Oxford English, var. *Oxford accent.* Bis in die 50er Jahre mit vorbildlichem Englisch u. auch heute noch allgemeinsprachlich mit ↑*Received Pronunciation* gleichgesetzt, gilt *Oxford English* sprachwiss. als Sonderform *(modified standard)* der engl. Sprache. Als soziales Erkennungszeichen einer akademischen Elite bezieht es sich auf die an der Universität ↑*Oxford* gepflegten *lautlichen* Besonderheiten. ↑*BBC-English,* ↑*King's/Queen's English,* ↑*Standard English.*

Oxford English Dictionary (OED). Gilt als *das* Nachschlagewerk der engl. Sprache. Das 13bändige Werk (OED 1, 16750 Seiten), das 1933 in der ↑*OUP* erschien, ist eine verbesserte u. mit Introduction, Supplement u. Bibliography versehene Neuauflage des *New English Dictionary on Historical Principles,* das der Privatgelehrte F. Furnivall begonnen hatte u. an dem J. A. H. Murray, H. Bradley, W.A. Craigie, Ch.T. Onions sowie

Hunderte ehrenamtlicher Helfer zwischen 1884 u. 1933 (Supplementband) mitarbeiteten. Ziel der Herausgeber war es, den engl. Wortschatz seit etwa 1150 vollständig zu erfassen. Dabei ergaben sich 425 000 Stichwörter mit datierten u. den Fundort nachweisenden Belegen (ca. 1,8 Mio), aus denen v. a. auch die früheste Verwendung eines Wortes mit seiner Definition, bei inzwischen ausgestorbenen Wörtern auch die Dauer ihrer Geltung, abgelesen werden kann. Im Unterschied zu dem wesentlich früher begonnenen, aber viel später abgeschlossenen deutschen Parallelwerk, dem Deutschen Wörterbuch der Brüder Grimm (1. Band 1854), sind im OED auch Fachwörter u. techn. Termini mit ihrer Bedeutungsgeschichte enthalten. Viele Erstdatierungen u. Etymologien des OED entsprechen nicht mehr dem heutigen Erkenntnisstand. – Eine verkürzte Form des OED 1 ist das *Shorter Oxford English Dictionary (SOED),* London 1964 („new corrected impression" von [3]1944). – 1971 brachte OUP eine „Compact Edition of the Oxford English Dictionary" heraus, eine unveränderte, zweibändige (!) Microprint-Ausgabe (mit Leselupe) des OED 1. – Die neuere Sprachentwicklung wurde durch die Herausgabe von 4 Supplementbänden dokumentiert (Herausgeber R.W. Burchfield). Seit 1989 gibt es ein *OED 2*, das aus drei integrierten Teilen besteht: die korrigierte 1. Auflage *(OED 1)*, die 4 Supplementbände u. ca. 5000 seit 1970 eingebürgerte neue Wörter. *OED 2* umfaßt 21 728 Seiten, 616 500 Artikel mit insgesamt 60 Mio Wörtern (34 % mehr als *OED 1*); auch auf CD-ROM erhältlich.

Oxford Movement ↑Konfessionen.

Oxford Street. Eine der ältesten Straßen Londons (W 1), heute größte u. bekannteste Einkaufsstraße mit großen ↑*Kaufhäusern* u. zahlreichen Boutiquen; urspr. röm. Heerweg, später Postkutschenstraße, die in Richtung Oxford u. den Westen führte.

Oxford Union, kurz: *The Union.* Berühmter studentischer Debattierclub (↑*Union societies*) an der ↑*Oxford University.* Er stellt sich jede Woche bestimmte, nicht immer ernstgemeinte Themen, zu denen ab u. zu auch prominente Politiker als Debattenredner geladen werden. Die Debatten werden nach der Geschäftsordnung des Unterhauses (↑*Parlament*) geführt; dazu tragen die *Union*-Funktionäre Frack bzw. Abendkleid. Den Präsidenten der Union winkt meist eine glänzende politische Karriere.

Oxford (University). Die berühmte Universität von Oxford, gegr. Anfang des 13. Jh.s, zählt mit ↑*Cambridge* (↑*Oxbridge*) zu den bedeutendsten u. ältesten Universitäten der Welt. O. errang v. a. auf dem Gebiet der Philosophie u. der Geisteswiss. hohes Ansehen. Die Sonderstellung von O. wie auch von Cambridge liegt in seinen ↑*colleges* begründet. Es gibt heute 39 Colleges (darunter 1 reines Frauencollege) mit etwa 15 000 Studenten; zu den bekanntesten zählen *University College* (gegr. 1249); *Balliol* (1262), *Merton* (1264), *All Souls* (1437), *Magdalen* (1458), *Christ Church* (1546). Die Colleges sind private Institutionen mit eigenem königlichem Privileg u. in gewisser Hinsicht völlig unabhängig. Jedes College entscheidet über die Zulassung seiner Studenten, wählt seine ↑*Fellows* u. gibt sich eigene Regeln. Selbst die Amtsbezeichnung der Collegepräsidenten ist unterschiedlich: *Dean* (Christ Church), *Rector* (Exeter), *President* (Trinity), *Master* (University), wie in Cambridge, *Provost* (Worcester), *Warden* (New College). Jeder Student gehört zu einem College, das ihm Unterkunft u. Verpflegung bietet, u. in dem seine Arbeit in den ein- o. zweimal wöchentlich stattfindenden *tutorials* (↑*Universität*) überprüft wird. Das im 14. Jh. gegr. New College beherbergte als erstes seine Studenten u. baute als erstes seine Gebäude um einen viereckigen Hof *(quadrangle, quad)*. Auf dem rd. 2½ km^2 großen Gelände der O.U. gibt es mehr als 600 Gebäude, die unter Denkmalschutz stehen, auch hier sind viele um einen *quad* angeordnet. – Die Führung der O.U. liegt beim *vice-chancellor* (dt. Rektor), der aus dem Kreise der *Masters,* die dem *Governing Body* sowie den zahlreichen *Committees* vorstehen, gewählt wird. Der *Chancellor of O.U.*, ein reines Ehrenamt, wird auf Lebenszeit gewählt, seit 1987 ist es der ehem. Schatzkanzler u. Präsident der EG-Kommission The Lord Jenkins of Hillhead. ↑ *Boat Race,* ↑*Commem,* ↑*Eights,* ↑*May Week,* ↑*OUP,* ↑*Oxford Blue,* ↑*Oxford Union.*

Oxford University Press ↑OUP.

Oxon ['ɒksən]. Abk. v. lat. *Oxoniensis,* engl. *Oxonian.* 1. Angehöriger der ↑*Oxford University,* bes. Oxforder Student; die Abk. wird i.d.R. dem ↑*akad. Grad* hinzugefügt, z.B. *B.A. (Oxon.);* 2. Offizielle Abk. von Oxfordshire ['ɒksfədʃə], siehe Karte S. 281.

oz. ↑ounce.

P

p [piː]. Zeichen für einen *penny* (↑*Geld u. Währung*).

P & O, *Peninsular and Oriental Steam Navigation Company.* Brit. Großreederei, gegr. 1837 als Postschifflinie zwischen GB u. der Iberischen Halbinsel („peninsula"); Zusatz „oriental" seit 1840, als auch Ägypten einbezogen wurde. Heute ist P & O weltweit der größte Anbieter von Kreuzfahrten. Mehrheitsanteil am Fährschiffunternehmen *Townsend-Thoresen,* das nach einem schweren Fährunglück im Ärmelkanal im März 1987 in *P & O European Ferries Ltd.* umfirmierte.

PA, *personal assistant.* Dt. etwa ‚Chefsekretärin'; in Anzeigen oft humorvoll *Girl Friday,* abgeleitet von *Man Friday,* Robinson Crusoes Diener in dem gleichnamigen Roman (1719) von Daniel Defoe.

pairing ↑Parlament: *House of Commons.*

Palace of Westminster ↑Houses of Parliament, ↑Parlament.

pale ale ↑ale.

Palladium ↑Theater.

Pancake Day ↑Feiertage.

panda car. Spitzname für die blau-weißen o. schwarz-weißen Polizeiautos.

pantomime ['pæntəmaɪm], kurz: *panto.* Beliebtes Weihnachtsspiel für Kinder, in Form eines dramatisierten Märchens mit Musik u. Liedern sowie Einlagen von Zauberern, Komikern u. Tänzern. Die Rolle des Helden wird stets von einer Frau gespielt. Einige der bekanntesten p. sind „Cinderella" (Aschenputtel), „Puss in Boots" (Der gestiefelte Kater), „Dick Whittington". Nicht zu verwechseln mit dt. Pantomime, engl. ‚mime' (↑*false friends*).

parish ↑local government.

Parlament *(parliament).* Das brit. P. hat sich aus dem *King's Council* ‚Königl. Rat' (↑*Privy Council*) entwikkelt. Die Einteilung in Unter- u. Oberhaus setzte sich im 14. Jh. durch. Seit ca. 1340 wirkt das P. an der Gesetzgebung mit. Schon 1377 forderte es das Recht, öffentliche Rechnungen zu prüfen u. Amtsträger des Königs zu verurteilen (↑*impeachment*); Ende des 15. Jhs. beanspruchten seine Mitglieder Redefreiheit u. Freiheit von Verhaftung (↑*parliamentary privilege*). Seit 1707 (↑*Act of Union*) vertritt das P. das ganze UK. Von 1832 bis zum Entstehen der politischen ↑*Parteien* gegen Ende des 19. Jhs. war das P. die stärkste polit. Kraft im Lande. Heute bestimmen die Partei mit der Mehrheit der Mandate, geführt vom *Prime Minister* ‚Premierminister', u. das Kabinett (↑*Regierung*) weitgehend die Politik. Das P. besteht aus dem *House of Commons* ‚Unterhaus', dem *House of Lords* ‚Oberhaus' u. dem *Sovereign,* dem ‚Monarchen'.

1. *House of Commons.* Im Unterhaus sitzen 651 direkt gewählte (↑*Wahlsystem*) *Members of Parliament* o. *MPs* ‚Abgeordnete': 524 für England, 38 für Wales, 72 für Schottland u. 17 für Nordirland (↑*Ulster*). Die erste Kammer war ab 1547 St. Stephen's Chapel, wo die Abgeordneten im Chor saßen; diese alte Sitzanordnung ist beibehalten worden: die *MPs* sitzen in gegenüberliegenden Reihen, die der ↑*Regierung* auf der einen Seite, die der ↑*Opposition* auf der anderen. Führende Mitglieder der Regierung sitzen auf der vordersten rechten Bank (vom Altar aus), *Treasury Bench* genannt, die der Opposition gegenüber; die vordersten Reihen heißen *frontbenches,* daher die Bez. *frontbenchers* für führende Mitglieder von Regierung und Opposition. Die übrigen Abgeordneten, die in den dahinterliegenden sitzen, heißen *backbenchers* (‚Hinterbänkler', ohne den negativen Beiklang des dt. Wortes). Abgeordnete, die weder der Regierung noch der Opposition angehören, sitzen auf Querbänken u. werden daher *crossbenchers* genannt. Es gibt insg. nur 437 Sitzplätze. Vorne in der Mitte, vor dem früheren Altar, sitzt der *Speaker* ‚Parlamentspräsident', der so heißt, weil er als Sprecher des P. gegenüber dem Monarchen, dem Oberhaus u. den Behörden fungiert. Sein Amt geht auf das 14. Jh. zurück, aber erst seit 150 Jah-

ren hält er sich strikt aus aller Parteipolitik heraus. Er sorgt für den reibungslosen Ablauf der Debatten u. entscheidet über die *parliamentary language,* d.h. welche Äußerungen zulässig sind. Er wird von den Abgeordneten aus ihren Reihen gewählt, meist ohne Gegenkandidat nach vorheriger Absprache zwischen Regierung u. Opposition. Wegen seiner Überparteilichkeit kann er nach Regierungswechseln im Amt bleiben. Hinter dem Speaker sitzen die ↑*Hansard*-Berichterstatter, u. seitlich dahinter sind die *Press Galleries.* Vor dem *Speaker* sitzt der *Clerk of the House,* ein Beamter, der den *Speaker* in Verfahrensfragen berät. Vor ihm, zw. den vordersten Sitzreihen, steht ein Tisch, sog. *Table of the House;* an dessen Ende sind links u. rechts die sog. *Despatch Boxes,* wo *frontbenchers* ihre Reden halten; *backbenchers* u. *crossbenchers* reden stehend von ihren Sitzplätzen aus; sie dürfen nicht ablesen, damit der Charakter einer Debatte erhalten bleibt. Während das Unterhaus tagt, liegt auf dem Tisch der Amtsstab *(Mace).* Gegenüber dem *Speaker* sind die *Visitors' Galleries,* wo das Publikum den Debatten beiwohnen kann. Besucher erhalten ein *Order Paper,* das die Tagesordnung angibt. An erster Stelle steht *private business,* z.B. *private bills* (↑*bill*), gefolgt von *Question Time,* wenn Abgeordnete die Gelegenheit haben, Fragen an die Minister zu stellen. Später werden *public bills* eingebracht. (Zum Gesetzgebungsvorgang siehe ↑*Act of Parliament.*) Zum Schluß findet vielleicht eine *half-hour* ↑*adjournment debate* statt. Es gibt verschiedene Möglichkeiten, Gesetzesvorlagen schneller durchzubringen, Debatten zu kürzen o. *filibustering,* das stundenlange Reden mit dem Ziel, eine ↑*division* ‚Abstimmung' zu verhindern u. damit eine Gesetzesvorlage zu Fall zu bringen, zu vermeiden: ↑*guillotine u. closure,* ↑*ten-minute rule.* Eine Debatte zu einem Thema von aktueller Dringlichkeit heißt *emergency debate.* Die Debatten werden nach strengen Regeln geführt; Abgeordnete reden immer den *Speaker* an *(„Mr./Madam Speaker"),* u. andere Abgeordnete werden in der 3. Person mit *„The Honourable Member for* (Wahlkreis)" angesprochen (↑*Anreden*). Früher war es üblich, die Aufmerksamkeit des *Speakers* auf sich zu lenken, wenn man reden wollte, aber heute wird die Rednerreihenfolge vorher mit dem *Speaker* u. den ↑*whips* abgesprochen. Damit der Ausgang einer wichtigen Abstimmung, z.B. über den Haushalt (↑*Budget Day*), nicht durch Abwesenheit beeinflußt wird, können zwei Abgeordnete von Regierungs- u. Oppositionspartei vereinbaren, der Debatte fernzubleiben; diese Praxis heißt ↑*pairing.* Viel parlamentarische Arbeit wird auch in den Ausschüssen (↑*parliamentary committees*) geleistet. *Leader of the House* entspricht etwa dem Fraktionsvorsitzenden der Regierungspartei in D; nach dem *Prime Minister* steht er an zweiter Stelle in der Parteihierarchie. Der dienstälteste Abgeordnete wird *Father of the House* genannt. Unterhausdebatten werden vom Rundfunk u. vom Fernsehen übertragen.

2. *House of Lords,* das ‚Oberhaus', die zweite der beiden Kammern des brit. P., befindet sich wie das Unter-

haus im Palace of Westminster (↑*Houses of Parliament*). Die Sitze sind auch hier in gegenüberliegenden Reihen angeordnet. Am südl. Ende gegenüber der *Strangers' Gallery* (für Besucher) ist der Thron, wo der Monarch sitzt, wenn das P. eröffnet wird (s.u. 3.). Vor dem Thron ist der *Woolsack*, der mit Wolle, als Grundlage GBs früheren Reichtums, aus allen Teilen des ↑*Commonwealth* u. GBs gestopft ist; darauf sitzt der Präsident des Oberhauses, der ↑*Lord Chancellor.* Einen Sitz im *House of Lords* haben: die *Lords Temporal* (o. ↑*peers*), darunter auch *peeresses* seit 1958; die *Lords Spiritual* ‚Geistliche Lords': die zwei Erzbischöfe u. 21 ranghöchsten Bischöfe (↑*Konfessionen*); die *Lords of Appeal in Ordinary, Law Lords* genannt: max. 11 renommierte Juristen, die die Aufgaben des Oberhauses als oberstes Berufungsgericht (s.u.) wahrnehmen; es sind keine erblichen ↑*peers.* Insg. haben ca. 1000 Adelige u. Kirchenfürsten einen Sitz im Oberhaus, doch nur etwa 450 sind politisch aktiv. Die Debatten hier sind gemächlicher als im Unterhaus, da nicht so streng nach ↑*Parteien* abgestimmt wird; es gibt auch mehr *crossbenchers*, ‚Parteilose'. Im Laufe der Geschichte ist die Macht des Oberhauses beschnitten worden: es prüft Gesetzesvorlagen, die schon vom Unterhaus angenommen sind, u. kann sie ca. 1 Jahr aufhalten, solange es sich nicht um *money bills* handelt (↑*Parliament Acts*). Das Oberhaus ist auch das höchste Appellationsgericht (↑*Rechtsmittel*). Die Reformierung o. gar Abschaffung des *House of Lords* kommt immer wieder ins Gespräch, aber seit dem *Parliament Act* von 1949 hat keine Partei die dazu nötige Entschlossenheit aufgebracht. 1987 wollte die *Alliance* (↑*Parteien*) das Oberhaus „demokratisieren".

3. *Sovereign.* Der ‚Monarch' ist in seiner konstitutionellen Rolle ein wesentl. Bestandteil des P. Als *King* (o. *Queen*) *in Parliament* eröffnet er jedes Jahr Ende Okt./Anfang Nov. die neue *session* des P. – ca. ein Jahr – u. verliest vor der Versammlung beider Häuser im Oberhaus die *Speech from the Throne* (auch *King's/Queen's Speech*), eine vom Kabinett verfaßte Rede, die das Regierungsprogramm im bevorstehenden *Parlamentsjahr* umreißt. Die Abgeordneten werden feierlich von ↑*Black Rod* ins Oberhaus geholt; die Zeremonie heißt *State Opening of Parliament.* Gesetzesvorlagen, die von beiden Kammern angenommen sind, bedürfen des *Royal Assent*, der ‚Königl. Zustimmung'.

Parliament Acts 1911 u. 1949. Gemäß diesen Gesetzen können gewisse Gesetze ohne die Zustimmung des Oberhauses (↑*Parlament*) in Kraft treten. Nach dem P.A. von 1911 kann eine *money bill* (eine Gesetzesvorlage, die Steuern, Staatsausgaben u. -anleihen betrifft) innerhalb eines Monats nach Verabschiedung durch das Unterhaus u. dem *Royal Assent* (↑*Act of Parliament*) in Kraft treten. Nach dem P.A. von 1949 kann eine *public* ↑*bill* in Kraft treten, wenn sie vom Unterhaus in zwei aufeinanderfolgenden *sessions* – eine *session* erstreckt sich über ca. ein Jahr – vom Unterhaus angenommen wird; in der Praxis dauert das ca. 13 Monate.

Parliamentary Commissioner for Administration ↑Ombudsman.

parliamentary committees. Es gibt 4 Arten von Ausschüssen im ↑*Parlament:* 1. *standing c.*, ständige Einrichtungen; 2. *select c.*, die zur Untersuchung gewisser Angelegenheiten aufgestellt werden; 3. *committees of the whole House,* die entstehen, wenn sich das ganze Unterhaus in einen Ausschuß verwandelt; 4. *joint c.*, gemischte Ausschüsse, bestehend aus Mitgliedern beider Kammern des Parlaments.

parliamentary elections ↑Wahlsystem.

parliamentary private secretary, (PPS). Mitglied des ↑*Parlaments (House of Commons)* u. Sekretär eines Ministers, der ihn auch ernennt. Der PPS stellt die Verbindung zw. dem Minister u. den *backbenchers* her; er erhält kein Gehalt für diesen Posten. Vgl. *Parliamentary Secretary* (↑*Regierung*).

parliamentary privilege. Die Immunität der Abgeordneten umfaßt die Redefreiheit während einer Debatte u. Immunität gegen Verhaftung wegen Zivilvergehen, nicht aber wegen Strafdelikten. P. wird vom *Committee of Privileges* geregelt.

parliamentary secretary ↑Regierung.

parson ↑clergy.

Parteien. Die Wurzeln der P. reichen bis zum ↑*Civil War* zurück. Bereits nach der ↑*Glorious Revolution* von 1688 gab es zwei regierungsfähige P. mit deutlich unterschiedlichen Auffassungen über Wirtschaft u. Bürgerfreiheiten: die *Whigs,* später *Liberals* u. in den 20er Jahren dieses Jhs. von der *Labour Party* als Reformpartei abgelöst, u. die *Tories,* später auch *Conservatives,* die mehr Gewicht darauf legen, das Bestehende zu erhalten, sich gegen egalitäre Tendenzen richten.

1830 gaben die *Tories* als *Conservatives* ihr erstes Programm heraus, kamen 1841 an die Macht u. gingen 1846 in die ↑*Opposition.* Unter Benjamin Disraeli, der sich als radikaler *Tory* verstand, entstand ein neuer Toryismus, der sich auf ↑*Monarchie,* Aristokratie u. Kirche (↑*Konfessionen*) berief, gleichzeitig jedoch auch die Arbeiterklasse schützen wollte. Disraeli war von 1874–80 Premierminister (↑*Regierung*). Die *Conservative Party* kam bis 1906 mehrmals an die Macht. Im 1. Weltkrieg (↑*Weltkriege*) bildete sie eine Koalition mit den *Liberals,* die bis 1922 hielt. Mit kurzen Unterbrechungen bestimmte sie dann die Politik bis 1945. Sie kam 1951 wieder an die Macht u. bildete mehrmals die Regierung, zuletzt seit 1979 unter Margaret Thatcher (↑*Iron Lady,* ↑*thatcherism*) und ihrem Nachfolger John Major. 1995 hatten die *Conservatives* 333 Sitze im ↑*Parlament.*

Die *Liberals,* von 1679 bis 1868 *Whigs,* waren die große Reformpartei des 19. Jh. bis zum Ausbruch des 1. Weltkriegs. U.a. setzten sie folgende Reformen durch: Abschaffung der Sklaverei im ↑*Brit. Empire* (1833), Einführung der Schulpflicht (1870),

Zulassung der ↑*Gewerkschaften* (1871) u. die Entmachtung des Oberhauses (↑*Parliament Act*). 1831 zerfiel die *Liberal Party* in drei Gruppen u. fand erst nach dem 2. Weltkrieg zur Einheit zurück, ist aber seitdem bedeutungslos geblieben. 1977 bildete sie den ‚*Lib-Lab Pact*' zur Unterstützung der *Labour Party,* die nicht mehr über eine Mehrheit im Unterhaus (↑*Parlament*) verfügte. 1983 bildete sie ein Wahlbündnis mit der *Social Democratic Party* (s.u.), die sog. *Alliance.* Letzter Führer der Liberalen 1976–1988: *David Steel.*

Die *Labour Party* löste die *Liberals* politisch ab. Sie entstand 1900 durch die Vereinigung der *Independent Labour Party,* der Gewerkschaften, der *Social Democratic Federation* u. der ↑*Fabian Society* u. entsandte 29 Mitglieder ins Unterhaus; 1918 wurde sie offizielle Opposition im Parlament. Sie kam erstmals 1929 als Minderheitsregierung an die Macht. Nach Beteiligung an der Kriegskoalition unter Winston S. Churchill bildete sie 1945 die Regierung mit großer Stimmenmehrheit; seitdem hat sie, abwechselnd mit den *Conservatives,* die Regierungsmacht übernommen. Der Parteiführer wird seit Beschluß des Parteitages 1980 nicht mehr von den Labour-Parlamentariern allein gewählt. 40% der Stimmen haben die Gewerkschaften, 30% die Fraktion u. 30% die Ortsgruppen. Der Parteiführer muß die von Fraktion u. Parteitag formulierte Politik ausführen. Das höchste Parteiorgan ist die *Party Conference* (tagt jährlich, 1200 Delegierte). Das *National Executive Committee (NEC)* ist das führende Parteiorgan zwischen den Parteitagen (28 Mitglieder). 1992 wurden einige Neuerungen ins Parteiprogramm aufgenommen: Ersetzung des *House of Lords* durch eine gewählte zweite Kammer, eigene Parlamente für Schottland u. Wales, Einführung des Verhältniswahlrechts, Relativierung der bisherigen einseitigen Haltung gegen die brit. Nuklearrüstung u. Privatisierung von Staatsbetrieben; Reduzierung des Gewichts der gewerkschaftlichen Blockstimmen von 90% auf 40%, Frauenquote von 40%. 1995 hat die *Labour Party* das 77 Jahre alte Ziel des Staatseigentums an allen Produktionsmitteln aus ihrer Satzung gestrichen (↑*Clause Four*).

Labour hatte 1995 270 Sitze im Parlament. Führer seit 1994: Tony Blair.

1981 gründeten unzufriedene Mitglieder des rechten Flügels der *Labour Party* – Roy Jenkins (bis 1983 Parteiführer), Shirley Williams, David Owen (Parteiführer von 1983–90), William Rodgers, die sog. „*Gang of Four*" („Viererbande") – eine neue Partei: die *Social Democratic Party (SDP).* Sie versteht sich als eine Partei der Reform ohne den ideologischen Ballast der *Labour Party.* Einige Programmpunkte: Verhältniswahlrecht (↑*Wahlsystem*); sukzessive Demokratisierung des Oberhauses; eine gemischte Wirtschaft *(mixed economy),* d.h. nur teilweise Verstaatlichung; ↑*devolution;* Gewinnverteilung unter den Arbeitnehmern. 1983 bildete sie ein Wahlbündnis *(Alliance)* mit den *Liberals* (s.o.); die beiden Parteien stimmten ihre Programme weitgehend ab, u. bei Wahlen stellte die *Alliance* nur einen Kandidaten in einem Wahlkreis auf, um ihre Chancen zu erhöhen. In der ersten Hälfte der 80er Jahre stand die *Alliance* mitunter höher in der Gunst der Wähler als die zwei etablierten Parteien. Nach dem schlechten Ausgang der Parlamentswahl 1987 – die *Alliance* erhielt 27 % der Stimmen, aber nur 22 Sitze – beschlossen die *SDP*-Mitglieder jedoch, mit den Liberalen zu fusionieren, trotz des heftigen Widerstandes von David Owen. Die *Liberal Party* stimmte diesem Zusammenschluß zu, 1988 entstand die *Social and Liberal Democratic Party* (kurz *Liberal Democrats*), heute drittgrößte Partei mit 23 Sitzen. Die SDP wurde 1990 aufgelöst. Parteichef der *Lib-Dems:* Paddy Ashdown.

Es gibt einige regionale P.: die *Scottish National Party* (3 Abgeordnete 1995); *Plaid Cymru* [plaɪd 'kʌmrɪ], die walis. nationale Partei (4 Abgeordnete); auch einige nordirische P. sind im Parlament vertreten, z. B. *Ulster Unionist Party* (9 Abgeordnete), *Democratic Unionist Party* (3 Abgeordnete), *Social Democratic and Labour Party* (4 Abgeordnete). Eine Reihe anderer kleiner P. sind nicht im Parlament vertreten, z. B.: die *Communist Party of Great Britain,* gegr. 1920; die *National Front,* gegr. 1966, eine rechtsradikale, rassistische Gruppierung, die u. a. die Ausweisung der Farbigen aus dem UK fordert; eine grüne Partei (↑*Green Party*); außerdem eine ganze Reihe unbedeutender Parteien wie die *Capital Punishment Referendum Party, Law and Order* u. die sog. *„fun" parties* wie *Lord David Sutch's Monster Raving Loony Cavern Rock Party,* die *Funstermentalists,* denen der Spaß einer Wahl £ 500 wert ist. ↑*Wahlsystem.* Für Wahlergebnisse 1992 s. S. 285.

pastor ↑clergy.

pastry ['peɪstrɪ]. 1. Der ↑*pies* o. ein ↑*pasty* abdeckende o. ganz umschließende Teig; 2. Sammelbez. für (Konditor-)Gebäck wie Kuchen, Torte; 3. ‚Pasteten'.

pasty ['pæstɪ]. Fleischpastete, in die im Unterschied zu den normalen ↑*pies* Kartoffeln (↑*Cornish pasty*) o. Gemüse gemischt o. getrennt in den beiden Ecken der länglichen Teigtasche eingebacken werden.

patrial. Ab den 70er Jahren eingeführte, amtl. Bez. für Personen, die das Recht auf Einreise ins UK u. festen Aufenthalt im UK haben, weil ein Eltern- o. Großelternteil im UK geboren wurde.

Pax Britannica. Bez. für die Zeit des Friedens, der von ca. 1815 bis 1850 durch das ↑*British Empire* entstand; in Anlehnung an *Pax Romana* von 27 v. Chr. bis 180 n. Chr.

PAYE, *pay as you earn* ↑Steuern.

payphone. ‚Öffentlicher Münzfernsprecher'.

PC, 1. ↑*Police Constable;* 2. ↑*Privy Council;* 3. ↑*Political Correctness;* 4. *Personal Computer.*

Peak District ↑National Parks.

pearlies ['pɜːlɪz]. Wohltätige Gemeinschaft der ↑*Cockneys;* ihre mit

Perlmuttknöpfen übersäten Festtagsgewänder konservieren eine Mode des späten 19. Jhs; damals nähten sich *Cockneys* solche Knöpfe an ihre Kleider, um zu dokumentieren, daß ihr Gemeinschaftsgefühl u. Stolz stärker seien als ihre Armut. In jedem Stadtteil des ↑*East End* gibt es eine *Pearly Queen* u. einen *Pearly King*.

Pearly King/Queen ↑pearlies.

peck. Im Alltag nicht sehr gebräuchliches Hohlmaß, gleich 2 ↑*gallons*, ca. 9 l. Wird allg. für ‚eine Menge' gebraucht, z.B. *a peck of troubles;* wenn jemand etwas vom Boden aufnimmt u. in den Mund steckt, sagt man: „You have to eat a *peck* of dirt before you die", übertragen etwa: „Dreck macht Speck."

peer (weibl. *peeress*). Allg. Bez. für Mitglieder des Hochadels (*knights* mit dem Titel *Sir* gehören nicht dazu). Sie führen den Titel *Lord* u. heißen in der Rangfolge: (männl.) *royal duke, duke, marquis, earl, viscount, baron;* (weibl.) *countess, baroness* (↑*Adelstitel*). Die Peerswürde *(peerage)* ist in direkter männl. (ausnahmsweise weibl.) Linie erblich. Es gibt auch *life peers,* denen ein Titel vom Monarchen auf Lebenszeit verliehen wird, da sie sich im öffentl. Leben ausgezeichnet haben, z.B. ehemalige *prime ministers* (↑*Regierung*) o. Industrielle. Im Oberhaus (↑*Parlament*) dürfen nicht nur die vorgen. weltlichen Adligen *(Lords Temporal),* sondern auch die geistlichen Adligen *(Lords Spiritual)* sitzen: die beiden Erzbischöfe von Canterbury u. York (↑*Konfessionen*) u. 21 ranghöchsten Bischöfe. Seit 1976 werden besonderen Richtern Adelstitel *(baron* o. *baroness)* auf Lebenszeit verliehen *(Lords of Appeal* o. *Law Lords),* die die juristischen Aufgaben des Oberhauses als letzte Berufungs- u. Revisionsinstanz in GB wahrnehmen (↑*Rechtsmittel*).

Peerage Act. Gesetz von 1963, das Adligen (↑*peers*) ermöglicht, auf ihren Adelstitel zu verzichten u. dadurch im Unterhaus (↑*Parlament*) zu sitzen u. noch voll am politischen Leben teilzunehmen. Der jeweilige Erbe kann nachher den Titel trotzdem weiterführen.

pelican crossing. *pelican* ist zusammengezogen aus „*pe*destrian *li*ght *con*trolled"; Fußgängerüberweg mit Ampelanlage. Siehe auch ↑*Belisha beacon,* ↑*zebra crossing.*

PEN. ‚Schreibfeder'; Akronym aus: *P*oets, playwrights/*E*ssayists, editors/*N*ovelists. Internationale Schriftstellervereinigung, gegr. 1921 von der engl. Schriftstellerin Catherine Amy Scott-Dawson (1865–1934), mit etwa 80 nationalen Zentren in 58 Staaten. Bei seiner Aufnahme verpflichtet sich jedes PEN-Mitglied, gegen Völker- u. Rassenhaß u. gegen die Unterdrükkung der freien Meinungsäußerung einzutreten.

pence ↑Geld u. Währung.

penny ↑Geld u. Währung.

pennyweight. Abk. *dwt;* Gewichtsmaß für Edelsteine u. -metalle. 1 dwt = 1.555 g.

perch ↑rod.

Perpendicular Style ↑Baustile.

Peter Pan. Von J. M. Barrie (1860–1937) in seinem gleichnamigen Märchenspiel (1904) geschaffener Typus des jungenhaften o. unreifen Mannes („the boy that wouldn't grow up").

petrol ['petrəl]. Benzin wird in GB in ↑*gallons,* inzwischen auch vermehrt in Litern abgegeben u. in bis zu drei verschiedenen Qualitäten angeboten: *Regular* ‚Normal' (*** Two Star* = 90–93 Oktan), *Economy* (**** Three Star* = 94–96 Oktan), *Premium* ‚Super' (***** Four Star* = 97–99 Oktan). Bleifreies (unverbleites) Benzin heißt *lead-free* o. *unleaded.*

petroleum revenue tax ↑Steuern 1.

Petticoat Lane ↑Märkte (London).

Pferderennen *(horse racing)* finden in GB v. a. als Flachbahn- o. Galopprennen *(Flat racing)* o. als Hindernisrennen *(steeplechasing)* statt. Sie werden noch immer durch den seit 1750 bestehenden *Jockey Club* beaufsichtigt. Zu den bekanntesten Flachbahnrennen zählen die fünf „klassischen" Rennen *Derby* u. *Oaks* in ↑*Epsom, Two Thousand Guineas* u. *One Thousand Guineas* in ↑*Newmarket, St. Leger* in Doncaster. Weitere berühmte Rennplätze sind ↑*Ascot* u. Cheltenham *(National Hunt Festival Meeting).* Das in Aintree bei Liverpool ausgetragene ↑*Grand National* ist das bekannteste Hindernisrennen (seit 1837).

PG ↑British Board of Film Classification.

Ph. D., *Philosophiae Doctor.* ‚Doctor of Philosophy', (↑*akademische Grade*).

Piccadilly ['pɪkə'dɪlɪ]. 1. Londoner Geschäftsstraße zwischen ↑*Hyde Park* Corner u. *Piccadilly Circus* (s. u.). Der Name geht zurück auf einen Londoner Schneider namens R. Baker, der im 17. Jh. sog. *pickadils,* ‚steife, gerüschte Kragenkrausen', herstellte u. in dieser Gegend wohnte.

2. *Piccadilly Circus.* 1819 gebauter, urspr. kreisrunder Platz im Londoner ↑*West End;* konzipiert als eleganter Ruhepunkt(!) in der Londoner Prachtstraße *Regent Street,* galt er zu Zeiten des ↑*British Empire* vielen Briten als „hub of the world" (Angelpunkt der Welt.) Die Kreisform ging verloren, als man vor 100 Jahren zur Entlastung des wachsenden Verkehrs zusätzliche Straßen, v. a. *Shaftesbury Avenue,* heranführte. Heute ist P.C. einer der verkehrsreichsten, geschäftigsten Knotenpunkte Londons, bekannt v. a. für seine großen Lichtreklamefassaden – 1890 erste Straßenlichtreklame der Welt für ↑*Bovril* – u. seine *Eros*-Statue, *der* Rendezvous-Treffpunkt in London: Die Aluminiumstatue (2,5 m hoch) des altgriech. Liebesgottes Eros wurde 1893 in der Mitte des Platzes zu Ehren des 7. Earl of Shaftesbury, eines Sozialreformers u. Philanthropen, aufgestellt u. versinnbildlicht eigentlich einen Engel der Nächstenliebe. – Mitte der 80er Jahre wurde P.C. neugestaltet: U-förmiger Zuschnitt, erweiterter Fußgängerbereich siehe S. 288.

piccalilli ['pɪkəlɪlɪ]. Engl. Senfgemüse, Beilage zu kaltem Braten.

picketing ['pɪkɪtɪŋ]. ‚Aufstellen von Streikposten' *(pickets)* o. ‚Streikposten stehen' bei einem Arbeitskampf. Mit dem *Employment Act* von 1980 (↑*Gewerkschaften*) wurde das bis dahin übliche u. legale Aufstellen betriebsfremder Streikposten *(flying* o. *secondary picketing)* verboten. Als *pickets* dürfen seitdem nur noch Leute vor einem Betrieb aufgestellt werden, die selber dort angestellt sind. Sie dürfen ihre Kollegen nur durch gutes Zureden, nicht aber – wie es in den 70er Jahren häufig geschah – mit Hilfe von Sperren, Gewalt o. Androhung späterer Vergeltungsmaßnahmen vom Gang zur Arbeit abhalten. Als Richtlinie ohne Rechtskraft wurde ein Maximum von sechs *pickets* pro Betriebseingang festgelegt.

Pidgin English ['pɪdʒɪn...]. *pidgin* = chinesische Aussprache von *business.* V.a. in Ostasien verbreitete Hilfssprache (lingua franca) mit reduziertem engl. Basiswortschatz u. chines. Phonetik, Morphologie u. Syntax. Neben P.E. gibt es noch weitere *pidgins,* z.B. *Melanisian Pidgin* mit Grundlage Melanesisch u. nur noch der äußeren Form nach Englisch, wird in Papua-Neuguinea gesprochen.

pie [paɪ]. Hinter dem kleinen Wort verbirgt sich eine große engl. Spezialität, eine Art Pastete, die es in vielerlei Arten u. Variationen mit Fleisch-, Geflügel-, Wild-, Fisch- o. Obstfüllung gibt. Ohne weiteren Zusatz handelt es sich stets um eine ‚Fleischpastete'. Die Füllung wird i.d.R. mit einer Platte aus Blätter-, Mürb- o. Hefeblätterteig abgedeckt. Die beliebtesten pikant gefüllten u. gewöhnlich warm gegessenen *pies* sind: *steak and kidney pie,* var. *st. and k. pudding* (Rinds- u. Nierenragout), *pork pie* (Schweinefleisch), *game pie* (Wild), *shepherd's pie* (Rinder- o. Hammel-Hackfleisch mit Zwiebeln, mit Kartoffelpüree überbacken). Sie gelten als typischer ↑*pub lunch. Raised pies* sind Fleischpasteten, die mit der Hand geformt, gefüllt u. mit Teig verschlossen ohne Schüssel gebacken werden.

Bei süßen *pies* – kalt o. warm gegessen – ist der Übergang zwischen ‚Pastete' (↑*mince pie*) u. ‚Kuchen' (↑*apple pie*) o. gar ‚Torte' *(cream pie)* fließend.

pier [pɪə]. Urspr. nur eine feste Landungsbrücke (vgl. dt. Pier), verbindet man heute mit dem Begriff i.d.R. eine weit ins Meer hinaus gebaute Vergnügungspromenade aus viktorianischer Zeit, typisch für engl. Seebäder, z.B. *Hastings Pier o. Palace Pier Brighton* (1891–99), mit Spielhalle, kleinen Geschäften, Schaubuden, Restaurant, Theater. Der längste Pier steht bei Southend-on-Sea (Essex).

Pier Walk. Studentischer Brauch in der schott. Universitätsstadt St. Andrews: Jeden Sonntagvormittag nach dem Gottesdienst ziehen die Studenten in ihren roten (für die Geisteswiss.) o. schwarzen (für die Theologie) Talaren *(gowns)* zum nahen Hafenpier u. unternehmen darauf im Gänsemarsch einen Spaziergang zum kleinen Leuchtturm am Ende des Pier u. zurück. Der Ursprung dieses seltsamen farbenfrohen Rituals liegt im dunkeln. Siehe auch ↑*bejant*, ↑*Raisin Monday*.

pikelet. ↑*Crumpet*-ähnliches Teegebäck aus Wales, das mit Butter bestrichen u. warm gegessen wird.

Pilgrim Fathers ↑Mayflower.

Pilgrim's Way. Pfad aus der Bronzezeit, der zwischen Winchester (Hampshire) u. Canterbury (Kent) auf dem Grat der *North* ↑*Downs* verläuft u. nach der Ermordung Thomas Beckets in Canterbury 1170 u. dessen anschließender Heiligsprechung von vielen Canterbury-Pilgern benutzt wurde. Heute ein Wanderweg (↑*long distance footpath*).

Pink Floyd. Brit. Rockgruppe, wurde in der Besetzung D. Gilmour (Gitarre), R. Waters (Baßgitarre), N. Mason (Schlagzeug) u. R. Wright (Keyboards) mit mehr als 70 Mio. verkauften Langspielplatten u. CDs eine der erfolgreichsten Formationen der Rockgeschichte. Die nach den zwei amerik. Blues-Sängern Floyd Council u. Pink Anderson benannte Gruppe kreierte 1966 in London die Psychedelic-Welle in der ↑*pop music*. Bombastische Bühnenshows, gigantischer techn. Aufwand u. perfekte Produktionen sind nach wie vor das Markenzeichen der Gruppe.

pint [paɪnt]. Flüssigkeitsmaß; 1 *pint* = 0,568 l; wird hauptsächlich für Bier u. Milch (↑*pinta*) benutzt.

pinta ['paɪntə]. Colloq. ‚a pint of milk'. Urspr. Teil eines Werbeslogans des *National Dairy Council:* „Drink a pinta milk a day", ferner: „Pick up a pinta – stay on top."

pipe [paɪp]. Maßeinheit für die Größe von Portweinfässern, entspricht 574 l.

plaid [plæd]. Wollener Umhang der Frauen aus ↑*tartan*-Stoff, Teil der schott. Nationaltracht (↑*kilt*).

Plaid Cymru [plaɪd 'kʌmrɪ] ↑Parteien.

Plantation of Ulster hieß die massenweise Umsiedlung schottischer u. englischer Protestanten in den Nordosten Irlands (↑*Ulster*) im 16. u. 17. Jh. Das Ziel war, den protestant. Glauben u. damit die Bindungen an GB zu stärken. ↑*Northern Ireland*, ↑*Troubles*.

play group ‚Spielgruppe'. Neben den staatl. Vorschulen (↑*nursery school*) gibt es in GB auch kindergartenähnliche Einrichtungen nichtstaatl. Organisationen, wie z.B. die *Pre-School Playgroups Association (PPA)*. Sie erhalten staatl. Zuschüsse u. nehmen auch die Hilfe von Eltern in Anspruch. Vgl. ↑*kindergarten*.

play school ↑nursery school.

plc, *public limited company*. Seit dem *Companies Act* 1985 Gesellschaft, deren Anteile am ↑*Stock Exchange* gehandelt werden; sie müssen beim *Registrar of Companies* in Cardiff, Edinburgh o. Belfast eingetragen werden; entspricht etwa der dt. Aktiengesellschaft (AG). Das Gegenteil ist die *private limited company*, dt. etwa ‚GmbH', Abk. ↑*Ltd*.

plonk. Vermutlich verballhornte Aussprache von frz. *(vin) blanc.* Colloq. Bez. für einen billigen Wein, der gerade noch trinkbar ist.

ploughman's lunch ['plaʊmənz 'lʌntʃ]. Kalter Imbiß aus ↑*Cheddar,* Brot, eingelegtem Gemüse *(pickles),* Zwiebeln; bevorzugter ↑*pub lunch.*

plumpudding ↑pudding.

pm Abk. für lat. *post meridiem,* ‚nach Mittag'; z.B. 3 pm ist ‚15 Uhr'; das 12-Stunden-System für die Uhrzeit ist gebräuchlicher als in D.

PM, *Prime Minister* ↑Regierung.

Poet Laureate. ‚poeta laureatus', Hofdichter; trad. Institution des engl. Königshauses: Der auf Vorschlag von Fachleuten für Poesie in der Regierung u. im Schriftstellerverband vom Monarchen auf Lebenszeit ernannte P.L. ist Mitglied des Königl. Haushaltes u. soll bei offiziellen Anlässen u. Ereignissen in der königlichen Familie die passenden Festtagsgedichte u. -oden verfassen. Der erste P.L. war E. Spenser (1591), dann u.a. B. Jonson (1616), A. Tennyson (1850), Sir John Betjeman (1972); P.L. seit 1984 ist der Schriftsteller Ted Hughes (* 1930).

Poets' Corner ↑Westminster Abbey.

Political Correctness (PC). ‚Politisch korrektes Verhalten' äußert sich in betonter Rücksichtnahme auf Frauen, nationale, ethnische u. religiöse Minderheiten, Behinderte u. Homosexuelle. Dabei werden Wörter, Gesten, Bilder u. Taten, die eine dieser Personen o. Personengruppen beleidigen könnten, tabuisiert. Im öffentlichen Leben, in Politik u. Rechtsprechung insbes. der angelsächsischen Staaten übt PC einen nicht zu unterschätzenden Einfluß aus.

politische Clubs ↑clubs.

Police Complaints Authority ↑Polizei.

police constable (PC). Polizist des untersten Dienstgrads. ↑*constable.*

Polizei. Es gibt in GB 52 *police forces,* jede für einen Polizeibezirk *(police area),* entspricht in etwa den Verwaltungsgrafschaften (↑*county,* ↑*local government*), verantwortlich von einem *chief constable* (dt. etwa ‚Polizeipräsident') geleitet; in Groß-London heißt die P. *Metropolitan Police Force,* geleitet vom *Metropolitan Police Commissioner,* Hauptquartier: *New* ↑*Scotland Yard;* es gibt eine eigene ↑*City of London Police.* Jede *police force* ist einer *police authority* unterstellt, in England u. Wales einem Ausschuß von Stadträten u. *magistrates* (↑*Justiz*), in Schottl. den *regional* u. *island councils.*

Metropolitan Police ist dem Innenministerium *(Home Office)* direkt unterstellt. Die *authorities* ernennen die *chief constables, deputy chief constables* u. *assistant chief constables;* der *chief constable* selbst ist für die Einstellung aller anderen Dienstgrade zuständig, in der Rangfolge von oben nach unten: *chief superintendents, superintendents, chief inspectors, inspectors, sergeants,* ↑*constables* (Spitzname: ↑*bobby* o. ↑*copper*), *special constables,* ehrenamtl. Freizeitpolizisten, zu erkennen an den Buchstaben ‚SC' an den Schulterklappen der Uniform; er ist auch für die ↑*traffic wardens* zuständig. 1984 wurde eine *Police Complaints Authority* eingerichtet, um Beschwerden gegen die P. zu untersuchen; in Schottland ist ein *public prosecutor* dafür zuständig. Die Arbeit der P. wird von vielen zivilen Angestellten unterstützt. Polizisten dürfen weder einer ↑*Gewerkschaft* angehören noch streiken; alle Dienstgrade haben ihre eigenen Personalräte *(staff associations)*, die ihre Interessen vertreten. Die verschiedenen *police forces* arbeiten eng zusammen. Es gibt regionale *crime squads*, wenn Ermittlungen in mehreren Zuständigkeitsbezirken notwendig sind. Die *Fraud Squad* der *Metropolitan Police* u. der ↑*City of London* untersucht Wirtschaftsverbrechen in Engl. u. Wales. Eine regionale Abteilung der brit. P. zur Untersuchung u. Aufklärung von Verbrechen ist das *Criminal Investigation Department (CID)*, colloq. *Murder Squad*; die bekannteste ist die der *Metropolitan Police* am *New Scotland Yard;* sie ist gegliedert u.a. in: den *Special Branch*, zuständig für politische Sicherheit, das *Criminal Record Office* (Strafregister) u. den *Flying Squad* zur Untersuchung von Schwerverbrechen. Der *Vice Squad* untersucht Prostitution, Pornographie u.ä. Polizisten tragen normalerweise keine Feuerwaffen, sondern nur einen Schlagstock *(truncheon)* u. eine zweistimmige Pfeife.

poll tax ↑rates.

polo ['pəʊləʊ]. ‚Pferdepolo' gilt als der älteste Mannschaftssport der Welt. Vier Reiter pro Mannschaft versuchen, im Galopp auf einem Spielfeld von 274 × 182 m eine Kugel aus gepreßtem Bambus mit hammerartigen Schlägern ins gegnerische Tor (7,20 m breit) zu treiben. Jede Partie ist je nach Niveau der Spieler in 4–8 *chukkers* von je 7½ Min. unterteilt, nach jedem *chukker* müssen die Pferde – meist argentinische Halbblüter – gewechselt werden. Strenge Regeln gelten nicht so sehr den Spielern als vielmehr dem Schutz der Pferde. So wird z.B. beim Sturz eines Pferdes sofort unterbrochen, wenn jedoch ein Reiter stürzt, kann das Spiel weitergehen. – Jeder Spieler hat ein *handicap* (↑*golf*), das jährlich neu nach Wertung seiner Spielstärke festgelegt wird. Die Wertung reicht von –2 (Anfänger) bis +10 (Spitzenspieler). Zu Zeiten des ↑*British Empire* war p. die Lieblingssportart der brit. Armee u. der Maharadschas in Indien. In GB wird p. erst seit 1871 – auch von Damen – gespielt u. hat auch in der königlichen Familie Anhänger: Prince Charles (↑*Prince of Wales*) ist ein begeisterter Polospieler.

polytechnics [pɒlɪ'teknɪks] waren eine Besonderheit des brit. Hochschulwesens: „integrierte Hochschulen", nur annähernd mit dt. Fach- bzw. Gesamthochschulen vergleichbar, mit engen Verbindungen zur Wirtschaft des Umlandes. Sie entstanden ab 1966 durch die Zusammenlegung von urspr. selbständigen *technical colleges* im Hochschulbereich. Durch den *Higher Education Act* 1992 wurde den p. der Status von ↑*Universitäten* verliehen. Die bisherige Trennung zwischen Universitäten u. p.

wurde aufgehoben, das zweigliedrige Hochschulsystem offiziell beendet. Finanzierungsbehörde wurde das *Higher Education Funding Council.* 1992 gab es in Engl. u. Wales 39 p. mit mehr als 330 000 Studierenden sowie in Schottland 15 mit p. vergleichbare sog. *central institutions.* Fachlich decken sie ein weites Spektrum ab mit einem gewissen Schwerpunkt bei techn. u. betriebswirtschaftl. Studiengängen. Auch die Geisteswiss., v.a. moderne Fremdsprachen, werden gepflegt. Die Kurse werden von Berufsverbänden u. Kammern wie dem *Business & Technology Education Council (BTEC)* genehmigt u. ihre Abschlüsse von diesen Institutionen anerkannt. In Schottland entspricht dem *BTEC* das *Scottish Vocational Education Council.* Sämtliche Studiengänge, die zu akad. Graden führen, müssen vom ↑*Council for National Academic Awards* anerkannt werden (meist *Bachelor*-Grade). – Zusammensetzung, Dauer u. Niveau des Bildungsangebots, das u.a. Kurse der ↑*further education* beinhaltet, variieren erheblich. Obgleich auch Forschung betrieben wird, liegt der Schwerpunkt auf einer praxisorientierten Ausbildung. Neben Vollzeit- *(full time)*, Teilzeit- *(part time)*, Abend- *(evening)* u. Blockkursen *(short courses)* spielen *sandwich courses,* das Abwechseln von theoretischem Vollzeitunterricht u. praktischer Arbeit (sog. *industrial period*) im Bereich der Industrie, des Handels u. der Verwaltung bei entsprechender Verlängerung der Studiendauer, eine wichtige Rolle. Die Studien werden während dieser Praxisphase von besonderen Tutoren, stets Lehrpersonen der p., betreut. Man unterscheidet *thin sandwich courses* mit 2 „Praxisphasen" von je 6 Monaten Dauer u. *thick sandwich courses* (eine Praxisphase von 12 Mon.). – Die meisten p. sind in *schools* (auch *faculties* o. *departments*) gegliedert, in denen die Lehrpersonen verwandter Fächer zusammengefaßt sind. Die *school* trägt dafür Sorge, daß die Lehrpersonen die ihnen obliegenden Aufgaben erfüllen. An der Spitze der *school* steht ein hauptamtlicher *dean.* Zuständig für die akad. Angelegenheiten in p. ist der *Academic Board:* Planung, Koordination, Entwicklung u. Kontrolle von Lehre, Zulassung u. Prüfungen. Oberstes Entscheidungsgremium ist der *Court of Governors* (= Governing Body), zuständig für die Festlegung der Ziele u. allgemeinen Aufgaben der p. An der Spitze der p. steht der *Director* o. (vereinz.) *President, Rector, Principal.* Siehe auch *colleges of Further Education.* (↑*college 4.).*

Pompey ['pɒmpɪ]. Spitzname für Portsmouth (Hampshire), Seebad u. Kriegshafen an der engl. Südküste.

Pontefract cakes ['pɒntɪfrækt...], var. *pomfret* ['pʌmfrit] *cakes.* Flache, weiche, runde, etwa 2-Mark-Stück-große Lakritzbonbons; nach einem Ort in Yorkshire (↑*sweets*).

pony. Volkstümliche Bez. für 25 Pfund Sterling (£ 25). ↑*Geld u. Währung.*

pop art. Von *popular art.* In den 60er Jahren etwa gleichzeitig in London u. New York entstandene anti-individualistische Kunstrichtung, die sich betont plakativer, oft surreal anmutender Kompositionen, Collagen u. Montagen – mit freien Anleihen aus Comic Strip, Science fiction, Reklame – bedient. Zu ihren originellsten Vertretern zählen A. Jones (* 1937), D. Hockney (* 1937), R. Hamilton (* 1922), P. Philipps (* 1939). Zeitkritik u. Verfremdung sind in ihren Werken, z.B. Farblitho- u. Siebdruckfolgen, skurril ineinander verwoben.

pop music. Von *popular music.* Seit Anfang der 60er Jahre, als die ↑*Beatles* u. ↑*Rolling Stones* weltberühmt wurden, galt GB als das führende Land der p.m., einer Form der populären Schlager- u. Unterhaltungsmusik, die aus Rock 'n' Roll, ↑*beat* u. *folk song* entstand. Die Entwicklung der p.m. ist eng mit der antiautoritären Bewegung der 60er Jahre verbunden. Stilbestimmend waren neben den Beatles Sänger wie D. Bowie (* 1947), R. Stewart (* 1945), aber auch amerik. Musiker wie B. Dylan (* 1941) u. J. Hendrix (1942–1970). Im Laufe der Jahre hat der Begriff eine Bedeutungsverengung erfahren: für die ursprüngl. p.m. wird heute allg. der Begriff ↑*rock music* o. *rock* verwendet, während p.m. meist nur noch stark ästhetisierende Rockproduktionen *(pop rock)* bezeichnet.

Poppy Day ↑Feiertage: *Remembrance Day.*

porridge ['pɒrɪdʒ], var. *porage.* Mit Wasser gekochter, leicht gesalzener Haferbrei, meist heiß mit Zucker bestreut u. mit kalter Milch übergossen; früher fester Bestandteil des *English* ↑*breakfast,* inzwischen weitgehend von schnell zubereiteten *cereals* wie *corn flakes,* Müslis usw. verdrängt.

port [pɔːt]. ‚Portwein', der traditionelle engl. Dessertwein. Siehe auch ↑*sherry;* ↑*pipe.*

portmanteau words [pɔːt'mæntəʊ] var. *blends.* Mischungen aus zwei Wörtern, oft in wortspielerischer Absicht, z.B. *breakfast* + *lunch* > ↑*brunch, Channel* + *Tunnel* > *Chunnel, Oxford* u. *Cambridge* > ↑*Oxbridge, smoke* + *fog* > *smog, to chuckle* + *to snort* > *chortle.* Vgl. dt. *jein* aus *ja* + *nein* o. frz. *franglais* aus *français* + *anglais.*

Portobello Road ↑Märkte (London).

Post Office (P.O.). Bis 1969 unter der Bez. *General Post Office (G.P.O.),* ein Ministerium des UK; jetzt eine öffentlich-rechtliche Körperschaft, die für den Postdienst zuständig ist. Die *National Savings Bank,* früher *Post Office Savings Bank,* wird immer noch über die Postämter geführt. ↑*British Telecom.*

Post Office Tower ↑British Telecom.

postcodes. ‚Postleitzahlen' stehen im UK am Ende einer Adresse u. bestehen aus zwei Teilen: 1. Zwei Buchstaben u. eine Zahl geben die Stadt an, wo sich das zuständige Hauptpostamt *(area head post office)* befindet, u. die Nummer des dortigen Postbezirks; 2. eine weitere Zahl u. zwei Buchstaben weisen auf die Tour des Briefträgers hin, z.B. SO3 6NS:

SO = Southampton, 3 = Locks Heath, eine Ortschaft außerhalb Southampton, 6 = die Straße (Locks Road), NS = eine Reihe von Häusern, wo ein Briefträger die Post zustellt.

postgraduate (student). Student, der nach seinem Studienabschluß o. ↑*akad. Grad,* z.B. *BA*, ein Forschungs- o. Aufbaustudium absolviert; in D etwa einem Doktoranden vergleichbar.

pound. 1. Gewichtseinheit, Abk. *lb* von lat. *libra; 1 pound* = 16 *oz* (↑*ounce*) = 453,6 g. 2. *pound sterling,* ↑*Geld u. Währung.*

PPS ↑parliamentary private secretary.

pram ↑clippings.

prefect ['pri:fekt]. Bez. für einen älteren, charakterlich geeigneten Schüler, dem in bestimmten Klassengruppen die Verantwortung für Disziplin u. Ordnung übertragen worden ist, dt. etwa ‚Vertrauensschüler, Aufsichtsschüler'. Das *prefect*-System spielt v.a. bei den ↑*public schools,* die Internate (↑*boarding schools*) haben, eine große Rolle.

premier ['premjə]. Bez. für *prime minister* (↑*Regierung*).

Premium (Savings) Bonds. Eine Art staatl. Lotterie (↑*Ernie*). *Bonds* sind Schuldscheine, die vom Schatzamt *(Treasury)* ausgestellt u. beim ↑*Post Office* verkauft werden. Die Zinsen von PB's werden nicht ausgezahlt, sondern gelangen in einen Jackpot u. werden durch eine monatl. Ziehung an die Inhaber als Bargeldpreise verteilt. Entspricht etwa dem „PS-Sparen" o. „Gewinnsparen", einer mit der Einzahlung von Sparbeträgen verbundenen Lotterie dt. Banken u. Sparkassen.

preparatory school, kurz: *prep school.* Private Schule (meist mit Internat) für 7–13jährige zur Vorbereitung auf die Aufnahmeprüfung *(Common Entrance Examination)* für private ↑*public schools.* Private Vorschulen, die 5–7jährige auf die *prep school* vorbereiten, heißen *pre-preparatory schools.*

pre-primary education, var. *preschool education.* (Freiwillige) Vorschulerziehung bis zum vollendeten 5. Lebensjahr; siehe ↑*kindergarten,* ↑*nursery school.*

Presbyterians ↑Konfessionen.

Press Association (PA). Die führende (nationale) brit. Nachrichtenagentur, gegr. 1868. Siehe auch ↑*Reuters.*

Press Complaints Commission (PCC) ‚Beschwerdekommission der Presse'. Organ der Presse-Selbstkontrolle, in dem Verlage u. Journalisten vertreten sind (16 Mitglieder); löste 1991 den *Press Council* ab. Hauptaufgabe: Erstellung u. Überwachung eines Kodex, mittels dessen schwerwiegende Verstöße gegen seriöse Berichterstattung bestraft werden können; entspricht etwa dem „Presserat" in D ↑*Zeitungen u. Zeitschriften.*

Presse ↑Zeitungen u. Zeitschriften.

Prestel. Bez. für das erste öffentliche Datensicht-*(viewdata-)*System der Welt (allg. Bez.: *interactive videotex*), 1979 von der brit. Post (heute ↑*British Telecom*) eingeführt; entspricht etwa ‚Bildschirmtext (Btx)/Multitel' in D u. ‚Minitel' in Frankreich: in einem Zentralspeicher eingegebene Informationen werden über das Telefonnetz übertragen u. an einem entsprechend ausgerüsteten Fernsehgerät abgerufen. Vgl. ↑*teletext.*

priest ↑clergy.

primary school. Öffentl. ‚Grundschule' für Kinder ab dem 5. Lebensjahr (= Beginn der Schulpflicht) bis zum 11. Lebensjahr, dabei wird zwischen *Infant School* (5–7 J.) u. *Junior School* (7–11 J.) unterschieden. Zum Primarbereich zählen ferner die Stufenschulen *First School, Middle School* (teilweise), *combined school* (↑three-tier system) sowie die privaten ↑*preparatory schools* u. *pre-preparatory schools.*

prime minister ↑Regierung.

Primrose League ['prɪmrəʊz 'liːg]. 1883 gegr. Verein zur Förderung der Grundsätze der *Conservative Party* (↑*Parteien*).

Prince of Wales. Titel, der vom Monarchen seinem ältesten Sohn u. Thronerben verliehen wird. Der erste urkundlich erwähnte Träger des Titels war Edward II (1284–1327), dem sein Vater, Edward I (1239–1307), den Titel 1301 verlieh, um das Aufkommen neuer walis. Prätendenten zu verhindern. Die Verleihungsfeier *(investiture)* findet immer in ↑*Caernarfon Castle* statt. Der jetzige P. ist Prince Charles (* 1948), seine – von ihm seit 1992 getrennt lebende – Gattin, Lady Diana Spencer (* 1961), ist die Princess of Wales. Die dt. Übersetzung ‚Prinz von Wales' ist nicht korrekt (eigentlich: Fürst von Wales), hat sich aber durchgesetzt. Das engl. Wort *Prince* heißt dt. sowohl ‚Prinz' (Sohn eines Königs, z.B. *Prince* Edward, o. hohen Adeligen) wie auch ‚Fürst' (*Prince of …*), daher wird Fürst Bismarck mit *Prince* Bismarck übersetzt.

Prince Regent [… 'riːdʒənt]. Titel, den der zukünftige König George IV als Regent von GB u. Irland 1811–1820 trug, weil sein Vater George III wegen geistiger Umnachtung nicht regierungsfähig war.

Princess Royal. Bisher nur siebenmal vom brit. Monarchen an seine älteste Tochter verliehener Titel; erstmals von Charles I (1625–1649) an seine Tochter Mary; zuletzt 1987 an Anne (* 1950), Tochter von Königin Elizabeth II, als Anerkennung für ihren unermüdlichen Einsatz für die Kinderhilfsorganisation *Save the Children Fund* und zahlreiche andere ↑*charities.*

private bills ↑bill.

Private Eye ['praɪvɪt 'aɪ]. (Colloq. Bez. für einen Privatdetektiv); 1963 von ↑*Oxbridge*-Studenten gegr. Zeitschrift, die humorvolle u. satirische Artikel u. Karikaturen bringt u. häufig Fälle von Korruption im öffentlichen Leben aufgedeckt hat. Wegen ihrer Respektlosigkeit wird P.E. bei dem größten Zeitschriftenhändler in GB, W. H. Smith, nicht geführt.

private limited company ↑*Ltd.*

private member's bill ↑bill.

private schools ↑independent schools.

privatization. Der Verkauf von staatlichen Betrieben als Aktien *(shares)* an Privatpersonen. Was früher *denationalization* hieß u. aus ideologischen Gründen durchgeführt wurde, wird seit 1979 als p. bez.; p. ist eines der wichtigsten wirtschaftspolitischen Ziele der konservativen Regierungen Thatcher (↑*thatcherism*) u. Major. Eine der größten Privatisierungsaktionen war der Verkauf von ↑*British Gas:* Aktien im Werte von 5,6 Milliarden Pfund gingen an Aktionäre. Auch privatisiert wurden z.B.: BL (↑*Rover Group*), ↑*British Airports Autority,* ↑*British Telecom,* ↑*Jaguar* (Automobile), ↑*British Aerospace, British Petroleum* (↑*BP*), ↑*Rolls-Royce,* ↑*British Airways, British Steel.* Bei einigen Unternehmen behielt die Regierung zur Wahrung wichtiger nationaler Interessen (z.B. Energiesicherung, Verteidigung) eine durch Bestimmungen der jeweiligen Gesellschaftssatzung eigens geschaffene Aktie mit Sonderstimmrecht *(special rights share).* Für Bestand u. Tätigkeit des Unternehmens wichtige Entscheidungen können nicht gegen das Votum aus diesem Anteil getroffen werden. Bis 1994 wurden 50 Großunternehmen (↑*nationalization*) privatisiert, die 1979 dem Staat gehörten. Ziele der p. sind: Förderung der Leistungsfähigkeit u. Wirtschaftlichkeit; Schaffung von Wettbewerbsbedingungen; Beteiligung breiter Bevölkerungskreise am Produktivkapital (Anteil der Aktionäre an der Bevölkerung 1990: 24 %, 1979: 7 %); Entlastung des Staatshaushalts (Einnahmen 1979–1994: £ 55 Mrd.); Einschränkung der Macht der ↑*Gewerkschaften.* Es gibt aber Kritik an der p., auch aus den Reihen der Konservativen: Veräußerung staatlicher Vermögenssubstanzen zur Bestreitung laufender Ausgaben (Harold Macmillan: „Verschleuderung des Familiensilbers"); hohe Kosten, z.B. Beraterhonorare für die eingeschalteten Geschäftsbanken; Verringerung der Beschäftigten u. Verschlechterung der Arbeitsbedingungen. *Labour* (↑*Parteien*) u. die Gewerkschaften sind ideologisch gegen p. eingestellt, aber eine neue *Labour*-Regierung würde die meisten der schon privatisierten Unternehmen nicht wieder verstaatlichen. In den 90er Jahren vollständig privatisiert wurden ↑*BT,* die ↑*Elektrizitätswirtschaft* (mit Ausnahmen der Nuklearfirmen). Ein Versuch, das ↑*Post Office* zu privatisieren, scheiterte 1994, da die Unterstützung der Öffentlichkeit für diese Institution überwältigend war. Weitere Unternehmen, die für die p. vorgesehen sind, sind die noch übriggebliebenen Kohlebergwerke (↑*British Coal*) u. *Railtrack*, die neu gegründete Gesellschaft, die den Betrieb von Bahnhöfen, Schienen u. Weichen von ↑*British Rail* übernommen hat.

Privy Council ['prɪvɪ 'kaʊns(ɪ)l]. ‚Geheimer Staatsrat'; war urspr. der königliche Rat u. höchste Exekutive des Landes, der sich aus der *Curia*

Regis ‚Curie des Königs' entwickelte; ab Mitte des 17. Jh. hatte er nur noch beratende Funktionen, u. viele seiner Befugnisse wurden später dem Kabinett (↑*Regierung*), selbst einem Ausschuß des P.C., übertragen. Die ca. 390 Mitglieder *(Privy Counsellors)*, die zeitlebens dem P.C. angehören, umfassen alle ehemaligen u. gegenwärtigen Minister, die zwei Erzbischöfe (↑*Konfessionen*), den *Speaker* des Unterhauses (↑*Parlament*) u. einige höchste Richter, außerdem viele wichtige Persönlichkeiten des öffentl. Lebens. Den Vorsitz führt der *Lord President of the Council.* Die Zusammenkünfte der P.C. finden im ↑*Bukkingham Palace* in Gegenwart des Monarchen (↑*Monarchie*) statt, i.d.R. im kleineren Kreis von Fachberatern; eine Vollversammlung wird nur einberufen, wenn der Monarch stirbt o. seine Heiratsabsicht ankündigt. Der P.C. kann den Gesetzgebungsvorgang (↑*Act of Parliament*) durch Verordnungen *(Orders in Council)* abkürzen; er erläßt u.a. königl. Proklamationen *(Royal Proclamations)* z.B. zur Ausrufung des Notstands *(state of emergency)* o. der Kriegserklärung, u. die Auflösung *(dissolution)* des Parlaments.

Privy Purse [prɪvɪ 'pəːs]. Die privaten Ausgaben des Monarchen werden von seinem persönlichen Einkommen, der P.P., bestritten; die Haupteinnahmen stammen aus dem ↑*Duchy of Lancaster.* ↑*Civil List.*

PRO, ['piː 'ɑːr 'əʊ], *Public Relations Officer.* Referent für Öffentlichkeitsarbeit, Pressechef einer Behörde o. eines Unternehmens.

proctor ['prɒktə]. Disziplinarbeamter an brit. ↑*Universitäten;* daneben auch zuständig für die Aufsicht bei akad. Prüfungen.

professor. An brit. ↑*Universitäten* i.d.R. Titel eines Lehrstuhlinhabers, dt. etwa ‚ordentlicher Professor'. Die übrigen Hochschullehrer heißen ↑*reader* u. ↑*lecturer.*

promenade concerts ['prɒmənɑːd...], kurz *Proms.* Volkstümliche Musikfestspiele, die seit 1895 jedes Jahr von Juli bis September unter großem Zulauf (bis zu 7500 „promenaders" o. „prommers" pro Abend) in der Londoner *Royal Albert Hall* stattfinden. Auf dem äußerst vielseitigen Programm stehen Werke von der Barockzeit bis in die Moderne. Die *Proms* werden seit 1926 von der *BBC* (↑*Rundfunk u. Fernsehen*) organisiert u. über *Radio 3* landesweit, über den *World Service* auch weltweit übertragen. Besondere Aufmerksamkeit findet stets die letzte Vorstellung eines Sommers, die „Last night of the Proms", die meist heiter o. beschwingt unter gemeinsamem Absingen patriotischer Hymnen u. Lieder, z.B. „Jerusalem", „Rule Britannia", „Land of Hope and Glory" endet.

Proms ↑promenade concerts.

provost ['prɒvəst]. 1. Entspricht in Schottland dem engl. *mayor* ‚Bürgermeister'; *lord provost* entspricht dem engl. *lord mayor* ‚Oberbürgermeister', z.B. in Aberdeen, Dundee, Edinburgh, Glasgow (↑*local government*). 2. ↑*Oxford (University).*

PRP, *profit-related pay,* ein staatl. Programm, wonach Firmen bis 20% der Gehälter, jedoch nicht über £ 4000, steuerfrei auszahlen dürfen. Die Angestellten erhalten höhere Netto-Gehälter, u. die Arbeitgeber zahlen weniger. ↑*national insurance.*

PT [piːtiː]. Colloq. Abk. für das Schulfach *Physical Training* ‚Leibeserziehung'.

PTA, *Parent-Teacher Association.* Einflußreiche Vereinigung aus Eltern u. Lehrern zur Förderung des beiderseitigen Verständnisses u. Koordinierung der Zusammenarbeit zwischen Elternhaus u. Schule; z.B. bei Veranstaltungen der Schule. Die *PTA* ist mit über 2 Mio. Mitgliedern an den meisten brit. Schulen aktiv.

PTO, *please turn over.* ‚Bitte wenden', ‚bitte blättern Sie um' (bei Schriftstücken).

pub [pʌb]. Bildung von *public house.* ↑*clippings.* Der brit. p. – dt. nur annähernd ‚Wirtschaft, Bierkneipe' – ist eine gesellschaftliche Institution mit unvergleichlicher Atmosphäre, in der Klassenschranken u. soziale Unterschiede vorübergehend aufgehoben sind. 12% aller engl. Männer gehen statistisch allabendlich in ihr *local*, ihren Stammpub ‚an der Ecke'. Pubs führen im allg. drei bis vier Sorten Faßbier *(draught)* u. mehrere Sorten Flaschenbier (↑*ale*), ↑*cider,* alkoholfreie Getränke *(soft drinks)* sowie die üblichen Spirituosen, jedoch traditionell keine heißen Getränke. Man holt u. bezahlt die Getränke am Tresen. Unter Freunden ist es üblich, sich gegenseitig Runden *(rounds)* auszugeben. Bis 1987 erlaubte ein strenges Schankgesetz nur eng begrenzte Öffnungszeiten (↑*licensing hours*), unter der dritten Regierung Thatcher kam es schließlich zu einer weitgehenden Liberalisierung der Schankstunden (11–23 Uhr an 6 Tagen in der Woche). Die meisten p. servieren mittags kleine Gerichte als *pub lunch,* die auf einer Tafel angeschrieben sind, z.B. ↑*bangers and mash,* ↑*Cornish pasty,* ↑*pies,* ↑*piccalilli,* ↑*ploughman's lunch* usw.

Viele p. haben eine lange Geschichte (vgl. die oft kunstvoll gemalten Pub-Schilder mit dem Namen der Kneipe) u. zeichnen sich durch ihre historische o. „rustikale" Ausstattung u. Einrichtung aus. Ein p. besteht i.d.R. aus zwei o. drei voneinander getrennten Räumen: *public bar* mit sehr einfacher Ausstattung, Getränke – stehend getrunken – etwas billiger, ↑*darts,* ↑*billiards,* meist Stammgäste *(regulars); saloon bar* mit feinerer Ausstattung, eleganter u. ruhiger Atmosphäre, mit Sitzgelegenheiten u. Tischchen; *lounge bar,* urspr. der vornehme Aufenthaltsraum für die im p. wohnenden Gäste, Tisch-Service, heute meist identisch mit *saloon bar,* daneben gibt es noch, allerdings immer seltener, die *Ladies' Bar* o. *Private Bar,* v.a. für Damen. Kinder haben i.d.R. in p. auch in Begleitung Erwachsener keinen Zutritt. Hat der p. einen Garten *(beer garden),* dürfen die Kinder dort sitzen. Jugendliche dürfen die Räume erst ab 16 J. betreten. Bis 18 müssen sie in Begleitung Erwachsener sein u. dürfen nichts Alkoholisches trinken.

Etwa 10–15 Minuten vor „closing

time“ (dt. etwa: Polizeistunde), 22.30 Uhr o. 23.00 Uhr, ergeht die Aufforderung des Wirts *(publican):* „Last orders, please.“ Zur offiziellen Schließzeit ruft er: „Time, gentlemen, please (drink up)“, oft unterstützt von einem Klingelzeichen. 10 weitere Minuten Austrinkzeit *(drinking-up time)* sind gesetzlich erlaubt.

Die meisten p. gehören einer Brauerei u. werden von einem Pächter geführt; als sog. *tied houses* dürfen sie nur Bier einer bestimmten Brauerei o. Brauereigruppe (z.B. Whitbread, Courage, Watneys, Bass-Charrington) ausschenken. P., die von einer Brauerei unabhängig sind, haben größere Freiheit u. nennen sich *free houses.* Viele p., v. a. auf dem Lande, haben zusätzlich einige Fremdenzimmer (↑*inn*).

publican ↑pub.

public schools. 1. In England u. Wales: die Elite unter den privaten Sekundarschulen (↑*independent schools*), meist ↑*boarding schools* für Schüler im Alter von 13 bis 18/19 Jahren, z.T. mit jahrhundertealter Tradition. Die irreführende Bez. *public school* hängt mit ihrer Entstehung aus ehem. Klosterschulen zusammen, die später auch der Öffentlichkeit *(public)* kostenlos zugänglich wurden. Heute kostet der Besuch einer der ca. 500 anerkannten p.s. zwischen 12000 u. 35000 DM Schulgeld jährlich, für Tagesschüler *(day boys* o. *day girls)* etwa die Hälfte. Als maßgebliches Kriterium einer p.s. gilt die Zugehörigkeit ihres Schulleiters *(headmaster)* zur exklusiven, 1869 gegr. *Headmasters' Conference* (*HMC,* nur Knabenschulen), zur 1941 gegr. *Association of Governing Bodies of Public Schools* (*GBA,* auch gemischte Schulen), zur *Society of Headmasters and Headmistresses of Independent Schools (SHMIS),* der *Governing Bodies of Girls' Schools Association (GBGSA)* o. zur 1973 gegr. *Girls' School Association (GSA).* Zu den berühmtesten, auf Jahre hin ausgebuchten p.s., die sich z.T. auch ↑*colleges* nennen, zählen: Winchester College (gegr. 1382), Eton (1440), St. Paul's (London 1509), Shrewsbury School (1552), Westminster (London 1560), Merchant Taylors' (Crosby 1561 u. Northwood 1620), Rugby (1567), Harrow (1571), Charterhouse (Godalming, Surrey 1611). Diese neun Schulen wurden bereits 1861 von einer königlichen Kommission unter Lord Clarendon als erste „Great Schools“ o. p.s. anerkannt u. werden daher heute auch als *Clarendon Schools* bezeichnet. Sie bilden mit dem Radley College (Abingdon, Oxfordshire 1847) die „Top Ten“ der engl. p.s.

Die hohe Qualität des Unterrichts u. ihren guten Ruf haben sie v.a. ihrem großen u. ausgezeichneten (gut bezahlten) Lehrkörper sowie kleinen Klassen (Lehrer-Schüler-Relation = etwa 1:12), aber auch strengen Aufnahmebedingungen zu verdanken. Alle Schüler werden durch eine Prüfung *(Common Entrance Examination)* im Alter von 13 Jahren – Vorbereitung meist an einer ↑*preparatory school* – ausgewählt. Diese Prüfung wird dreimal im Jahr durchgeführt u. besteht aus schriftlichen Tests in den Fächern Englisch, Französisch, Mathematik, Geschichte, Geographie u. mehreren Wahl-Pflichtfächern. – Zu jeder p.s. gehören weiträumige Spiel- u. Sportfelder für ↑*cricket*, ↑*rugby*, ↑*soccer* u. ↑*hockey*. Sie gelten als das Übungsfeld par excellence für Charakterbildung (↑*gentleman*) u. körperliche Ertüchtigung, neben humanistischen Studien das eigentliche Erziehungsziel der p.s.

Die p.s. werden wegen ihrer Selektivität u. elitären Exklusivität – nur knapp 5 % der brit. Sekundarschüler besuchen eine p.s. – häufig kritisiert, zumal ihre Absolventen mit über 50 % an den statushöchsten Universitäten wie ↑*Oxbridge* sowie in Führungspositionen in Politik u. Wirtschaft überproportional repräsentiert sind. Das Kabinett der konservativen Premierministerin M. Thatcher bestand 1979 ausschließlich aus Ministern, die eine p.s. absolviert hatten. Im Jahre 1982 stellten Eton- u. Winchester-Absolventen *(Old Etonians* bzw. *Wykehamists)* die Vorstandsmitglieder aller fünf großen brit. ↑*Banken.*

2. In Schottland: Bez. für ‚Öffentliche Schulen' *(publicly maintained schools)*, die allen Bevölkerungsschichten zugänglich sind u. zu 60 % vom *Scottish Education Department (SED)* finanziert werden. Privatschulen heißen in Schottl. meist ↑*college* o. ↑*academy*. – Siehe auch ↑*house*, ↑*prefect*, ↑*Gordonstoun.*

public bill ↑bill.

public corporations ↑Recht 4.

public limited company ↑plc.

Public Record Office [pʌblɪk 'rekɔːd ɒfɪs]. Brit. Staatsarchiv, gegr. 1838, im Londoner ↑*West End;* verwahrt Dokumente von *government departments* (↑*Regierung*) u. Gerichten (↑*Justiz*) vom ↑*Domesday Book* bis heute. Nach 30jähr. Aufbewahrung können die Akten von der Öffentlichkeit kostenlos eingesehen werden. Das 1774 gegr. *Scottish Record Office* befindet sich in Edinburgh.

public service. ‚Öffentlicher Dienst' im Sinne von Dienstleistung der öffentlichen Hand wie z.B. Strom- u. Wasserversorgung. Nicht zu verwechseln mit ↑*civil service.*

pudding ['pʊdɪŋ], colloq. *pud.* Neben ↑*pies* u. ↑*pasties* sind p. eine weitere typische Spezialität der engl. Küche. Das engl. Wort (ein typischer ↑*false friend*) hat verschiedene Bedeutungen: 1. Allg. ‚Nachtisch, süße Nachspeise' *(dessert, sweet).* 2. ‚Auflauf': *rice p., semolina p.* 3. Schwere, süße Mehlspeise mit unzähligen Varianten, am bekanntesten der *plumpudding* o. *Christmas p.*, ein kuchenförmiger, dunkelbrauner P. aus Mehl, Nierenfett, Weißbrot, Eiern, Dörrobst, Zitronat, kandierten Früchten, gehackten Nüssen, Gewürzen, Sherry u. Cognac, in GB v.a. als traditionelles Weihnachtsdessert beliebt; wird mit Vanillesoße o. heißer Himbeersoße, oft auch flambiert, serviert. Nach aufwendiger Zubereitung entwickelt er den besten Geschmack erst nach etwa dreiwöchiger Lagerung. 4. Pikantes Wurst- o. Fleischgericht, z.B. *steak and kidney p.* (↑*pie*), *black p.* ‚Blutwurst' (v.a. Nordengland), *white p.* ‚Preßsack'. 5. *Yorkshire p.;* pastetenartig gebackener Teig aus Mehl, Eiern, Salz, Milch u. Rindertalg, wird heiß als Beilage zu Fleisch, v. a. ↑*roast beef,* gegessen. – Dem dt. Pudding entspr. engl. etwa *custard,* ↑*blancmange,* ↑*flummery.*

pun [pʌn]. Assoziatives Wortspiel, das darauf beruht, daß zwei Wörter gleich klingen, aber verschiedene Bedeutung haben. Derartige Homophone sind im Engl. aufgrund der Sprachentwicklung bes. zahlreich, z.B. *sole : soul, Bill* ‚William' *: bill* ‚Rechnung', *flour : flower* usw. Hinzu kommt die ausgeprägte Bedeutungsvielfalt (Polysemie) engl. Wörter, z.B. *do, set, take, job, glass* usw. – P. erfreuen sich seit Shakespeares Zeiten in GB außerordentlicher Beliebtheit u. bilden die Grundlage des engl. ↑*Humors.* Engl. Witze, aber auch Reklame u. Kreuzworträtsel sind ohne p. kaum vorstellbar.

Beispiele: What did the window say when the tree fell on it? – *Tremendous : tree, mend us* [tri(ː)mendəs]. – The *sole* has no feet and therefore no *sole*, poor *soul* [səʊl]. (Die Scholle hat keine Füße u. daher keine Sohle, arme Seele.)

Punch [pʌntʃ]. 1. ‚Hanswurst, Kasperle'; Hauptfigur der ↑*Punch and Judy Show.* 2. Bekannte satirische Wochenzeitschrift (1841–1992). 3. ‚Punsch'; Mischgetränk aus fünf Bestandteilen: Wein o. Tee, Zitronensaft, Zucker, Wasser, Rum o. ↑*brandy.*

Punch and Judy Show heißt das engl. Kasperletheater, dessen Hauptfiguren ↑*Punch* u. *Judy* (Judith) im D Kasperl u. Gretl entsprechen. Eine weitere wichtige Figur ist der Hund *Toby.*

punk [pʌŋk]. ↑*Slang,* dt. etwa ‚Schund, Unrat, wertloses Zeug'. Mitte der 70er Jahre in London entstandene, inzwischen wieder abgeebbte jugendliche Subkultur. Kennzeichen: provokatives, anarchisches Anti-Verhalten u. entsprechender Modestil (grellbunte Haare, schwarze Lederjacke, Sicherheitsnadeln in Nase u. Ohren, schwere Lederstiefel) u. Musik (vom Rock 'n' Roll abgeleitet), durch obszöne Sprache, wilde Rhythmen u. dröhnende Lautstärke gekennzeichnet: *punk* ↑*rock,* verkörpert von Gruppen wie den *Sex Pistols, The Damned.* In den 80er Jahren in ↑*New Wave* aufgegangen.

punt [pʌnt]. In ↑*Oxbridge:* flacher, viereckiger Stechkahn für bis zu 4 Pers., der mit einer bis 5 m langen Stange *(punt pole)* vorwärtsbewegt u. gesteuert wird. *Punting* auf der Cam in Cambridge o. auf der Cherwell in Oxford ist ein beliebter Zeitvertreib für Studenten u. Touristen.

Puritan. Mitglied einer protest. Bewegung im Engl. des 16. u. 17. Jh., die bemüht war, der anglikanischen Kirche (↑*Konfessionen*) ihre evangelische Reinheit im Geiste des Calvinismus wiederzugeben. Aus dem Puritanismus sind die *Free Churches* hervorgegangen. Der Geist des Puritanismus, seine Ideale sowie strenge Sitten haben das engl. Leben u. den engl. Charakter geprägt u. prägen sie noch heute.

Q

QC, *Queen's Counsel.* Titel, der vom ↑*Lord Chancellor* einem ↑*barrister* nach mindest. 10jähriger erfolgreicher Ausübung seines Berufs verliehen werden kann *(to be called to the bar).* Ein QC darf im Gericht einen seidenen Talar tragen u. höhere Gebühren verlangen. Während der Regierungszeit eines Königs heißt er *K.C. (King's Counsel).* In Schottland meist *senior counsel* genannt.

QE 2 [kjuː iː 'tuː], *Queen Elizabeth 2.* – Flaggschiff der Londoner Reederei ↑*Cunard,* löste 1967 die 1938 gebaute *Queen Elizabeth* ab. Die QE 2 ist nicht auf die amtierende Königin Elizabeth II getauft. Die „2" bezieht sich darauf, daß der Ozeandampfer das zweite Schiff mit den Namen *Queen Elizabeth* ist. Nach umfassender Überholung u. Modernisierung 1987 u. 1994 ist die 67139 BRT große QE 2 mit ihrer 130000 PS starken dieselelektrischen Maschinenanlage das schnellste Passagierschiff der Welt: Reisegeschwindigkeit 32,5 Knoten. Sie befährt als letzter Oceanliner im legendären Transatlantikdienst regelmäßig die Route Southampton–New York (einfache Überfahrt: 5 Tage), wird aber auch als Kreuzfahrtschiff eingesetzt. Die Überseereise wird auch im „Paket" mit der ↑*Concorde* für Hin- o. Rückreise angeboten. Die QE 2 bietet 1850 Passagieren den Komfort einer „schwimmenden Stadt" mit Boutiquen, Spielcasinos, Banken, Restaurants, Bars, Fitness-Center, Swimmingpools, Kindergarten, Theater, Kino, Wäscherei, Druckerei usw. Im ↑*Falklands War* 1982 war die QE 2 wie einst die erste *Queen Elizabeth* als Truppentransporter eingesetzt.

Quakers ↑Konfessionen.

quango ['kwæŋgəʊ]. Akronym aus *quasi-autonomous non-governmental organization,* offizielle Bez.: *non-departmental public body.* Q. ist eine halbstaatliche Behörde, die keinem Ministerium untersteht *(= non-departmental),* deren Mitglieder jedoch von einem Minister ernannt werden. Es gibt drei Arten von q.: a) *executive bodies,* halb-autonome, von der Regierung überwachte u. finanzierte Organisationen, die exekutive Funktionen wahrnehmen, z.B. ↑*British Council,* ↑*ACAS,* ↑*Arts Council,* ↑*Scottish Enterprise;* b) *administrative tribunals,* gerichtsähnliche Behörden, z.B. *rent tribunals* zur Schlichtung von Mietstreitereien, *social security tribunals* zur Klärung von Sozialversicherungsfragen; c) *advisory boards,* ‚Beraterausschüsse', die von einem Minister gegründet werden, um ihn in besonderen Fragen zu beraten. Die ersten q. wurden Mitte der 70er Jahre eingerichtet; es gibt heute ca. 1400 davon.

quart. Flüssigkeitsmaß; 1 qt. = 2 ↑*pints* = ¼ ↑*gallon* = 1,136 Liter.

quarter-day. Einer von vier Tagen im Jahr, an denen gewisse Zahlungen, z.B. Mieten, fällig sind. In England u. Wales: Lady Day (25.3.), Midsummer (24.6.), Michaelmas (29.9.) u. Weihnachten (25.12.); in Schottland: Candlemas (2.2.), Pfingsten (15.5.), Lammas (1.8.) u. Martinmas (11.11.).

Queen, the ~. In der brit. ↑*Monarchie* kann die Krone auch auf Frauen vererbt werden. Seit König Egbert („First King of England", 802–839) ist GB von sieben weiblichen Monarchen regiert worden: Jane (14 Tage im Jahre 1553), Queen Mary I, auch ‚Mary Tudor' od. ‚Bloody Mary' (1553–58), Elizabeth I (1558–1603), Mary II (mit William II) (1689–94), Anne (1702–14), Victoria (1837–1901) u. Queen Elizabeth II (geb. 1926, Königin seit 6.2.1952): sie ist der 41. Monarch seit der Normannischen Eroberung 1066 unter Herzog Wilhelm. Ihr offizieller Titel lautet: *Her Most Excellent Majesty,* Elizabeth the Second (Elizabeth Alexandra Mary of Windsor), *by the Grace of God of the United Kingdom of Great Britain and Northern Ireland and of Her other Realms and Territories Queen, Head of the Commonwealth, Defender of the Faith* (↑*fidei defensor*). – 1977 feierte sie unter großer Anteilnahme der Bevölkerung ihr 25jähriges Regierungsjubiläum *(Silver Jubilee).* Heute ist die Königin wohl das an Erfahrung u. Dienstjahren reichste Staatsoberhaupt der Welt u. steht damit ganz in der Tradition ihrer berühmten Vorgängerinnen. – Residenzen der Königin u. ihrer Familie (↑*Royal Family*) sind ↑*Buckingham Palace,* ↑*Windsor Castle,* ↑*Balmoral Castle, Sandringham* (Norfolk) sowie ↑*Holyroodhouse* in Edinburgh/Schottland.

Queen Anne Style ↑Baustile.

Queen Elizabeth 2 ↑QE 2.

Queen's English ↑King's English.

Queen Mother. Titel der Witwe eines ehemaligen Königs, die auch Mutter des regierenden Monarchen ist. Die jetzige Q.M., die Witwe von King George VI (1936–1952), heißt *Queen Elizabeth, the Queen Mother* (*1900); das Volk hat ihr den Kosenamen *Queen Mum* gegeben, da sie ein sehr beliebtes Mitglied der ↑*Royal Family* ist.

Queen Mum ↑Queen Mother.

Queen's (King's) birthday ↑Official Birthday.

Queen's Counsel ↑Q.C.

Queen's (King's) Messenger. ‚Königlicher Kurier'; rund ein Dutzend Männer, meist ehemalige Soldaten, die seit der Zeit von Henry VII (1491–1547) Mitteilungen der Regierung an die brit. Botschafter in der ganzen Welt liefern.

Queen's (King's) Speech ↑Parlament: *Sovereign.*

Queen's Park Rangers FC (QPR). Traditionsreicher West-Londoner Fußballklub, gegr. 1885; nach seinem früheren Stadion *Queen's Park* im NW Londons.

Question Time ↑Parlament: *House of Commons.*

queueing [kjuɪŋ]. ‚Schlangestehen' gilt als eine typisch engl. Erfindung: vor Theater- u. Kinokassen, am Eingang von Sportstadien, an der Bahnsteigsperre, beim Taxistand o. an der Bushaltestelle stehen die Wartenden in einer Reihe hintereinander u. warten geduldig – auch wenn die *queue* nur aus zwei Leuten besteht. Drängeln wäre ein schlimmer Verstoß gegen traditionelle Verhaltensregeln – außer in der U-Bahn (↑*London Underground*), wo das Recht des Stärkeren herrscht.

quid [kwɪd]. Volkstüml. Bez. für 1 Pfund Sterling (£ 1) (↑*Geld u. Währung*).

quoits [kɔɪts, kwɔɪts]. Walis. Wurfringspiel, belegt seit 1880: ein flacher Eisenring *(quoit)* muß auf einen 18 yards entfernten Eisenpflock geworfen werden, der inmitten eines kleinen Vierecks steckt. Gespielt wird i.d.R. zwischen 2 Mannschaften à 2 12 Spielern. Es gibt in Wales 2 *quoits*-Ligen mit 20 Klubs.

R

R's: the Three ~. Bez. für die drei Grundelemente des Wissens: Lesen, Schreiben, Rechnen; nach dem Anfangslaut [r] von *r*eading – *wr*iting – '*r*ithmetic.

RA ↑Royal Academy.

RAC [ɑːreɪsiː], *Royal Automobile Club.* Der ältere der beiden großen brit. Automobilclubs, gegr. 1897 (↑*AA*).

Race Relations Act. 1976 erlassenes Gesetz, das die *Commission for Racial Equality (CRE)* einrichten ließ, die Nachfolgeinstitution von *Race Relations Board* u. *Community Relations Commission.* Das RRA verbietet Rassendiskriminierung auf folgenden Gebieten: Arbeitswelt, Ausbildung, Erziehungswesen, Dienstleistungen u. Lebensmittelversorgung, Wohnraumvermittlung. ↑*immigration.*

rackets ['rækɪts]. ↑*squash*-ähnliches Schlagballspiel, bei dem der Ball gegen eine hohe Wand geschlagen wird.

RADA ['rɑːdə], *Royal Academy of Dramatic Art.* Schauspielschule in London, gegr. 1904. Siehe auch ↑*Theater.*

Radio 1,2,3,4 ↑Rundfunk u. Fernsehen.

RAF [ɑːreɪ'ef], *Royal Air Force* ↑Streitkräfte.

Raisin Monday. Studentischer Brauch an der Universität St. Andrews (Fife): an einem Montag im 1. Trimester *(Martinmas Term)* – meist im November – schenken die Jungstudenten (↑*bejant*) ihren „academic fathers" u. „mothers" (Studenten in höheren Semestern) ein Pfund Weintrauben *(raisins)* o. eine Flasche Wein. Urspr. wurde dieses Geschenk den Wirtsleuten gemacht, die für die fern der engl. Heimat Studierenden gleichsam Ersatzeltern waren. Die heutigen *„academic parents"* revanchieren sich mit scherzhaft-grotesken Phantasie-Quittungen *(receipt)* in lateinischer Sprache, die von den ↑*bejants* im Innenhof von *St. Salvator's College* in fröhlicher, karnevalesker Atmosphäre zur Schau gestellt werden. Die von ↑*town and gown* mit großer Aufmerksamkeit verfolgten

„Feierlichkeiten" haben sich inzwischen auf ein ganzes Wochenende ausgedehnt *(raisin weekend).*

raj [rɑːdʒ]. Von Hindi ‚Regierung'; Schlagwort für die brit. Herrschaft in Indien, insbes. im 19. u. frühen 20. Jh. In den 80er Jahren lösten entsprechende Filme in Kino u. Fernsehen in GB eine Nostalgiewelle aus.

rarebit ['rɛəbɪt, 'ræbɪt]. ‚Leckerbissen'; Käsetoast, urspr. eine walis. Spezialität *(Welsh rarebit* o. *rabbit* mit ↑*Cheddar),* die es inzwischen in ganz GB in verschiedenen Zubereitungsarten gibt: *buck r.* (mit verlorenem Ei), *English r.* (in Wein getränktes Toastbrot), *Scotch r.* (mit *brown* ↑*ale* verrührter ↑*Stilton* o. ↑*Cheshire*-Käse), *Yorkshire r.* (mit gekochtem Schinken).

rastas ['ræstəs], kurz für *rastafarians.* Pej. Bez. für junge rassenbewußte Jamaikaner, die in Slumquartieren brit. Städte leben. Ihre charakteristische Zopfhaarfrisur heißt *dreadlocks.* Ihre Musik ist der ↑*reggae.*

rateable (o. annual) value ↑rates.

rates. Es gibt *domestic rates,* Steuern, die auf private Immobilien von den Kommunen (↑*local government*) erhoben werden, um die Kosten der Kommunaleinrichtungen wie Müllabfuhr, Schulen, Bibliotheken und ↑*Polizei* zu bestreiten. In den 80er Jahren hat die ↑*Regierung* die höchstzulässigen r. festgesetzt, um die Ausgaben der Kommunen, die angeblich Steuergelder verschwendeten, einzuschränken, sog. *‚ratecapping',* eine parteipolitische Streitfrage zw. der ↑*Regierung* u. den Kommunen, wenn sie von verschiedenen ↑*Parteien* geführt wurden. Die *r.* werden nach dem *rateable value* (auch *annual value* genannt), einer Art Einheitswert, die sich nach der gedachten Miete eines Immobilienobjektes richtet, festgesetzt. 1989 wurden die r. abgeschafft u. durch die *community charge,* auch *poll tax* ‚Kopfsteuer', eine Pauschalsteuer auf jeden Erwachsenen, ersetzt. Nach massiven Protesten in der Bevölkerung u. Stimmverlusten für die Konservativen kündigte die ↑*Regierung* im März 1991 die Kürzung der Steuer um £ 140 pro Kopf an. 1993 wurde die *community charge* durch die *council tax* ersetzt, die sich wie die alten r. nach dem Wert des Wohnsitzes richten. Außerdem gibt es *non-domestic rates,* auch *business rates,* die gewerbliche Unternehmen entrichten müssen. Vgl. Sammelartikel ↑*Steuern.*

reader ['riːdə]. Titel brit. Hochschuldozenten (dt. etwa: ‚außerordentlicher Professor'), meist für außergewöhnliche wissenschaftliche Leistungen im jeweiligen Fachgebiet verliehen; Status zwischen ↑*lecturer* u. ↑*professor.*

real ale ↑ale.

real tennis *(real* von *royal),* var. *court tennis.* Die noch lebendige engl. Variante des alten frz. *jeu de paume,* eines bes. im 16./17. Jh. in Ballhäusern mit Schlägern u. Federbällen – heute speziellen Hartbällen – gespielten Schlagballspiels mit komplizierten Regeln, Vorläufer des mod. ↑*lawn* *tennis*. Es gibt in GB noch etwa 30 *courts*, z.B. in *Hampton Court Palace*, im Londoner *Queen's Club*, auf *Lord's Cricket Ground* (↑*cricket*) sowie im Falklands Castle (Fife). Dieses Ur-Tennis wird auch an manchen ↑*public schools* u. in ↑*Oxbridge* gepflegt. Die Zahl der Aktiven wird auf einige tausend, darunter viele Frauen, geschätzt.

Rebecca riots. Aufstände walis. Bauern 1839–1844 gegen überhöhte Zölle u. andere soziale Ungerechtigkeiten.

Received Pronunciation (RP). „Received" im Sinne des 19. Jhs. ‚in der besten Gesellschaft akzeptiert'. Die nicht regional gebundene (dialektfreie) Aussprachenorm des ↑*Standard English*, entstanden aus der Sprache der meist in den ↑*public schools* u. in ↑*Oxbridge* ausgebildeten Oberschicht des südöstl. Mittellandes mit London als Zentrum. Abweichungen von der RP (= *modified standard*) bezeichnet man auch als *accent* (vgl. ↑*Oxford English*).

Recht. Engl. R. basiert auf vier Quellen: 1. *common law*, das unkodifizierte Gewohnheitsrecht, das auf Präzedenzfällen *(precedents)* u. früheren Richterentscheidungen beruht. Es ist kein starres Rechtssystem, da u.U. ein Richter von früheren Urteilen abweichen u. damit neues R. schaffen kann. Es reicht bis in die vornormannischen Zeiten zurück (vor 1066). 2. *Equity* ergänzt das *common law*, eine aus dem *Court of Chancery* (↑*Justiz*) hervorgegangene Jurisdiktion der Billigkeit (= *equity*), ‚Billigkeitsrecht'. Im 14. Jh. wurde der *Court of Chancery* eingerichtet, um die Lücken des *common law* auszufüllen; den Vorsitz führte der ↑*Lord Chancellor*, der seine Urteile nach den Prinzipien der Billigkeit fällte; so fiel ein Gebiet der Rechtsprechung dem *Court of Chancery* zu, u. *equity* wurde zur Summe der Rechtsgrundsätze, die vom *Lord Chancellor* angewendet wurden. Heute findet *equity* nur in Zivilsachen Anwendung. 3. *Statute law*, ‚Gesetzesrecht', das R., das sich aus ↑*Acts of Parliament* zusammensetzt. 4. *Delegated legislation.* Maßnahmen wie *rules, regulations* u. *orders*, sog. *statutory instruments.* Sie werden von Ministern erlassen, die durch *Acts of Parliament* dazu befugt sind; *bylaws*, die Gesetze der Kommunalbehörden *(local authorities*, ↑*local government)* u. der *public corporations*, die die verstaatlichten Unternehmen verwalten, zählen auch dazu. Das engl. Recht ist in rd. 3200 Parlamentsgesetzen, über 1000 Rechtsverordnungen u. durch über 300000 Präzedenzfälle verankert.

Im Ggs. zum engl. Recht ist das schott. Rechtssystem vom römischen Rechtsdenken beeinflußt. Die vom ↑*Parlament* in London erlassenen Gesetze u. die *statutory instruments* sind aber auch in Schottland gültig, sofern sie keinem Gesetz aus der Zeit vor der Vereinigung der beiden Parlamente (1707 ↑*Act of Union*) entgegenstehen. Siehe auch ↑*Attorney General.*

Rechtsmittel. 1. In England u. Wales: In Strafsachen: Vom *magistrates' court* (↑*Justiz*) wird Berufung beim *Crown Court* eingelegt. Wenn es sich um *points of law* ‚unrichtige rechtliche Beurteilung' handelt, kann der Fall an den *High Court* weitergeleitet werden. Berufung vom *Crown Court* geht an den *Court of Appeal*, das Haupt-Rechtsmittelgericht. Es ist ausschließlich in London tätig (Sitz: *Royal Courts of Justice*) u. ist unterteilt in eine *Civil Division* (Vorsitzender: *Master of the Rolls*) u. in eine *Criminal Division* (Vorsitzender: ↑*Lord Chief Justice*, der zugleich Vorsitzender der *Queen's Bench Division* des *High Court* ist). Weitere Richter des *Court of Appeal* sind der ↑*Lord Chancellor* u. *Vice-Chancellor* in ihrer Eigenschaft als Präsident bzw. Vizepräsident der *Chancery Division* des *High Court*, der Präsident der *Family Division* des *High Court* sowie 22 *Lords Justice of Appeal*. Der *Court of Appeal* ist ein Kollegialgericht (3 Richter). Das *House of Lords* (↑*Parlament*) ist oberstes Berufungsgericht in Zivil- wie auch in Strafsachen. Dabei wird nicht das ganze Oberhaus tätig, sondern nur sein Rechtsausschuß *(Appellate Committee)*, dem die sog. *Law Lords*, näml. der ↑*Lord Chancellor*, 9 *Lords of Appeal in Ordinary* u. andere Mitglieder des Oberhauses (↑*peers*) angehören, die hohe Richterämter innehaben o. -hatten.

In Zivilsachen: Berufungen gegen Urteile der *magistrates' courts* gehen zu einem Untergericht des *High Court*, z.B. *Family Division* für Vormundschafts-, Unterhalts- u. Scheidungsfälle, *Chancery Division* für Erbstreitigkeiten. Berufungsfälle von *High Court* u. *county courts* werden vor dem *Court of Appeal (Civil Division)* verhandelt. Der nächste u. letzte Schritt ist zum *House of Lords*.

2. In Schottland: Berufung gegen Entscheidungen des Appellationsgerichts für Zivilsachen wird beim *House of Lords* eingelegt. Bei Strafsachen ist Berufung beim *House of Lords* vom *High Court of Justiciary* nicht möglich.

recorder. ↑*barrister* o. *solicitor*, der seit mindestens 10 Jahren qualifiziert ist u. der zum Richter eines *Crown Court* ernannt wird (↑*Justiz*).

rector 1. ↑Universität, ↑Oxford (University), ↑polytechnics; 2. ↑clergy.

Red Arrows. 1. Rote Eindeckerbusse von ↑*London Regional Transport;* 2. Name der Kunstflugstaffel der *Royal Air Force* (↑*Streitkräfte*), die mit feuerroten *Hawk*-Düsenjägern fliegt.

redbrick ↑Universität.

Redcoat. Animateur in einem Butlin's ↑*holiday camp. Redcoat* war die Bez. für einen engl. Soldaten insb. während des amerikan. Unabhängigkeitskriegs. In beiden Fällen bezieht sich die Bez. auf die rote Uniform.

red-letter day. Sehr glücklicher, wichtiger o. denkwürdiger Tag; nach den im Kalender rot gedruckten kirchlichen ↑*Feiertagen.*

Red Nose Day. Populäre Aktion der ↑*charity Comic Relief*, bei der an einem festgelegten Tag im März rote Pappnasen für einen wohltätigen Zweck verkauft werden, wohl in Anlehnung an den (ernsten) *Poppy Day* im November (*Remembrance Day* ↑*Feiertage*). Die Spenden gehen an

Hilfsprojekte in Afrika, an ↑*Oxfam*-Läden o. werden für Obdachlose, für Behinderte u. alte Menschen verwendet.

Reform Acts wurden im 19. Jh. erlassen, um breiteren Schichten der Bevölkerung das Wahlrecht zu geben u. die Wahlkreise festzulegen. Vorher war das Wahlrecht in den durch die ↑*Industrial Revolution* überfüllten Städten nicht einheitlich geregelt, auf dem Land war wahlberechtigt, wer ein jährliches Einkommen aus Grundeigentum von mindestens vierzig Schilling besaß (sog. *forty-shilling freeholders*), also ausschließlich Großgrundbesiter. Der *First RA* (1832) gab das Wahlrecht auch allen Haushaltsvorständen, die Steuern zahlten u. unbeweglichen Besitz zum jährl. Pacht- o. Mietwert von mindestens £ 10 hatten. So kam die geldbesitzende industrielle Mittelschicht in den Genuß des Wahlrechts. Der *Second RA* (1867) reduzierte die Besitzqualifikation auf £ 5 für lebenslänglichen Besitz u. führte die Qualifikation von £ 12 für zeitlich begrenzten Besitz in den Grafschaften u. von £ 10 in den Städten ein. Dadurch erhielten eine Mio. Handwerker u. Arbeiter in den Städten das Wahlrecht. Der *Third RA* (1884) hob die Unterscheidung von Stadt- u. Grafschaftswahlrecht auf u. brachte das allg. Wahlrecht für Männer *(universal manhood suffrage).* Die Wählerschaft wurde um weitere 2 Mio. (v. a. Landarbeiter) vergrößert. Nach dem Ersten ↑*Weltkrieg* erhielten neben Männern über 21 J. auch Frauen über 30 das Wahlrecht durch den *Representation of the People Act* (1918), vorausgesetzt, daß sie bzw. ihre Ehemänner sich durch Besitz mit einem jährl. Mindestwert von £ 5 ausweisen konnten; erst 1928 bekamen auch Frauen ab 21 J. das Stimmrecht. Der *Representation of the People Act* (1969) setzt das Wahlalter auf 18 J. herab. ↑*Wahlrecht.*

Reformation ↑Konfessionen.

Regency Period ↑Baustile.

reggae ['regeɪ]. Die rhythmische Musik der schwarzen u. mulattischen Slumbevölkerung Jamaicas (seit 1962 Mitglied des ↑*Commonwealth*), fand durch Einwanderer u. Gastarbeiter (↑*immigration*) auch in GB als Protest gegen die Beherrschung durch Weiße u. als Ausdruck der Sehnsucht nach der afrikanischen Urheimat Verbreitung (↑*rastas*); v. a. Mitte der 60er Jahre sehr populär geworden. Hauptvertreter: Bob Marley and the Wailers. Mit dem Erscheinen der ↑*punks* 1977 erlebte r., das den *punk* ↑*rock* nachhaltig beeinflußte, einen neuen Aufschwung.

Regierung *(government),* amtl. Bez.: *Her (His) Majesty's Government.* Besteht aus den Ministern im Kabinett *(cabinet),* die für die Politik u. Verwaltung des Landes verantwortlich sind. An der Spitze des Kabinetts steht der *Prime Minister (PM),* auch *Premier,* ‚Premierminister'; seit 1717 führt ein Minister den Vorsitz im Kabinett, als der hannoveranische König George I, der über nur spärliche Kenntnissse der engl. Sprache verfügte, den Vorsitz in seiner Ministerrunde dem *First Lord of the Treasury* überließ. Dieser Minister entwickelte sich zum ersten o. *prime* Minister; er trägt immer noch den offiz. Titel *First Lord of the Treasury* u. ist derjenige, der mit Unterstützung des Kabinetts u. des ↑*Parlaments* die Politik der Regierung weitgehend bestimmt. Wenn auch die formelle Zustimmung des Monarchen nötig ist, ernennt er die Inhaber höherer Posten in der anglikanischen Kirche (↑*Konfessionen*), hohe Justizamtsträger (↑*Justiz*) wie den ↑*Lord Chief Justice,* Berufsrichter, *Privy Counsellors* (↑*Privy Council*), Generale, Admirale, ↑*Lords Lieutenant,* Minister, den Intendanten der *BBC* (↑*Rundfunk u. Fernsehen*), den ↑*Poet Laureate.* Seine Befugnisse beruhen auf der Tradition; er ist Parteiführer der Partei mit den meisten Mandaten im Parlament; er setzt den Wahltermin (↑*Wahlsystem*) fest; er schlägt die Personen vor, die in den Adelsstand (↑*peers*) erhoben werden; er ist traditionell der Minister mit Zuständigkeit für den ↑*civil service.* Mrs. Margaret Thatcher (↑*Iron Lady*) wurde 1987 zum dritten Mal hintereinander in dieses Amt gewählt, eine im 20. Jh. einmalige Leistung (↑*thatcherism*); trat 1990 zurück. Nachfolger: John Major (Cons.).

Die Regierung zählt i. d. R. etwa 100 Mitglieder. Daher gibt es drei Rangstufen: 1. *Members of the Cabinet* ‚Mitglieder des Kabinetts' (1994: 22), meist Ressortminister (departmental ministers) mit dem Titel *secretary of state,* wenn das Ministerium als *department* o. *office* bez. wird, sonst heißen sie *minister.* Folgende Minister sind neben dem PM Mitglieder des Kabinetts: ↑*Chancellor of the Exchequer* ‚Schatzkanzler' o. ‚Finanzminister', Ministerium: *Treasury; Secretary of State for Foreign and Commonwealth Affairs,* kurz *Foreign Secretary* ‚Außenminister'; *Secretary of State for the Home Department,* kurz *Home Secretary* ‚Innenminister'; *Secretary of State for Defence* ‚Verteidigungsminister', der ↑*Lord Chancellor* u. als *ministers without portfolio* (‚ohne Ressort') der *Lord President of the Council* (↑*Privy Council*), der *Chancellor of the* ↑*Duchy of Lancaster* u. der *Lord Privy Seal,* der ‚Lordsiegelbewahrer', i. d. R. *Leader of the House of Lords,* etwa dt. ‚Fraktionsvorsitzender' im Oberhaus; seine ursprüngl. Aufgabe, den *Privy Seal,* ein Siegel für königl. Dokumente, zu bewahren, erlosch 1884. – 2. *ministers of state* „Staatsminister" (1988: 32), in den einzelnen Ministerien für begrenzte Sachgebiete zuständig. – 3. *junior ministers,* etwa dt. ‚Parlamentarische Staatssekretäre', unterstehen einem *minister of state;* wenn der Ressortminister den Titel eines *secretary of state* führt, heißen sie *under-secretaries of state;* wenn der Ressortleiter den engl. Titel *minister* führt, heißen sie *parliamentary secretaries* (nicht zu verwechseln mit ↑*parliamentary private secretary*). Ministerfunktionen üben ferner aus der Lordkanzler (↑*Lord Chancellor*) u. die *Law Officers* (↑*Attorney General*) sowie die mit Titularämtern ausgestatteten *ministers without portfolio* ‚Minister für Sonderaufgaben' u. der ↑*whip* der Regierungspartei. Alle Minister gehören dem ↑*Parlament,* i. d. R. dem Unterhaus, an. Die ↑*Opposition* bildet ein *shadow cabinet,* ‚Schattenkabinett' aus *shadow ministers,* führenden Mitgliedern, die das

Kabinett bilden würden, wenn sie an die Macht kämen. Da Koalitionen *(coalitions)* im UK aufgrund des Wahlsystems, das ein Zwei-Parteien-System begünstigt, selten sind, gehören die Minister einer Partei der Regierung an; i.d.R. werden Koalitionen nur in Krisenzeiten gebildet, z.B. gab es sog. *national governments* aus mehreren Parteien während der beiden ↑*Weltkriege;* 1977 gab es einen *Lib-Lab Pact,* als die Liberalen (↑*Parteien*) die *Labour*-Minderheitsregierung unterstützten, ohne jedoch eine Koalition zu bilden.

Der Begriff *central government* wird manchmal gebraucht, um zw. der Regierung in London u. dem ↑*local government* zu unterscheiden.

Regina [rɪ 'dʒaɪnə]. Lat. ‚Königin'; Bez. für den Vertreter der Anklage während der Regierungszeit einer Königin, z.B. „Regina v. (= versus) Smith"; wenn ein König regiert, wird R. durch *Rex* ersetzt. Der Monarch (↑*Monarchie*) ist nominell der Ankläger bei allen Strafprozessen.

region. 1. Schottland: entspricht etwa der engl. ‚Grafschaft'. Durch eine Verwaltungsgebietsreform wurden 1974 die Grafschaften (↑*counties*) als regionale Verwaltungseinheiten aufgehoben. An ihre Stelle trat ein System von „regions" u. „districts". Heute ist das schott. Festland in 9 r. aufgeteilt (s. Karte S. 281): *Borders* (ehem. Grafschaften Berwick, Midlothian [teilw.], Peebles, Roxburgh, Selkirk), *Central* (Clackmannan, Perth [teilw.], Stirling), *Dumfries and Galloway* (Dumfries, Kirkcudbright, Wigtown), *Fife* (Fife), *Grampian* (Aberdeen, Banff, Kincardine, Moray), *Highland* (Caithness, Inverness, Nairn, Ross and Cromarty, Sutherland), *Lothian* (West Lothian, East Lothian, Midlothian, teilw.), *Strathclyde* (Argyll, Ayr, Bute, Dunbarton, Lanark, Renfrew), *Tayside* (Angus, Kinross, Perth, teilw.). Die Hebriden sowie Orkney u. Shetland bilden 3 weitere r.: *Western Isles, Orkney Island Area, Shetland Island Area.* Die 9 r. des Festlands sind in 53 *districts* unterteilt; die Städte Aberdeen, Dundee, Edinburgh u. Glasgow bilden jeweils einen eigenen *district.*

2. *economic planning regions.* Seit 1964 ist GB offiziell in 8 Regionen, genauer: Wirtschaftsplanungsregionen, eingeteilt. Sie lösten die 1851 für statistische Zwecke geschaffenen *Standard Regions* (im 2. Weltkrieg: „Civil Defence Regions") ab. Diese r. verfügen jedoch aufgrund des zentralistischen brit. Regierungs- u. Verwaltungssystems nicht über gewählte Parlamente u. eine Planungshoheit. Die sog. *Economic Planning Councils* (Wirtschaftsausschüsse) u. *Economic Planning Boards* (Wirtschaftsräte) dieser Regionen haben lediglich die Funktion, Planungsstrategien *(regional strategies)* zu erarbeiten (↑*regional policy*) u. das *Department of Environment* zu beraten. Nur in London u. Birmingham bestehen derzeit solche Arbeitsgruppen als *permanent institutions.* Bedeutung hat das Planungsinstrument der *regional strategies* v.a. in Schottland. Die dort *national guidelines* genannten Ziele enthalten großräumig bedeutsame Festlegungen, z.B. für große Industriestandorte, zur Nutzung des landwirtschaftlichen Grund u. Bodens

(nur 7% der Fläche Schottlands sind gute Böden), zum Natur- u. Landschaftsschutz, zur Entwicklung der Küstenbereiche im Zushg. mit der Erdöl- u. Erdgasgewinnung (↑*North Sea gas*, ↑*North Sea oil*). – 3. *city region* ‚Stadtregion' ↑*conurbation.* – 4. Verwaltungseinheit bei ↑*British Rail.* – Siehe auch ↑*local government.*

regional policy. ‚Raumordnungspolitik', frz. aménagement du territoire. Die Praxis der Raumplanung weicht in GB von der dt. erheblich ab. Eine spezielle Raumordnungsgesetzgebung, wie sie in D durch das Raumordnungsgesetz des Bundes u. die Raumordnungs- o. Landesplanungsgesetze der Länder besteht, gibt es nicht. Eine nationale Raumordnungskonzeption, vergleichbar dem Bundesraumordnungsprogramm, ist ebenfalls nicht vorhanden. Raumordnungspolitische Zielsetzungen haben ihren Niederschlag jedoch in verschiedenen spezif. Gesetzen gefunden, z.B. im *Distribution of Industry Act* 1945, fortentwickelt durch die *Industry Acts* von 1972 u. 1975 (Gesetze zur Kontrolle u. Förderung der Industrieansiedlung, ↑*assisted areas*), *New Towns Act* von 1946, 1965 u. 1968 (Gesetzgebung für Entlastungs- u. Entwicklungsorte ↑*New Towns*); *Town and Country Planning Acts,* v.a. von 1968 u. 1971 (Gesetze zur Bauleit- u. Regionalplanung); *Local Government Act* von 1972 (Gebietsreform, Neuregelung der Planungszuständigkeiten), 1974 in Kraft getreten (↑*local government*); *Local Government Planning and Land Act* von 1980.

Zwar wurde GB im Jahre 1964 in Wirtschaftsplanungsregionen (↑*region 2.*) eingeteilt, sie haben jedoch keine eigene, verfassungsrechtlich garantierte Planungshoheit. Neben dem *Department of Environment,* das für wichtige Bereiche der Raumordnung u. Regionalplanung verantwortlich ist, sind auch andere Ministerien für zahlreiche spezielle Fachplanungen auf nationaler u. regionaler Ebene zuständig, u.a. das *Department of Employment,* das *Ministry of Agriculture, Fisheries and Food,* das *Scottish Development Department* u. das ↑*Welsh Office.* Die Planungshierarchie der räumlichen Entwicklungsplanung läßt sich in 4 Kategorien unterteilen: 1. „Regional Strategies", großangelegte Strategien für die wirtschaftliche Entwicklung u. Raumnutzung einer Region (↑*region 2.*) – vergleichbar mit der dt. Gebietsentwicklungsplanung auf Länderebene –, bisher aufgestellt für South East, East Anglia, North West, Yorkshire, Humberside u. West Midlands; gleichzeitig Grundlage für die Ausarbeitung der Pläne der Kommunalkörperschaften, für wichtige Investitionen u. andere Entscheidungen sowohl der Regierung als auch der ↑*districts* u. ↑*county councils.* – 2. „Structure Plans" für das Gebiet einer ↑*county.* – 3. „Local Plans" für das Gebiet eines ↑*district.* – 4. „Development Plans" für „special areas" wie z.B. New Towns.

Das Schwergewicht der *regional policy* liegt heute somit eindeutig auf der Ebene des ↑*local government.* Die *county councils* erstellen die Strukturpläne *(structure plans),* die von den *district councils* durch lokale Entwicklungspläne *(local plans)* konkretisiert werden, z.B. in den Bereichen *housing*

(Bau u. Verwaltung von Wohnungen u. Häusern, Sanierungsmaßnahmen), *shopping* (Festlegung von Standorten für Einkaufszentren), *transportation* (Steuerung u. Kontrolle des öffentl. Nahverkehrs), *social services* (Krankenhausversorgung, Sozialdienste).

Register of electors ↑Wahlsystem.

registrar ['redʒɪstrɑː]. 1. Kanzler einer ↑*polytechnic* o. ↑*Universität.* Beim *chancellor* einer Universität handelt es sich um eine Art ‚Ehrenpräsident'. ↑*Cambridge,* ↑*Oxford (University);* 2. Justiz- u. Verwaltungsbeamter am Gericht (↑*Justiz*); 3. Krankenhausarzt im mittleren Dienst, der zum Facharzt *(specialist)* ausgebildet wird.

registration number ↑Autokennzeichen.

Remembrance Day ↑Cenotaph, ↑Feiertage.

restaurant ['restərɔ̃ːŋ, 'restərənt]. In GB ausschließlich Speiselokal; es wird erwartet, daß man ein volles Essen bestellt. Es ist üblich, am Eingang zu warten, bis der Kellner kommt u. den Gast begrüßt. Nicht alle r. dürfen alkoholische Getränke ausschenken. In Lokalen mit entsprechender Lizenz *(licensed restaurant)* entsprachen die Ausschankzeiten (↑*licensing hours*) bis 1987 den ortsüblichen Öffnungszeiten der ↑*pubs* u. ↑*inns.* Nach einer Reform des Alkoholausschanks dürfen Gäste bei Tisch jedoch auch nach 15 Uhr weitertrinken.

restricted 18 ↑British Board of Film Classification.

Restrictive Practices Court ↑Justiz.

Reuters plc. Internat. brit. Nachrichtenagentur mit weltweitem Nachrichtendienst (Abonnenten in 158 Ländern), Sitz in London; gegr. 1851 von P.J. von Reuter; seit 1984 ↑*plc.* ↑*Press Association,* ↑*Exchange Telegraph Co.*

rhyming slang ↑cockney.

riding ['raɪdɪŋ]. Wörtl. ‚ein Drittel'; Verwaltungsgebiete in der Grafschaft Yorkshire: North, East u. West Riding; seit 1974 ersetzt durch Humberside u. North, South u. West Yorkshire.

Right Honourable (Rt. Hon.) ‚Sehr Ehrenwert' ↑Anreden.

„right or wrong, my country". Von Premierminister H. J. T. Palmerston (1784–1865) überliefertes Wort, das häufig als klass. Ausdruck für einen angeblich stark ausgeprägten Nationalstolz der Briten zitiert wird; heute ist das Wort so gut wie verschwunden, nachdem während zweier Generationen Studenten, Sozialisten, Kriegs- u. Atomgegner (↑*CND*) in zahlreichen Proklamationen u. Demonstrationen klargestellt haben, daß für sie ihr Vaterland keineswegs an erster Stelle kommt. In den 30er Jahren veröffentlichte die ↑*Oxford Union* eine Erklärung, wonach die Unterzeichner „nicht bereit seien, für ihren König u. ihr Land zu kämpfen".

Rinderrassen. Die wichtigsten brit. R. sind: *Aberdeen Angus* (schwarz, aus Schottland), *Galloway cattle* (schwarz o. dunkelbraun, SW-Schottland), *Hereford* (braun mit weißem Kopf, Herefordshire), *Highland cows* (dunkelfuchsige, zottelige schott. Hochlandrinder, kleinwüchsig u. zäh, ihr Fleisch ist im Geschmack Hirschfleisch ähnlich), *Jersey cows* (rot- o. buntscheckige Milchkühe aus Jersey, ↑*Channel Islands*). Besonders in D sind brit. Rinder wegen der *mad cow disease* (↑*BSE*) in Verruf geraten.

ring road ↑London orbital.

Riviera [ˈrɪʊɪˈɛrə]. Bez. für die Südküste Cornwalls von Falmouth bis Dawlish, an der das milde Klima Palmen gedeihen läßt.

roast beef. Rinderbraten, rosarot gebratenes Zwischenrippenstück vom Rind, auch ‚Rostbraten', mit Gemüsebeilage, *Yorkshire pudding* (↑*pudding 5.*) u. scharfem (Meerrettich-) Senf; ein brit. Nationalgericht.

Robin Hood [ˈrɒbɪn ˈhʊd]. Legendärer Held vieler engl. u. schott. Volksballaden, der im 12. o. 13. Jh. im dichten *Sherwood Forest,* dem königlichen Jagdrevier, bei Nottingham mit seinen *merry men,* unter ihnen der riesige *Little John,* der dicke *Friar Tuck,* u. seiner Begleiterin *Maid Marian* mit Pfeil u. Bogen wilderte. Als Geächteter überfiel er weltliche u. geistliche reiche Leute, nahm ihnen das Geld ab u. verteilte es an die Armen. Beliebte Schullektüre im dt. Englischunterricht. Wie Wilhelm Tell in der Schweiz leben in England R.H. u. seine Mannen als die dichterische Verkörperung des (angelsächsischen) Widerstands gegen die (normannischen) Eroberer fort.

rock, var. *seaside rock.* Süße Spezialität engl. Seebäder, z. B. *Brighton rock* o. *Blackpool rock:* eine harte Pfefferminzstange (innen weiß, außen rosa) mit dem Namen des Seebades aus rosa Buchstaben, die durch die ganze Länge der Stange (20–30 cm lang) gehen; nach dem ‚Felsen' des Schlosses von Edinburgh, wo die Zuckerstange erstmals 1822 hergestellt worden sein soll.

rock cakes. Mürbteiggebäck mit Rosinen, wird häufig zum Tee gereicht (↑*tea*).

rock (music). Aus dem amerik. Rock 'n' Roll u. Blues Mitte der 50er Jahre entstandene progressive Musikrichtung der Jugendkultur, die v. a. in den 60er Jahren von brit. Gruppen in Liverpool u. London nachhaltig beeinflußt u. unverwechselbar geprägt wurde (↑*Beatles,* ↑*Rolling Stones,* ↑*Pink Floyd,* ↑*Who* u. a.) u. sich in immer wieder neuen Musikwellen u. Stilrichtungen bis heute erhalten hat: ↑*beat music, jazz r., country rock, hard r., folk r., punk r., classic r.,* ↑*new wave, heavy metal (HM),* das in den 80er u. 90er Jahren meist für „weißen" hard rock gebraucht wird. Bekannte *HM*-Gruppen: *Led Zeppelin, Deep Purple, Motorhead, Scorpions, Bon Jovi.* Das „schwarze" Gegenstück ist *hip hop.* Übergreifende Kennzeichen sind Showcharakter u. Lautstärke (Verwendung von Schlagzeug u. elektrisch verstärkten Gitarren). Oft wird für r.m. auch die generelle Bez. ↑*pop music* verwendet.

Rock ist in GB ein Bestandteil authentischer Kultur u. ein wichtiger Exportartikel.

Rockers hießen Anfang der 60er Jahre die in Lederkombis gekleideten jugendlichen Motorradfahrer u. Rockfans, damals v.a. bekannt als „Rivalen" der Motorroller fahrenden ↑*Mods*. „Mods and Rockers" wurde zum Synonym für gewalttätige Auseinandersetzungen in südengl. Seebädern.

rod, Abk. *r.* Längenmaß = 5½ ↑*yards* = 16,5 ↑*feet* = 5,029 m. *rod, pole* u. *perch* sind Synonyme.

Rolling Stones. Brit. Rockgruppe, gegr. 1962 in London, heute die dienstälteste Rockband der Welt. In der Besetzung M. Jagger (*1944), K. Richards (*1943), B. Jones (1944–1969), R. Wood (*1947) u. Ch. Watts (*1941) waren die R.S. neben den ↑*Beatles* die bekanntesten Vertreter der ↑*beat* bzw. ↑*rock music*, pflegten jedoch im Ggs. zu diesen stets ein skandalträchtiges, flegelhaftes „Bad-Boys"-Image, das durch ihren aggressiven *hard rock* u. spektakuläre Live-Auftritte unterstrichen wurde; vgl. die Songs „Satisfaction", „Honky Tonk Women", „Jumpin Jack Flash" u.a.

Rolls-Royce (RR). 1906 von Charles Stewart Rolls u. Henry Royce gegr. Firma, die Luxusautos u. Flugzeugtriebwerke herstellt; 1987 wurde die Flugzeugtriebwerksektion privatisiert (↑*privatization*). RR ist einer der drei führenden Hersteller von Flugzeugtriebwerken der Welt, z.B. RB 199 für den Tornado, RB 211–535 für Zivilflugzeuge, z.B. Boeing 757. Zusammenarbeit im Triebwerksbereich mit den *Bayerischen Motorenwerken (BMW)*. Ende 1994 kündigte BMW eine Kooperation mit *Vickers Plc*, Muttergesellschaft der *RR Motor Cars Ltd.*, Crewe, ↑*Ches.*, an, wonach BMW die für Ende dieses Jahrzehnts geplante neue Serie von RR- und Bentley-Modellen mit BMW V8- bzw. V12-Motoren u. deren Weiterentwicklung ausrüsten soll. BMW wird sich ferner an der Entwicklung des Bentley-Cabriolets *Java* bis zur Serienreife beteiligen.

Roman Catholics ↑Konfessionen.

rood. Altes Flächenmaß für Land; 1 *rood* = ¼ ↑*acre* = 1210 *square* ↑*yards* = 0,101172 ha.

Rotten Row. Reitpfad im Londoner *Hyde Park*, die Bez. ist eine sprachl. Verballhornung von frz. *route du roi*, der urspr. ‚königl. Wegstrecke' zwischen *St. James's Palace* u. *Kensington Palace*.

roundabout ['raʊndəbaʊt], wörtl. „Karussell". In GB wird der Verkehr an vielen Kreuzungen nicht durch Ampeln, sondern durch ‚Kreisverkehr' geregelt. Fahrzeuge, die im r. fahren, haben i.d.R. Vorfahrt.

rounders. V.a. bei Kindern beliebtes Schlagballspiel, dem amerik. Baseball ähnlich.

Roundheads ↑Civil War.

Rover Group plc, die 1988 von ↑*Bri-*

tish Aerospace übernommen u. 1994 von BMW aufgekauft wurde, hieß vorher *British Leyland Motor Corporation* u. war der größte brit. Fahrzeughersteller seit der Fusion 1968 von *British Motor Holdings Ltd.* u. *Leyland Motor Corporation.* Ab 1979 nur noch *BL.* Bis zur Privatisierung 1988 (↑*privatization*) staatl. Beteiligung 95 %. Bekannte Marken: *MG, Morris, Austin, Rover.*

rowing ↑Boat Race.

Royal Academy (of Arts). Die Königliche Akademie der Künste in London, gegr. 1768. Die Zahl ihrer Mitglieder („Royal Academicians", Abk. R.A.) ist auf 40 Maler, Bildhauer u. Architekten beschränkt, die an den Schulen der Akademie unterrichten. Vgl. ↑*Royal Society;* ↑*academy 2.*

Royal Air Force (RAF) ↑Streitkräfte.

Royal and Ancient (R & A). Traditionsreicher Golfclub in St. Andrews (Fife), gegr. 1754 (↑*golf*).

Royal Ascot ↑Ascot.

Royal Albert Hall ↑promenade concerts.

Royal Assent ↑Act of Parliament.

Royal Ballet. Das brit. Staatsballett (Hauptsitz: Royal Opera House, London), 1956 aus dem *Sadler's Wells Ballet* hervorgegangen.

Royal British Legion ↑British Legion.

Royal Commission. Die Einsetzung ‚Königlicher Kommissionen' auf Vorschlag eines Ministers o. im Namen der Krone ist ein häufig gewähltes Verfahren der Regierung, umfassende Stellungnahmen u. Vorschläge zu einzelnen Problemen o. Problembereichen zu erhalten. Nach ihrer Zusammensetzung sind sie weder reine Sachverständigenausschüsse noch politisch-paritätisch zusammengesetzte Gremien (vgl. die Enquête-Kommissionen des Dt. Bundestages). Die bed. Rolle des Kommissionsvorsitzenden kommt in der inoffiziellen Benennung der in einem *report* niedergelegten Empfehlungen zum Ausdruck, vgl. *Robbins Report* über Higher Education 1963, ↑*Beveridge Report.*

Royal Enclosure ↑Ascot.

Royal Exchange. ‚Königliche Börse'. Klassizistisches Gebäude in der ↑*City of London,* wo 1566 die Börse gegr. wurde; heute Sitz des Versicherungskonzerns der *Guardian Royal Exchange Assurance Group.* Die heutige Wertpapierbörse (↑*Stock Exchange*) befindet sich dahinter. Von der breiten Treppe der RE werden traditionsgemäß ein neuer Monarch, eine Kriegserklärung o. ein Friedensabschluß proklamiert.

Royal Family. Bez. für den Monarchen, seine Familie u. engsten Verwandten: Queen Elizabeth, *the* ↑*Queen Mother;* Queen Elizabeth II; Philip, *Duke of Edinburgh* (Gemahl); Princess Margaret, *Countess of Snowdon* (Schwester); Charles, ↑*Prince of Wales;* Anne, *Princess Royal;* Andrew, *Duke of York;* Prince Edward

(Kinder der Königin); Lady Diana Spencer, *Princess of Wales* (Schwiegertochter, seit 1992 von Charles getrennt lebend); Commander Timothy Laurence (Schwiegersohn); Sarah Ferguson, *Duchess of York* (Schwiegertochter, seit 1992 von Andrew getrennt lebend); Prince William of Wales, Prince Henry of Wales, Princess Beatrice of York, Princess Eugenie of York, Peter Phillips, Zarah Phillips, David Viscount Linley u. Lady Sarah Armstrong-Jones (Enkel der Königin). Vgl. Übersichtskarte „Royal Family" mit Thronfolgeregelung S. 290/291. Im weiteren Sinne gehören zur R.F. auch die Onkel, Tanten, Vettern u. Kusinen des Monarchen. – Bekannte Residenzen der R.F. sind: ↑*Buckingham Palace*, ↑*Windsor Castle*, ↑*Balmoral Castle*, *Sandringham* (Norfolk), *Kensington Palace* London W8 (Prince Charles mit Familie, Princess Margaret), *Clarence House*, *St. James's Palace*, London W1 (Queen Mother).

Royal Greenwich Observatory ['rɔɪəl 'grenɪdʒ əb'zɜːvətrɪ]. Sternwarte, die urspr. zur Verbesserung der Navigation 1675 im Londoner Stadtteil Greenwich errichtet wurde. Wegen der unreinen Luft u. der hellen Lichter der Großstadt zog das Observatorium, das für die genaue Zeitmessung in GB verantwortlich ist, 1958 nach Herstmonceux Castle, nördlich von Eastbourne (Sussex) um. Durch Greenwich läuft der Null- o. Anfangsmeridian. Vgl. ↑*GMT*.

Royal Highland Gathering Braemar ↑Highland Games.

Royal Highness ↑Anrede.

Royal Horse Guards. 1661 gegr. Regiment des brit. Heeres (↑*Streitkräfte*); bekannt als *The Blues* nach der Farbe ihrer Uniform. 1969 bildeten sie zusammen mit den *Royal Dragoons* die ↑*Blues and Royals*. Zusammen mit den ↑*Life Guards* sind sie ein Teil der ↑*Household Cavalry*.

Royal Horticultural Society ↑Chelsea Flower Show, ↑gardening.

Royal Marines ↑Streitkräfte.

Royal Mile. Straßenkette, bestehend aus den Straßen Castle Hill, Lwanmarket, High Street u. Canongate, in der histor. Altstadt von Edinburgh/ Schottland, die von *Edinburgh Castle* zum *Palace of* ↑*Holyroodhouse*, der offiziellen Residenz der engl. Königin in Schottland, führt.

Royal Military Academy ↑Sandhurst.

Royal Military College of Science, das wissenschaftliche Gegenstück zu ↑*Sandhurst*, wurde kurz nach dem 2. ↑*Weltkrieg* in Shrivenham, Oxfordshire, (s. S. 281) wieder gegründet. Beide Lehranstalten gehen auf dieselben Ursprünge zurück, das 1722 gegr. *Royal Regiment of Artillery* u. die 1741 gegr. *Royal Military Academy*. Die über 400 Studenten kommen von allen 3 Waffengattungen (↑*Streitkräfte*), aber auch Zivilisten u. sogar einige Bundeswehrangehörige sind dabei. Die Kurse sind v. a. technischer u. naturwissenschaftlicher Art.

Royal Mint. Staatl. Münzanstalt; gegr. 1811 in London; seit 1968 in Llantrisant unweit von Cardiff (Wales). Bis 1810 war die Münzstätte im ↑*Tower of London.*

Royal Navy ↑Streitkräfte.

Royal Opera Company. 1946 gegr. Londoner Opernensemble von Weltruf mit Sitz im Royal Opera House in ↑*Covent Garden.* Vgl. ↑*Royal Ballet.*

Royal Opera House ↑Covent Garden.

Royal Pavilion wurde in Brighton (East Sussex) für den ↑*Prince Regent* Ende des 18. Jh. erbaut, aber zw. 1815 u. 1822 in seinem jetzigen Stil, einer seltsamen Mischung aus indischen u. chinesischen Elementen mit Minaretten u. Zwiebeltürmen, umgebaut. Nach dem *Palace* ↑*Pier die* Sehenswürdigkeit von Brighton. Der Öffentlichkeit als Museum zugänglich.

Royal Shakespeare Company (RSC) ↑Theater.

Royal Society, offiziell: *The Royal Society of London for Improving Natural Knowledge.* Älteste brit. Akademie der Wiss. (↑*academy* 2.), gegr. 1660. Sie verleiht *fellowships* (*F.R.S.,* ↑*Fellow* 1.) u. Medaillen für hervorragende Leistungen auf dem Gebiet der Naturwiss.; höchste Auszeichnung ist die *Copley Medal* (seit 1731). Das Gegenstück zur R.S. auf dem Gebiet der Kunst, Architektur und Malerei ist die *Royal Academy.*

Royal Society for the Prevention of Cruelty to Animals ↑RSPCA.

Royal Society for the Protection of Birds. ↑RSPB.

Royal Standard. Rechteckige Fahne, die die Wappen von Schottland, Irland und zweimal von England trägt; wird dort gehißt, wo sich der Monarch gerade aufhält, z. B. ↑*Buckingham Palace.* Vgl. ↑*Nationalsymbole u. -embleme.*

Royal Yacht ['rɔɪəl 'jɒt] ↑Britannia 3.

RP ↑Received Pronunciation.

RSC *Royal Shakespeare Company* ↑Theater.

RSPB, *Royal Society for the Protection of Birds.* Der königliche Vogelschutzbund, mit 900000 Mitgliedern (1994) zweitgrößte Umweltschutzorganisation GBs (nach dem ↑*National Trust*). Die RSPB hat sich insbes. durch Kauf u. Verwaltung von Vogelschutzgebieten hervorgetan.

RSPCA, *Royal Society for the Prevention of Cruelty to Animals.* Der älteste Tierschutzverein der Welt, gegr. 1824; ↑*charity* mit ca. 70000 Mitgliedern, die sich gegen Tiermißhandlung wendet. Die entspr. Schutzorganisation für Kinder (*National Society for the Prevention of Cruelty to Children,* ↑*NSPCC*) entstand erst ein halbes Jahrhundert nach der *RSPCA* u. ist bis heute nicht mit dem Titel *Royal* geehrt worden. ↑*RSPB.*

Rt. Hon. ↑Right Honourable, ↑Anreden.

RUC, *Royal Ulster Constabulary.* Die Polizei in Nordirland, ↑*Northern Ireland,* ↑*Ulster,* ↑*Troubles.*

rugby football, colloq. *rugger,* heißt in GB das Rugby-Spiel, nach der Stadt Rugby (Warwickshire), wo es 1823 zum erstenmal an der gleichnamigen ↑*public school* gespielt wurde, im Unterschied zu ↑*association football* o. *soccer,* aus dem es sich im 19. Jh. entwickelte. Es gibt in GB 2 Rugby-Varianten: *rugby union* (gegr. 1871) mit 15 Spielern (Amateure!), die Standardvariante; *rugby league* (13 Spieler pro Mannschaft, auch Profis), v. a. in Nordengland verbreitet. In Wales ist r.f. ein Volkssport (Heimatstadion: *Cardiff Arms Park*), in England (*Twickenham* bei London) u. Schottland (*Murrayfield,* Edinburgh) eher ein *middle-class*-Vergnügen, das neben Rudern (↑*Boat Race*) u. ↑*cricket* an ↑*public schools* u. in ↑*Oxbridge* als akademische Sportart gepflegt wird.

Ziel des Spiels ist es, den ovalen Ball in die Torzone *(in-goal)* hinter der gegnerischen Torlinie zu legen *(touch down,* auch *try)* (= 4 Punkte) o. über die Torlatte *(cross bar)* des H-förmigen Tores *(goal)* zu treten (= 3 Punkte). Es darf von Mann zu Mann nie vorwärts, sondern immer nur rückwärts geworfen werden.

rugby league ↑rugby football.

rugby union ↑rugby football.

Rule, Britannia. Patriotisches Lied, geschr. 1840; wird traditionell in der *Last Night of the Proms* (↑*promenade concerts*) gesungen. Sehr bekannt sind die letzten Verse: „Rule, Britannia, B. rules the waves; Britons never, never, never shall be slaves."

Rundfunk u. Fernsehen wurden in Großbritannien durch den Broadcasting Act 1990 wesentlich umgestaltet. Drei öffentliche Stellen sind für Fernsehen u. Hörfunk im gesamten UK zuständig:

1. *British Broadcasting Corporation (BBC):* Rundfunk (erste Sendungen 1922) u. Fernsehen (1936 erster regelmäßiger öffentlicher Fernsehdienst der Welt) waren in Großbritannien lange gleichbedeutend mit *BBC,* einer 1927 gegründeten, öffentlich-rechtlichen Körperschaft im deutschen Sinn, mit Fernsehmonopol bis 1954, Rundfunkmonopol bis 1974. Die BBC sendet keine Werbung, sondern finanziert sich allein über Teilnehmergebühren – mit Ausnahme der Auslandssendungen, die einen vom Parlament genehmigten Zuschuß erhalten. Die BBC, colloq. auch *the Beeb* oder *Auntie,* verfügt über fünf überregionale (nationale) Programme (Sitz: Broadcasting House im Londoner Westend): *BBC Radio 1* (FM) (Pop- und Rockmusik), *BBC Radio 2* (FM) (Unterhaltungssendungen, leichte Musik, Sport), *BBC Radio 3* (FM) (klassische Musik u. Kultursendungen), *BBC Radio 4* (FM u. LW) (hauptsächlich Wortsendungen, Nachrichten, Reportagen, Übertragungen aus dem Parlament, Hörspiele, Bildungsprogramme), *BBC Radio 5 live* (AM) (Nachrichten- u. Sportkanal), ferner

39 Lokalrundfunkstationen u. einen – von anderen unerreichten – „World Service“ (Sitz: Bush House am Rande der Londoner City) mit umfangreichen Auslandsprogrammen rund um die Uhr in englischer Sprache u. 37 weiteren Sprachen. Der Weltruf der BBC beruht nicht zuletzt auf der grundsoliden Informationsqualität ihres Auslandsdienstes.

Es gibt zwei nationale *BBC*-Fernsehkanäle: *BBC 1* (Nachrichten, „Nine O'clock News“; Unterhaltungssendungen, Sport), *BBC 2* (gegründet 1964 als sogenanntes „Minderheitenprogramm“, im Programmangebot den deutschen 3. Programmen vergleichbar). Beide senden je 100 Programmstunden pro Woche. Sitz der Fernsehstudios ist Lime Grove in West London. Die BBC untersteht einem dem deutschen Rundfunkrat entsprechenden Gremium u. 12 *governors*, die auf Vorschlag des Premierministers von der Monarchin berufen werden u. ihrerseits den Generaldirektor ernennen. Ihre Tätigkeit wird gelegentlich von einer *Royal Commission* geprüft.

2. *Independent Television Commission (ITC)* – bisher *IBA (Independent Broadcasting Authority)* – ist verantwortlich für Lizenzierungen u. Regelungen der 16 kommerziellen Programmgesellschaften von *ITV (Independent Television)*, seit 1993 *Channel 3*. Zwei von ihnen versorgen London (CARLTON Television, London Weekend Television), 14 die übrigen Regionen (Anglia TV, Norwich; Border TV, Carlisle; Central Independent TV, Birmingham; Channel TV, St. Helier/Jersey; Grampian TV, Aberdeen; Granada TV, Manchester; HTV Group, Cardiff/Wales; Meridian Broadcasting, Southampton; Scottish TV, Glasgow; Tyne Tees TV, Newcastle upon Tyne; Ulster TV, Belfast; West Country TV, Plymouth; Yorkshire TV, Leeds), die Gesellschaft GMTV (London) sendet das Frühstücksfernsehen *(Breakfast Television, Morning Television)*. Die ITV-Gesellschaften unterhalten einen gemeinsamen Tagesschau- u. Zeitgeschehendienst (*Independent Television News, ITN* „News at 10“). Die *ITC* ist außerdem verantwortlich für das Satellitenfernsehen, das Kabelfernsehen, ↑*Teletext* u. den neuen *Channel 5*, der 1995 seinen Betrieb aufnimmt. Seit 1982 gibt es neben *BBC 1, BBC 2* und *ITV* (jetzt *Channel 3*) einen vierten landesweiten Fernsehkanal *Channel 4* (in Wales „Sianel Pedwar Cymru S4C“ –, untersteht der *Welsh Fourth Channel Authority* und wird zu einem wesentlichen Teil in kymrischer Sprache [= walisisch] gesendet). Ein besonderer Schwerpunkt der *C4*-Programme liegt auf Innovation und Information. Spezielle Aufgabe von *Channel 4* ist es, in Konkurrenz zu *BBC 2* ein Kontrastprogramm zu dem der anderen *ITV*-Gesellschaften zu senden, vor allem für Jugendliche, Frauen, ethnische Gruppen usw. – Für Schottland wurde 1993 erstmals ein Programm in gälischer Sprache gesendet.

3. *Radio Authority.* Die neue Hörfunkbehörde – ihre Zuständigkeiten lagen bisher ebenfalls bei der aufgelösten *IBA* – erteilt Lizenzen u. trifft Regelungen für alle kommerziellen Hörfunksender (seit 1991). Sie hat bisher drei Lizenzen an überregionale private Sender vergeben, die un-

terschiedliche Programmschwerpunkte haben: *Independent Radio 1 (INR 1 = Classic FM)* sendet klassische Musik, Nachrichten und Informationen, *INR 2 (Virgin 1215)* vorwiegend Rockmusik, *INR 3 (Talkradio UK)* überträgt nonstop Zuhörergespräche. Insgesamt gibt es im UK 150 private Stationen, die vorwiegend lokale Dienste anbieten, z. B. *Capital Radio, Jazz FM* u. *LBC* in London. Mit dem neuen Rundfunk- u. Fernsehgesetz wurden auch zwei neue Kontrolleinrichtungen geschaffen: Die *Broadcasting Complaints Commission*, die Beschwerden über Rundfunk u. Fernsehen aus der Bevölkerung entgegennimmt; ihre Mitglieder werden vom Minister für das Nationale Erbe ernannt; ferner der *Standards Council*, der kontrolliert, ob die Berichterstattung korrekt ist, die Programmgegenstände vernünftig ausgewertet wurden u. ob eine Sendung gegen guten Geschmack verstößt, obszön ist oder zum Rassenhaß anstiftet.

Das britische Satellitenfernsehen *British Sky Broadcasting (BSkyB)* (*Sky One*, Serien, Spielfilme, Videoclips, *Sky Sports, Sky News, Sky Movies Plus*) finanziert sich ausschließlich aus Werbeeinnahmen u. ist auch auf dem europäischen Kontinent über Kabel u. Satellit zu empfangen. Seit Anfang 1995 gibt es noch den TV-Nachrichtenkanal *BBC World* sowie den Unterhaltungssender *BBC Prime*, die beide über Satellit europaweit ausgestrahlt werden – siehe auch ↑*Ceefax*.

Runnymede [ˈrʌnɪmiːd]. Name einer Wiese am Ufer der Themse bei Egham (Surrey), steht symbolisch für die *Magna Charta* (↑*Verfassung*), die dort von König Johann 1215 unterzeichnet worden sein soll. Amerik. Stifter haben hier einen Erinnerungstempel errichten lassen.

S

sack [sæk]. Von span. *secco* ‚trocken'; Bez. für hellen spanischen Wein, v. a. ↑*sherry*.

Sainsbury's [ˈseɪnsbərɪz]. Private Supermarktkette, die v. a. Lebensmittel verkauft; der erste Laden wurde 1869 von John James Sainsbury in London eröffnet.

Salop. Anderer Name für die Grafschaft Shropshire [ˈʃrɒpʃə], heute – außer als Kürzel – kaum mehr gebräuchlich. Siehe Karte S. 281.

Salvation Army. ‚Heilsarmee'; uniformierte evangelische Bewegung; entstand 1865 in England durch die Arbeit von William Booth (1829–1912), einem enttäuschten Methodisten (↑*Konfessionen*), der der Arbeiterklasse in den Slums helfen wollte; erst seit 1878 als SA bez.; weltweit tätig, insb. auf dem Gebiet der Wohlfahrt u. Sozialarbeit.

Sandhurst [ˈsændhəːst]. Offiziell *Royal Military Academy, Sandhurst (RMA)*, Sandhurst ist ein Ort in Berkshire. International renommierte Militärakademie, wo Offiziere u. Rekruten – seit 1985 auch Frauen – für das brit. Heer u. befreundete Armeen ausgebildet werden. Die RMA wurde

1947 aus dem Zusammenschluß der 1741 gegr. *Royal Military Academy, Woolwich,* mit dem 1799 gegr. *Royal Military College, Sandhurst,* gebildet; die *RMA* befindet sich heute in Camberley (Surrey). ↑*Royal Military College of Science.*

sandwich ['sænwɪdʒ]. Das engl. s. besteht aus zwei dünnen Brotscheiben mit Belag dazwischen, z.B. *ham s., egg s.;* nach John Montagu, dem 4. Earl von Sandwich (1718–1792), dem „Erfinder" des *sandwich.*

sandwich course ↑polytechnics.

sandwich man heißen die wandelnden Werbeträger, die ein Plakat mit einer Reklameaufschrift vor der Brust u. ein anderes auf dem Rücken hängen haben; bisweilen in den großen Geschäftsstraßen der brit. Städte zu sehen.

Sandy ['sændɪ]. Spitzname für die Schotten; ↑*clipping* aus *Alexander.* Siehe auch ↑*John Bull,* ↑*Sassenach,* ↑*Taffy,* ↑*Tommy.*

SAS [es eɪ es], *Special Air Service Regiment.* Sondereinsatz- u. Elitetruppe des brit. Heeres (↑*Streitkräfte*), die 1941 in Nordafrika unter der Tarnbezeichnung „*Special Air Service Brigade*" entstand. Zu ihren Aufgaben zählen: Kampf hinter den feindlichen Linien, Fernaufklärung, Ausbildung befreundeter Armeen u. Terrorbekämpfung. Es gibt ein aktives SAS-Regiment u. zwei Reserve-Regimenter. Die SAS hat sich im Falklandkrieg (↑*Falklands War*) u. im Golfkrieg (16. 1.–28. 2. 91) durch erfolgreiche Einsätze ausgezeichnet. Zusammenarbeit mit der dt. Antiterrortruppe GSG 9.

Sassenach ['sæsənæk]. Schott. Bez. für ‚Sachsen', pej. Spitzname für Engländer.

Save the Children Fund ↑charities.

Savile Row ['sævɪl 'rəʊ]. Straße im Zentrum Londons (W1), berühmt für die dort ansässigen Herrenschneider; Inbegriff erstklassiger Schneiderkunst, oft auch übertragen für diese gebraucht.

savings banks ↑Banken.

savoury ['seɪvərɪ] adj. u. n. Urspr. pikantes Gebäck mit Käse, das man als Vorspeise *(canapés, hors d'œvre,* vgl. die frz. *amuse-gueules)* o. als letzten Gang vor der Süßspeise (↑*dessert,* ↑*sweet[s]*) servierte. Heute kleines, meist warmes, scharf gewürztes Gericht für ↑*snack,* ↑*lunch* o. ↑*high tea,* z.B. ↑*Cornish pasty,* ↑*rarebit.*

s/c ↑*self-catering.*

SCE ↑*Scottish Certificate of Education.*

scheduled territories (frühere Bez.: *sterling bloc* o. *area*). Das UK einschl. der ↑*Channel Islands* u. der ↑*Isle of Man,* und die Republik Irland, wo brit. Devisenbewirtschaftungsmaßnahmen *(exchange control)* gelten, wenn sie in Kraft sind; sie sind seit 1979 aufgehoben.

school ↑polytechnics, ↑Schulwesen.

schools ↑tripos.

school uniform. In GB tragen Schulkinder gewöhnlich eine Schuluniform – nicht wie urspr. nur an den ↑*public schools.* Jungen: Schirmmütze, Krawatte, meist auch Schal in den Farben der Schule, grauer o. dunkler Anzug (für jüngere mit kurzer Hose) o. Sportjacke *(blazer)* mit gesticktem Schulwappen an der Brusttasche. Mädchen tragen meist eine weiße Bluse, einen dunklen Trägerrock, oft Blazer mit Krawatte u. eine Mütze mit dem Schulwappen. Je nach Einkommen der Eltern wird ein Uniformzuschuß *(uniform grant)* gewährt. An manchen Schulen beschränken sich die Vorschriften heute nur noch auf *grey trousers* bzw. *dark skirts.* Hinter den Vorschriften zu *school uniform* o. *school dress* steht die Idee, daß soziale Unterschiede zumindest nach außen nicht sichtbar werden sollten. Neben der Vorstellung von sozialer Integration sollen Merkmale wie Kleidung oder Abzeichen auch die Zugehörigkeit zu einer bestimmten „Schulfamilie" signalisieren u. das Zusammengehörigkeitsgefühl stärken. Die ‚old school tie' ist das auch im späteren Leben stolz getragene Erkennungszeichen der ↑*Old Boys* einer Schule. In Eton tragen noch heute die Schüler der berühmten ↑*public school* – schon mit 11 Jahren – im *college* u. auf den Straßen des Ortes den Frack.

schooner ['sku:nə]. In GB großes Weinglas, v.a. für ↑*sherry;* in den USA Bierglas u. -maß, etwa ⅓ l.

schottische Sprache ↑Gaelic, ↑Scottish English.

Schulwesen *(pre-primary, primary and secondary education).* Trotz eigenständiger Verwaltung in England, Wales, Schottland u. Nordirland ist das Sch. im UK weitgehend übereinstimmend: Schulpflicht vom 5. bis 16. Lebensjahr. Freiwillige Vorschulerziehung (1400 ↑*Nursery schools*), dreistufiges Schulwesen: Primarstufe (↑*elementary schools*) bis zur Vollendung des 11. Lebensjahrs (24000 Grundschulen); Sekundarstufe in 4 Haupttypen (insges. 4800 Schulen): ↑*grammar schools,* ↑*secondary modern schools,* ↑*technical schools;* 90% aller Schüler besuchen die ↑*comprehensive schools.* Das staatliche Sch. ist kostenfrei. Außer den staatl. Schulen gibt es 2500 Privatschulen (↑*independent schools,* ↑*public schools*), die Schulgeld verlangen. Zur dritten Stufe siehe ↑*Higher Education,* ↑*Universitäten.* Vgl. auch ↑*approved school,* ↑*Baker Day,* ↑*choir school,* ↑*City Technology College,* ↑*community education,* ↑*county schools,* ↑*day school,* ↑*Further Education,* ↑*GCE,* ↑*GCSE,* ↑*grant-maintained schools,* ↑*High School,* ↑*maintained schools,* ↑*play school,* ↑*pre-primary education,* ↑*primary school,* ↑*school uniform,* ↑*secondary education,* ↑*Sixth Form College,* ↑*special school,* ↑*Summerhill,* ↑*Sunday School,* ↑*tertiary college,* ↑*United World Colleges,* ↑*voluntary school.*

scones [skɒnz] werden in GB gerne zum ↑*afternoon tea* warm gereicht: kleine runde Kuchen aus (Hafer-) Mehl, Butter, Ei, Milch, etwas Zukker, Salz, mit Butter o. ↑*clotted cream* u. Konfitüre *(jam)* als Aufstrich; nach der alten schott. Krönungsstadt

Scone (↑*coronation stone*). ↑*bannocks*, ↑*crumpets.*

score [skɔː]. 1. ‚Zwanzig'; s. heißt auch Kerbe, u. die Bedeutung 20 kommt vielleicht von der Kerbe, die man in einen Stock einschnitt, wenn man z. B. 20 Schafe gezählt hatte, um nachher die Gesamtzahl zu ermitteln. Das biblische Alter ist *three score years and ten* (70). 2. ‚Punkte', ‚Tore' o. ‚Spielstand', z. B. „What's the score?" (Wie steht das Spiel?).

Scotch ↑whisky.

Scotch broth, var. *barley broth.* Schott. Graupensuppe mit Gemüseeinlage.

Scotch collops. Kalbssteak mit Sauce, Schinkenspeck u. Zwiebeln serviert.

Scotch egg. Hartes Ei, in Wurstbrät gebraten.

Scotch whisky ↑whisky.

Scotland. Schottland (78772 qkm, 5 Mio. Einw. = 66 E. je qkm, Hauptstadt Edinburgh) gehört zum Vereinigten Königreich von Großbritannien u. Nordirland, es hat aber auch heute noch – nahezu 300 Jahre nach dem Zusammenschluß mit England u. Wales unter einem gemeinsamen Parlament (Act of Union) – einen entscheidenden Einfluß auf seine inneren Angelegenheiten u. hat sich eine eigene nationale Identität bewahrt. Viele Aufgaben der Regierung des UK werden direkt in Schottland von einem eigenen *Secretary of State* (Minister für Schottland) wahrgenommen, der dem Parlament untersteht (↑*Scottish Office*). Im Londoner ↑*Parlament* sind 72 Sitze für Abgeordnete aus Schottland reserviert. Schottland hat sein eigenes Rechtssystem mit einem *High Court of Justiciary* (Oberster Gerichtshof) u. einem *Court of Session* (Zivilgericht) in Edinburgh. Das Land ist in 6 *Sheriffdoms* (Gerichtsbezirke) unterteilt.

Die *Church of Scotland* (↑*Konfessionen*) hat den Status einer offiziellen Staatskirche, dennoch ist Schottland heute eine multireligiöse Gesellschaft mit anderen christlichen Glaubensrichtungen u. nichtchristlichen Religionen. Schottland besitzt außerdem eine eigene kulturelle Identität, mit eigenen Opern u. Ballettgruppen, Orchestern u. Kunstsammlungen sowie einer alten literarischen Tradition. Wichtige kulturelle Ereignisse sind das weltweit bekannte ↑*Edinburgh Festival* sowie ↑*Mod*, eine jährlich stattfindende gälische Kulturveranstaltung (↑*Gaelic*); ↑*Highland Games.*

Schottlands Wirtschaft ist im High-tech- u. Dienstleistungssektor im Wachstum begriffen (↑*Silicon Glen*). Gleichzeitig ist Schottland eines der am dünnsten besiedelten Länder Westeuropas mit unberührten Naturregionen von internationaler Bedeutung, die ein Refugium für gefährdete Tier- u. Pflanzenarten bieten. Schotten zeichneten sich auf vielen Gebieten aus, z. B. die Missionare David Livingstone in Afrika u. Alexander Duff in Indien, die Forscher John McDouall Stuart in Australien u. Alexander Mackenzie in Kanada, die Ingenieure Thomas Telford u. James Watt, die Erfinder Alexander

Graham Bell u. John Logie Baird sowie die Träger des Nobelpreises für Medizin, Sir Alexander Fleming u. Sir James Black. Schottland erweckt bestimmte Assoziationen und Bilder. Man denkt an ↑*clans*, ↑*tartans*, ↑*kilts*, die *Highlands*, ↑*lochs*, ↑*bagpipes*, ↑*whisky*, Einsamkeit und Sparsamkeit, an Maria Stuart u. auch an das Erdöl vor Schottlands Küste (↑*North Sea oil*). Es ist das Bild eines rauhen, wilden u. naturbelassenen Schottland, das es tatsächlich jenseits der Linie Glasgow–Edinburgh auch noch gibt. Die schottischen Lowlands u. die noch südlicheren Uplands stellen dagegen geologisch nur eine Verlängerung Englands dar.

Zur Geschichte u. Sprache Schottlands siehe ferner ↑*Burns' Night*, ↑*Culloden*, ↑*Scottish English*, ↑*croft*, ↑*clearances*, ↑*Glencoe*, ↑*golf*, ↑*highlander*.

Scotland Yard. Was für Deutsche der Inbegriff einer aufklärungstüchtigen ↑*Polizei* ist o. war, ist lediglich die frühere Adresse des *Criminal Investigation Department (CID)* der *Metropolitan Police Force*, auf die es allg. bezogen wird; so genannt, weil sich dort die schott. Könige aufhielten, wenn sie London besuchten. 1878 am *Scotland Yard*, einer Seitenstraße von der *Whitehall*, gegr., zog der *CID* 1967 in den Broadway (Westminster) u. heißt jetzt New S.Y. Man bezeichnet die *Metropolitan Police* als S.Y. Sein *Central Office* befaßt sich international mit Verbrechen u. national mit Schwerverbrechen. ↑*Sherlock Holmes*.

Scots ↑Scottish English.

Scots Greys. Eines der bekanntesten schott. Regimenter des Heeres (↑*Streitkräfte*); gegr. 1678; vollständige Bez. *Royal S.G.*, nach der Farbe ihrer Pferde (grey = ‚Schimmel').

Scots Guards. Eines der fünf Heeresregimenter – die anderen sind die ↑*Grenadier Guards*, ↑*Coldstream Guards*, ↑*Irish Guards*, ↑*Welsh Guards* – die zus. die ↑*Guards Division* bilden; ursprüngl. Anfang des 17. Jhs. für den Dienst in Irland gegr., 1660 als Regiment des schott. Heeres neu gebildet.

Scottish Certificate of Education (SCE) heißt seit 1967 der zweistufige Sekundarschulabschluß in Schottland (Variante des ↑*General Certifcate of Education*) mit *Ordinary Level (O-Level)*, nach dem 4. Sekundarschuljahr = 5. Jahr in England u. Wales u. *Higher Level (H-Level* o. *Highers)* im 5. u. 6. Schuljahr, meist im Alter von 17 Jahren. Eine weitere Abschlußprüfung ist das *Certificate of Sixth Year Studies* nach dem 6. Jahr (↑*Sixth Form College*). Im Ggs. zu England u. Wales, wo es eine Vielzahl von *Examination Boards* gibt u. jede Schule ihren *Board* selbst wählen kann, werden in Schottland die Prüfungen vom *Scottish Examination Board (SEB)* zentral abgenommen. Auch in der Fächerbreite gibt es Unterschiede: während engl. Schüler die *A-Level*-Prüfung meist in 2–3 Fächern vorbereiten, legen schott. ‚Abiturienten' das *H-Level* in bis zu 6 Fächern ab.

Scottish English, var. *Scots*. Die schott. Variante des ↑*Standard Eng-*

lish o. ↑*King's English,* die sich spätestens seit der politischen Vereinigung der Königreiche von England u. Schottland (↑*Act of Union*) unter James I (nach 1603) in Schottland als „modified standard" herausbildete u. heute fast überall gesprochen wird. Beispiel für Abweichungen bei der Aussprache: gerolltes [ʀ] u. damit zusammenhängende andere Entwicklung der Vokale, z.B. [gɛʀls] *girls,* [ji:ʀ] *year;* fehlende Diphthongierung (Lautstand des Mittelenglischen!) der langen Vokale: ['le:dɪ] *lady,* [ro:d] *road;* unterschiedliche Intonation; bes. Wortschatz: zahlreiche gälische (↑*Gaelic*) u. skandinavische Wörter wie ↑*ceilidh,* ↑*loch,* ↑*laird,* ↑*glen, kirk;* häufiger Gebrauch von Diminutivformen, z.B. Endung *-ie* in *bonnie, lassie* ‚Mädchen', *wee* ‚little' *(A wee cat, a wee bit);* unterschiedl. Wortbedeutung: z.B. *advocate* für engl. ↑*barrister, cookie* für ↑*bun.*

Scottish Enterprise. 1991 aus der *Scottish Development Agency* u. der *Training Agency* hervorgegangene halbstaatl. Organisation (↑*quango*) zur Verbesserung der Arbeitsmarkt- u. Wirtschaftssituation in Schottland mit 13 *local enterprise companies.* Inhaltliche Schwerpunkte liegen auf der Verbesserung der ‚human resources' u. der Wettbewerbsfähigkeit, Erschließung neuer Kapitalquellen, Neuentwicklung von Produkten, Umweltschutz.

Scottish Gaelic ↑Gaelic.

Scottish National Heritage (SNH) ↑Landschafts- u. Naturschutz.

Scottish Office. Ministerium in London u. Edinburgh (Schottl.), das für schott. Angelegenheiten zuständig ist (↑*Regierung*). Wie das ↑*Northern Ireland Office* u. das ebenfalls nach dem schottischen Vorbild 1964 für Wales eingerichtete ↑*Welsh Office* ist das *Scottish Office* ein Querschnittsministerium. Es verwaltet so gut wie alle Ressortfragen, sofern sie nicht die Außen-, Verteidigungs- u. Steuerpolitik betreffen.

scouse [skaʊs]. 1. Art Eintopf, hängt zus. mit norddt. Lab*skaus* (↑*clipping*); 2. Spitzname für Liverpooler u. ihren Dialekt.

Scrooge [skru:dʒ]. Hauptfigur in Charles Dickens' *A Christmas Carol* (1843); S., ein notorischer Geizhals, verwandelt sich dort in eine fröhliche, menschenfreundliche Person. Heute wird jemand, der geizig u. gemein ist, als S. bezeichnet.

SDP, *Social Democratic Party* ↑Parteien.

Sealink. Die führende Ärmelkanal-Fährgesellschaft mit einer Flotte von Eisenbahnfähren, Tragflügel- (↑*jetfoil*) u. Luftkissenbooten (↑*hovercraft*), die zwischen dem ↑*Continent* (Calais, Boulogne, Dünkirchen, Cherbourg, Dieppe, Ostende, Hoek von Holland) u. England (Dover, Folkestone, Newhaven, Weymouth, Harwich) verkehren; Fährdienste auch zu den ↑*Channel Islands,* der ↑*Isle of Man,* der ↑*Isle of Wight* u. Irland. Bis 1984 eine Tochtergesellschaft von ↑*British Rail* ist S. heute der Markenname aller Schiffslinien der *Sealink UK Ltd.*, der Niederländischen Reederei Zeeland (SMZ), der Französischen Eisenbahnen (SNCF) u. der Belgischen Seetransport-Verwaltung. ↑*P & O.*

S.E.A.Q. *Stock Exchange Automated Quotations* ↑Stock Exchange.

seaside rock ↑rock.

secondary education. Der Sekundarbereich des öffentlichen Schulwesens *(publicly maintained system of education)* ist in GB noch durch das Nebeneinander verschiedener Schulformen gekennzeichnet: Neben der gleichsam zur Regelschule gewordenen ↑*comprehensive school* existieren nach wie vor ↑*secondary modern schools,* ↑*grammar schools* u. ↑*technical schools.* Die beiden letzteren Institutionen nehmen ihre Schüler aufgrund von schulinternen Ausleseverfahren (↑*eleven plus*) auf u. gehören damit zu den sog. *selective schools.* Der s.e. werden ferner zugerechnet die *Middle Schools* u. die ↑*Tertiary Colleges.* Private Sekundarschulausbildung wird u.a. von ↑*public schools* geleistet. ↑*grant-maintained schools,* ↑*Sixth Form College.*

secondary modern school. Der dt. Hauptschule vergleichbare Sekundarschule für Schüler von 11–16 Jahren (Anteil am öffentlichen Sekundarbereich: 5%). Siehe ↑*Secondary Education.*

secret service ↑MI5.

secretary of state ↑Regierung.

select committee ↑parliamentary committees.

self-catering (s/c). ‚Selbstversorgung', z.B. *s/c holiday flats* = ‚Ferienwohnungen mit Selbstversorgung'.

Selfridges ↑Kaufhäuser.

Sellafield (bis 1981: *Windscale*). Der Name der Ortschaft in der nordwestengl. Grafschaft Cumbria steht für die größte nukleare Wiederaufarbeitungsanlage *(nuclear reprocessing plant)* der Welt. Seit S. alias *Windscale* 1946 als milit. Top-Secret-Projekt für den Bau einer Atombombe begann (zivil seit 1964), hat es immer wieder Störfälle gegeben, die der Anlage einen weithin berüchtigten Ruf einhandelten u. 1981 zur Umbenennung in S. führten. ↑*Kernenergie.*

Senior Service. Bez. für die *Royal Navy,* älteste Waffengattung der ↑*Streitkräfte.*

SERPS, *state earnings-related pension scheme.* ‚Verdienstbezogener Rentenplan'.

setting. Fachspezifische Leistungsgruppierung von Schülern durch Einrichtung von Fächerklassen neben dem Klassenverband, v.a. in ↑*comprehensive schools.* Dazu komplementär ist ↑*streaming.*

Seven Sisters heißen die sieben Erhebungen der Kalkfelsen bei Seaford an der Küste von Sussex, wo die *South* ↑*Downs* ins Meer fallen. Jede ‚Schwester' hat ihren eigenen Namen. Von O nach W heißen sie: Went Hill

Brow, Bailey's Brow, Flagstaff Point, Brass Point, Rough Brow, Short Brow, Haven Brow.

S4C, *Sianel Pedwar Cymru.,* Channel Four Wales (↑*Rundfunk u. Fernsehen: ITC*).

shadow cabinet. Führende Mitglieder der ↑*Opposition, shadow ministers* genannt, die das Kabinett (↑*Regierung*) bilden würden, falls ihre Partei an die Macht kommen sollte.

shadow ministers ↑shadow cabinet.

shandy ['ʃændɪ]. Erfrischendes Getränk aus Bier u. Limonade o. ↑*ginger beer;* entspr. etwa süddt. „Radler".

shanty ['ʃæntɪ]. Seemannslied aus der Zeit der Segelschiffahrt, in dem die Abenteuer der Matrosen berichtet u. besungen werden; z. B. „What shall we do with the drunken sailor?"

shellfish *pl.* Sammelbez. für Meeresfrüchte (Muscheln, Krabben, Hummer usw.). Nicht zu verwechseln mit dt. Schellfisch, engl. *haddock* (↑*false friends*).

shepherd's pie ↑pie.

sheriff. Bis 1361 übte der s. als Vertreter der Krone (↑*Monarchie*) die Gerichtsbarkeit der Grafschaften (↑*county*) aus. Heute in Engl. u. Wales der von der Krone ernannte, ehrenamtliche Vollzugsbeamte, dessen Aufgaben, soweit sie nicht Parlamentswahlen betreffen, von seinem Vertreter *(deputy)* wahrgenommen werden. In Schottland hat er noch richterliche Aufgaben als Mitglied des *Sheriff Court* (entspricht dem Richter eines engl. *county court,* ↑*Justiz*). In den USA der gewählte Polizeipräsident einer Grafschaft.

Sherlock Holmes ['ʃɜːlɒk 'həʊmz]. Berühmter (fiktiver!) englischer Privatdetektiv, der seine Fälle meist durch seine einzigartige Beobachtungsgabe u. logisches Denken, unterstützt von seinem Freund u. Chronisten Dr. Watson, löste. Erfunden wurde S.H. von dem Schriftsteller A. Conan Doyle (1859–1930) in der Detektivgeschichte *A Study in Scarlet* (1877) u. war von da an aus Conan Doyles Detektivromanen u. -erzählungen nicht mehr wegzudenken, s. die Kurzgeschichtensammlung *The Adventures of Sherlock Holmes* (1891/92). Einen seiner berühmtesten Fälle löste Holmes in *The Hound of the Baskervilles.* Besondere Kennzeichen des im Ggs. zum rechtschaffenen Dr. Watson leicht exzentrischen Meisterdetektivs: messerscharfer Verstand, Sinn für Humor u. kleine menschliche Schwächen, ↑*deerstalker hat,* Pfeifenraucher, Geigenspieler. An seinem „Wohnsitz" in 221B, Baker Street, London W1, gehen auch heute noch jedes Jahr viele hundert Briefe an „Mr. Sherlock Holmes" ein, die von freiwilligen Mitarbeitern der *Sherlock Holmes Society of London* beantwortet werden.

sherry. Süßer o. trockener Dessertwein aus der südspan. Stadt *Jerez de la Frontera* – das engl. Wort ist eine Verballhornung von *Jerez*; in GB *der* Aperitif schlechthin, bekannte Marke: Bristol Cream.

Sherwood Forest ↑Robin Hood.

shilling. Colloq. ↑*bob*; Silbermünze im Wert von 12 *pence* nach der alten Währung (↑*Geld u. Währung*), heute 5 *pence.* ↑*king's (queen's) shilling.*

shinty ['ʃɪntɪ]. Schott. Hockey-Spiel, das aus Wettkämpfen zwischen den ↑*clans* hervorgegangen u. noch heute eng mit der gälischen Tradition verbunden ist (↑*Gaelic*). Es wird zwischen 2 Mannschaften à 12 Spielern ausgetragen, die einen Lederball mit Eschenholzschlägern (gael. *caman* ‚Keule') ins gegnerische Tor zu bringen versuchen. Im Ggs. zum ↑*hockey* darf der Ball auch in der Luft geschlagen werden. Am Wettbewerb um den *Camanachod Cup* nehmen jedes Jahr etwa 50 Mannschaften aus den Dörfern der Highlands u. der Western Isles teil.

shires ['ʃaɪəz]. Bez. für die ↑*counties* (↑*local government*) in den ↑*Midlands,* die wegen der Fuchsjagd (↑*field sports*) bekannt sind. Das Element *-shire* [ʃɪə] in Verbindung mit der ↑*county town* bildet oft den Namen einer Grafschaft, z.B. Leicestershire ['lestəʃɪə].

shop steward ↑Gewerkschaften.

shortbread, var. *shortcake.* Feines schott. Buttergebäck aus Mürbteig.

shove-halfpenny [ʃʌv'heɪpnɪ]. Beliebtes Spiel in ↑*pubs:* Eine Art Shuffleboard, dt. etwa ‚Beilke-Spiel', bei dem alte *half-pennies* (↑*Geld u. Währung*) verwendet werden.

shuttle [ʃʌtl]. 1. Bez. für den kostengünstigen Pendeldienst von ↑*British Airways* zwischen *Heathrow* (↑*Flughäfen, London*) u. nordengl. bzw. schott. Flughäfen. Platzreservierung ist nicht nötig, die Flugzeuge starten in 1- bis 2stündigem Rhythmus, bei großer Nachfrage wird auch außerhalb des Flugplans geflogen, sobald eine Maschine voll besetzt ist; 2. *Le Shuttle* [lə ʃʌtl] (frz./engl.) heißt der im ↑*Channel Tunnel* zwischen den „Huckepack-Terminals" Folkestone und Coquelles bei Calais verkehrende Autotransportzug. Vgl. a. ↑*Eurostar.*

Silicon Alley (var. ~ *Corridor*). Humorvoller Beiname für den etwa 300 km langen Ost-West-Korridor zwischen London u. Bristol, in dem Dutzende von High-Tech-Firmen – analog zum kalifornischen *Silicon Valley* – angesiedelt sind, v.a. in den Städten Reading, Basingstoke, Newbury, Aylesbury. Die schott. Variante zwischen Edinburgh u. Glasgow heißt *Silicon Glen.*

Silicon Glen ↑Silicon Alley.

Silly Season entspricht der ‚Saure-Gurken-Zeit' in D.

Silver Jubilee. 25jähriges Jubiläum, insb. eines Monarchen nach 25jähr. Regierungszeit. Königin Elizabeth II (↑*Queen*) feierte ihr S.J. 1977.

Silverstone. Berühmte Autorennstrecke (3-Meilen-Rundkurs) in Northampton (Northamptonshire), auf der im Wechsel mit ↑*Brand's Hatch* Formel 1- u. Motorrad-Grand-Prix-

Rennen ausgetragen werden. (59 Runden mal 5,255 km = 310 km).

Sinn Fein [ʃɪn 'feɪn] ↑IRA.

Sir ↑Adelstitel, ↑Anreden.

sirloin ['sə:lɔɪn]. In GB das Lenden-, Nierenstück vom Rind o. Schwein; der Name soll auf König Charles II (1660–1685) zurückgehen, dem das Nierenstück *(loin)* so gut schmeckte, daß er es zum Ritter schlug *(Sir Loin)*. Gesichert ist jedoch nur die sprachgeschichtliche Entwicklung aus dem gleichbedeutenden afrz. *surloign.*

sixth form. Traditionelle Bez. für die letzten zwei – nicht obligatorischen – Jahre einer ↑*grammar school,* ↑*independent school* o. ↑*comprehensive school;* dt. etwa ‚Sekundarstufe II' o. ‚Kollegstufe', v.a. zur Vorbereitung der *A-Level*-Prüfung (↑*General Certificate of Education*) nach abgelegtem *O-Level* am Ende der *Fifth Form.* Siehe auch ↑*Sixth Form College.*

Sixth Form College. Kollegschule, die 16- bis 18-/19jährigen Schülern eine allgemeine Vorbereitung auf die *A-Levels* (↑*General Certificate of Education*) o. eine berufliche Bildung (↑*further education*) vermittelt, oft einer ↑*comprehensive school* angegliedert. Siehe auch ↑*tertiary college.*

skerries. Kleine Felseninseln, ‚Schären', bei den Shetlands. Vgl. die Bez. *Out Skerries* für die drei Inseln Grunay, Bruray u. Housay.

skittles ['skɪtlz]. Dem dt. Kegelspiel verwandt, mit 9 Kegeln (10 = Bowling), in GB nur von regionaler Bedeutung.

Sky Channel ↑Rundfunk u. Fernsehen.

slang [slæŋ]. Der komplexe engl. Begriff *slang* – weitgehend deckungsgleich mit frz. *argot* – wird gebraucht sowohl für einen Wortschatz, der als „below standard" (↑*Standard English*), d.h. zwischen *colloquial* ‚umgangssprachlich' u. ↑*cant* ‚Rotwelsch' angesiedelt ist *(general sl.),* als auch für den Wortschatz von Fachsprachen (*technical* o. *vocational s.,* dt. etwa ‚Jargon'). Viele urspr. s.-Wörter sind in das ↑*Standard English* eingegangen, z.B. *snob, trip, donkey, humbug.* Die Abgrenzung zu *colloq.* u. *cant* ist oft schwierig, vgl. *man:* colloq. *chap, bloke* = *sl., cove, cully* = urspr. *cant.* – Merkmale des sl.: bewußte, oft emphatische Ersetzung o. neuartige Verwendung eines gemeinsprachlichen Elements durch ein sl.-Wort, z.B. *axe* für *instrument, rugger* für *rugby;* nicht streng gruppenspezifisch, wenngleich Entstehung vorwiegend in den Reihen der Jugend u. bestimmter Berufsgruppen, z.B. Soldaten, Studenten; Vorkommen vorwiegend im emotionalen Bereich, vgl. Wortfeld „sterben": *to pop off, to have had it, to kick the bucket* (eher colloq.), *to go west, cash in, push up daisies;* „betrunken": *tight, blind, pissed, plastered.* Motive des sl.-Gebrauchs: Abgrenzung nach außen, Kürze (↑*clipping*), Bildhaftigkeit, Sprachspiel (↑*backslang,* ↑*pun*), ↑*humour.* Eine Fundgrube für sl. ist ↑*cockney* mit seinem *rhyming slang.*

SLDP, *Social and Liberal Democratic Party* ↑Parteien.

sleaze [sliːz] 1994 im Zuge von Korruptionsaffären brit. Regierungs- u. Parlamentsmitglieder aufgekommenes Modewort mit der Bedeutung ‚Filz, Sumpf, mit einem Hauch von Korruption u. Bestechlichkeit'. So traten z.B. drei Staatssekretäre zurück, nachdem sie zugeben mußten, für parlamentarische Anfragen (↑*Question Time*) Geld von interessierter Seite genommen zu haben.

sleeping policeman. Pflasterschwelle quer über eine Straße zur Verkehrsberuhigung in Wohnvierteln.

Sloane (Ranger) ['sləʊn (reɪndʒə)]. Doppelte Anspielung: auf den noblen Londoner *Sloane Square* (SW1) westl. des ↑*Buckingham Palace* und auf „Lone Ranger", den Helden einer amerik. TV-Serie. Bez. für die Vertreter einer jugendlichen o. sich jung gebenden Schickeria-Klasse, wie sie sich Anfang der 80er Jahre in London, aber auch etwa zeitgleich mit jeweils nationalen Ausprägungen in anderen Weltstädten herausgebildet hat, vgl. *BCBG* (Paris), *preppies* (New York), *Schickimickis* (München). Besondere Kennzeichen (nach dem 1982 erschienenen *Official Sloane Ranger Handbook*): konservativ-elegante Kleidung, ausgeprägtes Stilbewußtsein, gepflegte Sprache mit den Merkmalen einer Gruppensprache; Snob-Appeal bis zur Exzentrik. Obwohl sie eigentlich echte Stadtkinder sind, sehen sie ihre wahre Heimat auf dem Land. Brit. *Sloanes* sind treue Nationalisten u. Royalisten, deren besondere Verehrung „Lady Di", der – seit 1992 getrennt lebenden – Gattin (* 1961) des ↑*Prince of Wales,* gilt.

Smoke, the ~. Im Londoner ↑*cant:* Spitzname für London. Siehe auch ↑*Auld Reekie.*

snack restaurant. Restaurant, das neben einer Auswahl von Imbissen *(snacks)* auch einfache Mahlzeiten zu familienfreundlichen Preisen serviert; meist Teil einer Restaurantkette, z.B. *Wimpy, Golden Egg, Little Chef, Happy Eater;* durchgehend geöffnet. Die Rechnung wird an der Kasse am Ausgang bezahlt.

snooker. 1875 von Briten in Indien erfundene Version des in D beliebten *Pool-Billard,* mit 15 roten, 6 andersfarbigen u. 1 weißen Kugel, Tischmaße 3,80 × 1,80 m; in GB ein Volkssport mit 5 bis 6 Mio. Anhängern. Jährliche Weltmeisterschaften für Profis in Sheffield. Vgl. *to snooker* ‚to defeat' (dt. etwa: mattsetzen).

Snowdonia ↑National Parks.

SNP, *Scottish Nationalist Party* ↑Parteien.

soccer ['sɒkə]. Wortneuschöpfung (↑*clippings*) aus der Mittelsilbe *-soc-* von ↑*association football.*

social security. ‚Sozialversicherung'. Es gibt beitragsfreie Leistungen *(non-contributory benefits)* u. beitragspflichtige Leistungen *(contributory benefits).* Beiträge werden von Arbeitnehmern u. ihren Arbeitgebern u. Selbständigen *(self-employed people)* in den ↑*National Insurance Fund* eingezahlt, der auch vom Staat bezuschußt wird. Zu den Leistungen zählen: eine Grundrente (*basic pension*, 1994 erhielten diese über 10 Mio. Menschen: £ 57,60 pro Woche für Alleinstehende u. £ 92,50 für Ehepaare) zuzüglich einer verdienstbezogenen Rente *(earnings-related pension)*, eine beitragsfreie Zusatzrente an Leute über 80 unter gewissen Bedingungen, Kindergeld *(child benefit)* für Kinder bis 16 (bis 18 in der Ausbildung), Alleinerziehergeld *(one-parent benefit)*, Witwengeld *(widow's allowance)* für 26 Wochen plus einer Pauschalsumme, Krankengeld *(sick pay)*, danach eine *invalidity pension*, Arbeitslosengeld *(unemployment benefit)* für 1 Jahr, *death grant* im Todesfall, *income support* um ein Existenzminimum *(subsistence level)* aufrechtzuerhalten, *family credit* für bedürftige Familien, Wohngeld *(housing benefit)* (s.u.), *war pensions* für Kriegsinvaliden. Ab 1988 traten die Vorschläge eines ↑*white paper* (Titel: *Reform of Social Security: Programme for Action*) in Kraft: staatl. Förderung von persönlichen u. beruflichen Renten, Neugestaltung des *State Earnings-Related Pension Scheme (serps)* u. eine Reihe einkommensbezogener Leistungen, die *family income supplement u. supplementary benefit* ersetzen, u. die Aufstellung eines Sozialfonds für zusätzl. Hilfe für schlechter verdienende Familien in Sonderfällen (z.B. Verlust eines Familienmitglieds o. Mutterschaft).

social welfare. Erste Maßnahmen einer entsprechenden Sozialpolitik reichen in das 19. Jh. zurück: *Workmen's Compensation* (Arbeiterentschädigung, 1897) beitragsfreie Altersrente *(non-contributory old-age pension)*, Arbeitslosenversicherung (1908) u. beitragspflichtige Krankenkasse (*contributory health insurance*, 1912). Diese Maßnahmen waren jedoch sehr begrenzt, der Kreis der Empfänger klein. Ein umfassendes Sozialwesen wurde erst 1942 im ↑*Beveridge Report* umrissen. Die darin enthaltenen Vorschläge wurden von der *Labour*-Regierung 1945–1951 übernommen. Dies war der Beginn des brit. Wohlfahrtsstaates *(welfare state)*. Heute hat der Wohlfahrtsstaat drei tragende Säulen: ↑*National Health Service, Sozialversicherung* (↑*social security*) u. sog. *personal social services*, die sich auf Senioren, Kinder u. Jugendliche u. Behinderte konzentrieren, z.B. Hilfe bei der Rehabilitation von Invaliden, Dienstleistungen für ältere Menschen (nur 5% der über 65jährigen in GB wohnen in Altenheimen), Familienhilfe, Hilfe für geistig Behinderte, Kinderbetreuung.

Zuständig für s.w. ist das *Department of Health and Social Security*, das alle Daten mit Hilfe von EDV speichert (Europas größtes Computerprogramm).

Society of British Aerospace Companies (SBAC). Der Industrieverband der brit. Luft- u. Raumfahrtindustrie veranstaltet alle zwei Jahre die ↑*Farnborough Air Show.*

Society of Friends ↑Konfessionen.

Sod's Law (colloq.) tritt für Briten ein, wenn sich etwas stets zum unpassenden Moment (zu jemandes eigenem Nachteil) ereignet, sozusagen

‚Zufall als Notwendigkeit'. *Sod's Law* (AmE *Murphy's Law*) wird am besten durch das Sprichwort gekennzeichnet: „The bread never falls but on its buttered side" – dt. „... immer auf die Butterseite!"

soft drinks ↑Getränke.

Soho ['səʊhəʊ]. Berühmt-berüchtigtes Londoner Stadtviertel am Ostende des ↑*West End*, zwischen Oxford Street, Charing Cross Road, Regent Street u. Shaftesbury Avenue. Der Name kommt von einem alten engl. Jagdruf *(So hoe!)*; noch vor 4 Jahrhunderten lagen hier – vor den Toren Londons – Fluren u. Jagdgründe. Ende des 17. Jhs fanden frz. Hugenotten in diesem Gebiet eine neue Heimat, später kamen die Emigranten der Frz. Revolution u. Ende des 19. Jhs. wieder Franzosen, die bei der Pariser Kommune vor der neuen Regierung geflohen waren. In dieser Zeit waren fast 50% der Einwohner von S. Franzosen. Im 20. Jh. wurde S. Anziehungspunkt für Einwanderer aus Italien, Griechenland sowie für Chinesen („Chinatown" zwischen Gerrard St. u. Leicester Square) u. Bürger des ↑*Commonwealth* (↑*immigration*). Heute ist S. am Tage ein kosmopolitisches Geschäftsviertel mit Boutiquen, Büros, Gemüsemärkten, aber auch vielen Pornogeschäften u. -kinos, daneben tradit. Zentrum der brit. Filmindustrie *(Wardour Street)*; abends u. nachts Treffpunkt von Feinschmekkern (frz., ital., griech. Restaurants, u.a. in Greek Street u. Old Compton Street), der Bohème u. der Halbwelt.

solicitor ↑barrister.

SOS, *Save Our Souls.* Internationales Signal für Hilfe in Seenot.

Sotheby's ['sʌðəbɪz]. Ältestes u. größtes Auktionshaus für Kunstwerke; Stammsitz in der Londoner New Bond Street, weiterer Hauptsitz in New York, regelmäßige Auktionen in 9 anderen Ländern u. Vertretungen an vielen weiteren Orten; gegr. 1744 von S. Baker u. erweitert von seinem Neffen u. Nachfolger J. Sotheby (1740–1807). Siehe auch ↑*Christie's.*

South Bank ↑Theater.

sovereign ['sɒvrɪn]. 1. ‚Monarch' (↑*Monarchie,* ↑*Parlament 3*). 2. Goldmünze seit 1489 im Werte von 1 Pfund Sterling (£) (↑*Geld u. Währung*); 1683 wurde der s. vom ↑*guinea* abgelöst, aber 1816 wiedereingeführt; heute nur für die Reserven der ↑*Bank of England* geprägt, kein gültiges Zahlungsmittel im UK.

spa [spɑː] weist in Verbindung mit Ortsnamen auf ein ‚Kur- u. Heilbad' hin, z.B. Cheltenham Spa, Droitwick Spa, Royal Leamington Spa, Woodhall Spa. Andere bekannte brit. Kurorte sind Bath (Avon), Buxton (Derbyshire), Harrogate (North Yorkshire), Llandrindod Wells (Powys/Wales), Malvern (Hereford and Worcester), Royal Tunbridge Wells (Kent) u. Strathpeffer in Schottland. Diese elf Städte hatten ihre Hoch-Zeit im 18. u. 19. Jh., als GB's feine Gesellschaft Erholung u. Heilung in den z.T. schon zur Römerzeit bekannten Quellen suchte. Neuer Aufschwung durch die Gesundheits- u. Fitneß-Welle der 80er Jahre.

Speaker ↑Parlament: *House of Commons.*

Special Air Service ↑*SAS.*

Special Boat Squadron (SBS). Kleine Spezialtruppe, die den *Royal Marines* (↑*Streitkräfte*) angehört; im 2. ↑*Weltkrieg* geschaffen. Hauptaufgabe in Friedenszeiten ist es, die Bohrinseln in der Nordsee (↑*North Sea oil*) gegen militärische o. terroristische Anschläge zu schützen. Die S.B.S. wurde z.B. bei der Landung auf South Georgia im ↑*Falklands War* eingesetzt.

Special Branch ↑Polizei.

special constable ↑Polizei.

special development areas ↑assisted areas.

special school. ‚Sonderschule' für Kinder mit auffälligen Verhaltensstörungen o. leichter geistiger Behinderung. Die meisten s.s. sind staatliche Schulen *(publicly maintained schools).*

Speech Day. Feierliche schulische Veranstaltung o. Schulfest meist gegen Ende des Schuljahres, bei der verdiente Schüler in Anwesenheit von Mitschülern u. Eltern Preise erhalten u. ein (meist) prominenter Gast die Festansprache *(speech)* hält.

Speech from the Throne ↑Parlament: *Sovereign.*

spelling pronunciation. Aussprache, die sich nicht an der phonetischen Norm, sondern an der Schreibung eines Wortes orientiert, im Engl. bes. ausgeprägt aufgrund des weiten, sprachgeschichtlich begründeten Abstands zwischen Lautung u. Schreibung, z.B. ['fɔːəhed] statt ['fɒrɪd] für *forehead;* ['saɪərənsestə] statt ['sɪsɪtə] (veraltet) für ↑*Cirencester,* [psuːdəʊ] statt ['suːdəʊ] für die Vorsilbe *pseudo-.*

splendid isolation. Politisches Schlagwort für GB's Bündnislosigkeit während der Regierungen des Marquess of Salisbury 1895–1902. Während die europ. Großmächte zwei feindlich gesinnte Lager bildeten, gelang es GB auf Grund seiner Seemacht, ohne Alliierte zu bleiben, es arbeitete lediglich mit Frankreich u. Rußland während der Unruhen auf Kreta 1896 zusammen. Die s.i. endete mit dem Abschluß eines Vertrags mit Japan, der sich auf fernöstliche Gewässer beschränkte. Der Ausdruck s.i. wurde erstmals 1896 im kanadischen Parlament u. von Salisbury selbst, der eigentlich gegen die Bündnislosigkeit eingestellt war, als Vorwurf gegen die Selbstgefälligkeit seiner Kritiker gebraucht. In neuerer Zeit wurde der Begriff auch für den „Inselcharakter" GBs verwendet, der durch den ↑*Channel Tunnel* aufgehoben worden sei.

spoonerism ['spʊːnərɪzəm]. Sprachspielerische Umstellung von Wörtern nach Art der Schüttelreime, auch unbewußtes Vertauschen von Wortelementen bei zungenbrecherischen Wendungen, z.B. **The Lord is a shoving leopard* für: *The Lord is a loving shepherd*, **half-warmed fish* für:

half-formed wish, dt. Beispiel: **er schulterte sich die Kugel* aus für: *er kugelte sich die Schulter* aus, usw.; nach Rev. W. A. Spooner (1844–1920), *Warden* des New College von ↑*Oxford University*, der für diese Art Wortspiel (↑*pun*) eine besondere Gabe hatte.

Sprachpflege. Im Ggs. zu Frankreich gibt es in GB keine „Académie", die sich der Sprachpflege des Englischen annimmt; diese Aufgabe liegt hier v.a. bei den Sprachgesellschaften, z.B. *Philological Society* (historisch ausgerichtet) u. *The English Association.*

squash [skwɒʃ]. 1. *squash rackets.* Schweißtreibendes Schlagballspiel, um 1800 in engl. Gefängnissen erfunden, mit einer Art verkleinertem Tennisschläger zwischen 2 o. 4 Spielern in einem 9,75 × 6,80 m großen Raum *(court)*; inzwischen in vielen Ländern, auch in D (erster Squash-Court in Hamburg 1972!), mit hoher Zuwachsrate verbreitet. Seit 1850 gibt es feste Regeln, entwickelt an der ↑*public school* von Harrow. 1908 in London unter der Bez. *rackets* olymp. Sportart. – 2. *squash.* Bei Kindern beliebtes Erfrischungsgetränk, urspr. ausgepreßter Fruchtsaft, heute jedoch gewöhnlich Fruchtsirup o. -konzentrat mit kaltem Wasser aufgefüllt, bes. *lemon* o. *orange squash.*

squatting ['skwɒtɪŋ]. Besetzung leerstehender Häuser o. Wohnungen; in GB in vielen Fällen noch legal, wenn man sich nicht gewaltsam Zutritt verschafft. Hausbesetzer heißen *squatters*, sie sind seit etwa 1969 v.a. in London eine gut organisierte Bewegung *(squatting movement)*, z.T. in der *London Squatters' Union* zusammengeschlossen.

squire ['skwaɪə]. Kurzform von *esquire* hist. ‚Landedelmann, Junker'. In GB etwa ‚Gutsherr, Großgrundbesitzer' (↑*gentry*). Siehe auch ↑*Anrede* „Esquire/Esq."

SRC, *Students' Representative Council* ↑Universität.

St. Andrew's House. Gebäudekomplex in Edinburgh/Schottland, oft symbolisch für die schott. Regierungsbehörden, die sich großenteils darin befinden, gebraucht.

St. Leger [snt'ledʒə]. ↑*Pferderennen* auf der Bahn von Doncaster (South Yorkshire) Mitte September, eines der großen Galopprennen im brit. Rennjahr. Siehe auch ↑*Triple Crown.*

St. Paul's Cathedral. Die Kathedrale der Diözese London u. „Pfarrkirche des ↑*Commonwealth*", nach der ↑*Westminster Abbey* die berühmteste Kirche Londons u. drittgrößte der Welt, erbaut 1675–1710 an der Stelle der beim ↑*Great Fire* 1666 zerstörten romanisch-gotischen Kathedrale nach Entwürfen des großen engl. Architekten Sir Christopher Wren (1632–1723). Die doppelte Kuppel des Renaissance-Baus ist eines der Wahrzeichen der Londoner ↑*City.* In einem der beiden 67 m hohen Glockentürme hängt die größte Glocke Englands, *Great Paul.* Eine weitere Besonderheit ist die Flüstergalerie *(Whispering Gallery)*, die sich 33 m über dem Boden um die Kuppel herumzieht: selbst von der 35 m entfernten Seite gegenüber hört man jedes hier geflüsterte Wort. In der Krypta sind neben Chr. Wren auch Lord Nelson u. der Herzog von Wellington begraben. Im Juni 1981 fand die Hochzeit von Prince Charles u. Lady Diana (↑*Royal Family*) in St. Paul's statt.

Staffs. Abk. für die Grafschaft Staffordshire ['stæfədʃə], siehe Karte S. 281.

Standard English. Der vorbildliche Sprachgebrauch des Englischen mit einheitlicher Grammatik, dialektfrei in Aussprache (↑*Received Pronunciation*), Intonation u. Wortschatz (↑*BBC English*) u. hohem Sozialprestige. Die verschiedenen regionalen u. schichtenspezifischen Realisationsformen dieser Norm (z.B. ↑*Oxford English*) werden als *modified standard* bezeichnet (var. *accent*). Das St.E., wie es als Hoch- u. Schriftsprache im Bereich der brit. Krone gültig ist, wird häufig auch als ↑*King's (Queen's) English* bezeichnet. St.E. geht historisch auf die Sprache Londons zurück, das sich seit dem 11. Jh. zum politischen, wirtschaftlichen u. kulturellen Mittelpunkt entwickelte, sprachgeographisch auf den Schnittpunkt der Dialekte des SW, SO u. der Midlands. Grundlage: die Sprache des Londoner Bürgertums, der Urkunden u. Kanzleien. Seit dem 15. Jh. Literatursprache. Vereinheitlichende Wirkung hatten die Universitäten ↑*Oxford* u. ↑*Cambridge*, der Buchdruck (erste Druckerpresse von W. Caxton 1476 in Westminster) u. die Bibelübersetzungen des 16. Jhs. (*Authorized Version* 1604–1611). Die grammatische u. lexikographische Fixierung des Englischen war großenteils das Werk von Grammatikern des 17. u. 18. Jh.s.

standard regions ↑region 2.

standing committee ↑parliamentary committees.

Standing Orders. Geschäftsordnung des Unterhauses (↑*Parlament*).

Stansted ↑Flughäfen (London).

State Opening of Parliament ↑Parlament: *Sovereign*.

state schools ↑maintained schools.

Status Quo. 1962 als Schülerband *The Scorpions* gegr. fünfköpfige brit. Rockgruppe, die seit 1967 im Popmusikgeschäft erfolgreich ist u. mit den ↑*Rolling Stones* zu den ältesten noch existierenden Rockbands zählt. Musikalisches „Markenzeichen": kraftvoll-fetziger Boogie-Rock unter vielfältiger Variierung einiger weniger Gitarrenakkorde. ↑*pop music*, ↑*rock music*.

Statute of Westminister ↑Commonwealth 2.

statutory instruments ↑Recht 4.

STD, *Subscriber Trunk Dialling*. dt. etwa ‚Selbstwählferndienst' von ↑*British Telecom* (ohne Vermittlung durch den *operator*).

steak and kidney pie ↑pie.

stepping-stones. Trittsteine in Wasserläufen, z.B. in Flüssen u. Bächen des *Lake District.*

sterling ↑Geld u. Währung.

sterling area. Frühere Bez. der ↑*scheduled territories.*

sterling bloc. Frühere Bez. der ↑*scheduled territories.*

Steuern *(taxes).* Es gibt folgende Hauptsteuerarten im UK:

1. Einkommenssteuern *(income taxes)* werden in drei Kategorien – Lohn- u. Einkommenssteuer *(income tax),* Körperschaftssteuer *(corporation tax)* u. Mineralölsteuer *(petroleum revenue tax)* (seitens der Erschließer von Erdöllagerstätten, ↑*North Sea oil*) erhoben. Die persönliche Einkommenssteuer (*income tax,* schließt auch die Lohnsteuer ein) ist progressiv u. wird nach dem *PAYE (pay-as-you-earn)* ‚Quellenabzug'-Verfahren vom Arbeitgeber abgeführt. Kommerzielle Unternehmen zahlen Körperschaftssteuer auf ihre ausgeschütteten u. unausgeschütteten Gewinne.

2. Kapitalsteuern *(taxes on capital)* sind: Kapitalertragssteuer *(capital gains tax),* z.B. auf den Wertzuwachs beim Verkauf von Aktien. Erbschaftssteuer *(inheritance tax);* 1975 wurde die alte *estate duty* ‚Hinterlassenschaftssteuer' durch eine Kapitalübertragungssteuer *(capital transfer tax)* ersetzt, die 1986 durch die *inheritance tax* abgelöst wurde; sie sieht vor, daß testamentarische Zuwendungen mit bis zu 40% bei einem Freibetrag von £ 150000 versteuert werden; eine allg. Bez. für diese Steuerart ist *death duties.* Als Folge dieses relativ hohen Steuersatzes sind die Eigentümer von großen Häusern (↑*country houses*) oft gezwungen, die Häuser o. die darin untergebrachten Kunstwerke zu veräußern. Um dies zu vermeiden, werden die Häuser häufig der Öffentlichkeit zugänglich gemacht.

3. *Expenditure taxes* ‚Verbrauchssteuern' sind v.a.: die auf die meisten Waren u. Dienstleistungen aufgeschlagene *Value Added Tax (VAT)* (z.Z. 17,5 %) ‚MWSt' u. Binnenzölle auf z.B. Benzin u. Dieselkraftstoff, Tabakwaren u. Spirituosen.

4. *council tax,* früher community charge („poll tax") u. allg. ↑*rates* ‚Kommunalgebühren', werden zur Finanzierung der Kommunalverwaltung (↑*local government*) erhoben.

Es gibt keine Kirchensteuer.

Das Steuerjahr *(income tax year)* beginnt am 6. April; vom 12. Jh. bis 1752, als in England u. den amerik. Kolonien der Gregorianische den Julianischen Kalender ablöste, war der erste Tag des Jahres u. der Steuerstichtag der 25. März (↑*Lady Day*). Durch die Einführung des neuen Kalenders fielen 1752 elf Tage aus; um nicht auf die Steuereinnahmen für diese 11 Tage zu verzichten, schlug man dem bisherigen Jahresanfang die 11 Tage hinzu u. kam auf den 6. April als Beginn des neuen Steuerjahres. Nur für die *corporation tax* gilt noch das Finanzjahr (1. April–31. März).

stew [stju:]. Brit. Eintopfgericht in unzähligen Variationen, die bekanntesten st. sind *Irish st.* (Hammelfleisch mit Kartoffeln), *Welsh st.*

(Rindfleisch mit Lauch), *kidney and onion st.* (Schweinenieren mit Zwiebelringen).

stiff upper lip, to keep a ~. D etwa: ‚die Ohren steifhalten; Gefühle in einer Krise o. Notlage verbergen; angeblich ein typ. engl. Merkmal.

Stilton [ˈstɪltn]. Engl. Hartkäse in zwei Varianten; *Blue Stilton:* würziger, grüngrauadriger Edelpilzkäse u. *White Stilton:* mild, cremig-weiß; urspr. hergestellt in Belvoir (Leicestershire), wurde er durch den von dort stammenden Besitzer eines ↑*inn* in Stilton (Cambridgeshire) weithin bekannt gemacht.

stipendiary magistrate ↑Justiz.

Stock Exchange. Die brit. ‚Wertpapierbörse' mit Hauptsitz in der ↑*City of London;* Außenstellen in Glasgow, Manchester, Birmingham, Belfast u. Dublin; der größte regulierte Wertpapiermarkt der Welt mit einem Umsatz, der dem aller europ. Börsen zusammen etwa entspricht. 1986 fand eine grundlegende Reform der S. E., colloq. *„Big Bang"* ‚Urknall', statt. Das Geschäft ist nicht mehr an die festen Geschäftszeiten gebunden u. spielt sich rund um die Welt ab. 9000 Computer sind weltweit an das börseneigene elektronische Informationssystem *SEAQ (S. E. Automated Quotations)* angeschlossen. Früher waren Ausländer nicht zugelassen. Das Maklergeschäft wurde bisher von *jobbers,* Wertpapierhändlern, die nur auf eigene Rechnung kaufen u. verkaufen dürfen, u. *brokers,* die die Aufträge der Großanleger ausführen, betrieben. Diese Trennung sowie die festen Mindestprovisionen sind jetzt abgeschafft; Finanzkonglomerate, sog. *market-makers,* sind aus *jobbers* u. *brokers* entstanden. Im ersten Jahr des *„Big Bang"* verdreifachte sich der tägl. Umsatz auf 3,5 Mrd. Pfund. ↑*Royal Exchange,* ↑*Footsie.*

stone (im Plural unverändert). Gewichtseinheit von unterschiedlichen Werten: für Menschen u. Tiere: = 14 ↑*lb* (6,3503 kg), für Fleisch, Zucker u. Gewürze: = 8 *lb* (3,6287 kg). Das Körpergewicht wird in *stone* u. ↑*pound* gemessen.

Stone of Scone [... sku:n] ↑Coronation Stone.

Stonehenge [ˈstəʊnˈhendʒ]. Bedeutendes ↑*Megalithdenkmal* in der Nähe von Salisbury (Wiltshire). Die urspr. aus zwei konzentrischen Steinkreisen *(stone circles)* bestehende Anlage wurde vermutlich zwischen 1800 u. 1400 v. Chr. als religiöse, mit der Sonnenverehrung in Verbindung stehende Kultstätte errichtet. Die hier alljährlich am 21. Juni stattfindende Sonnwendfeier *(summer solstice ceremony)* der (neuzeitlichen) *Companions of the Most Ancient Order of Druids* sind eine besondere Attraktion. ↑*Avebury.*

stout [staʊt]. Dunkles, obergäriges Bier, heute üblicher Name für das frühere *porter* (↑*ale*).

Strangers' Gallery. Besuchergalerie im Oberhaus (↑*Parlament*).

streaming. Jahrgangsgebundene Leistungsgruppierung von Schülern für den gesamten Unterricht, v. a. in ↑*comprehensive schools.* Die Schüler eines Jahrgangs werden je nach Begabung auf Parallelzüge (*A, B, C, D*) verteilt; Auswahlkriterium sind i.d.R. Leistungen im Rechnen u. in der Muttersprache u. Tests. Das dazu komplementäre Auswahlsystem heißt ↑*setting.*

Streitkräfte *(armed forces)* des UK bestehen aus der *Royal Navy* (‚Marine'), der *Army* (‚Heer') u. der *Royal Air Force* (‚Luftwaffe'), *Commander-in-Chief* (‚Oberkommandierende'): die Königin (↑*Monarchie*). Das Verteidigungsministerium (*Ministry of Defence [MoD]*) (↑*Regierung*) unter der Leitung eines *Secretary of State* (‚Minister') ist für die allg. Richtlinien der Verteidigungspolitik verantwortlich. Innerhalb des MoD hat ein zivil-militär. *Defence Staff* (‚Verteidigungsstab') die allg. Verantwortung für die Strategie, Operationsbedürfnisse und Aufgaben. Verteidigungshaushalt 1994/95: £ 22,9 Mrd. = 3,7 % des Bruttoinlandsprodukts (1993); soll auf 2,9 % bis 1997 sinken. Das UK unterhält Garnisonen in Deutschland (↑*United Kingdom Command Support*), Brunei, Hongkong (bis 1997), Gibraltar, auf den Falkland-Inseln als Folge des ↑*Falklands War* u. (1995) UN-Truppen im ehemal. Jugoslawien, auf Zypern, in Irak/Kuwait u. Georgien. Die ges. brit. S. unterstehen der NATO. 1. *army* ‚Heer', ca. 120000 Mann; einzige Waffengattung ohne den Titel ‚*Royal*', da seit der *Bill of Rights* (1689) (↑*Verfassung) das Heer fest in der Hand des* ↑*Parlaments* bzw. der ↑*Regierung* ist u. es verboten ist, ein stehendes Heer in Friedenszeiten ohne jährl. Kabinettsorder zu unterhalten. Oberkommandierender: *Chief of the General Staff.* Die *army* umfaßt zahlreiche Einheiten wie die ↑*Household Cavalry, Royal Corps of Signals, Intelligence Corps;* zur *infantry* gehören die ↑*Guards Division* (u.a. ↑*Coldstream Guards*) sowie zahlreiche regionale Einheiten wie die *Royal Welch Fusiliers,* die *Royal Scots,* die ↑*Gurkhas.* Traditionsgemäß fungiert ein Mitglied des Königshauses (↑*Royal Family*) als *colonel-in-chief* ‚Ehrenoberst' bei verschiedenen Einheiten. *Headquarters United Kingdom* führt das Kommando über alle Landtruppen im UK. Reservetruppen stellt die *Territorial Army (TA),* die im Notfall zur Verstärkung des Heeres eingesetzt werden können, u. die *Regular Reserve,* die aus Soldaten besteht, die ihre aktive Dienstzeit beendet haben (insgesamt 331000). ↑*SAS.*

2. *Royal Navy (RN)* ‚Marine', als älteste Waffengattung auch *Senior Service.* Oberkommandierender: *First Sea Lord and Chief of Naval Staff.* Kleinste Waffengattung mit 51000 Mann einschl. der *Royal Marines,* einer amphibischen Marine-Infanterie-Truppe, des *Fleet Air Arm* (Marineflieger) u. der *Polaris nuclear force,* die aus zwei Atom-U-Booten besteht, die ab 1995 durch 4 mit amerik. *Trident*-Raketen mit jeweils höchstens 96 Sprengköpfen ausgestattete U-Boote abgelöst werden. Es gibt eine *Royal Naval Reserve (RNR)* u. *Royal Marines Reserve.* ↑*Britannia 3.*

3. *Royal Air Force (RAF)* ‚Luftwaffe'. Oberkommandierender: *Chief of*

the Air Staff. Ca. 70 000 Mann; besteht aus dem *Strike Command* (Einsatzkommando), das in 3 *Groups* eingeteilt ist, *Logistics Command* (Unterstützungskommando) u. *Personnel and Training Command*; es gibt auch eine *RAF-Reserve.* ↑*Red Arrows 2.*

Auch Frauen können bei den S. dienen, u. zwar im *Women's Royal Army Corps (WRAC), Women's Royal Naval Service (WRNS)* u. *Women's Royal Air Force (WRAF):* ↑*Wehrpflicht* besteht im UK nicht. Männer wie Frauen können zw. 3 u. 22 Jahren dienen.

student societies. ‚Studentenclubs' sind ein wesentlicher u. wichtiger Bestandteil des brit. Universitätslebens. Sie orientieren sich an Studienfächern, z. B. *French Society, German Society* (meist mit angeschlossener Theatergruppe), *Maths Society,* aber auch an außeruniversitären Interessen, z. B. *Drama Society* ‚Studententheater', *Celtic Society,* pflegt schott. Tänze, organisiert ↑*ceilidhs; Overseas Society* pflegt den Kontakt mit ausländischen Gaststudenten; *Soccer Society* (Uni-Fußballclub), ↑*Union society* (Debattierclub) usw. Die s. s. haben meist eigene Räumlichkeiten, in denen sich die Mitglieder zwanglos zum Tee o. Kaffee *(coffee mornings)* o. verschiedenen eigenen Veranstaltungen, z. B. *play readings* der *English* o. *German Society,* treffen. Bei einem großen „Societies' Fayre" (Univ. St. Andrews) am Beginn des Studienjahres werben die von älteren Studenten geführten Klubs neue Mitglieder unter den Studienanfängern (geringer Mitgliedsbeitrag!). Für jeden Studenten ist es Ehrensache, Mitglied in mehreren *soc's* zu sein.

subway. Fußgängerunterführung; in den USA ‚Untergrundbahn'.

Suffolk (cheese) ['sʌfək]. Trockener Hartkäse aus der ostengl. Grafschaft Suffolk (siehe Karte S. 281).

Summerhill. 1921 von dem schott. Pädagogen A.S. Neill (1883–1973) gegr. Internatsschule *(boarding school)* in Leiston (Suffolk), die in den 70er Jahren als Symbol antiautoritärer, „repressionsfreier" Erziehung Berühmtheit erlangte u. weltweit Nachahmung fand (z. B. antiautoritäre Kinderläden). Nach wie vor ist der Stundenplan nur für die Lehrer verbindlich. Für die 6- bis 17jährigen Schüler ist die Teilnahme am Unterricht freiwillig. Sie lernen, was sie wollen u. wann sie wollen, wenn sie überhaupt wollen. Es gibt keine Zeugnisse. Noten bekommt nur, wer sie haben will. Die Schule wird weitgehend von den Schülern selbst verwaltet. *Summerhill* – jährliches Schulgeld £ 2500 – wird von ca. 60 Schülern verschiedener Nationalität besucht, ein Drittel aus Japan, die Hälfte sind britisch. 1994 stellte ein Kommissionsbericht staatlicher Schulinspektoren (↑*OFSTED*) ein weit unterdurchschnittliches Bildungsniveau der Schüler fest u. drohte die Schließung von Summerhill an, falls keine Besserung einträte.

Sunday. Der engl. Sonntag ist ein geruhsamer Tag: viele Geschäfte sind geschlossen (Zeitungshändler haben vormittags geöffnet), die meisten Theater bleiben zu, u. die Kinovorstellungen fangen später als in der Woche an, die ↑*pubs* machen abends erst um 19 Uhr auf. Allerdings finden immer mehr Sportveranstaltungen sonntags statt. Parlamentswahlen (↑*Wahlsystem*) werden nie am S., sondern meist an einem Donnerstag abgehalten. Es gibt einen Verein, der sich gegen die zunehmende Säkularisation des S. einsetzt: die 1831 gegr. ↑*Lord's Day Observance Society* zieht haupts. gegen Sportveranstaltungen u. gewerbliche Tätigkeiten am S. zu Felde.

Sunday school. Freiwilliger Religionsunterricht für Kinder, der am Sonntagvormittag meist im Rahmen eines Kindergottesdienstes von einem Priester in der Kirche erteilt wird.

supper ['sʌpə]. Gewöhnlich das ‚Abendessen' (statt ↑*high tea*), wenn mittags die Hauptmahlzeit (↑*dinner*) eingenommen wurde; heute jedoch meist eine leichte Mahlzeit, die als zweites Abendessen (erstes Abendessen = ↑*dinner*), z.B. nach dem Theater, zu fortgeschrittener Stunde *(late supper)* eingenommen wird.

Supreme Court ↑Justiz.

surgery hours ['sɜːdʒərɪ...]. Urspr. Zeiten, in denen Arztpraxen geöffnet sind; heute von z.B. Politikern als Sprechstunden abgehalten. Sie finden in den jeweiligen *constituencies* (Wahlkreisen, ↑*Wahlsystem*) statt u. geben den Wählern die Gelegenheit, örtliche Probleme mit ihrem Abgeordneten zu besprechen.

sweepstake. Dem frz. *tiercé* vergleichbares Wettspiel bei ↑*Pferderennen*, auch allg. Bez. für ein solches Rennen.

sweet(s). 1. Bez. für eine Süßigkeit; in GB bes. beliebt sind *marshmallows, licorice, after-dinner mints, wine gums, toffee, fudge.* – 2. ‚Süßer Nachtisch' *(sweet course)*, auch *dessert*, in GB meist Obst, Obstkuchen o. Kompott.

T

Taffy ['tæfɪ]. Spitzname für die Bewohner von Wales, vermutlich aus dem walis. Vornamen *Dafydd* ‚David'.

Take Away. ‚Außer-Haus-Verkauf' von Speisen. Neben Restaurants mit üblichem *take-away service* gibt es in GB viele Läden, v.a. chinesische, die Speisen ausschließlich „zum Mitnehmen" verkaufen *(Chinese take-away).* Siehe auch ↑*fish 'n chips.*

tam-o'-shanter [tæmə'ʃæntə] heißt die typische, runde Schottenmütze mit Quaste, nach Tam o'Shanter, dem Helden in R. Burns' gleichnamiger Ballade von 1790.

tartan ['tɑːtn]. 1. Schottenkaromuster, auch der Stoff selbst, aus dem ↑*kilt* u. ↑*plaid* gemacht werden. Jedes Muster bedeutete urspr. die Zugehörigkeit zu einem ↑*clan.* Im 18. Jh. wurden t. auch an die Hochland-Regimenter vergeben, zeitweise waren sie damals sogar offiziell den Armeeangehörigen vorbehalten. Es gibt heute etwa 500 bekannte t., darunter sog. *Royal Tartans* für die königl. Familie (z.B. *Balmoral* o. *Royal Stewart,* der persönl. t. des schott. Königshauses), *Military Tartans* für das Militär (z.B. *Black Watch,* 1739 dem 42. Königl. Hochland-Regiment zugeteilt), *Chief Tartans,* nur für die Clan-Chiefs u. ihre unmittelbaren Angehörigen, *Jacobite Tartans* für Schotten, die keinen eigenen Clan-Tartan besitzen. Besonders traditionsreiche t. sind *Douglas, Erskine, MacDonald, MacDuff, MacLachlan, MacLean, MacLeod, Menzies, Ogilvie, Ross.* – 2. *tartan (beer),* ein dunkles Exportbier.

tattoo [tə'tuː]. ‚Zapfenstreich' ↑*Edinburgh Festival.*

tax avoidance. D etwa: ‚Steuerumgehung'; die Anwendung legaler Mittel, die Steuerlast auf ein Minimum zu senken. Dagegen bedeutet *tax evasion* ‚Steuerhinterziehung'. ↑*Steuern.*

tax disc. Kleine, runde Papierscheibe, die man in die untere linke Ecke der Windschutzscheibe innen klebt, um zu zeigen, daß für das Auto die nötigen ↑*Steuern* bezahlt sind (entspr. der frz. *vignette*); erhältlich beim ↑*post office* o. einem *Local Vehicle Licensing Office,* dem örtlichen Amt des *Driver and Vehicle Licensing Centre* in Swansea, S-Wales.

tax evasion ↑tax avoidance.

Taxis. Die 19000 Londoner *taxis,* auch *cabs,* genießen einen guten Ruf u. schneiden im internat. Vergleich gut ab. Sie gehen auf einen Erlaß Oliver Cromwells aus dem J. 1654 zurück, worin der *Fellowship of Master Hackney Coachmen* die Lizenz erteilt wurde. *Hackney Coach* war der Name für die Mietkutsche, erst 1906 kam die Lizenz für das motorisierte Fahrzeug. Das klassische T. ist der in Coventry gebaute, schwarze *Austin FX 4,* der bis zu fünf Personen befördern kann, zwei entgegen der Fahrtrichtung sitzend. Die Londoner Fahrer *(cabbies),* die ein Trinkgeld von 10–15 % erwarten, haben ein phänomenales Straßengedächtnis; sie müssen 468 Routen auswendig lernen, um die schwere Taxiprüfung des *Public Carriage Office* zu bestehen. Außerdem gibt es in London 40000 *mini-cabs,* die im Gegensatz zu T. nicht auf der Straße angehalten (hailed) werden dürfen. Seit 1994 tauchen vermehrt Taxi-Oldtimer der Marke „Asquith", im Stil der dreißiger Jahre, aber mit modernster Technik ausgestattet, im Londoner Straßenbild auf.

tea [tiː]. Tee ist – auch wenn zunehmend Kaffee getrunken wird – nach wie vor *das* brit. Nationalgetränk, immer u. überall von gleich guter Qualität. Jeder Brite trinkt heute statistisch 3,2 Tassen Tee pro Tag (in den 60er Jahren waren es noch 6), GB liegt damit – hinter Irland (4 Tassen Tee pro Tag) – weltweit an 2. Stelle (vgl. D: 0,24; Österreich: 0,19). In Wirklichkeit können es u.U. leicht 8–10 Tassen pro Tag werden – vom ↑*morning tea* bis zu ↑*high tea* u. *night tea* o. *supper* (vor dem Zubettgehen): Teetrinken ist nicht an eine feste Tageszeit gebunden, als inoffizielle sprichwörtliche *tea time* gilt jedoch der ↑*afternoon* *tea* gegen 16 Uhr. Die *cup of tea* spielt auch im Laufe des brit. Arbeitstages eine bedeutende Rolle. Die *tea break,* die kurze Teepause, zweimal am Tag, ist (seit 1960) ein Vorrecht, das von der brit. Arbeiterschaft nachdrücklich verteidigt wird. Gleichzeitig ist die *cup of tea* auch eine gesellschaftliche Institution: Kaum eine Einladung, bei der nicht eine Tasse Tee gereicht o. zumindest angeboten wird. Zahlreich sind die ↑*tea rooms.*

Die beliebtesten Teesorten kommen aus China, Indien u. Ceylon. Je jünger u. feiner die Teeblätter, desto besser die Qualität. Man unterscheidet: *Flowery Orange Pekoe* (die noch nicht voll entwickelten Blattknospen), *Orange Pekoe* (die ersten darunter sitzenden Blätter), *Pekoe* (die zweiten u. dritten Blätter), *Earl Grey* o. *Souchong* (die vierten Blätter), *Broken (Orange) Pekoe* (während der Herstellung gebrochene Blätter). Die verschiedenen Sorten werden meist nach bestimmten Geschmacks- u. Farbabstufungen gemischt.

Für die Zubereitung gelten folgende Regeln: einen Teelöffel pro Tasse u. einen für die Kanne *(pot)*, die normalerweise eine typische Tee-Patina aufweist, da nur mit klarem Wasser gereinigt wird – Leitungswasser zum Kochen bringen – Tee mit frisch sprudelndem Wasser aufgießen – in die Tasse zuerst die (ungekochte) Milch u. dann erst den Tee einschenken. Zum Tee gereicht werden meist ↑*biscuits,* ↑*scones,* ↑*crumpets,* ↑*muffins* o. anderes, meist selbstgebackenes Teegebäck mit Butter o. ↑*clotted cream* u. ↑*jam.* – *Tea* ist auch Kurzbez. für ↑*high tea.*

tea break ↑tea.

tea room, var. *tea shop.* Entspricht etwa dem dt. Konditorei-Café, wenn auch i.d.R. ohne dessen vornehme, gepflegte Atmosphäre. Es gibt Kaffee, v.a. Tee u. entsprechendes Gebäck, (↑*scones,* ↑*crumpets,* ↑*muffins,* u.a.) o. Kuchen, jedoch keine alkohol. Getränke. Siehe auch ↑*café.*

tea time ↑tea; ↑afternoon tea.

teacher training college. Pädagogische Hochschule für Studenten, die das Lehramt an ↑*primary schools* u. den unteren Klassen der ↑*secondary schools* anstreben.

technical college. Bez. für bestimmte ↑*colleges* im Bereich der ↑*further education.*

technical school. Staatl. Sekundarschule als Teil des ↑*tripartite system* zwischen ↑*grammar school* u. ↑*secondary modern school,* mit Schwerpunkt auf praktisch-technischen Fächern, spielt mit knapp 1% aller Sekundarschulen kaum mehr eine Rolle im öffentlichen Schulwesen.

TECs, *Training and Enterprise Councils.* 1991 in England u. Wales eingerichtete Berufsausbildungszentren in der Rechtsform von ↑*quangos,* mit denen die Verbindung zwischen beruflichem Bildungswesen (↑*vocational training*) u. örtlicher Wirtschaft gestärkt werden soll. Die von den TECs ausgehändigten Ausbildungshefte (*Youth Credits*) sollen bis 1996 allen 16- u. 17jährigen nach Abschluß der Schule die Möglichkeit zu weiterführender Ausbildung vor allem im beruflichen Sektor eröffnen. 1994 gab es 82 TECs. In Schottland entsprechen den TECs in etwa die *LECs* (*Local Enterprise Companies*).

Teds, urspr. *Teddy Boys,* hießen in den 50er Jahren rock-'n'-roll-besessene Teenager u. Halbstarke, die sich nach dem in der Nachkriegszeit wiedererstandenen ↑*Edwardian style* (*Teddy* = Koseform von *Edward*) kleideten u. aufmachten. Besondere Kennzeichen: lange Koteletten, Schmalzlocken, Lederjacke, dünne Krawatte, Röhrenhosen *(drain pipes),* spitze Schuhe *(brothel creepers* o. *winkle pickers);* Musik von Bill Haley 1927–1981 („Rock Around the Clock") u. Elvis Presley 1932–1977 („Jailhouse Rock"). Als Gegenbewegung zu diesem ersten großen Teenagerkult tauchten Anfang der 60er Jahre die ↑*Mods* auf.

Telekommunikation (telecommunications). In GB wurde die Liberalisierung der Telekommunikation vor mehr als zehn Jahren begonnen. Als nach der Rezession der 70er Jahre der britischen Regierung die Mittel fehlten, ausreichend in das Fernsprechnetz zu investieren, beschloß die Regierung Thatcher, den 1981 aus der Spaltung des *Post Office* in Post- u. Bankdienste entstandenen Monopolisten *British Telecom (↑BT)* zu privatisieren u. Wettbewerb zuzulassen. 1984 wurde zunächst nur einer anderen Gesellschaft – der Tochtergesellschaft von *Cable & Wireless,* ↑*Mercury Communications* – eine Telekommunikationslizenz erteilt, so daß bis 1990 ein Duopol bestand. Gleichzeitig privatisierte die Regierung *BT* u. brachte ihre Aktien in drei Schritten von 1984 bis 1993 an die Börse – die größte Aktienemission in GB überhaupt.

Zur Verschärfung des Wettbewerbs vergab die Regierung von 1984 an Lizenzen zum Betreiben von Mobilfunknetzen u. erlaubte als einziges Land der Welt Unternehmen – vor allem den Fernsehgesellschaften aus Amerika – über ihre Kabelfernsehnetze in GB auch lokale Fernsprechleistungen anzubieten. Damit sah sich *BT* dem Wettbewerb von *Mercury,* den Mobilfunkbetreibern u. den Kabelgesellschaften ausgesetzt. Der Wettbewerb wurde noch verschärft, als 1990 neue Lizenzen für Telefondienste an weitere Bewerber vergeben wurden. Insgesamt sind heute am britischen Markt fast 140 Lizenzen für Telekommunikationsdienste erteilt worden, darunter an *Kingston Communications* (Hull) plc, *COLT* im Großraum London, *Energis* (Elektrizitätsunternehmen) sowie amerikanische Telekommunikationsunternehmen wie *AT&T* u. *Sprint.* Heute hat *BT* in der britischen Telekommunikation zwar immer noch einen Marktanteil von 88 %. Bis zum Jahr 2000 wird er aber voraussichtlich auf 70 % sinken.

Die Aufsichtsbehörde *OFTEL (Office of Telecommunications)* legt für die Branche einen Preismechanismus fest, der *BT* daran hindern soll, seine immer noch marktbeherrschende Stellung auszunutzen. *BT* wird durch dieses Preissystem gezwungen, seine Tarife kontinuierlich zu senken u. entsprechend zu rationalisieren. Heute ist Telefonieren in GB deutlich billiger als in D, Verbrauchern kommt der Konkurrenzdruck in der Branche aber auch technisch zugute. Sowohl *BT* als auch die anderen Gesellschaften versuchen, mit immer besserem Service u. neuen Produkten um Kunden zu werben. Dies führte dazu, daß der technische Fortschritt in der Branche heute deutlich weiter ist als in D. Schon bereitet sich *BT* vor, Kunden über sein Netz auf Anfrage Filme, Katalog-Verkäufe u. Musikstücke anzubieten.

Angesichts der heimischen Konkurrenz bemüht sich *BT*, selbst im Ausland Fuß zu fassen, u.a. in den USA, Finnland, Norwegen, Dänemark und Spanien, in D findet eine Zusammenarbeit mit dem VIAG-Konzern (München) statt. Siehe auch ↑*Freefone*, ↑*Prestel.*

telephone box. Die feuerrot gestrichenen brit. Telefonhäuschen sind – wie die gleichfarbigen ↑*double decker buses* – ein Wahrzeichen GB's. Die 1921 von dem Architekten G.G. Scott konstruierten t.b. werden seit der Privatisierung der Telefongesellschaft ↑*British Telecom* Mitte der 80er Jahre zunehmend durch moderne gelbgestrichene Telefonkabinen abgelöst u. im ganzen Land auf Auktionen versteigert. Etwa 100 t.b. sollen als Kulturdenkmäler erhalten bleiben. ↑*cardphone*, ↑*payphone.*

teletext, var. *broadcasting videotext.* Nichtdialogfähige *(one-way)* Datenübertragung mittels Fernsehen; entspricht ‚Videotext' o. ‚Bildschirmzeitung' in D. Dieses erste Videotext-System der Welt entstand 1973 in GB in der Absicht, Hörgeschädigten eine bessere Nutzung der Fernsehprogramme zu ermöglichen. Es gibt in GB zwei Systeme: das von der *BBC* entwickelte ↑*Ceefax* u. das von der *IBA*, heute *ITC* (↑*Rundfunk u. Fernsehen*) entwickelte *ORACLE (Optional Reception of Announcements by Coded Line Electronics).* Das brit. System ist heute weltweit führend. Das frz. Äquivalent heißt *Antiope.* Siehe auch ↑*Prestel.*

teleworking. Bez. für Arbeit, die man zu Hause mittels Informationstechnologie verrichtet. Etwa 11% der Arbeitgeber im UK beschäftigen *teleworkers.* Es gibt ca. 60 *telecottages,* Informationstechnologiestellen in ländlichen Gegenden, die Geschäfts- u. Gemeindebenutzern die nötigen technischen Einrichtungen zur Verfügung stellen.

ten-minute rule. Diese Regelung (↑*Standing Order No. 15*) ermöglicht einem Abgeordneten, im Unterhaus (↑*Parlament*) eine Gesetzesvorlage (↑*bill*) einzubringen. Er muß innerhalb von 10 Minuten eine Mehrheit der anwesenden Abgeordneten von der Wichtigkeit seines Antrags überzeugen. Die Erfolgsaussichten sind i.d.R. gering.

tenner. Colloq. für £-10-Schein; ↑*fiver.*

tennis ↑lawn tennis, ↑real tennis.

terriers ↑Hunderassen.

Territorial Army ↑Streitkräfte.

tertiary college ['tɜːʃərɪ ...]. ‚Kollegschule', ,Oberstufenzentrum' mit ähnlichen Aufgaben wie die ↑*Sixth Form colleges.* Bildungseinrichtung der Sekundarstufe II mit allgemeinbildenden u. berufsvorbereitenden Kursen.

TESSA ['tesə]. *Tax Exempt Special Savings Account.* Ein staatl. Programm, das Kleinsparern Steuererleichterung bei einer Geldanlage bei ↑Banken o. Bausparkasse (↑*building society*) von bis zu £ 9000 über 5 Jahre gewährt.

Test Act. Ein vom engl. ↑*Parlament* 1673 (für Schottland 1567) erlassenes u. 1828 aufgehobenes Gesetz, wonach die Annahme eines öffentlichen Amtes die Ablegung eines Eides auf den König als Oberhaupt der Kirche von England, des sog. Suprematseides *(oath of supremacy)*, o. den Empfang des Abendmahles nach dem anglik. Ritus voraussetzte. Damit waren alle Katholiken u. einige protestantische Dissenter von öffentl. Ämtern ausgeschlossen. ↑*Konfessionen.*

test match ↑cricket.

THORP ↑Kernenergie.

TWGU, *Transport and General Workers' Union* ↑Gewerkschaften.

thatcherism. Konservative, nach der von 1979–1990 amtierenden brit. Premierministerin Margaret Thatcher (* 1925) genannte Weltanschauung, die Individualismus, Eigeninitiative, persönliche Leistung, Verantwortung des einzelnen für sich selbst, „weniger Staat" u. freie Marktwirtschaft betont u. in ihrer konsequenten politischen Umsetzung durch Margaret Thatcher (↑*Iron Lady*) die Wirtschafts- u. Sozialbeziehungen in GB nachhaltig verändert hat. Hauptbestandteile des Thatcherismus-Programms sind die Bekämpfung der Inflation, die Sanierung der Staatsfinanzen, die Privatisierung staatlicher Unternehmen (↑*privatization*) sowie die Neuordnung der rechtlichen Stellung der ↑*Gewerkschaften* als Antwort auf die in den 60er u. 70er Jahren sprichwörtliche ↑*„British disease"*. Nach innerparteilicher Revolte im Nov. 1990 wurde M.Th. durch John Major abgelöst.

Theater *(drama).* Das brit. Theater läßt sich in drei Gruppen einteilen:

A. *Repertory Theatres,* staatlich subventionierte Repertoiretheater. Es gibt etwa 50 vom ↑*Arts Council* subventionierte Repertoiretheater, die ein eigenes Haus mit festem Ensemble haben. Die größten drei befinden sich in London: 1. *National Theatre (NT),* gegr. 1963, 1976 vom *Old Vic* (s.u.) an die „Southbank" – den neuen Theaterkomplex am Südufer der Themse, mit *NT, Royal Festival Hall,* ↑*National Film Theatre, Elizabeth Hall, Purcell Room, Hayward Gallery* – umgezogen; mit vielfältigem, anspruchsvollem Repertoire auf drei Bühnen: *Olivier Theatre* (Amphitheater für große Produktionen), *Lyttleton Theatre* (traditionelle Guckkastenbühne), *Cottesloe Theatre* (Workshop-Theater). Das *NT* ist als Theater-Kulturzentrum konzipiert. Eine Besonderheit sind die Darbietungen von Amateurkünstlern, Musikern u. Gauklern, die vor den eigentlichen Aufführungen im Foyer für Theaterbesucher u. Schaulustige stattfinden. – 2. *Royal Shakespeare Company (RSC),* gegr. 1960, galt lange als das eigentliche brit. Nationaltheater, heute mit 5 Bühnen das größte Theaterunternehmen GB's: 3 feste Häuser in Shakespeares Geburtsort Stratford-upon-Avon *(Royal Shakespeare Memorial Theatre, Swan Theatre, The Other Place)* u. 1 im Londoner ↑*Barbican Centre* mit Werkraumbühne *The Pit,* daneben Gastspielreisen in die Provinz. Repertoire: das gesamte Werk Shakespeares (meist richtungweisende Inszenierungen), aber auch Werke anderer brit. Dramatiker sowie epische Großprojekte („The Greek", Dikkens' „Nicholas Nickleby") u. Märchen („Peter Pan"). – 3. *Royal Court Theatre* mit der 1956 gegr. *English Stage Company,* das führende Schauspielhaus für neue u. avantgardistische Stücke moderner Dramatiker, bekannt geworden durch J. Osbornes „Look Back in Anger" (↑*Angry Young Men*); Haustheater von A. Wesker, E. Bond, J. Arden, S. Beckett. Zum *Royal Court Theatre* gehört ferner eine kleine Experimentierbühne: *The Theatre Upstairs.* – Die übrigen *Rep Theatres* sind über ganz GB verteilt u. im Status etwa den Städtischen Bühnen in D vergleichbar. Zu den bekanntesten zählen *Theatre Royal* (Bristol), *Royal Victoria* (Stoke-on-Trent), *Playhouse* (Nottingham), *Repertory Theatre* (Birmingham), *Royal Exchange* (Manchester), *Crucible Theatre* (Sheffield), *Citizen's Theatre* (Glasgow), *Traverse Theatre* (Edinburgh).

B. *Private Theatres.* Neben den 3 großen Staatstheatern gibt es etwa 40 privatwirtschaftlich geführte (kommerzielle) Theater in London, fast alle im ↑*West End,* wo richtige Theaterstraßen wie Shaftesbury Avenue, Charing Cross Road, Haymarket, St. Martin's Lane u. Strand entstanden sind. Sie erhalten keinerlei staatl. Unterstützung, unterhalten kein eigenes Ensemble, sondern werden für Ensuite-Produktionen gemietet. Dauerproduktionen von 10, 20 o. 30 u. mehr Jahren sind keine Seltenheit. Fast alle Stücke sind dem Genre Boulevardtheater u. dem Musical zuzuordnen. Erfolgsmusicals von Andrew Lloyd Webber wie „Evita", „Cats", „Starlight Express", „Chess" gaben der Theaterszene im West End neuen Aufschwung. ⅓ der Theaterbesucher sind Touristen. Zu den wichtigsten (privaten) *West End Theatres* zählen das *Adelphi* (Musicals), *Drury Lane Theatre Royal* (Broadway Musicals), *Garrick, Mermaid, Old Vic* (allg. gebräuchl. Beiname des 1833 gegr. *Royal Victoria Theatre,* von 1963 bis 1976 Stammhaus des *National Theatre*), *Prince Edward, Shaftesbury, St. Martin's* (Longrunner „The Mousetrap" von Agatha Christie, der am 25.11.1952 im *Ambassador Theatre* Premiere hatte), *Wyndhams.*

C. *Fringe Theatres.* Avantgarde- o. Experimentierbühnen am Rande *(fringe)* des etablierten Bühnengeschehens, v.a. seit Ende der 60er Jahre, als Tourneetheater teilweise auch vom ↑*Arts Council* subventioniert. Die meisten *fringe companies* haben ihren Sitz in London. Gespielt wird auf Studiobühnen großer Theater (vgl. *NT, Royal Court*), in ↑*Arts Centres,* Universitätstheatern, Stadthallen, *community centres* u. ↑*pubs.* Bekannte *fringe theatres* sind: *Bush Theatre, Half Moon Theatre, Hampstead Theatre, Institute of Contemporary Arts (ICA), Oval House, Riverside Studios* (ehem. Fernsehstudios in Hammersmith), *The Round House.* – Zum brit. Theaterleben zählen auch zahlreiche Jugend- u. Kindertheatergruppen, z.T. ein Ergebnis der intensiven Schauspielarbeit an brit. Schulen u. Universitäten (*drama* als freiwilliges Nebenfach o. in *Drama Societies,* ↑ *student societies*), z.B. die *Young Vic Company* (London), *Contact Theatre* (Manchester), *Polka Children's Theatre, Unicorn Theatre for Children* (London). Universitätstheater mit großem Ruf gibt es in Aberystwyth (Wales), Exeter u. Newcastle-upon-Tyne.

Insgesamt ist festzuhalten, daß das Theaterleben in GB in großem Maße auf London konzentriert ist, vor allem auf das West End (Beiname: „Theatre country"!): hier sind die großen Theater (neben einer Vielzahl von kleinen), hier spielen die besten Schauspieler, hier inszenier(t)en die bekanntesten Regisseure Stücke berühmter engl. Dramatiker. Stücke, die in London ein Erfolg waren, kommen mit dem Gütesiegel „West End Hit" in den Provinztheatern auf die Bühne – umgekehrt müssen Stücke unbekannter Autoren in der Provinz erst auf Erfolg getestet werden, ehe ihnen durch den Transfer nach London die große Stunde schlägt. Bis auf zwei Ausnahmen (Glasgow u. Manchester) sind auch alle Schauspielschulen (z.B. ↑*RADA*) in London. Sonntags gibt es in ganz GB keine Theatervorstellungen. ↑*Edinburgh Festival.*

Theatre Royal (= *Drury Lane Theatre*) ↑Theater.

therm. Wärmeeinheit. 1 *therm* = 100000 ↑*British thermal units* = 25200 Kilokalorien; wird als Berechnungseinheit für den Gasverbrauch in Haushalten gebraucht.

Thirty-nine Articles ↑Konfessionen.

Threadneedle Street ↑Old Lady of ~, ↑Bank of England.

three-tier system ['θriːtɪə'...] ‚Dreistufensystem' nach Jahrgangsstufen, als Alternative zur herkömmlichen Gliederung des Schulwesens in ↑*primary* u. ↑*secondary schools* seit den 60er Jahren parallel zur Entwicklung des Gesamtschulgedankens von einigen ↑ *LEA*s eingeführt: 1. *First School* ‚Grundstufe' (5- bis 8-/9jährige = 1.–4. Klasse), 2. *Middle School* ‚Mittelstufe' (8–12/9–13 J. = 5.–10. Schuljahr), 3. *High School* ‚Oberstufe' (12/13 bis 16 J. = 11.–13. Schulj. mit integrierter beruflicher Bildung). Die sog. *combined school* (5–12/13 J.) verbindet die Aufgaben von *first* u. *middle school.* Im dt. Schulwesen gibt es keine direkte Entsprechung. Nicht zu verwechseln mit dem ↑*tripartite system.*

Three A's ↑AAA.

Throgmorton Street [θrɒg'mɔːtn ...]. Straße in der Londoner ↑*City* (EC2), in der sich die Börse (↑*Stock Exchange*) befindet; oft auch übertragen für diese gebraucht. ↑*Lombard Street.*

Thronrede ↑Parlament: *Sovereign.*

TIC, *Tourist Information Centre.* Der örtliche Verkehrsverein, Fremdenverkehrsbüro. ↑ *British Tourist Authority.*

tied house ↑pub.

Titanic [taɪ 'tænɪk]. Brit. Luxuspassagierschiff der *White Star Line,* das größte seiner Zeit, angeblich nicht sinkbar; am 14./15. 4. 1912 kollidierte die T. jedoch während ihrer Jungfernreise von Southampton nach New York mit einem Eisberg vor den Grand Banks of Newfoundland u. sank; von den 2206 Passagieren konnten 703 gerettet werden. Als Folge des Unglücks wurden strengere Sicherheitsmaßnahmen zur See international vereinbart. Im September 1985 wurde das Wrack in gutem Zustand in einer Tiefe von fast 4 km entdeckt u. von einem unbemannten Unterseeboot photographiert. 1987 verabschiedete der *US Congress* ein Gesetz, das die T. zum Unterwasserdenkmal erklärte u. es unter Strafe stellte, irgendeinen Teil der T. zu „ändern, stören o. retten". Da das Wrack in internationalen Gewässern liegt, hat das Gesetz jedoch keine völkerrechtliche Gültigkeit. Im August 1987 hob eine amerik.-franz. Tauchexpedition einen Panzerschrank u. eine Ledertasche, deren Öffnung im Rahmen einer Live-Sendung einer frz. Fernsehstation allerdings wenig Sensationelles o. Wertvolles zutage förderte.

tithes ↑vicar.

toad-in-the-hole ['təʊdɪnðə'həʊl]. Wörtl. ‚Kröte im Loch', kleine gebratene Schweinswürstchen in Teig gebacken.

toby (jug). Kleiner Trinkkrug in Form einer irdenen Figur, die es in vielfältigen Variationen gibt (z. B. alter Seemann, Pfarrer, Richter); beliebtes Sammlerobjekt.

toddy. Der schott. ‚Grog': ↑*whisky* mit heißem Wasser u. Zucker.

Todesstrafe ↑capital punishment.

Tommy. Spitzname für einen brit. Soldaten; von „Thomas Atkins", einem unter Wellington 1815 erfundenen „Mustersoldaten"; entspricht etwa amerik. GI.

ton [tʌn]. 1. Colloq. 100 Meilen/h, z. B. „Can your motorbike do the ton?" ‚Kannst du mit deinem Motorrad 100 Meilen in der Stunde fahren?' = 160 km/h. – 2. Gewichtseinheit, die nicht einheitlich ist; im tägl. Gebrauch ist der *long ton* (= 1016,05 kg) gemeint; andere synonyme Bez. für dieses Gewicht sind: ↑*avoirdupois ton, imperial ton, U.K. ton, British ton, English ton, weight ton, gross ton.* Die metrische *tonne* (= 1000 kg) (gleiche Musspr.) setzt sich allmählich durch.

tonne [tʌn]. Schreibweise für die metrische Gewichtseinheit Tonne. ↑*ton.*

torpids ['tɔːpɪdz] heißen die traditionellen Frühjahrsruderwettbewerbe zwischen den College-Achtern der ↑*Oxford University* auf der Themse bei Oxford (urspr. das Rennen der langsameren" *[torpid]* Reservemannschaften). Sie werden als *bumping races* (↑*Eights Week*, ↑*May Week*) ausgetragen u. entsprechen den *Lent Races* in ↑*Cambridge.*

tossing the caber ↑Highland Games.

Tourist Trophy (TT). Urspr. (ab 1907) für Touristen ausgetragenes, heute schwerstes Motorradrennen der Welt auf der ↑*Isle of Man* (Renntage Ende Mai bis Anfang Juni). Zunächst 24 km Strecke im Westen der Insel, ab 1911 60 km Bergstrecke.

Tower Bridge ['taʊə...] zählt mit ↑*Big Ben* u. den ↑*Houses of Parliament* zu den berühmtesten Londoner Wahrzeichen. Von den 18 Straßenbrücken Londons liegt die 1886–1894 erbaute TB mit ihren zwei 65 m hohen neugotischen Türmen am weitesten flußabwärts – in unmittelbarer Nähe des ↑*Tower of London.* Ihr Mittelteil besteht aus zwei Zugbrücken für die Durchfahrt großer Schiffe, nach der Verlagerung der Hafenanlagen weiter flußabwärts heute seltener in Betrieb. Die TB wurde 1993/94 gründlich renoviert.

Tower of London, kurz: *The Tower.* Unter Wilhelm dem Eroberer im 11. Jh. erbaute Festung – oft belagert, aber nie erobert – im Osten Londons (EC3), später mehrfach erweitert u. restauriert. Königliche Residenz bis James I, gleichzeitig Staatsgefängnis (bis Rudolf Hess im 2. Weltkrieg), Münzstätte (bis zur Fertigstellung der *Royal Mint* 1810) u. Observatorium (bis zum Bau des ↑*Greenwich Observatory* 1675), Zoo/Menagerie bis 1834 u. bis heute Schatzkammer für die Kronjuwelen, die größte Edelsteinsammlung der Welt (im *Jewel House* in den Waterloo Barracks). Daneben befindet sich in dem noch aus der Normannenzeit stammenden *White Tower* das Nationale Waffenmuseum. Bewacht wird der Tower heute von *Yeomen Warders,* 40 ehem. Armeeangehörigen, die noch die trad. scharlachrote Tudor-Uniform tragen. Sie werden häufig auch als *„beefeaters"* bezeichnet, obwohl dieser Beiname strenggenommen den ↑*Yeomen of the Guard* – mit denen sie seit 1510 nicht mehr identisch sind – vorbehalten ist. Eine besondere Touristenattraktion ist die seit Jahrhunderten jeden Abend zwischen 21.45 u. 22.00 Uhr stattfindenden *Ceremony of the Keys* (Schlüsselzeremonie), das Abschließen des Tower-Haupttores durch den *Chief Warder.*

town and gown, auch *gown and town.* Bez. für das – nicht immer reibungslose – Nebeneinander von Bürgerschaft *(town)* u. Universität *(gown)* in manchen älteren u. kleineren Universitätsstädten, v.a. ↑*Oxbridge,* St. Andrews (↑*pier walk). Ein gown* ist ein schwarzer o. roter Umhang (Talar), der z.T. auch heute noch von Studenten an traditionsbewußten ↑*Universitäten* getragen wird.

Trades Union Congress ↑TUC.

Trafalgar Square [trə'fælgə...]. 1829–1841 zur Erinnerung an Admiral H. Nelsons Sieg über die französ.-span. Flotte bei Trafalgar (Spanien,

1805) angelegter Platz im Zentrum Londons mit großen (Spring-)Brunnen u. unzähligen Tauben. Wahrzeichen: *Nelson's Column*, eine 56 m hohe Säule aus ↑*West Country*-Granit mit dem 9 m hohen Standbild Nelsons. Bevorzugter Veranstaltungsort für polit. Großkundgebungen u. Demonstrationen, in der Neujahrsnacht feuchtfröhlicher Treffpunkt Tausender feiernder Menschen.

traffic warden. Für die kommunale Parküberwachung u. Verkehrsregelung eingesetzte Männer u. Frauen in schwarzer Uniform (Schirmmütze mit gelbem Band). Sie sind dem örtl. *Chief Constable* (↑*Polizei*) unterstellt.

Training and Enterprise Councils ↑TECs.

Treasury ↑Chancellor of the Exchequer.

Treasury Bench ↑Parlament: *House of Commons.*

trekking. In GB beliebte Form für Reitferien: gemütliche Ausritte (auf Ponies = *pony trekking*) in e. Gruppe von 10–12 Reitern, oft in Verbindung mit Ferien auf dem Bauernhof.

TRH. Abk. für *Their Royal Highnesses*, ‚Ihre Königliche Hoheiten'.

Trident ↑Streitkräfte.

trifle ['traɪfl]. Köstlicher Nachtisch *(dessert)* aus Biskuit (in ↑*sherry* getränkt), Früchten, Himbeergelee, Vanillepudding, Sahne.

Trinity House. Unter Henry VIII (1509–1547) gegr. Vereinigung, die die Aufsicht über Leuchtfeuer hat, für See- u. Lotsenzeichen verantwortlich ist, Lotsenlizenzen ausstellt u. für aus dem aktiven Dienst ausgeschiedene Mitglieder sorgt. Die Mitglieder von T.H. heißen *brethren.*

tripartite system ['traɪ'pɑːtaɪt...]. Im Bildungsgesetz von 1944 *(Butler Act)* vorgesehene dreiteilige Sekundarschule für alle, bestehend aus ↑*grammar school*, ↑*secondary modern school* u. ↑*technical school;* wurde in den 60er Jahren durch die ↑*comprehensive school* als Regelschule abgelöst u. spielt heute im brit. Bildungswesen nur noch eine geringe Rolle.

Triple A [trɪpl'eɪ] ↑AAA.

Triple Crown. 1. ↑*rugby football:* Titel für das engl., walis., schott. o. irische Nationalteam, das jeweils drei Rivalen in einer Saison geschlagen hat. 2. *horse racing:* Titel für den Gewinn der drei Rennen *Two Thousand Guineas* (↑*Newmarket*), *Derby* (↑*Epsom*) u. ↑*St. Leger.* – Vgl. a. ↑*hat trick.*

tripos ['traɪpɒs]. In ↑*Cambridge* die letzte ↑*Honours*-Prüfung für den *BA*-Grad (↑*Akad. Grade*); nach dem ‚dreibeinigen Hocker', auf dem die Prüflinge früher saßen. In ↑*Oxford* heißen diese Prüfungen *schools.*

Trooping the Colour. Farbenprächtige Zeremonie aus dem 18. Jh., auf dem Paradeplatz *Horse Guards Parade* (hinter den ↑*Horse Guards*), die alljährl. am ↑*Official Birthday* des

Monarchen stattfindet; die Fahnenparade (colour = ‚Fahne') der Regimenter der ↑*Guards Division* u. der ↑*Household Cavalry* wird vom Monarchen abgenommen, der traditionsgemäß zu Pferd u. in Uniform auftritt; erstmals 1987 trug Queen Elizabeth II ein Sommerkleid u. saß in einer offenen Kutsche *(phaeton).*

Troubles, the ~. Gängige Bez. für die blutigen u. gewaltsamen Auseinandersetzungen zw. Katholiken u. Protestanten von 1969 bis August 1994, die über 3120 Todesopfer forderten, die meisten davon Zivilisten. Sie fingen mit der Bürgerrechtsbewegung für die Gleichheit der Katholiken im soz., politischen u. Arbeitsleben Ende der 60er Jahre an, angeheizt von der *Provisional* ↑*IRA* u. den paramilitärischen protestant. Gruppierungen, u. endeten am 31. August 1994 mit der Ankündigung eines totalen Gewaltverzichts (*a complete cessation of all military operations*) der *IRA* u. einer Einstellung der Operationen (*suspension of operations*) durch die *Unionists* (13. 10. 1994). Vorausgegangen war eine gemeinsame Erklärung (*joint declaration*) der brit. u. irischen Regierung im Nov. 1993, die einen dauerhaften Waffenstillstand (*permanent ceasefire*) forderte, damit Verhandlungen folgen könnten, die zw. der brit. u. der irischen Regierung u. Vertretern der betroffenen Parteien einschl. *Sinn Fein* (↑*IRA*), des politischen Flügels der *IRA*, noch 1994 stattfanden. Die *Unionists*, die die Bindung Nordirlands an GB aufrechterhalten wollen, weigerten sich, daran teilzunehmen. Die Unterzeichnung eines *framework document* am 22. 2. 1995 durch den brit. u. den irischen Premierminister hat die Aussichten auf einen dauerhaften Frieden steigen lassen. Das Ziel ist es, die Ursachen des Konflikts u. die Last der Geschichte zu überwinden, zwei Traditionen auf einem Territorium – Briten u. Iren, Unionisten u. Nationalisten – miteinander zu versöhnen.

trunk roads. Hauptverkehrsstraßen in Zuständigkeit der Zentralregierung, etwa dt. Bundesfernstraßen vergleichbar. Zu ihnen zählen die Autobahnen (↑*M, motorways,* etwa 20 %), oft sechsspurig ausgebaut, u. ↑*dual carriageways* (= ca. 30 %), die übrigen t.r. sind einbahnige Straßen *(A-roads,* ↑*A).*

Trustee Savings Bank (TSB) ↑Banken.

TSB, *Trustee Savings Banks* ↑Banken.

TSW, *Television South West* ↑Rundfunk u. Fernsehen: *IBA.*

TT-Races ↑Tourist Trophy.

Tube ↑London Underground.

TUC [tiːjuːsiː], *Trades Union Congress.* 1888 gegr. Dachorganisation der brit. ↑*Gewerkschaften,* mit lediglich beratender Funktion für die Einzelgewerkschaften. Sitz: London („Congress House").

Tudor Style ↑Baustile.

turf [təːf]. Eigentlich ‚Pferderennstrecke', auch allg. für den Pferderennsport *(horse racing)* (↑*Pferderennen*).

turnover ['tɜːnəʊvə]. 1. Blätterteigtasche mit Apfelfüllung *(apple t.)*, seltener mit Konfitüre *(jam t.)*; 2. ‚Geschäftsumsatz, Umschlag': vgl. *turnover tax* ‚Umsatzsteuer' (↑ *Steuern*).

tutorials ↑Universität.

TVS, *Television South* ↑Rundfunk u. Fernsehen: *ITC.*

tweed [twiːd]. 1. Handgewebter Wollstoff (urspr. aus Südschottland), am bekanntesten ist heute der schott. *Harris tweed* von den Outer Hebrides; 2. *tweeds:* Kleidungsstücke aus Tweed (z. B. Damenröcke, Herrenanzüge). – Etymologisch erklärt sich das Wort als eine irrtümliche Lesart von *tweel* (= schott. Form von engl. *twill*) ‚Gewebe in Köperbindung', verstärkt durch Assoziation mit dem südschott. Fluß Tweed.

Twickenham ['twɪknəm]. Berühmtes engl. Rugby-Stadion im SW Londons, hat für ↑*rugby football* in England etwa die gleiche Bedeutung wie ↑*Wembley* für ↑*association football.*

Tynwald ↑Isle of Man.

U

U. 1. *U certificate,* ↑*British Board of Film Classification.* – 2. *U – Non-U.* 1954 von dem brit. Linguisten A.S.C. Ross eingeführtes soziolinguistisches Begriffspaar, mit dem die engl. Sprache, v. a. der Wortschatz, in „upper class usage" *(= U)* u. „non upper class usage" *(= Non-U)* eingeteilt wird. *U* bezeichnet dabei eine vornehme, direkte Ausdrucksweise mit primär angelsächsischen Wörtern, *Non-U* eher einen unfeinen, verbrämten Sprachgebrauch mit primär romanischen Bestandteilen (↑*hard words*). Vgl. *U:Non-U = lunch:dinner, sorry:pardon, jam:preserve; looking-glass:mirror, bike:cycle, napkin:serviette; rich:wealthy, to die:to pass away.* Der Begriff *U* wurde über den sprachlichen Bereich hinaus zu einem Synonym für ‚schickliches Verhalten'; inzwischen kaum mehr gebräuchlich.

UCCA, *Universities Central Council on Admissions* ↑Universität.

UDA, *Ulster Defence Association.* Protestantische, paramilitärische Organisation; 1972 gegr., um die ↑*IRA* notfalls mit Gewalt in *Northern Ireland* zu bekämpfen (↑*Ulster*).

UDR, *Ulster Defence Regiment.* Örtlich rekrutierte Truppenreserve zur Unterstützung der Polizei in ↑*Northern Ireland.*

UGC, *University Grants Committee,* 1989 abgeschafft und durch den *UFC (Universities Funding Council)* ersetzt (↑*Universität*).

UK [juːˈkeɪ]. Abk. f. *United Kingdom of Great Britain and Northern Ireland.* ‚Vereinigtes Königreich von Großbritannien u. Nordirland'. Seit 1921 – nach der Abtrennung des größeren südlichen Teils von Irland (Eire) durch den *Government of Ireland*

Act – die staatsrechtl. korrekte Bez. für das brit. Inselreich; im allg. Sprachgebrauch jedoch meist nur „*Britain*" (↑*GB*). Das UK ist ein Nationalitätenstaat mit ca. 56,5 Mio. Einwohnern (236 E./qkm): Engländer (ca. 46,5 Mio.), Schotten (ca. 5 Mio.), Waliser (ca. 3,3 Mio.), Nordiren (ca. 1,6 Mio.), die Bewohner der ↑*Channel Islands* (ca. 145000) u. der *Isle of Man* (ca. 70000) sowie die vorwiegend skandinavischen Shetländer (ca. 23000).

Anders als im Fußball, wo die vier Nationalmannschaften von England, Schottland, Wales u. Nordirland gleichstufig nebeneinanderstehen, sind die staatsrechtlichen Verhältnisse der verschiedenen Landesteile etwas komplizierter: England hat Wales schon im 13. Jh. annektiert u. im 16. Jh. rechtlich integriert (↑*Act of Union with Wales*). Seither ist Wales nur noch ein geographischer u. administrativer Begriff; staatsrechtlich umfaßt der Begriff „England" auch Wales. Die Union Englands mit Schottland erfolgte im Jahre 1707 unter Bildung des neuen Königreiches Großbritannien (↑*Act of Union with Scotland*); trotz Aufrechterhaltung des engl. u. schott. Rechtssystems für den jeweiligen geographischen Raum verloren die beiden konstituierenden Staaten ihre Rechtspersönlichkeit, es entstand kein föderales System. Im Jahr 1801 kam es zu einer weiteren Union mit Irland; es entstand das Vereinigte Königreich von Großbritannien u. Irland, seit 1921, nach dem Ausscheiden von 26 der 32 irischen Grafschaften unter Bildung der Republik Irland, nur noch das Vereinte Königreich von Großbritannien u. Nordirland (↑*Northern Ireland*). Als internationales Kfz-Kennzeichen werden für das UK eigentlich nicht ganz korrekt die Buchstaben GB verwendet. Auch die Bezeichnungen *Britain* u. *British* stehen für das ganze UK, nicht nur für Großbritannien.

UK Support Command (Germany) (UKSC [G]), hieß bis 1994: *British Army of the Rhine (BAOR)*, die Bez. für die in D stationierten brit. Truppen mit einer Friedenssollstärke von 55000 Mann. Die UKSC (G) hat 1995 eine Sollstärke von 32540 (Heer: 26250, Luftwaffe: 6290). UKSC untersteht der NATO. ↑*Streitkräfte;* ↑*BFBS.*

UK ton ↑ton.

UKAEA (Government Division), *United Kingdom Atomic Energy Authority* ↑Kernenergie.

UKCS, *United Kingdom Continental Shelf* ↑North Sea oil.

Ulster ['ʌlstə]. Provinz im Norden von Irland; besteht aus den 6 ↑*counties* Down, Fermanagh, Londonderry, Tyrone, Antrim u. Armagh, die *Northern Ireland* bilden, u. aus den 3 *counties* Cavan, Donegal u. Monaghan, die zur Republik Irland (Eire) gehören. Ulster wird oft als Bez. für *Northern Ireland* gebraucht. Zu seiner konfliktreichen Geschichte ↑*IRA,* ↑*Troubles,* ↑*Plantation of Ulster, Battle of the Boyne* (↑*Orangemen).*

Ulster Defence Association ↑UDA.

Ulster Defence Regiment ↑UDR.

Umweltbewegungen. Die aktivsten, z.T. international operierenden brit. Umweltbewegungen sind *Friends of the Earth (FOE), Socialist Environment and Ressources Association (SERA), Greenpeace,* bekanntgeworden durch spektakuläre Aktionen gegen den Walfang u. die Verunreinigung der Meere (Zentrale in Lewes). Die aus der *Ecology Party* 1985 hervorgegangene *Green Party* setzt sich für eine parlamentarische Repräsentation der brit. Umweltbewegungen ein, spielt jedoch im Unterschied zu den dt. Grünen bei Wahlen noch keine Rolle.

undergraduate. Student vor Erreichen des ersten ↑*akad. Grades* (z.B. *BA*), im Ggs. zum ↑*graduate* u. ↑*postgraduate.* Siehe auch ↑*Universität.*

Underground ↑London Underground.

Union Jack ↑Nationalsymbole.

union societies, var. *debating societies* heißen die akad. Debattierklubs an brit. Universitäten (↑*student societies*). Am bekanntesten sind die *unions* von ↑*Oxford* u. ↑*Cambridge,* die Anfang des 19. Jh.s (↑*Oxford Union 1825*) die Tradition der u.s. begründeten. Sie stellen sich jede Woche bestimmte, nicht immer ernstgemeinte Themen, wobei die Debatten in einem leicht karikierten Unterhaus-Stil (↑*Parlament*) mit Resolutionen, Befürwortern, Gegnern, Zwischenrufen u. Abstimmungen geführt werden. Bisweilen laden die *unions* auch prominente außenstehende Sachkenner als Debattenteilnehmer ein. Präsident einer großen *union* gewesen zu sein, gilt als ein besonderer politischer Befähigungsnachweis.

unions 1. ↑Gewerkschaften; 2. ↑union societies.

UNISON ↑Gewerkschaften.

unit trust ['ju:nɪt trʌst]. ‚Investmentfonds'. Eine *investment company* (auch *trust*) ist dagegen eine Aktiengesellschaft *(public limited company,* ↑*plc),* die ihr Kapital für den An- u. Verkauf von Wertpapieren einsetzt.

Unitarians. Konfessionelle, theologisch liberale Bewegung, die die Dreieinigkeit Gottes ablehnt; ihre Wurzeln sind in Mitteleuropa zu finden; die meisten Anhänger (160000 von 250000 weltweit) gibt es im UK u. den USA *(Konfessionen).*

United Free Church of Scotland ↑Konfessionen.

United Kingdom Atomic Energy Authority ↑Kernenergie.

United Kingdom of Great Britain and Northern Ireland ↑UK.

United Reformed Church ↑Konfessionen.

United World Colleges. Von dem dt. Pädagogen Kurt Hahn (1886–1960), dem Gründer von ↑*Gordonstoun*/ Schottland u. Salem/Baden-Württemberg, ins Leben gerufene Schulbewegung, die sich eine gemeinsame Erziehung für Jugendliche aller Völker zum Ziel gesetzt hat. Es gibt heute sechs *colleges,* genauer: als ↑*Sixth Form Colleges* organisierte Internate, in Wales, Kanada, Singapur, Swaziland, Italien u. USA. Das erste war das *Atlantic College* in St. Donat's Castle, einem Schloß aus dem 15./16. Jh. an der walisischen Küste zwischen Barry u. Bridgend, das seit 1962 der Lebensmittelpunkt für 350 Schüler aus mehr als 60 Ländern ist u. den Ruf eines Elite-Internats genießt. Schulabschluß ist das Internationale Abitur. Dieser Abschluß berechtigt zum Hochschulstudium in fast allen Ländern der Erde. Wichtige Ergänzung zum akad. Lernprogramm sind in den UWC die sog. „services": freiwillige, gemeinsame Hilfsdienste an bedürftigen Mitmenschen. Jeder Schüler betreut mind. 4 Stunden pro Woche Kranke, Alte o. Behinderte in benachbarten Ortschaften. Der schuleigene Küstenrettungsdienst hat seit 1962 vielen Menschen das Leben gerettet. Auch dt. Schüler der Oberstufe (Kollegiaten) haben jedes Jahr die Möglichkeit, mit finanzieller Unterstützung der Studienstiftung des deutschen Volkes eines der UWC zu besuchen.

Universität, *university.* Teil der ↑*Higher Education.* Die brit. Universitäten sind autonome Körperschaften. Sie entscheiden nicht nur unabhängig über die Zulassung der Studenten, sondern auch über die Einstellung von Dozenten (↑*lecturer*), die Inhalte des Lehrangebots sowie über die ↑*akademischen Grade,* die sie verleihen. Diese Autonomie wird durch das zentrale *Department for Education,* dem alle U. unterstehen, nicht berührt. Da jedoch das Ministerium alle U. in Form einer Globalsubvention finanziert, wurde bereits 1919 das *U. Grants Committee (UGC)* als Zwischenglied zwischen Staat u. U. geschaffen, seit 1964 dem *DES* unterstellt. Dieser ‚Bewilligungs- u. Verwaltungsausschuß', ein aus Universitätslehrern, Akademikern aller Art und Persönlichkeiten aus der Wirtschaft bestehendes Gremium, entschied bis 1988 autonom über die Verteilung der staatl. Budgetmittel für die U.; 1989 abgeschafft und durch den der Regierung unterstellten *Universities Funding Council (UFC)* ersetzt.

Die 90 brit. U. lassen sich grob in vier Kategorien einteilen: 1. die *„national U."*, alte, traditionsreiche U. wie ↑*Oxbridge* u. St. Andrews; 2. die zwischen 1850 u. 1960 entstandenen *„redbrick"* o. *„civic u.,* z.B. Manchester, Liverpool, Exeter; 3. die zahlreichen neuen nach 1960 gegr. *„concrete"* o. *„plateglass u."*, meist für eine bestimmte Region, z.B. U. of Sussex (Brighton), U. of East Anglia (Norwich), U. of Kent (Canterbury), U. of Stirling (Schottland). In den 60er Jahren wurde ferner den *Colleges of Advanced Technology* (dt. etwa ‚Techn. Hochschulen') der U.-Status verliehen, z.B. U. of Strathclyde (Glasgow), U. of Surrey (Guildford), Brunel U. (Uxbridge, Middlesex). 4. die ehem. ↑*Polytechnics* (seit 1992). Eine Sonderstellung nehmen die föderierte *U. of Wales* mit Zentrum in Cardiff u. ↑*colleges* in Aberystwyth, Swansea u. Bangor, die *University of Birmingham,* die einzige private

Univ. in GB, die *U. of London* ein, die bis 1907 eine reine Prüfungsinstitution war, heute noch ↑*akad. Grade* an externe Studierende verleiht *(external degrees)* u. mit über die ganze Stadt verteilten 13 Instituten u. 16 Fakultäten die weitaus größte U. GB's ist (ca. 80000 Studenten; zum Vergleich ↑*Oxford:* ca. 10000). Die Verleihung von *external degrees* wird heute in den meisten Fällen vom ↑*Council for National Academic Awards* übernommen. Vgl. auch ↑*Open University.*

Für die Studienzulassung gilt der Grundsatz, daß die Zahl der Studierenden die Zahl der verfügbaren Studienplätze nicht übersteigen darf. Als zentrale Vermittlungsstelle *(clearing house)* fungiert das *Universities Central Council on Admissions (UCCA).* Etwa ein Jahr vor den *A-Level*-Prüfungen (↑*General Certificate of Education*) füllt der künftige Student seinen Bewerbungsbogen aus, auf dem er das gewünschte Studienjahr, die bevorzugte U. (bis zu 5) vermerkt sowie Angaben über Hobbies, praktische Erfahrungen, Mitgliedschaft bei Vereinen u. sportliche Betätigung macht. Zusammen mit der Schulakte u. einem ausführlichen Gutachten des Schulleiters *(headmaster)* wird der komplette Zulassungsantrag dem *UCCA* zugeleitet (Ausnahmen: ↑*Open U., U. of Glasgow, Aberdeen, Strathclyde*). Die Entscheidung über die Zulassung liegt jedoch nicht beim *UCCA,* sondern bei den U., denen die Unterlagen in der vom Studienbewerber gewünschten Reihenfolge vorgelegt werden. Meist wird der Bewerber noch zu einem Gespräch *(interview)* gebeten, Oxbridge verlangt darüber hinaus noch eine eigene Aufnahmeprüfung *(matriculation).* Aufgrund dieser Unterlagen macht die U. dem kommenden Studenten dann ggf. eine *conditional offer,* d.h. sie sagt die Aufnahme zu, wenn beim ↑*General Certificate of Education (GCE)* bestimmte Noten erreicht werden. Häufige Bedingung: erfolgreiche Ablegung des *GCE* in mind. 5 Fächern, davon 2 o. 3 – Oxbridge oft mehr – *A-Levels* (mind. in 2 Fächern die Note *B* u. im dritten Fach nicht schlechter als *C*).

An allen brit. U. beginnt das Schuljahr *(academic year)* im Oktober u. endet im Juni o. Juli des folgenden Jahres. Mit Ausnahme der U. of Stirling (Semestereinteilung wie in D) ist das Studienjahr in drei acht- bis zehnwöchige Trimester *(terms)* unterteilt: 1. *Michaelmas Term* o. *autumn term* (Anfang Oktober bis Mitte Dez.), 2. *Lent Term, Hilary Term* o. *Spring Term* (Mitte Jan. bis Ende März), 3. *Easter Term, Trinity* o. *Summer Term* (Mitte April bis Juni/Juli). Die schriftl. Jahresprüfungen finden in der zweiten Hälfte des letzten Trimesters statt. Sämtliche Prüfungen werden von den U. in eigener Regie durchgeführt. Ein „Staatsexamen" gibt es in GB nicht.

Das Studium ist in zwei deutlich voneinander abgegrenzte Bereiche eingeteilt: 1. *Undergraduate studies.* Der erste, streng geregelte Studienabschnitt umfaßt i.d.R. drei, manchmal 4 Jahre (Medizin: 5–6 J.). Ein Universitätswechsel ist während dieses Zeitraumes nicht möglich. Bei der festgelegten Kursdauer handelt es sich nicht um die Mindestzeit, sondern um fest vorgeschriebene Zeitabschnitte, nach denen die jährlichen Prüfungen abgelegt werden müssen. „Akademische Freiheit" im Sinne eines undisziplinierten, beliebig lang hinausgezogenen Studiums wird nicht geduldet. In vielen Fällen steht die jeweilige Fächerkombination nicht unbedingt mit der angestrebten Berufslaufbahn in Verbindung, da die *undergraduate studies* häufig als Abschluß der allg. Ausbildung angesehen werden. Der Unterricht findet überwiegend in kleinen Gruppen, in *tutorials* u. in *seminars*, statt. Vorlesungen *(lectures)* sind häufig nur freiwillige Ergänzungen im Lehrangebot. Der *tutor* – in GB im Prinzip jeder Hochschullehrer (↑*lecturer*, ↑*reader*, ↑*professor*) – hat meist nur mit 4 o. 5 Studenten zu tun u. ist daher in der Lage, von diesen im Abstand von 1–2 Wochen ein bestimmtes Lernpensum u. eine schriftliche Arbeit *(essay)* zu verlangen. *Essays*, wie sie v.a. in den geisteswiss. Fächern üblich sind, dürfen nicht mit deutschen Seminararbeiten verglichen werden. Sie sind weit weniger umfangreich u. sollen mehr die eigenen Überlegungen des Studenten als das Studium von Sekundärliteratur zum gegebenen Thema reflektieren. Die meisten Hochschullehrer sind – im Ggs. zu ihren dt. Kollegen – neben umfangreichen Lehrverpflichtungen auch als *personal tutors* aktiv u. betreuen in dieser Funktion jeweils mehrere Studenten während des ganzen Studiums im studienbezogenen, aber auch in nichtakademischen Angelegenheiten (vgl. auch ↑*bejant*).

Die *undergraduate studies* führen nach 3–4 Jahren zum Erwerb eines ersten akademischen Grades *(undergraduate degree)*, in den meisten Studiengängen der *Bachelor degree*, z.B. *Bachelor of Arts (B.A.)* o. *Bachelor of Science (B. Sc.*, ↑*Akademische Grade)*; entspricht in Schottland dem *M.A. (Master of Arts)*. Man unterscheidet *general* o. *ordinary degree* (nach einem allgemeinen Studium mit größerer Fächerbreite) u. *honours* o. *special degree* (nach einem Fachstudium in 1, seltener 2 Fächern). Die meisten Studenten belegen *honours courses* u. verlassen nach 3 Jahren die Universität (↑*class list*).

2. *Postgraduate studies.* Studenten, die mit guten Noten bei der Abschlußprüfung den *graduate*-Status eines *B.A.* erworben haben, können ein 2- b. 3jähriges freizügigeres Aufbau- u. Forschungsstudium absolvieren u. sich dabei auf höhere ↑*akademische Grade (postgraduate degrees)* vorbereiten, z.B. *Master of Arts (M.A.)* o. *Master of Science (M.Sc.)* nach 1–2 Jahren – andere Regelung in Oxbridge u. Schottland – oder die Promotion (*Ph.D.* o. *D.Phil.*) nach 3 Jahren ablegen. Der *postgraduate* wird dabei von einem *supervisor* in seinen Forschungen überwacht u. beraten. Dieser fungiert jedoch nicht als Gutachter u. Prüfer der Doktoranden u. ist daher nur bedingt mit einem dt. Doktorvater zu vergleichen.

Die Organe der U. sind der *Vice-Chancellor* o. *Principal* (dt. etwa ‚Rektor, Präsident'), der *court* o. *council* (etwa ‚Verwaltungsrat': neben Mitgliedern der U. auch Vertreter der ↑*Gewerkschaften* usw.) u. der *senate*, der als Kollegialorgan in allen akademischen Belangen entscheidet. Leiter der Verwaltung ist der *registrar*, dt. etwa: ‚Kanzler'. Der stets an erster

Stelle genannte *chancellor* übt an brit. Hochschulen ein reines Ehrenamt aus – in den meisten U. auf Zeit, in Oxford auf Lebenszeit –, in das i.d.R. bekannte Persönlichkeiten des öffentlichen Lebens o. ein Mitglied der königlichen Familie auf Vorschlag von Universitätsangehörigen, die dann auch den „Wahlkampf" mit öffentlichen Kandidatenbefragungen *(hecklings)* organisieren, gewählt wird. Dieses Amt hat an dt. Universitäten keine Entsprechung, dt. etwa: ‚Ehrenpräsident'. Die Rektoren aller brit. *Universitäten* sind im *Committee of Vice-chancellors and Principals of the United Kingdom Universities (CVCP)* zusammengeschlossen. Seine Aufgabe ist es, die Entwicklung von Universitäten im UK zu fördern u. zu unterstützen. Das *CVCP* vertritt die U. gegenüber der Regierung, dem Parlament u. anderen nationalen Institutionen u. Organisationen weltweit.

unparliamentary language ↑Parlament: *House of Commons.*

Upper Crust. Colloq. Bez. für die „Upper ten (thousand)", die oberen Zehntausend, Haute Volée.

usquebaugh ['ʌskwɪbɔː] ↑whisky.

U-turn. Eine Kehrtwende, die man macht, um in die entgegengesetzte Richtung zu fahren; auf dem ↑*motorway* z.B. verboten *(No U-turn).* Auch in der Politik verwendet: Wenn die ↑*Regierung* eine bisher verfolgte Politik aufgibt, wirft ihr die ↑*Opposition* vor, ein U-t. gemacht zu haben; meist negativ zu verstehen, daher nicht mit dt. ‚Wende' gleichzusetzen. Als Mrs. Margaret Thatcher sagte: „The lady's not for turning" (in Anlehnung an das Theaterstück von Christopher Fry ‚The Lady's Not for Burning'), meinte sie, die Regierung habe nicht die Absicht, ihre bisherige Politik aufzugeben. ↑*thatcherism,* ↑*Iron Lady.*

V

V & A. Das *Victoria and Albert Museum* in London (SW 7), gegr. 1899 von Queen Victoria u. Prince Albert, 1909 als „Nationales Museum der Schönen u. Angewandten Künste" eröffnet, heute eines der bedeutendsten Kunstmuseen der Welt.

VAT, *value added tax.* ‚MWSt' (↑*Steuern*).

VC, *Victoria Cross* ↑Orden u. Ehrenzeichen B. 1.

VD, *venereal disease.* ‚Geschlechtskrankheit' o. ‚durch Geschlechtsverkehr übertragene Krankheit'.

VE-Day, *Victory in Europe* ↑Weltkriege: 2. *Weltkrieg.*

Verbraucherschutz, *consumer protection.* Für den gesetzlichen Verbraucherschutz ist das *Department of Trade* (Handelsministerium) in London zuständig. Über die Durchsetzung des V. wachen im wesentlichen die *County Councils* (*CC,* England) u. die *Regional Councils* (*RC,* Schottland). Die wichtigsten V.-Gesetze sind: *Trade Description Acts, Supply* *of Goods Act, Unfair Contract Terms Act, Consumer Protection Acts, Consumer Safety Act.* Neben den V.-Abteilungen der *CC* bzw. der *RC* fungieren heute v.a. die etwa 1000 ↑*Citizen's Advice Bureaux (CAB)* als Verbraucherberatungsstellen. Als Bindeglied zwischen Regierung u. Industrie wurde der *National Consumer Council* geschaffen. Daneben gibt es mehrere private V.-Organisationen, die größte ist die *Consumers' Association (CA),* die brit. ‚Stiftung Warentest', die sich aus den Mitgliedsbeiträgen ihrer über 800000 Mitglieder finanziert. Herausgabe der Testzeitschrift *Which?.*

Verfassung, *constitution.* Das ↑*UK* hat keine geschriebene V., es gibt aber gewisse Gesetze, Vereinbarungen u. Konventionen, die eine V. ersetzen. Dazu gehören: *Magna Charta* 1215: schützte die Freiheit der engl. Barone gegen Übergriffe des Monarchen; zum ersten Mal wurde die Macht der Krone der Kontrolle des ↑*Rechts* unterstellt (↑*Runnymede*). Die beiden wichtigsten der insg. 63 Artikel sind die Zusage, daß Steuern nur mit „allgemeiner Zustimmung" erhoben werden dürfen u. daß „kein Freier verhaftet oder ins Gefängnis geworfen oder enteignet werden soll, es sei denn nach einem Urteil seines Standesgenossen". Die *Magna Charta* wird manchmal als der Ursprung „der ältesten Demokratie der Erde" bezeichnet, was übertrieben ist, da sich unter der „allgemeinen Zustimmung" allein die Zustimmung durch die Hauptlehensträger versteht u. die Rechtsgarantien allein für die genannten „Freien", also die feudalen Barone, gelten. Kein Artikel der *Magna Charta* befaßt sich mit der Masse des damaligen Volkes, den Leibeigenen (*villeins*). – *Petition of Right* 1628: Katalog von Bürgerrechten u. Freiheiten, der von King Charles I anerkannt wurde, wie das Verbot von willkürlicher Verhaftung, von der Anwendung des Kriegsrechts in Friedenszeiten u. von nicht vom ↑*Parlament* beschlossenen ↑*Steuern.* – *Habeas Corpus* 1679: Danach darf niemand ohne richterliche Anordnung u. Überprüfung verhaftet o. in Haft gehalten werden; ein Verhafteter muß innerhalb von 3 Tagen einem Richter zur Klärung seines Falles vorgeführt werden. – *Bill of Rights* (in Schottland *Claim of Rights*): 1688 fand die sog. ↑*Glorious Revolution* statt, der Sturz von König Jakob (James) II u. die Thronbesteigung von *William of Orange* (Oranien) u. seiner Gemahlin Mary. Die Bedingungen, unter denen sie regieren sollten, wurden im *Bill of Rights* festgelegt. U.a. war es verboten, Gesetze ohne Zustimmung des ↑*Parlaments* aufzuheben, Steuern zu erlassen o. ein Heer in Friedenszeiten aufzustellen. – *Act of Settlement* 1701: legte die Unabhängigkeit der Richter fest, die bis dahin für die Zeitdauer guter Führung ernannt u. vom König entlassen worden waren.

Diese u. andere Gesetze, die jederzeit mit einfacher Mehrheit vom Parlament geändert o. außer Kraft gesetzt werden können, in Verbindung mit *common law* (↑*Recht*), der ↑*Monarchie,* Konventionen u. Verordnungen der *European Union* (↑*EU)* tragen u. trugen dazu bei, daß die *Rule of Law* (‚Rechtsstaatlichkeit') u. die

Souveränität des Parlaments sich durchgesetzt haben, die Gesetze u. das Recht Vorrang haben u. der einzelne vor der Willkür der Obrigkeit geschützt ist.

Very Reverend, the ~ *(Very Rev.).* Titel eines *dean* ‚Dekans'. ↑*Anreden.*

vicar ↑clergy.

Vice-Chancellor ↑Universität.

Vice Squad ↑Polizei.

Victoria Cross (VC) ↑Orden u. Ehrenzeichen B. 1.

Victorian Style ↑Baustile.

videotex ↑Prestel, ↑teletext.

viewdata ↑Prestel.

village fête ↑fête.

viscount ['vaɪkaʊnt] ↑Adelstitel.

Visitor's Gallery ↑Parlament: *House of Commons.*

VJ-Day, *Victory in Japan* ↑Weltkriege: 2. *Weltkrieg.*

vocational training. ‚Berufsausbildung', im Anschluß an die Schulpflicht (ab 16 J.) im Rahmen von ↑*Further* u. ↑*Adult Education.* Von 10 Schulabgängern in GB beginnen bisher nur drei eine reguläre Berufsausbildung (vgl. D 9, Frankreich 8), die Mehrheit der brit. Jugendlichen absolviert keine Lehre. Anders als in D gibt es in GB keine Tradition der Lehrlingsausbildung mit gesetzlichem Rahmenwerk, einheitlichen Abschlußprüfungen u. allg. anerkannten Facharbeiterbriefen. Berufsausbildung war in GB bisher eher eine Vertragsangelegenheit zwischen den Betrieben u. den Auszubildenden bzw. zwischen den Unternehmen u. den ↑*Gewerkschaften.* Seit Anfang der 90er Jahre versucht die brit. Regierung, dieser Entwicklung durch verschiedene Maßnahmen entgegenzuwirken. Im Hinblick auf eine größere Durchlässigkeit zwischen berufl. u. akademischer Bildung wurden in England u. Wales durch den *National Council for Vocational Qualifications* (*NCVQ*) neue berufliche Abschlüsse, *National Vocational Qualifications*, geschaffen. 1994 gab es in den verschiedensten Berufen 654 NVQs mit 5 Stufen: 1-Foundation, 2-Basic Craft (↑*Youth Training*), 3-Technician, Advanced Craft, Supervisor, 4-Higher Technician, junior management, 5-Professional, Middle Management. Bis zum Jahr 2000 sollen 20–25 % der 17jährigen NVQ-Stufe 3 erreichen. Daneben gibt es *General National Vocational Qualifications* (*GNVQs*), in Schottland *Scottish Vocational Qualifications* (*SVQ*), die einen späteren Übergang in die Hochschule erlauben, mit drei Stufen: 1-Foundation (entspricht ↑*GCSE* [low grade]), 2-Intermediate (5 *GCSEs,* grades A–C), 3-Advanced (2 *GCE A-Levels*), daher auch „Vocational A-Level". Bis zum Jahr 2000 sollen 50 % der 17jährigen *GNVQ*s abgelegt haben. 1995 wurde den 16- u. 17jährigen im Berufsbildungswesen ein Bonusheft mit Bildungsgutscheinen (*Youth Credits*) ausgehändigt, mit denen sie bei Institutionen ihrer Wahl unterschiedliche Wissensmodule erwerben können. In Schottland heißt das entsprechende Programm der LECs *Skillseekers*. Mit der *Technical and Vocational Education Initiative* (*TVEI*) soll der Lehrplan für die 14- bis 18jährigen stärker an die Bedürfnisse der Arbeitswelt angepaßt werden. In London gibt es eine *British-German School for Vocational Training*, die Kurse nach dem Muster der dt. dualen Ausbildung anbietet. Siehe auch ↑*Further Education*, ↑*skillcentre*, ↑*Youth Training*.

voluntary school. Öffentliche Grund- o. Sekundarschule, die von einem privaten Träger, z.B. von der *Church of England* (↑*Konfessionen*) errichtet, im wesentlichen aber von einer ↑*LEA* unterstützt wird. Siehe auch ↑*county schools*.

vorticism. Von *vortex* ‚Wirbel, Kraft, Erregung'; von dem amerik. Dichter Ezra Pound (1885–1972) im Jahr 1913 geprägter Begriff. Zwischen 1913 u. 1915 literarisch-künstlerische Avantgarde-Bewegung um den engl. Maler u. Schriftsteller W. Lewis (1884–1957), E. Pound u. andere Künstler u. Intellektuelle. Die Zeitschrift „Blast. The Review of the Great English Vortex" erschien nur mit 2 Nummern (20.1.1914 u. Juli 1915). Die vortizistischen Manifeste sind ein Kreuzzug gegen die Zaghaftigkeit u. andere romantische Auswüchse in Malerei u. Skulptur sowie gegen den Geschwindigkeitsrausch der Futuristen.

VSO, *Voluntary Service Overseas*. Brit. Entwicklungsdienst in der Rechtsform einer Wohltätigkeitsorganisation (↑*charities*) mit Sitz in London; entsendet berufserfahrene Fachkräfte für 2–3 Jahre als Entwicklungshelfer *(VSO workers)* in ein Land der Dritten Welt.

W

Währung ↑Geld u. Währung.

Wahlsystem, *electoral system*. Das aktive Wahlrecht *(franchise, suffrage)* in Parlamentswahlen *(parliamentary* o. *general elections)* hat jeder Bürger des ↑*Commonwealth* u. der Republik Irland in seinem Wahlbezirk *(constituency)*, wenn er am Stichtag *(qualifying date)* dort wohnhaft, 18 Jahre alt u. in das Wahlregister *(register of electors)* eingetragen ist. Ausgenommen sind u.a. ↑*peers*, Verbrecher *(felons)* u. Geistesgestörte. Bürger, die sich nicht länger als 20 Jahre im Ausland aufhalten, dürfen auch wählen. Briefwahl *(voting by post)* u. die Stimmabgabe durch einen Bevollmächtigten *(voting by proxy)* sind vorgesehen. Das passive Wahlrecht besitzen Bürger des ↑*Commonwealth* u. der Republik Irland ab 21 Jahren, soweit sie die anderen Bedingungen erfüllen.

Das W. ist so konzipiert, daß eine Partei eine deutliche Mehrheit der Mandate im Unterhaus besitzt u. kein *hung Parliament* (wo keine Partei eine absolute Mehrheit hat) entsteht. Das reine Mehrheitswahlsystem hat faktisch zu einem Zweiparteiensystem geführt. Gleichzeitig benachteiligte es die kleineren ↑*Parteien* (der letzte liberale Premierminister war Lloyd George, dessen Amt 1922 endete), insbes. jene, die bei einem Verhältniswahlsystem *(proportional representation)* ihre Repräsentanz im Parlament vervielfachen könnten. Die großen Parteien weisen darauf hin, daß nur das reine Mehrheitswahlsystem auch klare Mehrheiten erbringt u. damit ein klares Regieren ermöglicht.

Parlamentswahlen müssen in Abständen von max. 5 Jahren abgehalten werden; vorgezogene Wahlen sind üblich, den genauen Termin bestimmt der *Prime Minister* (↑*Regierung*). Die verschiedenen Parteien stellen ihre Kandidaten *(candidates)* in den 651 Wahlkreisen auf. Der Kandidat, der in seinem Wahlkreis die meisten Stimmen auf sich vereinigen kann, hat gewonnen u. wird ins Parlament entsandt. So stehen die Mandate einer Partei in keinem Verhältnis zu der Anzahl der Stimmen, die für diese Partei landesweit abgegeben wurden, da a) ein Kandidat nur eine einfache Mehrheit der Stimmen braucht, um gewählt zu werden, b) in einigen Hochburgen *(strongholds)* die Abgeordneten mit großer Mehrheit gewählt werden, wobei man von verlorenen Stimmen *(lost votes)* spricht, u. c) in sog. *marginal constituencies* (wo die Stimmenmehrheit für die siegreiche Partei sehr knapp ist) ein Kandidat bei mehr als 2 aufgestellten Kandidaten gewinnen kann, obgleich er nur eine Minderheit der abgegebenen Stimmen auf sich vereinigen konnte. Die Ergebnisse der Parlamentswahl 1987 stellen ein bes. krasses Beispiel für dieses Mißverhältnis zw. Prozentsatz der Stimmen u. Prozentsatz der Sitze dar:

	Stimmen %	Anzahl der Mandate	Mandate %
Conservatives	43	375	58
Labour	32	229	35
Alliance	23	22	3

Diese Abweichung von der Proportionalität war in der Wahl 1992 (s. S. 285) im Endergebnis etwas geringer, aber es gab starke regionale Unterschiede. Z.B. in Schottland erhielten die *Scottish Nationalists* (↑*Parteien*) 21 % der Stimmen und gewannen nur drei Sitze.

Eine *by-election* („Nachwahl') findet in einem Wahlkreis statt, nachdem der Abgeordnete gestorben, zurückgetreten o. ins Oberhaus befördert worden ist.

Jeder Kandidat muß vor einer Wahl ein *deposit* von £ 500 hinterlegen. Wenn er weniger als 5% der Stimmen erhält, verliert *(forfeits)* er seine Einzahlung. Zweck dieser Maßnahme ist es, kleinere, aussichtslose ↑*Parteien* von der Wahl fernzuhalten, was aber sog. *„fun"* candidates (z.B. Popsänger) nicht davon abhält, an den Wahlen teilzunehmen. Ein Kandidat darf für die Finanzierung seines Wahlkampfs nicht mehr als £ 4642 plus 3,9 *pence* für jeden Wähler in einem Stadtbezirk bzw. 5,2 p. für jeden Wähler in einem Landbezirk ausgeben; bei Nachwahlen ist jeweils ca. das Vierfache erlaubt. – Dieses W. findet auch bei Europawahlen Anwendung.

Wales, [weɪlz], walis. Cymru [kʌmrɪ], Fürstentum *(principality)* (20 765 qkm, 2,9 Mio. Einwohner = 139 E. je qkm, Hauptstadt Cardiff); im Westen GBs liegende Halbinsel zwischen Bristol-Kanal u. Irischer See, von England abgegrenzt durch die Linie Chester – Shrewsbury – Hereford – Chepstow. Die Urbevölkerung ist inselkeltischer Abstammung u. mit den Bretonen verwandt. England u. Wales werden oft in einem Atemzug genannt, tatsächlich ist Wales nicht in gleichem Maße wie Schottland ein Teil GBs. Aus staatsrechtlicher Sicht ist Wales seit seiner Eingliederung durch den ↑*Act of Union* des Jahres 1536 ein Teil Englands. Seit 1920 hat Wales eine eigene Kirche (Church in Wales, siehe ↑*Konfessionen*) mit anglokatholischer Prägung mit sechs Diözesen. Etwa ein Viertel der Fläche von Wales ist als ↑*National Park* oder *Area of Outstanding Natural Beauty* ausgewiesen. Im Londoner Parlament sind für Abgeordnete aus Wales 38 Sitze reserviert. Zu walis. Geschichte, Kultur u. Sprache, siehe ↑*Caernavon,* ↑*eisteddfod,* ↑*Prince of Wales,* ↑*Welsh,* ↑*Ich dien,* ↑*Llanfair...;* siehe auch ↑*Great Little Trains, Plaid Cymru (↑Parteien), Sianel Pedwar Cymru (S4C) (↑Rundfunk und Fernsehen),* ↑*Welsh English,* ↑*Welsh Office,* ↑*Welch.*

Wapping ['wɒpɪŋ]. Name eines Bezirks in den Londoner ↑*Docklands,* auch gebraucht für das dort gegen heftigen Widerstand der Gewerkschaften errichtete hochtechnisierte Druckhaus u. Verlagsgebäude der brit. Zeitungsgruppe *News International* („The Times“, „Sunday Times“, „Today“, „Sun“, „News of the World“). Der Auszug Anfang 1986 aus ↑*Fleet Street* war von heftigen Auseinandersetzungen mit den Druckergewerkschaften *SOGAT ’82* u. *National Graphical Association (NGA)* begleitet. Die Anlage ist ringsum wie eine Festung („W. Fortress“) mit Stacheldraht gegen Übergriffe gesichert. Auch *Associated Newspapers* mit der „Daily Mail“, der „Mail on Sunday“ u. dem „Evening Standard“ sowie der „Guardian“ u. die „Financial Times“ sind ins Hafengelände umgezogen, fast alle im *Canary Wharf Tower (↑Docklands).*

War of the Roses. Kampf um den Thron in der 2. Hälfte des 15. Jhs. zw. dem Hause *York* (Symbol: weiße Rose) u. dem Haus *Lancaster* (rote Rose); ging 1485 zu Ende, als Henry Tudor *(Lancaster)* Richard III *(York)* besiegte, die beiden Seiten durch seine Ehe mit Elizabeth of York vereinigte und als Henry VII regierte. (↑*Nationalsymbole: rose*).

Warden ↑Oxford (University).

Wardour Street ['wɔːdə...]. Straße in ↑*Soho* (W 1) mit vielen renommierten Filmgesellschaften, Aufnahmestudios, Agenturen u. Produktionsfirmen; Zentrum der brit. Filmindustrie, daher übertragen oft für diese gebraucht, ähnlich Hollywood in den USA.

Watling Street ['wɒtlɪŋ...]. Alte Römerstraße von Dover (Kent) über Canterbury, London, St. Albans (Herts.) u. Wroxeth (Shropshire), heute inoffizieller Name der *A 5* (↑*A*).

Ways and Means Committee. *Committee of the whole House* ‚Ausschuß des ganzen Hauses', (↑ *parliamentary committees)*; gegr. 1641; befaßt sich mit Finanzvorschlägen u. billigt die dafür nötigen ↑*Steuern.* Der Vorsitzende des W. ist auch der stellvertretende *Speaker* (↑*Parlament: House of Commons*).

WC ['dʌblju(u:)'si:]. 1. Postalische Abk. für *West Central District of London,* die zentralen Stadtteile Londons *Bloomsbury WC1* u. *Holborn WC2* (↑*West End*), in denen Charing Cross, viele ↑*Theater* u. das ↑*British Museum* liegen (s. Karte S. 288). – 2. *water closet* ‚Toilette'.

WEA, *Workers' Educational Association.* Freiwillige *(voluntary)* Organisation, die in Zusammenarbeit mit den ↑*Universitäten,* dem *Department of Education and Science,* den ↑*LEAs* u. den ↑*Gewerkschaften* über 800 Fortbildungsstätten für Arbeiter unterhält (gegr. 1903); im Kursangebot den dt. Volksbildungswerken/Volkshochschulen vergleichbar. Siehe ↑*adult education,* ↑*further education.*

Weald [wɪld] ↑Downs.

weathermen. Colloq. Bez. für Meteorologen, insb. die, die den Wetterbericht im Fernsehen präsentieren. Zuständig für Wettervorhersage ist der *State Meteorological Service,* der dem Verteidigungsministerium untersteht.

Wehrpflicht *(conscription)* gab es im UK zum ersten Mal 1916 während des 1. Weltkrieges (↑*Weltkriege*) bis 1920 u. wieder 1939 für Männer von 18 bis 41, ab 1941 auch für Frauen; von 1948 bis 1951 betrug der Wehrdienst *(national service)* 21 Monate für Männer zw. 19 u. 25, von 1951 bis 1960 2 Jahre für Männer zw. 18½ u. 25. 1960 *(National Service Act)* wurde die W. abgeschafft. Seitdem gibt es eine Berufsarmee (↑*Streitkräfte*).

weight ton ↑ton.

Welch. Alte Schreibweise für *Welsh,* die nur noch in Regimentsnamen zu finden ist; z.B. *Welch Regiment, Royal Welch Fusiliers,* aber ↑*Welsh Guards.*

welfare state ↑Beveridge Report, ↑National Health Service, ↑social security, ↑social welfare.

Welsh, var. *Cymric.* Die walisische Sprache (walis. *Cymraeg*) – eine der 35 europ. Minderheitensprachen – zählt mit Bretonisch u. ↑Cornish *zur britannischen Gruppe* (p-*Keltisch) – im Ggs. zur goidelischen Gruppe* (*q*-Keltisch, ↑*Gaelic,* ↑*Manx*) – der inselkeltischen Sprachen. Sie wird nach einer Zählung von 1991 noch von etwa 19% der Bevölkerung von Wales gesprochen u. hat sich – v.a. im Norden u. Westen – trotz der im ↑*Act of Union* mit England unter Henry VIII (1536) verordneten Anglisierung der Bevölkerung einen wichtigen Platz im öffentlichen Leben bewahrt als Sprache der Familie, der Kirche (↑*chapel*) (Nonkonformisten, Methodisten), der Bauern u. Grubenarbeiter, der Dichter u. Sänger (↑*eisteddfod*); vgl. Zählungen 1981: 20%, 1971: 21%, 1961: 26%, 1951: 29%.

Welsh gilt in Wales offiziell als „gleichwertig“ mit dem Englischen (seit *W. Language Act* 1967). Amtliche Dokumente sowie Wegweiser u. Straßenschilder sind grundsätzlich zweisprachig engl.-walis. Für ein walisischsprachiges Wales („Cymru Cymraeg“) setzen sich v.a. zwei Vereinigungen ein: die regionalistische ↑*Cymdeithas yr Iaith Gymraeg* u. die *W. Language Society* (s. auch ↑*Plaid Cymru*, ↑*Parteien*). Seit 1982 gibt es e. eigenen walis. Ableger des privaten vierten Fernsehkanals *Channel Four* (walis. *Sianel 4 Cymru*, kurz: *S4C*). Ein *Welsh Language Board* berät in Sprachfragen.

W. ist eine phonetische Sprache, die Aussprache entspricht weitgehend der Schreibung. Ausnahmen: z.B. *dd* [ð], *ll* [θl], *c* [k], *u* [ɪ(iː)], *w* [ʊ(uː)], *y* je nach Lautumgebung [iː], [ɒ], [a]. Häufige walis. Bestandteile in ↑*Ortsnamen* sind: *aber* ‚Mündung‘, *caer* ‚Lager‘ (= lat.-engl. ↑ *cester*), *craig* ‚Fels‘, *gwen (gwyn)* ‚schön‘, *llan* ‚Heiliger Ort, Kirche‘, *pen* ‚Bergspitze‘, *ty* ‚Haus‘, *y(r)* ‚der, die, das‘. Siehe ↑*Llanfair...*; ↑*Welsh English*.

Welsh English. Geogr. Variante des ↑*Standard English*, die in Wales als Ergebnis des walis.-engl. Sprachwechsels gesprochen wird: v.a. eigentümliche Intonation u. Aussprache, lexikalische u. grammatikalische Interferenzen. Durch ein bis 1942 gültiges Gesetz (*Act of Union* mit England unter Henry VIII) aus dem Jahre 1536, das die engl. Sprache in Wales als offizielle Sprache vor Gericht u. im öffentlichen Leben bestimmte, wurde eine Entwicklung eingeleitet, die zu einer nachhaltigen Anglisierung der urspr. keltischsprachigen Bevölkerung führte (↑*Welsh*). Heute besteht eine ausgeprägte Bilingualismus- u. Diglossie-Situation mit Tendenz zur engl. Einsprachigkeit.

Welsh Guards. Jüngstes Heeresregiment der ↑*Guards Division*; 1951 aus einer Gruppe Waliser von den ↑*Grenadier Guards* gebildet.

Welsh Office. Ministerium *(government department*, ↑*Regierung)* in London u. Cardiff (Wales), das für walis. Angelegenheiten zuständig ist. Zuständigkeiten: Industrie, Soziales, Landwirtschaft und Fischerei, Verkehr, Gesundheit, Bildung, Wohnungsbau, Tourismus, Kommunales, walis. Sprache u. Kultur, Umwelt u. Denkmalschutz.

Welsh rarebit ↑rarebit.

Weltkriege. *1. Weltkrieg:* Eine Ursache des Krieges waren die politischen, wirtschaftlichen u. kolonialen Rivalitäten zw. den Großmächten, v.a. zw. D u. GB, die ins 19. Jh. zurückreichten. Internationale Spannungen wurden von einem Rüstungswettlauf, insb. dem Bau einer dt. Flotte, u. dem Imperialismus verstärkt. Nach Ausbruch des Krieges versuchte GB zunächst zu vermitteln, aber erklärte am 4. 8. 1914 den Krieg, als belg. Neutralität durch den Einmarsch dt. Truppen verletzt wurde; diese Kriegserklärung fand die Zustimmung fast aller Politiker. Nach schweren Kämpfen mußte sich ein brit. Expeditionskorps *(Expeditionary Force)* unter Sir John French, der das franz. Heer unterstützen wollte, nach Paris zurückziehen. Erst im Okt. 1914 konnten die Alliierten den dt. Vormarsch bei Ypres (volkstüml. Aussprache: ['waɪpəs]) zum Stillstand bringen. Der Krieg wurde dann überwiegend zum Stellungskrieg *(phoney war).* In England herrschte Kriegsbegeisterung, bald entstand aus einer kleinen Berufsarmee ein großes Heer Freiwilliger. Seit 1917 setzten die Briten erstmals Tanks ein. Zur See wurde die Hauptschlacht vor dem Skagerrak *(Battle of Jutland)* 1916 ausgetragen; sie ging unentschieden aus, danach blieb die dt. Hochseeflotte bis Ende des Krieges im Hafen. Die D führten den uneingeschränkten U-Boot-Krieg, um GB auszuhungern, aber ohne Erfolg. Trotz brit.-franz. Luftüberlegenheit brach die dt. Kriegsmoral erst 1918 zusammen. Am 11. Nov. 1918 wurde der Waffenstillstand unterschrieben (↑*Feiertage: Armistice Day*). Von den 6 Mio. Soldaten der brit. Truppen fielen 750000 (u. weitere aus dem ↑*British Empire*), 1,7 Mio. wurden verwundet. Lebensmittel wurden erst 1918 rationiert. Im Mai 1916 wurde erstmals die ↑*Wehrpflicht* eingeführt. Durch den Krieg hatte GB sein Ziel der Wiederherstellung des Gleichgewichts in Europa *(balance of power)* u. der Erhaltung seiner Macht zur See erreicht. In England wurde 1918 das Wahlrecht für Frauen eingeführt, als Anerkennung ihrer Leistung im Krieg. Weitere Folgen waren der Niedergang der Liberalen u. der Aufstieg der *Labour Party* (↑*Parteien*).

2. Weltkrieg: Der Expansionspolitik des *NS-D* versuchte zunächst GB mit einer Beschwichtigungspolitik *(appeasement policy)* entgegenzuwirken. Als D in Polen einfiel, erklärte GB den Krieg am 3. Sept. 1939, verhielt sich aber defensiv, während D West- u. Nordeuropa eroberte. Ein 338000 Mann starkes Expeditionsheer in Frankreich aus alliierten Truppen konnte sich noch in Dünkirchen vor den D retten. So beschwören engl. Politiker immer noch den *Spirit of Dunkirk,* wenn sich das Land in einer scheinbar hoffnungslosen Situation befindet u. trotzdem weiter kämpft. Jetzt stand GB allein gegen D u. Italien. Die Appeasement-Politiker wurden abgelöst; Winston S. Churchill (1874–1965) wurde im Mai 1940 *Prime Minister* (↑*Regierung*). Unter seiner Führung wurde eine dt. Invasion durch die sog. *Battle of Britain* (Schlacht um England) abgewendet, wie die Luftkämpfe zw. dem 10. 7. u. dem 31. 10. 1940 bez. werden. Die D verfügten am Anfang über 1350 Bomber u. 1200 Kampfflugzeuge, dreimal mehr als GB, u. griffen zuerst Schiffe, dann Flughäfen u. Städte an. Trotzdem gelang es der *RAF* (↑*Streitkräfte*), mit ihren *Hurricanes* (Bombern) u. *Spitfires* (Kampfflugzeugen) die Angreifer zurückzuschlagen; 1733 dt. u. 915 brit. Flugzeuge wurden vernichtet. Hitlers Invasionsplan „Seelöwe" mußte aufgegeben werden. Die ↑*Channel Islands* waren von der Wehrmacht als einziges brit. Territorium besetzt. Darauf folgte das Luftbombardement v.a. über SO- u. Mittelengland, das die Engl. mit dem dt. Wort *the Blitz* bez. Am 20. 11. 1940 wurde die Stadt Coventry fast völlig zerstört. Danach drohte die Nazi-Propaganda an, auch andere brit. Industriestädte in gleicher Weise zu „coventrieren“ (sie erfand dafür das engl. Wort *to coventrate*, das aber keinen Eingang in die engl. Sprache gefunden hat). D versuchte, durch seine U-Boote GBs Versorgungsrouten abzuschneiden. 1941 traten die USA u. die UdSSR in den Krieg gegen D. Eine Wende trat erst im Okt. 1942 ein, als Field Marshal B. L. Montgomery (1887–1976) die Truppen der Achsenmächte unter Feldmarschall E. Rommel in El Alamein in N-Afrika besiegte. Im Juli 1943 landeten alliierte Truppen in Sizilien (*„the soft belly of Europe“*, ‚der weiche Bauch Europas‘) u. drangen durch Italien hinauf, das sich im Sept. 1943 ergab. Am 6. Juni 1944 (↑*D-Day*) begann Operation *Overlord*, die alliierte Landung von England aus in der Normandie unter amerik. Führung, zum Verdruß von Montgomery, der aufgrund seiner Kriegserfahrungen sich für den besseren Kriegsführer hielt. Gleich danach setzten die D als „Vergeltungswaffe“ *V-1 – flying bombs* (colloq. *doodlebugs*) – über Südengland ein. Bis Sept. 1944 waren ihnen 5500 Menschen zum Opfer gefallen. Ihnen folgten die Raketen, die *V-2.* In GB wurden diese Waffen auch als V-1s [viːwʌnz] u. V-2s bekannt. Die bedingungslose Kapitulation fand am 7. Mai 1945 statt u. wurde als *V-E Day (Victory in Europe)* gefeiert. Danach verdrängten die Briten die Japaner aus Birma u. stellten eine Versorgungsroute nach China her. GB konnte seine Positionen im Fernosten zurückgewinnen. Die Japaner ergaben sich am 14. Aug. 1945. Der Tag wurde als *V-J Day (Victory in Japan)* gefeiert. GB ging aus dem Krieg geschwächt hervor: Ein Viertel seines nationalen Vermögens war verlorengegangen. Etwa 60000 Zivilisten u. 300000 Soldaten waren gefallen.

Wembley ['wemblɪ]. Über 100000 Zuschauer fassendes Fußballstadion im Londoner Stadtteil Brent; auf seinem „heiligen Rasen“ finden alljährlich das *FA Cup Final* (↑*Football Association*) sowie alle großen Länderspiele des engl. Nationalteams statt, aber auch andere sportliche u. kulturelle Großveranstaltungen (↑*Live Aid*). Vgl. ↑*Hampden Park* (Schottland); ↑*Twickenham*, ↑*Murrayfield* für ↑*rugby.*

West Country. Bez. für die drei südwestl. Grafschaften Cornwall, Devon u. Somerset; im weiteren Sinne auch Dorset, Wiltshire, Avon (siehe Karte S. 281).

West End. Bez. für das Stadtgebiet im Westen der Londoner ↑*City*, zwischen ↑*Covent Garden*, ↑*Hyde Park*, ↑*Piccadilly Circus*, bekannt für die dort befindlichen Nobel-Hotels, vornehmen Geschäfte, Restaurants, v. a. jedoch für seine ↑*Theater* u. Kinos, daher auch oft symbolisch für die gesamte Londoner Theaterszene gebraucht („Theatre Country“), ähnlich wie Broadway in New York. – Im übertragenen Sinne jedes ‚vornehme Stadtviertel‘.

Westminster. Borough (↑*local government*) im Londoner ↑*West End*, wo sich das Parlamentsgebäude befindet; mit W. wird daher auch das ↑*Parlament* selbst bezeichnet.

Westminster Abbey, offiziell: *Collegiate Chapel for St. Peter in Westminster.* Seit 1066 (↑*Geschichtsdaten,* ↑*Battle of Hastings*) Krönungs- u. Grabeskirche (mit wenigen Ausnahmen) der engl. Könige in London *(City of Westminster, SW1).* Hier befinden sich die Gräber u. Gedenksteine vieler brit. Staatsmänner, Dichter u. Schriftsteller sowie das Grab des unbekannten Soldaten. Bei Touristen besonders beliebt ist das *Poets' Corner* ‚Dichterecke' mit den Gräbern von Chaucer, Spenser, Dryden, Tennyson, Dr. Johnson, Hardy, Kipling u.a.

Westminster Cathedral. Die katholische Hauptkirche von London u. England, 1895–1903 im roman.-byzantinischen Stil erbaut, Sitz des Kardinal-Erzbischofs von Westminster.

Westminster School ↑public school.

Which? ↑Verbraucherschutz.

whip. ‚Einpeitscher', früher *whippers-in, chief whip;* entspricht etwa dem Fraktionsgeschäftsführer im Bundestag. Die w. sind wichtige Mitglieder einer Fraktion *(parliamentary party)* im Unterhaus (↑*Parlament*); sie beziehen staatl. Gehälter, u. als w. der ↑*Regierung* haben sie Ministerämter inne. Ihre Aufgaben sind: die Organisation u. Disziplinierung der Fraktion; sie überwachen das *pairing* (↑*Parlament*); sie vermitteln zw. den *frontbenchers* u. *backbenchers*; sie unterhalten Kontakte mit den w. der anderen Fraktion; die *chief w.* gestalten zusammen mit dem *Speaker* das Programm des Unterhauses; am Freitag verschicken sie eine Mitteilung an die *backbenchers,* die je nach Dringlichkeit der Anwesenheit bei den Debatten in der kommenden Woche entweder einmal, zweimal o. dreimal unterstrichen ist, sog. *one-line w., two-line w., three-line w.* Eine dreimal unterstrichene Weisung muß unbedingt befolgt werden.

whisky. Von gael. *uisgebeatha,* auch *usquebaugh* ‚Lebenswasser', vgl. lat. *aqua vitae,* dt. Aquavit, frz. *eau de vie.* Im Mittelalter in Irland *(Irish whiskey)* u. Schottland *(Scotch whisky),* später auch in den USA *(Bourbon)* u. Kanada *(Canadian whiskey)* hergestellter Getreidebranntwein. Schott. W. gibt es in drei Arten: 1. *malt w. (Highland w.),* urspr. der „echte" Scotch aus Gerstenmalz, kräftiger, rauchiger Geschmack; 2. *grain w. (Lowlands w.)* aus ungemälztem Getreide; 3. *blended w.* (auf dem Spirituosenmarkt am häufigsten anzutreffen): ein Verschnitt *(blend)* aus *Malt* u. milderem *grain w.* (etwa 50:50), erst seit 1853 üblich. – Verschnitte von reinen *malt w.* aus verschiedenen Destillaten heißen *vatted malts* o. *pure malts, malt w.* aus nur einer einzigen Destillation *single malts* (nur etwa 4 % der Gesamtproduktion).

Malt w. wird nach einem komplizierten Brennverfahren produziert. Mit der Erfindung des modernen Destillierapparates *(patent still)* im Jahre 1830 wurde das Herstellungsverfahren erheblich erleichtert u. verbessert. Zunächst wird die Gerste zum Keimen gebracht (= gemälzt, engl. *malted*), über schwelendem Torf- o. Koksfeuer getrocknet *(drying and peating)*, geschrotet u. eingemaischt (= fermentiert). Die vergorene Würze *(wash)* wird dann in einem großen Blasenapparat (*pot still*, 20000–25000 l) in zwei aufeinanderfolgenden Destilliervorgängen gebrannt, (das 20%ige Zwischenprodukt, das beim ersten entsteht, heißt *low wine*, beim zweiten entstehen neben dem Brand von 63% *(spirits)* zwei weitere Produkte, die jedoch nur zu einem geringen Teil in den späteren *W.* eingehen: *foreshots* (nach dem ersten Ausstoß: zu stark u. unrein) u. *feints* (zu geringe Alkoholkonzentration). Der zukünftige *W.* ist nach dem 2. Destilliervorgang noch völlig farblos. Seine typische goldgelbe Färbung stammt von den – oft mit ↑*sherry* ausgeschwenkten – Eichenfässern, in denen der *Scotch* mind. 3 Jahre, meist jedoch 5–15 Jahre in den *warehouses* der Brennereien lagern muß, um ein Höchstmaß an Geschmack u. Bekömmlichkeit zu erreichen. Manche Fässer haben besondere Bez.: *Butt* (108 *imperial gallons*), *Hogshead* (55 g.), *American* (38–42 g.), *Quarter* (28 g.), *Octave* (14 g.).

Nach dem Reifungsprozeß erfolgt je nach W.-Art das Verschneiden *(blending)* mit anderen Sorten (bis zu 40 u. mehr) nach streng geheimgehaltenen Rezepten u. eine weitere Lagerung. Auf den Markt kommt der W. „70° proof" (= 40% Alkoholgehalt, durch Wasser geregelt). Zum Schutz gegen Nachahmung genießen ausgesucht gute Whiskysorten seit 1897 gesetzlichen Schutz. Danach wird der *W.* unter amtl. Aufsicht abgefüllt, gekennzeichnet u. mit einem amtl. Siegel verschlossen (sog. *bonded whisky*, ‚unter Zollverschluß gelagert'). Bei der Herstellung dieser gehobenen Whiskysorten dürfen nur Getreidesorten eines Jahrgangs verwendet werden u. nur ein einziges Destillat für den Brennvorgang verantwortlich sein. Für Schottland ist *W.* eines der wichtigsten Exportgüter (25% des Exportvolumens). Es gibt hier etwa 100 *W.*-Destillerien. Zentren der schott. *W.*-Produktion sind die Gegend um Speyside (Grampian), Glenmorangie (Highland), Isle of Islay (Western Isles). – Getrunken wird der W. in Schottland i.d.R. mit Wasser gemischt o. pur, dann jedoch meist zusammen mit einem Glas Bier *(chaser)*.

Whispering Gallery ↑St. Paul's Cathedral.

whist. Engl. Kartenspiel, aus dem sich *Bridge* entwickelt hat.

White Cliffs of Dover. Die weithin sichtbaren weißen Klippen von Dover – das abgeschnittene Ende der *North* ↑*Downs* an der Kanalküste von Kent sind für viele Besucher, aber auch für viele Engländer, die nach langer Abwesenheit mit dem Schiff auf die Insel zurückkehren, das erste Stück, gleichsam die Verkörperung von England (im Besitz des ↑*National Trust*).

White Paper. ‚Weißbuch'; Bericht der ↑*Regierung* über ein Thema, das amtlich untersucht wurde. Vgl. ↑*blue book*.

white pudding ↑pudding.

Whitehall. Etwa 600 m lange Straße

im Londoner *Borough* of ↑*Westminster,* zw. den ↑*Houses of Parliament* u. ↑*Trafalgar Square*, benannt nach einem königl. Palast, von dem heute nur noch das „Banqueting House" existiert; eine Seitenstraße ist ↑*Downing Street.* W. ist der Sitz vieler Ministerien u. wird daher oft übertragen für diese o. – im Unterschied zu ↑*Westminster* u. *10,* ↑*Downing Street* – für die Staatsverwaltung (↑*civil service*) gebraucht.

Who, The ~. 1963 in London gegr., bis zu ihrer Auflösung 1982 überaus erfolgreiche Rockgruppe in der Besetzung P. Townshend (* 1945, Gitarre, Gesang), R. Daltrey (* 1944, Gesang), J. Entwistle (* 1945, Baßgitarre), K. Moon (1946–1978), Nachfolger K. Jones (Schlagzeug). Musikstil: aggressive ↑*rock music* mit sozialkritischen Texten, skandalträchtige Live-Auftritte. Als erste Rockband führte sie elektr. Rückkopplungen ein, verarbeitete Geräusche in ihren Stücken u. schrieb eine Rockoper („Tommy" 1969) für die Theaterbühne. Mitte der 60er Jahre Kultgruppe der engl. ↑*Mods,* deren gewalttätige Auseinandersetzungen mit den ↑*Rockers* The Who in ihrer zweiten Rockoper „Quadrophenia" (1973, Verfilmung 1978) verarbeiteten.

Who's Who? Biographisches Lexikon über zeitgenöss. Persönlichkeiten, die selbst die Angaben über ihre Interessen, Hobbies, Laufbahn usw. liefern; erscheint seit 1848 in London.

Wilton Park. Internationales Bildungs- u. Begegnungszentrum des ↑*FCO* bei Steyning (West Sussex), hervorgegangen aus einem 1946 von Sir Heinz Koeppler gegr. ‚reeducation centre' für deutsche Kriegsgefangene. Es ist mit ca. 30 Mitarbeitern die kleinste ↑*executive agency* in GB. Mit den einwöchigen *W. P. Conferences* (ca. 35 pro Jahr) zu einem weit gefaßten politischen Thema von aktueller Bedeutung will die brit. Regierung über weltanschauliche und parteipolitische Grenzen hinweg einen Beitrag zur intern. politischen Meinungsbildung und Zuammenarbeit leisten.

Wilts. Abk. für die Grafschaft Wiltshire ['wɪltʃə] (siehe Karte S. 281).

Wimbledon. Stadtteil im SW Londons, bekannt für das Tennisgelände des *All England Lawn Tennis and Croquet Club,* wo seit 1877 alljährlich zwei Wochen lang Ende Juni/Anfang Juli die Internationalen Englischen Meisterschaften *(All England Championships)* stattfinden, die als inoffizielle Tennis-Weltmeisterschaft gelten. Die Spielerinnen u. Spieler dürfen traditionell nur in Sportkleidung antreten, deren Grundfarbe Weiß ist. Der zur Vermeidung überlanger Spiele eingeführte Tie-Break wird in W. im entscheidenden Satz nicht angewendet. Gespielt wird auf Rasenplätzen.

Windscale ↑Sellafield.

Windsor ['wɪnzə]. Offiz. Name der brit. ↑*Royal Family;* 1917 legte das brit. Königshaus seinen dt. Namen Sachsen-Coburg-Gotha ab, da es aufgrund der anti-dt. Stimmung im 1. Weltkrieg (↑*Weltkriege*) nicht angebracht erschien, den Namen seiner dt. Verwandten zu tragen. Das Haus Coburg war mit der Heirat von Königin Victoria mit Prinz Albert von Sachsen auf den brit. Thron gekommen. Der Name W. stammt vom Schloß *Windsor*, an der Themse gelegenes königl. Stammschloß u. Sommerresidenz (↑*Windsor Castle*). Edward VIII nahm den Titel *Duke of W.* an, als er 1936 auf den Thron verzichtete (↑*abdication*); der Titel erlosch 1986 mit dem Tod der *Duchess of W.* 1952 erklärte Königin Elizabeth II nach ihrer Thronbesteigung, daß ihre Nachkommen weiterhin W. heißen würden. Somit konnte der Name Mountbatten – der Familienname Prinz Philips – nicht auf das brit. Königshaus übergehen. Männl. Nachkommen der W., die kein Recht auf die Anrede *His Royal Highness (HRH)* haben, führen den Namen Mountbatten-Windsor.

Windsor Castle. Über 800 Jahre Stammsitz der engl. Königsfamilie (↑*Monarchie*, ↑*Windsor*, ↑*Royal Family*) u. das größte noch bewohnte Schloß der Welt. Enthält unschätzbare Möbel, Teppiche, Porzellan u. Bilder, darunter Werke von Holbein, Rembrandt, Rubens, Van Dyck, Canaletto, Leonardo da Vinci. Besucher können die Schätze bewundern, wenn die Königin nicht in W. residiert. Die Grundmauern auf einem Hügel oberhalb der Themse westl. von London stammen aus dem J. 1070, als Wilhelm der Eroberer (↑*Battle of Hastings*) eine Reihe von Festungen um London anlegte. Mehrfach erweitert u. umgebaut. So entstand zw. 1475 u. 1525 die *St. George's Chapel*, wo einige der engl. Monarchen begraben sind. Hier gründete Edward III 1348 den Hosenbandorden (↑*Orden- u. Ehrenzeichen A.1.*). In der Kapelle werden 600 vergoldete Messingplatten berühmter Träger des Ordens aufbewahrt. Queen Elizabeth lebt jedoch die meiste Zeit im ↑*Buckingham Palace*. 1992 richtete ein Großfeuer einen Schaden in Millionenhöhe an.

Winnie the Pooh heißt der Teddybär, der mit seinem Gefährten Christopher Robin in den Kindererzählungen von A. A. Milne (1882–1956) „Winnie the Pooh" (1926) u. „The House at Pooh Corner" (1928) die Hauptrolle spielt. Ähnlich wie die Abenteuer von „Alice in Wonderland" sind die *Pooh*-Geschichten – nicht zuletzt wegen der darin enthaltenen Sprachspielereien – bei Kindern u. Erwachsenen gleichermaßen beliebt. Für kleinere Kinder werden sie auch als „Gute-Nacht-Geschichten" erzählt.

Wisden (Cricketers' Almanack). Das jährlich auf den neuesten Stand gebrachte Nachschlagewerk für den ↑*cricket*-Freund; enthält alles über *cricket*. Erste Auflage 1864 von J. Wisden.

Wolds ['wəʊldz]. Die nordöstl. Entsprechung der Kreidekalkhügelkette im SO Englands (↑*Downs*): *Yorkshire Wolds* (bis zu 246 m hoch), nördl. des Humber; *Lincoln Wolds* (bis zu 168 m), südl. des Humber.

Wolves ['wʊlvz]. Beiname des traditionsreichen Fußballklubs *Wolver-*

hampton Wanderers F.C. in Wolverhampton (West Midlands).

Women's Royal Air Force ↑*WRAF*, ↑Streitkräfte.

Women's Royal Army Corps (WRAC) ↑Streitkräfte.

Women's Royal Naval Service (WRNS) ↑Streitkräfte, ↑Wrens.

Women's Royal Voluntary Service ↑*WRVS*.

Woolsack ↑Parlament: *House of Lords*.

woopie ['wupɪ], Akronym: *well-off older person*, bezeichnet umgangsspr. eine gutsituierte Person im Rentenalter.

Worcester ['wʊstə]. 1. *Worcester china:* Porzellan aus der 1751 in Worcester gegr. Manufaktur, seit 1862 in der *Royal Worcester Porcelain Company;* 2. *W.sauce*, var. *Worcestershire Sauce:* urspr. in Worcester hergestellte kräftige Würzsauce aus (u. a.) Essig, Sojasauce, Sardellenpaste, Schalotten, Knoblauch, Pfeffer, Salz, ↑*sherry;* wird nur tröpfchenweise zum Würzen von pikanten Fleisch- u. Fischgerichten, Saucen u. Suppen verwendet.

Worcs. Abk. für die Grafschaft Worcestershire ['wʊstəʃə] (siehe Karte S. 281).

worker. Auf dem brit. Arbeitsmarkt umfaßt dieser Begriff 1. *labourer* o. *unskilled w.* (ungelernter) ‚Hilfsarbeiter', *manual w.* o. *blue-collar w.*, meist mit einer berufl. Qualifikation, *skilled w.* ‚Facharbeiter'; erhält *wages* (Lohn); 2. *employee*, allg. ‚Arbeitnehmer', abhängig Beschäftigter: *salaried employee* o. *white-collar w.* ‚Angestellter', erhält ein *salary* (Gehalt); 3. *pl.:* Sammelbez. für alle Arten von Arbeitskräften (*manpower* = qualifizierte Arbeitskräfte, *labour* = weniger qualifiziert).

worker participation. Mitbeteiligung, Mitwirkung der Arbeiterschaft an den Entscheidungsprozessen innerhalb eines Unternehmens. ‚Mitbestimmung' nach dt. Muster ist *codetermination* (↑*industrial democracy*).

Workers Educational Association ↑*WEA*.

World Wide Fund for Nature (WWF), bis 1987: *World Wildlife Fund*. 1961 von dem engl. Geschäftsmann V. Stolan initiierte unabhängige internationale Organisation zur Bewahrung der natürlichen Lebensgrundlagen u. zum Schutz natürlicher Lebensräume u. ihrer Tier- und Pflanzenarten, mit Mitgliedsverbänden in 23 Ländern. Hauptsitz: Gland (Schweiz). Präsident (seit 1981) Prince Philip, the ↑*Duke of Edinburgh*. Die Arbeit des WWF – in D: Umweltstiftung WWF-Deutschland, Frankfurt – wird hpts. durch Mitgliedsbeiträge, Spenden u. Wohltätigkeitsveranstaltungen finanziert. Erkennungssymbol ist ein Pandabär, eine vom Aussterben bedrohte Tierart.

worsted ['wʊstɪd]. Feiner Kammgarnstoff, benannt nach dem Ort

Worstead (heutige Schreibweise) in der Grafschaft Norfolk (East Anglia).

WRAC, *Women's Royal Army Corps* ↑Streitkräfte.

WRAF, *Women's Royal Air Force.* Gegr. im 1. Weltkrieg (↑*Weltkriege*); 1939 bis 1949 *Women's Auxiliary Air Force (WAAF).* ↑*Streitkräfte.*

Wrens. Abk. u. Kosename (dt. ‚Zaunkönig') für Mitglieder der *Women's Royal Naval Services (WRNS).* ↑*Streitkräfte.*

WRNS, colloq. *Wrens. Women's Royal Naval Service (↑Streitkräfte).*

WRVS, *Women's Royal Voluntary Service.* Aus einer 1938 gegr. Zivilschutzorganisation für Frauen hervorgegangene private Hilfsorganisation mit weitreichenden sozialen Aufgaben, ähnlich den Trägern der freien Wohlfahrtspflege in D, mit ehrenamtlichen u. freiwilligen Helfern. Ihre Mitglieder widmen sich v.a. alten Menschen, Kindern u. Jugendlichen, Behinderten, Straffälligen: z.B. *Meals on Wheels* („Essen auf Rädern", mit 17 Mio. Mahlzeiten pro Jahr), *Books on Wheels* (mobile Bibliothek), Freizeitangebote für Kinder u. Jugendliche, Annahme alter Kleider u. Möbel, die an Bedürftige weitergegeben werden. Daneben auch Einsatz bei Katastrophenfällen. Siehe auch ↑*British Legion;* ↑*charities.*

X

X certificate ↑British Board of Film Classification.

x, auch *xx, xxx* ... Ein ‚x' unter dem Namen am Ende eines persönl. Briefs steht für ‚Küßchen'.

XX (double x), XXX (treble x). Alkoholprädikat bei brit. ↑*ale*-Sorten: *XX* = mittlere Sorte, *XXX* = stärkste Sorte.

Xmas = Christmas ↑Feiertage.

Y

yachting. ‚Wettsegeln' (↑*Admiral's Cup,* ↑*Cowes Week*).

yard, Abk. *yd.* Gebräuchliche Längenmaßeinheit im UK, v.a. in der Horizontalen, z.B. *a 100-yard-race.* 1 yd = *3* feet *(↑foot)* = 36 ↑*inches* = 91,44 cm.

Yard, the ~. Colloq. Bez. für *New* ↑*Scotland Yard.*

yarg [jaːg]. 1. Milder weißer Käse aus Cornwall, nach dem – rückwärts zu lesenden – Namen seiner Hersteller Alan u. Judith *Gray.*

yeepie. Akronym: *Youthful Energetic Elderly People Involved in Everything.* Dt. etwa ‚ältere Person im „Un-Ruhestand"'.

yeoman ['jəʊmən...]. Bauer, der ein eigenes Landgut besitzt u. bestellt. Geschichtlich: jemand, der ein

Grundstück über einen gewissen Wert besitzt u. dadurch das Recht hat, in einer ↑*jury* zu sitzen.

Yeomen of the Guard ['jəʊmən…]. Die persönl. königliche Leibwache (Spitzname *beefeaters,* eine Verballhornung ihres traditionsreichen frz. Namens „buffetiers du Roy"), gegr. 1485 von Henry VII. Ihr „Wohnsitz" befindet sich im *St. James's Palace,* London SW1. Nicht zu verwechseln mit den *Yeomen Warders,* die den ↑*Tower of London* bewachen.

Yeomen Warders ↑Tower of London.

YHA, *Youth Hostels Association(s).* Die brit. Jugendherbergsverbände (gegr. 1930) mit etwa 300 JH in England, Wales u. 80 JH in Schottland *(Scottish YHA).* Vgl. D: 600. – JH-ähnliche Unterkünfte bieten auch die Herbergen des ↑*YMCA/YWCA.*

YMCA [waɪ em siː 'eɪ], *Young Men's Christian Association.* Christlicher Verein Junger Männer; weltweite christliche Laienorganisation; 1844 in London gegr.; unterhält Heime u. Hotels u. ist im Sozialbereich aktiv. Die selbständige Schwesterorganisation für Frauen heißt *YWCA Young Women's Christian Association:* gegr. 1855 in England.

yob, var. *yobbo.* ↑*back-slang* für „boy"; „Halbstarke", v.a. aggressiv auftretende Jugendliche. Vgl. ↑*hooligans.*

Yorks. Abk. f. die Grafschaft Yorkshire (siehe Karte S. 281).

Yorkshire pudding ↑pudding 5.

Yorkshire TV (YTV) ↑Rundfunk u. Fernsehen: *IBA.*

Young Vic ↑Theater.

Youth Training (YT). Berufsausbildungsprogramm für Jugendliche im Alter von 16 bis 17 Jahren an ↑*TECs* u. *LECs* (im Anschluß an die Pflichtschulzeit). Seit 1986 dauert die Lehre für 16jährige Schulabgänger 2 Jahre, für 17jährige weiterhin 1 Jahr. Das YT ist noch keine vollwertige Lehre, sondern eher eine Art Praktikum in einer von zahlreichen Tätigkeiten: vom Gärtner, Tapezierer über Elektrotechniker u. Verkäufer bis zu den verschiedenen Zweigen des Öffentlichen Dienstes (↑*public service*). Während der Teilnahme am YT erhält der Lehrling eine staatliche Ausbildungsbeihilfe. *YT* bietet die Möglichkeit, ein Berufsdiplom auf der Ebene *NVQ Level 2 (= Basic Craft)* zu erwerben.

YT ↑*Youth Training.*

yuppies ['jʌpɪz]. ↑*Clipping* für *young urban professionals.* Teils humor., teils pejor. Bez. für junge, erfolgreiche Karrieremenschen der Großstädte. Kennzeichen: Alter 25–40 Jahre, gepflegte Umgangsformen, Akademiker, kreativ, zielstrebig, egoistisch, mit hohem Arbeitsethos u. Einkommen. Sie scheuen sich nicht, ihren Wohlstand zur Schau zu stellen: alles ist nur vom Feinsten. Ihre Nachfolger in zweiter Generation sind die sog. *„dinks"* (Kürzel f. *d*ouble *i*ncome, *n*o *k*ids), ältere y., die geheiratet haben u.

als ‚Doppelverdiener ohne Kinder' das Leben ohne Einbuße an Geld u. Freizeit genießen wollen.

YWCA, *Young Women's Christian Association.* Gegr. 1855 in London als Schwesterorganisation des ↑*YMCA.*

Z

Z car [zed...]. Beiname für ein Polizeiauto. Siehe auch ↑*panda car.*

zebra crossing. Mit Zebrastreifen markierter Fußgängerübergang, oft noch besonders mit ↑*Belisha beacons* gesichert. Vgl. auch ↑*pelican crossing.*

Zeitungen und Zeitschriften. In GB werden mehr Zeit. gelesen als in jedem anderen europ. Land. Überregionale Zeit. haben an Wochentagen eine Auflage von über 14 Mio. und sonntags von 16 Mio. Es gibt ca. 120 Tages- u. Sonntagszeit. Eingriffe der ↑*Regierung* in die Presse sind selten, aber möglich (z.B. ↑*D Notices*). 1991 wurde der *Press Council* ‚Presserat' durch die *Press Complaints Commission* ‚Beschwerdekommission' abgelöst, um die schlimmsten Auswüchse, z.B. Verletzung der Privatsphäre der königlichen Familie (↑*Royal Family*), einzudämmen. Wie ihr Vorgänger ist die *Commission* auch von der Zeitungs- u. Zeitschriftenindustrie mit dem Ziel eingerichtet worden, eine Art Selbstkontrolle (*self-regulation*) auszuüben u. das Niveau der Presse zu heben. Sie versucht, einen von Chefredakteuren vereinbarten Ehrenkodex durchzusetzen, kann aber keine gesetzlichen Strafen verhängen. Der Großteil der Zeit. ist im Besitz einiger Verlagskonzerne, z.B. von Rupert Murdochs *News International* mit einer Gesamtauflage der Tages- u. Sonntagszeit. von über 11 Mio. Früher befanden sich die Druck- u. Verlagshäuser der 11 überregionalen Tages- u. 9 Sonntagszeit. in der ↑*Fleet St.*, heute sind sie alle weggezogen (↑*Docklands*).

Die überregionalen Zeit. lassen sich in zwei Gruppen gliedern: 1. ‚*Populars*', Massenblätter, die mehr Wert auf Sensationen u. Unterhaltung legen als auf seriöse Berichterstattung; – Tageszeit.: *Daily Express* (gegr. 1900), Auflage: ca. 1358000, politische Richtung: rechts; *Daily Mail* (1896), 1797000, rechts, das anspruchsvollste Massenblatt; *Daily Mirror* (1903), links, 2500000; *Daily Star* (1978), 671000, Zielgruppe: junge u. weibliche Leser; *The Sun* (1964), 4100000, Sensationsblatt mit vielen Bildern u. einer (halb)nackten Frau auf *page three; Today* (1986), 595000; – Sonntagszeitungen: *News of the World* (1843), 4,7 Mio., bekannt für seine Berichterstattung über Verbrechen u. Prozesse, besonders wenn es um die sexuellen Entgleisungen berühmter Persönlichkeiten geht; *Sunday Express* (1918), 1,5 Mio., rechts; *Sunday Mirror* (1963), links, 2,5 Mio.; *The Mail on Sunday* (1982), rechts, 1972000; *The People* (1881), 2 Mio.

2. ‚*Qualities*', anspruchsvolle Zeit. mit Niveau u. daher kleineren Auflagen; – Tageszeit.: *Financial Times* (1888), 296500, Ausgaben werden in Frankfurt, Roubaix (Frankreich), New Jersey u. Tokio gedruckt; *The*

Daily Telegraph (1855), konservativ, 1 Mio.; *The Guardian* (1821), linksliberal, 400 000, internationale Ausgabe wird in Frankfurt gedruckt; *The Independent* (1986), politisch unabhängig, 275 000; *The Times* (1785, damit GBs älteste überregionale Tageszeitung), einflußreiche, oft regierungstreue, dem ↑*Establishment* nahestehende Zeit., 508 000. – Sonntagszeit.: *Sunday Telegraph* (1961), rechts, 633 000; *The Independent on Sunday* (1990), 327 000; *The Observer* (1791, damit die älteste überregionale Sonntagszeitung der Welt), links-liberal, 495 000; *The Sunday Times* (1822), Mitte rechts, 1,2 Mio. – Außerdem gibt es eine Fülle von regionalen Zeit. (z.B. *The Yorkshire Post, Wales on Sunday, The Scotsman, News Letter* (gegr. 1737 in Belfast, die älteste englischsprachige Zeitung der Welt), *The European,* die in GB, Frankreich, D u. Ungarn gedruckt wird, u. ca. 100 Zeit. u. Zeits. für ethnische Minderheiten (z.B. *Asian Times, the Urdu Daily Jang*).

Außer Zeit. gibt es ca. 6600 Zeits. (*periodicals* u. *magazines*). Die meistverkauften Wochenzeits. – mit einer Auflage von 1,5 bzw. 1 Mio. – sind *Radio Times* u. *TV Times*, die ↑*Rundfunk- u. Fernseh*programme veröffentlichen. Beliebte Frauenzeits. sind *Woman's Weekly, Woman's Own, Me* (gegr. 1989, Auflage 800 000) für junge Frauen, auch *Smash Hits* (Auflage 347 000) für junge Leute. Nachrichtenmagazine: *The Economist*, gegr. 1843, rechts, mit wirtschaftlichem Schwerpunkt, *New Statesman and Society*, gegr. 1931, links, *The Spectator*, gegr. 1828, konservativ. *New Scientist* (gegr. 1956) ist eine anerkannte naturwiss. Zeits. Eine humor.-satirische Zeits. ist ↑*Private Eye*.

Karten und Übersichten

1. Großbritannien und Nordirland: Verwaltungseinteilung

2. Die territoriale Gliederung des Vereinigten Königreiches

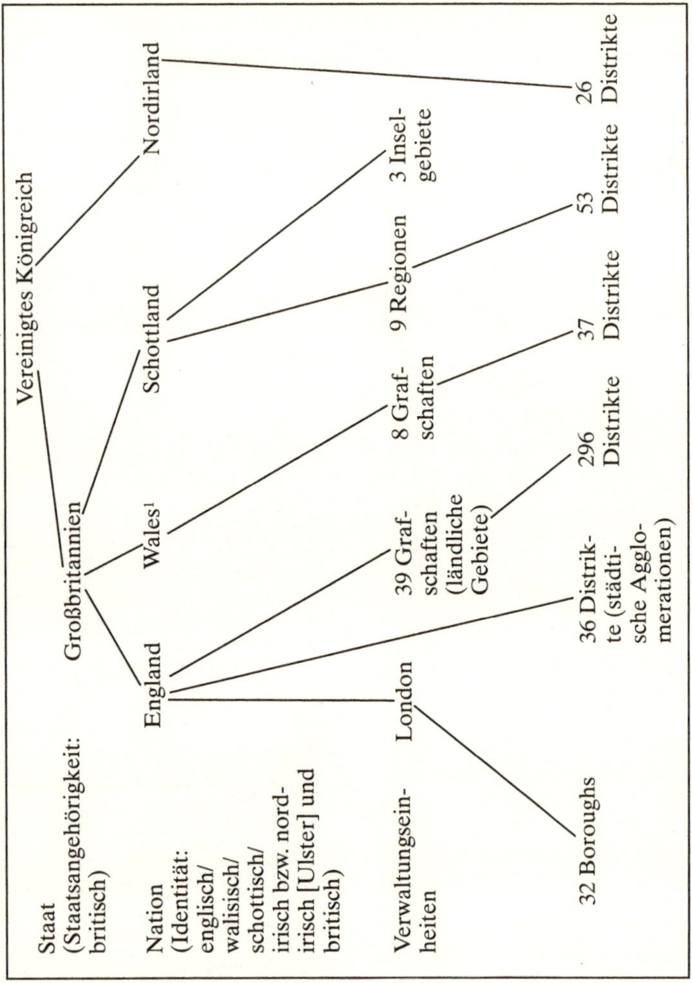

[1] Wales konstituiert nach juristischen Kriterien nicht in dem gleichen Maße wie Schottland einen Teil Großbritanniens. Aus staatsrechtlicher Sicht ist Wales seit seiner Inkorporierung durch den *Act of Union* des Jahres 1536 ein Teil Englands. Die schottische Zustimmung zum Unionsvertrag mit England des Jahres 1707 stellte die Existenz Schottlands als separater politischer Einheit nicht in Frage.

Quelle: Roland Sturm. Das Vereinigte Königreich von Großbritannien und Nordirland, in: Regionen und Regionalismus in Westeuropa, Stuttgart u. a. 1987, S. 23.

3. Aufbau der Zentralregierung

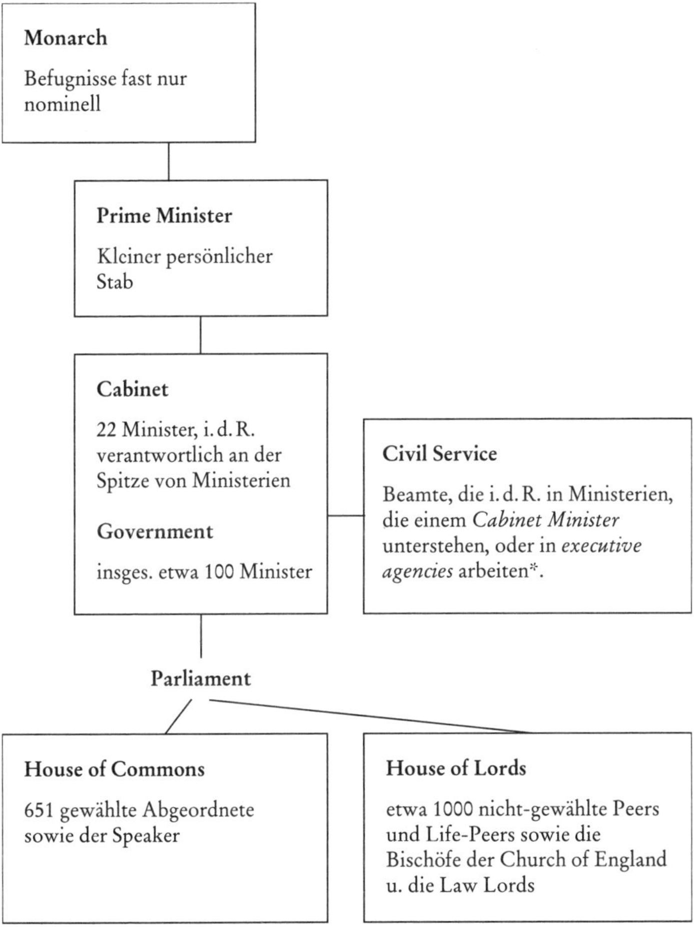

* Es gibt etwa 550 000 *Civil Servants.* Angestellte bei den Kommunalbehörden, im Nationalen Gesundheitsdienst *(National Health Service)*, im Erziehungswesen, in öffentlich-rechtlichen Einrichtungen, bei den Streitkräften, usw. zählen nicht zu den *Civil Servants.*

4. Übersicht britischer und deutscher Amtsbezeichnungen

Home Civil Service	*Grade•)*	*Innere Verwaltung*	*)
Permanent Secretary/Permanent Under-Secretary of State, Second Permanent Secretary/Second Permanent Under-Secretary of State	1	Staatssekretär	B_{11}
Deputy Secretary/Deputy Under-Secretary of State	2	Ministerialdirektor	B_{9}
Under-Secretary/Assistant Under-Secretary of State	3	Ministerialdirigent	B_{6}
Assistant Secretary	4	Leitender Ministerialrat, Ministerialrat	B_{3}
		Ministerialrat, Leitender Regierungsdirektor	A_{16}
Senior Principal	5	Regierungsdirektor	A_{15}
Principal	5	Oberregierungsrat	A_{14}
Senior Executive Officer	6		
Higher Executive Officer (A), Higher Executive Officer	7	Regierungsrat, Regierungsrat z. A., Oberamtsrat	A_{13}
Administration Trainee	8	Referendar	
Executive Officer	9	Amtsrat, Regierungsoberamtmann	A_{12}
Clerical Officer	10	Regierungsamtmann	A_{11}
Clerical Assistant		Regierungsoberinspektor	A_{10}
		Regierungsinspektor, Amtsinspektor	A_{9}

•): Rang im Diplomatischen Dienst;
*): Besoldungsgruppe nach den Bundesbesoldungsordnungen A und B

5. Ergebnisse der Wahlen zum Unterhaus vom 9. April 1992

Partei	*Gesamtstimmenzahl*	*gewählte Abgeordnete*	*Kandidaten*	*Anteil in %*
Conservative	14093007	336	645	41,9
Labour	11560094	271	634	34,4
Liberal Democrats	5999606	20	632	17,8
Plaid Cymru*	156796	4	38	0,5
Scottish National	629564	3	72	1,9
Ulster Unionist	271049	9	13	0,8
Democratic Unionist	103039	3	7	0,3
Social Democratic and Labour	184445	4	13	0,5
Ulster Popular Unionist	19305	1	1	0,1
Sinn Fein	78291	–	14	0,2
Alliance	68665	–	16	0,2
Green	170047	–	253	0,5
Liberal	64744	–	73	0,2
Natural Law	62888	–	309	0,2
Andere	152534	–	229	0,5

* Einschließlich drei gemeinsamer Kandidaten von *Plaid Cymru* und *Green.*

Quelle: nach Aspects of Britain, Organisation of Political Parties, COI, 1994.

6. Das Bildungswesen in England und Wales

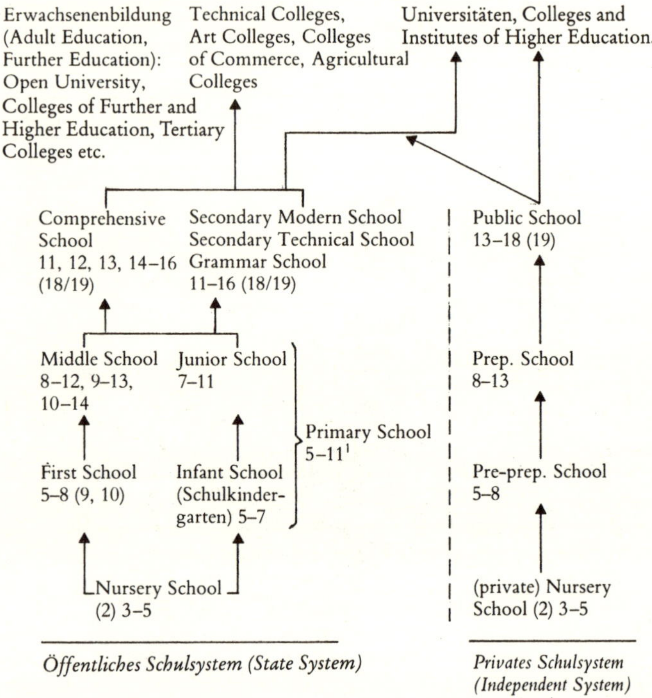

[1] Diejenigen Middle Schools, welche die Altersstufen 10–14 umfassen, werden meist zu den Sekundarschulen gezählt.

Quelle: H. Händel/D. Gossel: Großbritannien, München [3]1994, S. 354.

7. Die Boroughs von London

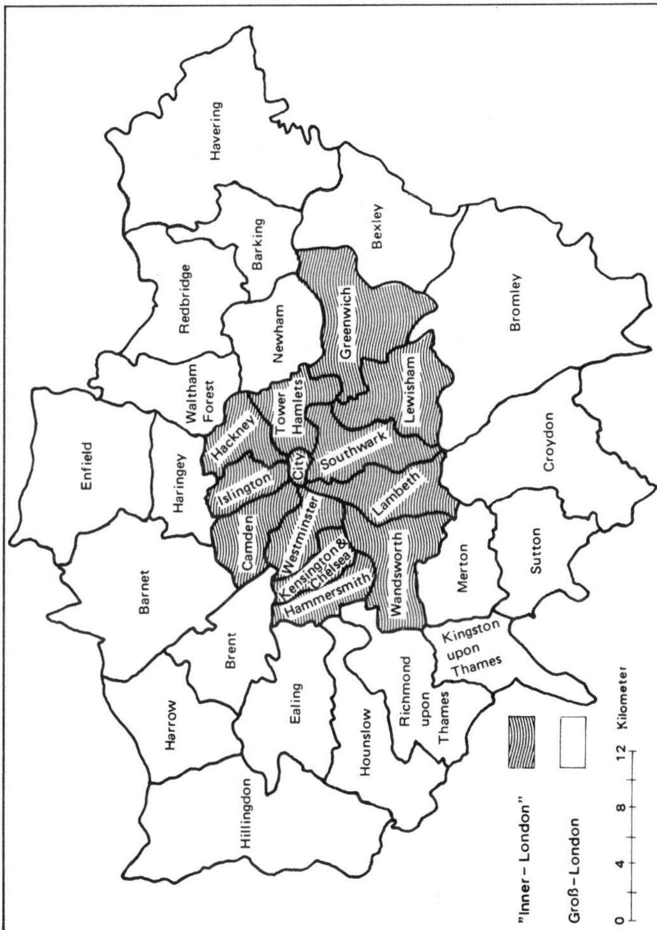

Quelle: London Facts and Figures, 1976.

Quelle: London Facts and Figures, 1976

8. Londons Stadtteile

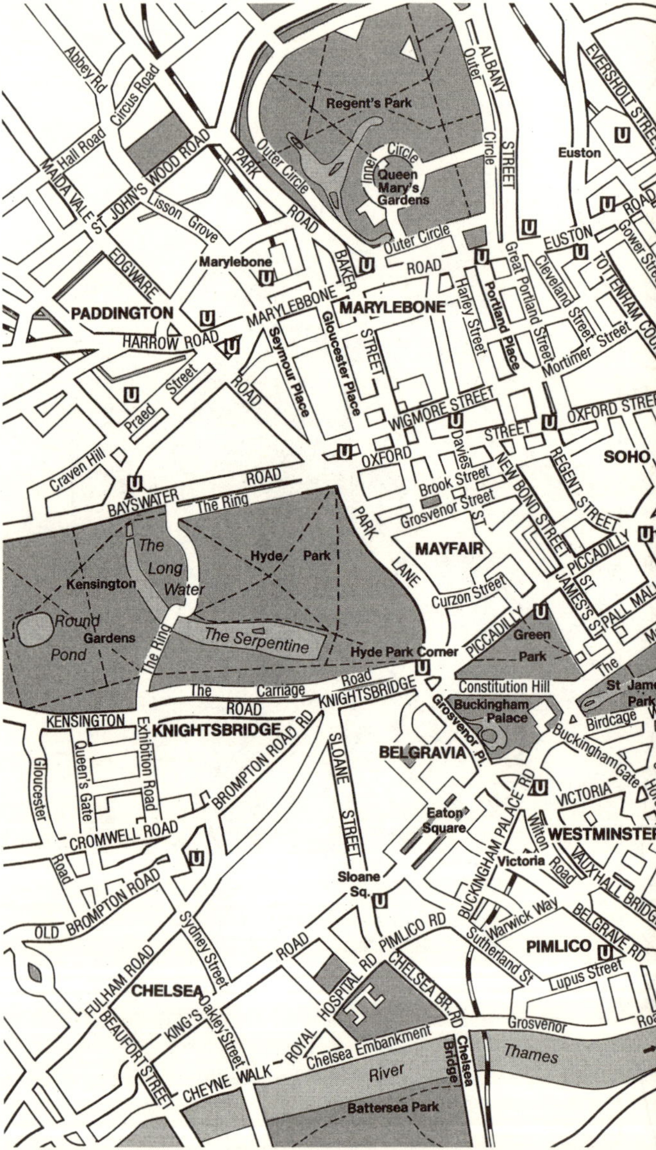

Quelle: Der Große Polyglott. London, München 1994/95, S. 170f.

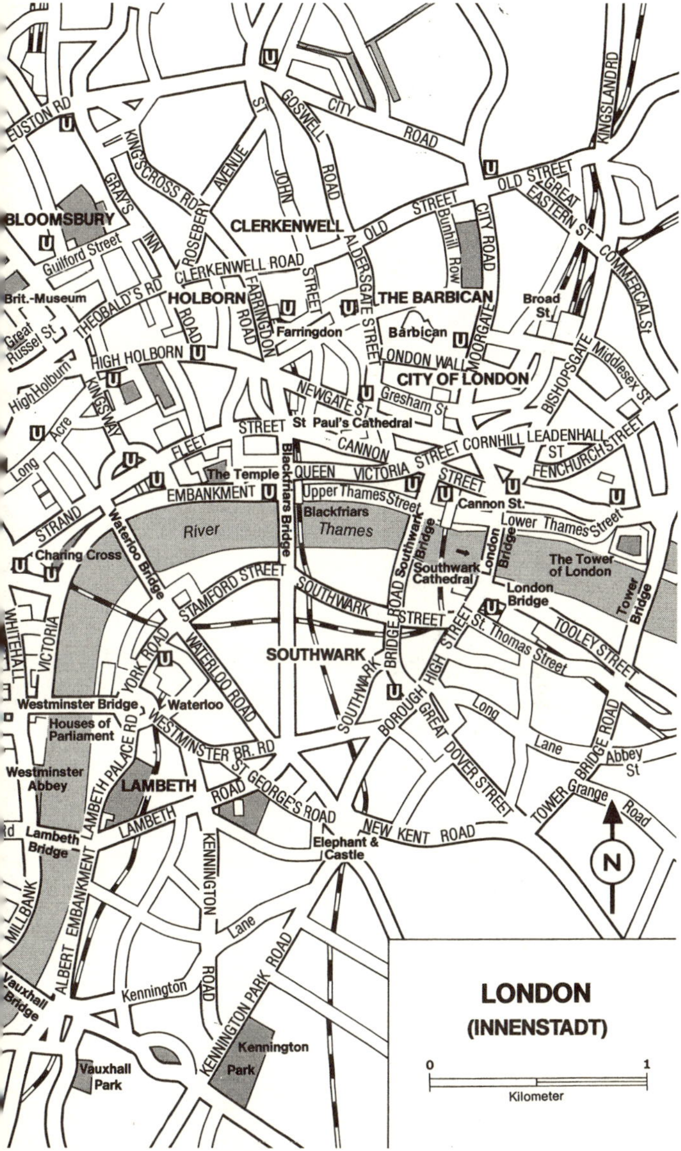

Mit freundlicher Genehmigung des Polyglott-Verlages, München.

9. Die Königliche Familie

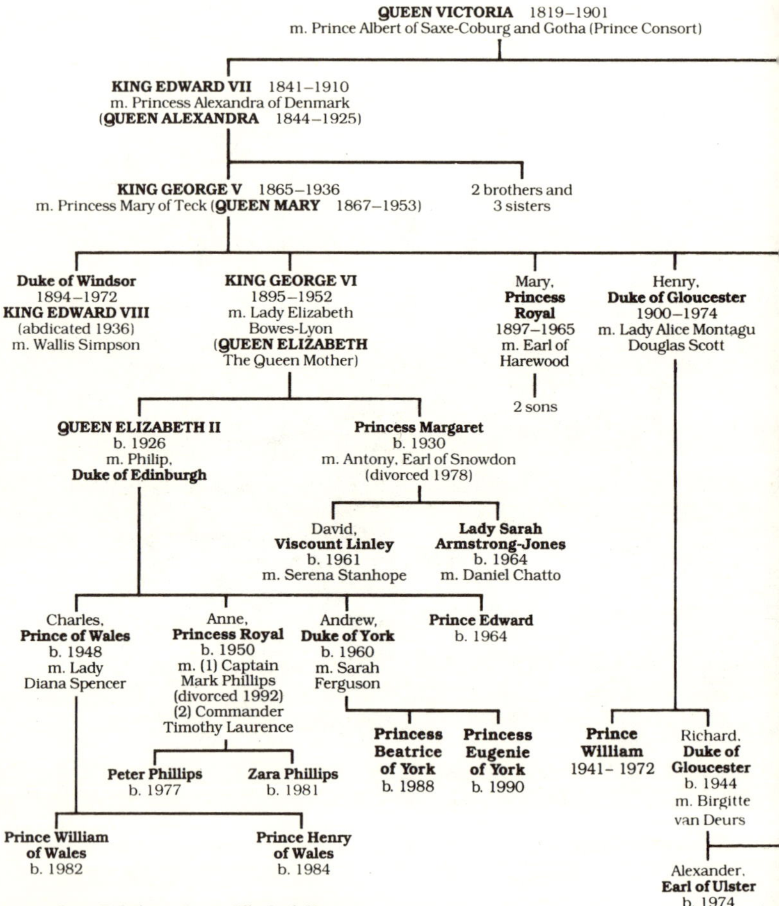

Dates Relating to Queen Elizabeth II

Marriage:	20 Nov. 1947
Accession to throne:	6 Feb. 1952
Coronation:	2 June 1953
Birthday:	21 April
Official Birthday Celebration:	During June

Quelle: Britain 1995. An Official Handbook, COI, London 1995, S. 45.

Princess Alice
1843–1878
m. Grand Duke
Louis of Hesse

3 brothers and
4 sisters

Princess Victoria
1863–1950
m. Marquess of
Milford Haven

2 brothers and
4 sisters

Princess Alice
1885–1969
m. Prince Andrew
of Greece

2 brothers and
1 sister

Philip,
Duke of Edinburgh
b. 1921
m. Princess Elizabeth
(**QUEEN ELIZABETH II**)

4 sisters

George,
Duke of Kent
1902–1942
m. Princess
Marina of Greece

Prince John
1905–1919

Edward,
Duke of Kent
b. 1935
m. Katharine
Worsley

Princess Alexandra
b. 1936
m. Hon.
Angus
Ogilvy

Prince Michael
b. 1942
m. Baroness
Marie-Christine
von Reibnitz

George,
Earl of St. Andrews
b. 1962
m. Sylvana
Tomaselli

Lady Helen Windsor
b. 1964
m. Timothy
Taylor

Lord Nicholas Windsor
b. 1970

Lord Frederick Windsor
b. 1979

Lady Gabriella Windsor
b. 1981

Edward,
Baron Downpatrick
b. 1988

Columbus
b. 1994

James Ogilvy
b. 1964
m. Julia
Rawlinson

Marina
b. 1966
m. Paul Mowatt

Zenouska
b. 1990

Christopher
b. 1993

Lady Davina Windsor
b. 1977

Lady Rose Windsor
b. 1980

Order of Succession to the Throne
The Prince of Wales
Prince William of Wales
Prince Henry of Wales
The Duke of York
Princess Beatrice of York
Princess Eugenie of York
The Prince Edward
The Princess Royal
Peter Phillips
Zara Phillips
The Princess Margaret, Countess of Snowdon
Viscount Linley
Lady Sarah Chatto
The Duke of Gloucester
Earl of Ulster
Lady Davina Windsor
Lady Rose Windsor
The Duke of Kent
Baron Downpatrick
Lord Nicholas Windsor
Lady Helen Taylor
Columbus Taylor
Lord Frederick Windsor
Lady Gabriella Windsor

Länder und Städte
in der Beck'schen Reihe

Politisches Lexikon Afrika, hrsg. von R. Hofmeier/M. Schönborn (BsR 810)
Ägypten, von F. Büttner/I. Klostermeier (BsR 842)
Äthiopien, Eritrea, Somalia, Djibouti. Das Horn von Afrika, von V. Matthies (BsR 846)
Algerien, von W. Herzog (BsR 859), s. auch *Maghreb*
Politisches Lexikon Asien, Australien, Pazifik, hrsg. von W. Draguhn/R. Hofmeier/M. Schönborn (BsR 827)
Baltikum: Estland, Lettland, Litauen, von K. Ludwig (BsR 841)
Belgien, von J. Schilling/R. Täubrich (BsR 829)
Berlin, von E.S. Freyermuth/G.S. Freyermuth (BsR 490)
Bhutan, von H. Wilhelmy (BsR 830)
Bolivien, von T. Pampuch/A. Echalar A. (BsR 813)
Brasilien, von M. Wöhlcke (BsR 804)
Brüssel, von M. Döpfner (BsR 1007)
China, von O. Weggel (BsR 807)
Cypern, von K. Hillenbrand (BsR 837)
Kleines Deutschland-Lexikon, von G. Haensch/A. Lallemand/A. Yaiche (BsR 855)
Djibouti s. Äthiopien
Kleines England-Lexikon, von P. Fischer/G.P. Burwell (BsR 814)
Eritrea s. Äthiopien
Estland s. Baltikum
Fiji, Samoa, Tonga, von S. Bruno/A. Schade (BsR 854)
Finnland, von W. Albrecht/M. Kantola (BsR 847)
Frankreich, hrsg. von G. Haensch/H.J. Tümmers (BsR 831)
Kleines Frankreich-Lexikon, von G. Haensch/P. Fischer (BsR 802)

Verlag C.H. Beck München

Nigeria, von H. Bergstresser/S. Pohly-Bergstresser (BsR 839)
Nordafrika s. Nahost
Norwegen, von G. Austrup/U. Quack (BsR 828)
Kleines Österreich-Lexikon, von S. Gassner/W. Simonitsch (BsR 815)
Oman s. Jemen
Peru, von E. v. Oertzen (BsR 822)
Philippinen, von R. Hanisch (BsR 816)
Politisches Lexikon Rußland, von R. Götz/U. Halbach (BsR 856)
Portugal, von G. und A. Decker (BsR 806)
Prag, von C. Bartmann (BsR 1050)
Politisches Lexikon Rußland, von R. Götz/U. Halbach (BsR 856)
Samoa s. Fiji
Schweden, von G. Austrup (BsR 818)
Schweiz, von M. Schwander (BsR 840)
Somalia s. Äthiopien
Spanien, von W. Herzog (BsR 811)
Kleines Spanien-Lexikon, von G. Haensch/G. Haberkamp de Antón (BsR 825)
Taiwan/Hongkong, von O. Weggel (BsR 849)
Tibet, von K. Ludwig (BsR 824)
Tonga s. Fiji
Tunesien s. Maghreb
Turin, von M. Knapp-Cazzola (BsR 1019)
Türkei, von F. Şen (BsR 803)
Kleines Türkei-Lexikon, von K. Kreiser (BsR 838)
Ukraine, von E. Lüdemann (BsR 860)
USA, von R. Rode (BsR 843)
Kleines USA-Lexikon, von J. Redling (BsR 826)
Venedig, von G. Salvatore (BsR 1092)

Verlag C.H. Beck München